[제2판]

장애인복지론

이 중 엽

KNOWLEDGE COMMUNITY 공동체

제2판 머리말

초판 발행 이후 그동안 장애인복지 관련 법률과 정책 등에 있어서 많은 변화가 있었기에 다소 늦었지만 이번에 제2판 개정판을 내게 되었다.

2022년 2학기부터 시작한 개정작업은 겨울방학 내내 이어져, 거의 매일 연구실에 나와 컴퓨터 모니터와 마주하며 장시간 개정작업을 하느라 눈도 아프고 많이 힘들었지만, 밤이 되어 집에 걸어가는 발걸음은 성큼성큼 힘이 실렸고 보람도 느끼며 기분도 좋았다. 마음을 다해 만든 이 책이 장애인복지를 공부하는 학생들, 그리고 사회복지시설에 종사하시는 분들, 또 강의하시는 교수님들께 도움이 되길 바라며, 나아가 우리나라 장애인복지가 더 큰 발전과 도약이 있었으면 하는 바람이다.

이번 제2판에서는 그동안 많이 변화된 장애인복지 관련 법률들, 정책, 제도의 내용을 모두 최신의 것으로 수정 보완하였으며, 장애인 통계, 장애인 실태, 현황 등도 변화된 최신 내용으로 업그레이드 하였다. 또 제11장 장애인복지 관련 법률에서는 「교통약자의 이동편의 증진법」을 추가하였다. 이렇게 내용 수정 및 추가를 하다 보니 초판보다 60페이지 이상 분량이 늘어났다.

필자 나름으로 최선을 다해 이번 개정판을 만들었지만, 그동안 수많이 변화된 것들을 혼자서 개정한다는 것은 쉬운 일만은 아니며, 또 한계가 있기 마련이기에 부족한 부분이 있을 것이다. 이런 부분은 앞으로 계속해서 수정 보완하면서 더 좋은 양질의 교재가 될 수 있도록 해나갈 것을 약속드리며, 독자 여러분의 무궁한 발전과 건승을 기원한다.

그리고 제2판이 나올 수 있도록 해주신 공동체 김동훈 사장님과 편집을 위해 많은 수고를 해주신 선생님께 깊은 감사를 드린다. 무엇보다 필자가 이러한 책을 쓸 수 있는 것은, 하나님께서 인내와 힘을 주셨고, 또 어려울 때나 힘들 때나 언제나 변함없이 묵묵히 옆에서 지켜봐 주는 사랑하는 가족이 있기에 할 수 있었던 것으로, 가족에게도 고마움과 감사를 전하고 싶다. 독자 여러분을 비롯하여 저를 아는 모든 분들 다 사랑합니다. 감사합니다.

2023년 3월

저자 **이 중 엽**

PREFACE

초판 머리말

필자가 1996년 사회복지 강의를 처음으로 시작할 때 맡게 된 과목이 장애인복지론이었다. 그로부터 지금까지 20년이 넘게 대학 강단에서 사회복지 전문인을 양성하는 데 힘써왔다. 필자는 오랜 강의경험을 바탕으로 그동안 축적된 강의 자료를 정리하여 이번에 장애인복지론 교재를 집필하게 된 것이다.

장애인복지는 사회복지의 한 분야로서 신체적·정신적 장애로 인해 오랫동안 일상생활이나 사회생활에서 상당한 제약을 받고 있는 사람들에 대하여 사회적 인식 개선, 물리적 환경 조성 등 모든 분야에서 사회적 생활이 보장되고 심리적으로 안정된 삶을 영위하도록 원조하는 국가 및 사회의 조직적 노력의 총체라고 할 수 있다. 사람이 장애를 입게 되는 원인은 일부 선천적인 경우도 있겠으나, 대부분 질환이나 사고 등 후천적 원인에 기한 경우가 많다. 사람이 살다 보면 예기치 않게 한순간의 사고나 실수 또는 안일한 대처로 장애인이 되는 경우가 허다하다. 그렇게 되면 행복지수는 떨어지고 비관지수가 높아질 가능성이 있다. 그러나 어쩔 수 없이 불가피하게 장애를 입게 되었다면 남은 평생을 비관과 한탄으로만 지낼 수 없고 가능한 한 빨리 그 장애로부터 빠져나오도록 노력하여야 한다. 어떻게 마음먹고 받아들이느냐에 따라 장애인 본인도, 그 가족들도 마음이 보다 덜 무겁고 사는 희망도 가질 수 있게 되는 것이다.

장애인복지는 현재의 장애인과 그 가족들뿐만 아니라, 장래의 잠재적 장애인과 가족들 모두가 인간으로서의 존엄과 가치를 보호받고, 인간답게 행복한 삶을 살아갈 수 있게 해야 한다는 점에 가치지향점을 두고 있다. 따라서 이러한 당위적 가치와 목적을 지향하기 위해서 국가의 장애인복지 정책과 법률이 계속해서 업그레이드되어야 한다. 그리고 배우는 학생이나 가르치는 교수님이나 우리 국민 모두가 장애문제와 장애인에 대한 올바른 인식과 마인드를 가지도록 힘써야 하며, 이러한 취지에 조금이라도 기여하고자 하는 마음에서 본 서를 집필하기로 결심한 것이다.

본 서는 제1장 장애개념과 장애범주, 제2장 장애인에 대한 에티켓, 제3장 생애주기와 장애 특성 및 일반이론, 제4장 장애인복지의 역사, 제5장 장애에 관한 이론적 접근, 제6장 신체적 장애, 제7장 정신적 장애, 제8장 장애인 재활복지, 제9장 장애인복지 전달체계, 제10장 장애인 접근권, 제11장 장애인복지 관련 법률, 제12장 장애 노인·여성·가족, 제13장 장애인 의무고용제도 등으로 구성하였으며, 본 서에 소개된 각종 데이터나 통계자료들도 가능한 한 최근의 것을 소개하였다.

겨울방학임에도 불구하고 연구실에 나와 밤늦게까지 원고 작업하느라 많이 힘들었지만, 그래도 응원해 주고 지지해 주는 가족이 있어 행복하였고, 이 자리를 빌려 사랑하는 아내에게 그리고 원고편집 해주느라 고생한 우리 이쁜 딸에게 고마움을 표하며, 하나님의 축복을 많이 받기를 기도한다. 특별히 예나 지금이나 언제나 한결같이 큰아들인 나에게 크신 사랑을 주시는 올해 85세 되신 아버지께 진심으로 머리숙여 감사드리고 싶다. 사랑하고 존경합니다. 오래오래 사세요!

끝으로 더 좋은 장애인복지론 책을 만들기 위해 계속 노력할 것을 약속드리고, 이 책을 출간할 수 있게 기회를 주신 공동체 김동훈 사장님께 감사드리며, 편집하시느라 고생이 많으신 편집부 선생님 이하 공동체 가족 여러분의 노고에 깊이 감사를 드린다.

2017년 1월

저자 **이 중 엽**

CONTENTS

CONTENTS

CHAPTER 08 장애인 재활복지

CHAPTER 09 장애인복지 전달체계

CHAPTER 10 장애인 접근권

CONTENTS

CHAPTER 13 장애인 의무고용제도

CHAPTER 01

장애개념과 장애범주

CHAPTER 01

장애개념과 장애범주

1. 장애의 개념

1) 어디까지를 장애로 볼 것인가?

사회적 약자에 대한 적극적인 옹호와 보호를 강조하는 사회에서는 광범위한 영역을 장애로 인정할 것이고, 사회적 약자에 대한 보호에 소극적이거나 보호가 약한 사회에서는 최소한의 사람들만을 장애로 규정하고 이들에 대한 최소한의 정책 수단들을 강구하게 될 것이다. 장애범주(15가지 장애 유형)가 다른 나라와는 달리 매우 좁은 우리나라는 후자에 해당된다고 볼 수 있다.

일반적으로 통용되는 장애의 개념은 크게 두 가지로 볼 수 있는데, 첫째, 해부학적 · 신체구조학적 · 지능적 및 심리적인 이상성(abnormality, 비정상이라 하지 않고 다름이라고 표현)이나 손상(injured, 상실)의 개념, 둘째, 신체구조적 또는 심리적 과정에 의해서 야기되는 만성적인 질환으로의 개념이 있다.

2) 장애와 장애인의 정의

우리나라 장애인복지법에서는 "장애인이란 신체적 · 정신적 장애로 오랫동안 일상생활이나 사회생활에서 상당한 제약을 받는 자로서(법 제2조 제1항), 대통령령(장애인복지법 시행령)으로 정하는 장애의 종류 및 기준에 해당하는 자"를 말한다(법 제2조 제2항). 여기서 '신체적 장애'란 주요 외부 신체기능의 장애, 내부 기관의 장애 등을 말하며, '정신적 장애'란 발달장애 또는 정신질환으로 발생하는 장애를 말한다.

장애인의 권리선언(UN, 1975) 제1조에는 "장애인은 선천적이든 아니든 신체적 또는 정신적 능력의 결함으로 인하여 일상의 개인 또는 사회생활에 필요한 것을 확보하는 데 스스로는 완전히 혹은 부분적으로 행할 수 없는 사람"으로, 국제노동기구(ILO)의 신체장애인의 직업복귀에 관한 권고 제99조에서는 "장애인은 신체적 또는 정신적 결함의 결과로 적당한 직업을 확보, 유지해 나갈 전망이 없는 상당히 손상을 받은 사람"이라고 규정하고 있다. UN의 국제장애인권리협약(2006) 제1조에서는 "장애인은 다양한 장벽과의 상호작용으로 다른 사람들과 동등한 조건으로 완전하고 실질적인 사회참여를 저해하는 장기간의 신체적·정신적·지적 또는 감각적인 손상을 가진 사람을 포함한다"라고 정의하고 있다.

우리나라에서는 과거에 장애를 가진 사람을 폐질인, 잔질인, 독질인이라고 하였으며, 병신, 불구자, 장님, 소경, 봉사, 귀머거리, 백치, 절름발이, 꼽추 등 다양한 비속어가 사용된 바 있다.

현재 가장 보편적으로 사용되는 용어는 '장애인'인데, 이 용어 바로 이전에는 '장애자'라는 용어를 사용하였다. 1981년 「심신장애자복지법」을 제정할 때 일본에서 사용하고 있는 장해자(障害者)라는 말을 장애자로 바꾸어 사용한 것이다. 그러나 자(者)의 의미가 놈 자자로 부정적이라는 비판에 따라 1989년 12월 30일 법률 명칭을 「장애인복지법」이라고 개정하면서 장애인으로 바뀌게 된 것이다.

장애(障碍)는 "어떤 사물의 진행을 가로막아 거치적거리게 하거나 충분히 기능을 하지 못하게 함. 또는 그런 일"을 뜻하며, 장해(障害)는 "하고자 하는 일을 막아서 방해함. 또는 그런 것"으로 되어 있어 의미상으로는 큰 차이가 없다고 할 수 있으나 한자가 주는 뉘앙스가 분명히 다르므로 장해라는 표현보다 장애가 더 올바른 표현이라고 본다. 그러나 「산업재해보상보험법」, 「자동차손해배상 보장법」 등에서는 아직도 장애라는 용어를 장해등급, 장해급여 등으로 사용하고 있다. 폐질, 불구, 상이 등 다양한 용어들도 있다.

영어로 장애인을 표현할 때는 'handicapped'라는 표현보다는 'the person with disablity(장애를 가진 사람)'를 사용하는 것이 바람직하다. 사람들은 각각 생김새와 개성이 다르듯이 장애인에게 있어서 장애도 각자 다르며, 그 장애는 곧 그 사람의 또 다른 특성으로 이해하는 것이 필요하다. 따라서 그동안 오랫동안 사용해 왔던 장애인복지법 시행령 제2조의 '장애인의 종류'라는 표현은 문제가 있는 용어였고, 그것을 필자는 십수년간 강의시간을 통해, 그리고 교재 집필을 통해 지적을 해왔다. 그것이 법 개정이 되어 지난 2019년 7월 1일부터 '장애의 종류'라는 표현으로 바뀌게 된 것이다. 종류라는 말은 사물이나 물건을 지칭할 때나 또는 부정적인 표현에 일반적으로 사용되는 단어이기에 기존에 시행령에 오랫동안 사용되었던 '장애인의 종류'라는 표현은 문제가 있었던 것이고, 이를 '장애의 종류'라고 고치더라도 그 의미 내용은 같으므로 그렇게 고쳐 쓰는 것이 바람직한 것이었으며, 이것이 법 개정으로 현행 장애인복지법 시행령 제2조에서 '장애의 종류'라는 표현으로 개정된 것은 다행스러운 일이다.

장애를 정의하는 기준을 보면, 과거에는 주로 신체적 또는 지적 결함의 정도에 두어야 한다는 것이 일반적인 견해였으나, 근래에 와서는 일을 할 수 있는 능력과 가정생활 및 사회생활의 어려움 정도 등으로 장애를 판정하고 구분하는 것이 타당한 것으로 받아들여지고 있다. 즉, 장애인을 천시하고 무능력한(가치가 없는) 존재로 여기며, 사회발전에 저해요소가 된다고 생각했던 과거의 편견은 근래에 이르러 장애인도 비장애인과 같이 나름대로의 삶을 영위할 수 있어야 한다는 시각으로 점차 바뀌어 가고 있다. 특히 최근 장애개념과 인식 그리고 그에 따른 장애인복지서비스 모델은 장애에 대한 개별적 모델(individual, medical approach model) 중심에서 사회적 모델(social model) 중심으로 변화하고[1] 있기 때문에 더욱 그러하다. 즉, 장애의 원인, 장애로 인하여 나타나는 문제, 그 문제의 소재, 해결책 등을 장애인의 개인적 속성에서 찾아내는 개별

1) 정무성 외(2015). 장애복지론. 정민사, p. 12.

적 모델에서 장애인 개인과 사회환경과의 부적절한 상호작용을 문제의 원인으로 보고, 문제의 해결책으로, 사회환경의 변화를 추구하는 등의 사회적 모델 중심으로 변화하고 있다는 것이다.

이런 관점에서 볼 때 찾아가는 복지서비스가 중요한 것이고 필요한 것이다. 이전에는 장애인으로 하여금, 클라이언트로 하여금, 복지시설 복지기관으로 찾아오라고, 그러면 서비스를 받을 수 있고, 도움을 줄 수 있다는 식으로 해왔는데 지금은 많이 달라지고 있다. 아웃리치(outreach), 즉 현장에 직접 찾아가는 서비스(찾아가는 봉사활동, 찾아가는 구제활동, 찾아가는 상담활동)가 바로 그런 것이다.

3) 장애인 권리선언

1975년 12월 9일 제30차 UN총회 결의에서 채택된 장애인 권리선언(Declaration on the Rights of Disabled Persons)의 내용은 다음과 같다.

① '장애인'이라 함은 선천적이든 후천적이든 간에, 신체적 · 정신적 능력의 불완전으로 인하여 일상의 개인적 또는 사회적 생활에서 필요한 것을 확보하는 데 자기 자신으로서는 완전하게 또는 부분적으로 할 수 없는 사람을 의미한다.

② 장애인은 본 선언에 제시된 모든 권리를 누린다. 이들의 권리는 어떠한 예외도 없이, 인종, 피부색, 성, 언어, 종교, 정치 혹은 기타의 의견, 국가 또는 사회적 신분, 빈부, 출생, 장애인 자신이나 그 가족이 처해 있는 상황에 따라 구별이나 차별 없이 모든 장애인에게 인정된다.

③ 장애인은 인간으로서의 존엄이 존중되는 권리를 출생하면서부터 가지고 있다. 장애인은 그들 장애의 원인, 특질, 정도에 관계없이, 같은 연령의 시민과 동등한 기본적 권리를 가진다. 이는 맨 첫째로 가능한 한 통상적이고 만족스러운 일상생활을 할 수 있는 권리를 의미한다.

④ 장애인은 다른 시민들과 동등한 시민권 및 정치적 권리를 가진다. 「지적장애인의 권리선언(UN, 1971. 12. 20) 제7조는 지적장애인의 이 같은 권리

의 어떠한 제한이나 배제에도 적용된다.

⑤ 장애인은 가능한 한 그들이 자립할 수 있도록 계획된 여러 시책을 누릴 자격이 있다.

⑥ 장애인은 보장구를 포함한 의료적·심리적·기능적 치료와 의료적·사회적 재활, 교육, 직업교육, 훈련 및 재활, 원조, 상담, 직업알선 및 기타 장애인의 능력과 기술을 최대한으로 개발하고 그들이 사회통합 또는 재통합의 과정을 촉진시킬 수 있는 서비스를 받을 권리가 있다.

⑦ 장애인은 경제적·사회적 보장 및 상당한 수준의 생활을 누릴 권리를 가진다. 장애인은 그 능력에 따라 보장을 받고, 고용되어, 유익하고 생산적이며 보수를 받는 직업에 종사하고, 노동조합에 참여할 권리를 가진다.

⑧ 장애인은 경제·사회계획의 모든 단계에 있어서 그들의 특별한 요구가 고려되도록 할 자격이 있다.

⑨ 장애인은 그들 가족이나 위탁부모와 함께 생활하고, 모든 사회적·창조적 활동이나 여가활동에 참여할 권리를 가진다. 장애인은 그의 주거와 관련하여, 그 상태로 인하여 그가 필요하다든지 혹은 그 주거상태 개선을 요구할 경우 이외에는 차별대우를 받지 않는다. 만일 장애인이 특수한 시설에 입소하는 것이 절대로 필요할 때에도 그곳의 환경이나 생활조건은 동 연령 사람의 통상적 생활과 가능한 한 유사한 것이라야 한다.

⑩ 장애인은 차별적, 모욕적 또는 천박한 모든 착취와 모든 규칙, 그리고 모든 취급으로부터 보호되어야 한다.

⑪ 장애인은 그의 인격과 재산의 보호를 위하여 적절한 법적인 원조가 필요할 때에는 그러한 것을 제공받을 수 있어야 한다. 만일 장애인에 대해 사법적인 소송절차가 있을 경우에, 그것에 적용되는 법적 수속은 장애인들의 신체적·정신적 상태를 충분히 고려하여야 한다.

⑫ 장애인 단체들은 장애인의 권리에 관한 모든 사항에 대하여 유효하게 협의할 수 있어야 한다.

⑬ 장애인과 그 가족 및 지역사회는 모든 적절한 방법에 의하여, 본 선언에 포함된 권리에 대해 충분히 주지하여야 한다.

4) 장애의 개념적 접근

(1) 이분법적 분류

① 의료적 모델(개별적 모델)

장애에 대한 개별적 모델은 의료적 모델이라고도 하는데, 다음과 같은 특징을 가진다. 첫째, 장애문제가 발생하는 위치가 개인이라는 것과, 둘째, 장애문제의 원인을 기능적 제한(impairment)이나 심리적 상실에서 기인한다고 보는 것이다. 이 관점은 장애는 불행한 개인에게 무작위로 발생하는 사건이라는 개인적 비극 이론에 초점을 둔다. 개별적 모델은 개별적 치료와 전문가의 지원, 훈련과 통제, 개별적인 사회 적응을 목적으로 하기 때문에 치료나 재활 관련 전문가의 역할이 절대적으로 중요시되는 접근모델이다.

이 모델은 장애에 대한 사회적 맥락을 고려하지 못했다는 비판을 받고 있다. 즉, 이 모델은 다양한 환경에 따른 손상이나 장애를 제대로 설명하지 못하고 있다는 것이다. 환경에 따른 손상의 결과가 장애인 개인에게 더 심각한 영향을 미칠 수도 있고, 덜 미칠 수도 있다는 사실을 충분히 설명하지 못한다는 것이다. 또한 이 모델은 장애인의 생물학적 결함을 강조함으로써 장애인이 사회적으로 열등하다고 추정하게 만든다는 비판도 따른다. 신체적 손상은 비정상과 동일하다는 인식을 키워주고 정상이라는 개념에 집착함으로써 정상에 대해서만 관심을 기울이게 되어 사회의 다양성을 저해할 가능성이 커진다는 문제가 따른다.

② 사회적 모델

장애를 사회적 억압에서 비롯된 문제로 간주한다. 사회환경의 문제를 중시하는 사회행동 모델 또는 환경중심 모델이라고 할 수 있다. 여기서는 장애인의 욕구를 사회 내에서 수용하고 적합한 서비스를 제공하는 데 사회가 실패했다고 보는 것이다. 그래서 사회에서 체계화되고 제도화된 차별로 인해 장애가 생긴다고 보는 것이다. 즉, 사회적 억압이나 차별이 장애를 만들어 낸다고 보는 견해이다.

(2) 다중모델

프리스틀리(Priestley)는 장애에 대한 이분법적 분류가 너무 단순하며 장애를 적절히 설명하는 데 한계가 있다는 비판에 대한 대안으로서 다음과 같은 네 가지 접근방법을 제시하였다.

① **개별적 유물론 접근** : 여기서 장애는 개인의 물질적 조건에서 나타나는 신체적 손상 또는 개인적 비극의 산물로 간주된다.

② **개별적 관념론 접근** : 여기서 장애는 개인적 경험의 산물이자 개인 간에 이루어지는 사회적 역할의 협상을 통한 산물로 정의된다. 여기서는 손상에 대한 장애인의 적응과정이나 장애인에 대한 비장애인의 태도, 낙인 등을 연구한다.

③ **사회적 유물론 접근** : 여기서 장애는 역사적으로 정치나 경제의 발달에 따라 야기되는 물질적인 권력의 관계로 간주된다. 산업화와 자본주의가 발달함에 따라 장애가 야기되며, 억압이나 차별이 장애를 만들게 된다는 것이다. 여기서는 억압이나 차별을 만드는 사회구조, 장애를 만드는 장벽을 변화 개선시키는 것이 가장 중요하다.

④ **사회적 관념론 접근** : 여기서 장애는 특정한 문화적 맥락에서 발전하는 사회의 관념론적 산물로 여겨진다. 이 접근에서는 사회적 낙인과 역할 기대가 장애 구성에 주요 요인이 된다.

2. 장애개념의 분류

1) ICIDH

WHO는 1980년 장애분류 모델(ICIDH : International Classification of Impairments, Disabilities, and Handicaps)을 제시하였다.

(1) 손상(impairment)

심리적·생리적·해부학적 구조나 기능의 손실 또는 비정상성을 말한다. 손상은 일시적 또는 영구적 손실이나 비정상이 특징이며, 사지, 기관, 피부 또는 정신적 기능체계를 포함한 신체의 구조적 비정상, 결손 또는 손실의 발생이나 존재를 포함하는 것으로[2] 병리적 상태가 외부로 나타난 것을 의미한다. 절단, 마비, 상실, 기능 정지 등 신체적·심리적 이상성(abnormal)의 상태를 일컫는다. 의학적 판단에 따라 장애 정도(범위)가 결정되는 개념으로, 뇌기능 상실, 시청각 상실, 내부 신체기능 상실들을 의미한다. 여기에는 의료적 조치를 통해 장애원인을 제거하고 기능회복을 돕는 재활서비스가 필요하다.

손상에 의한 장애의 경우 대부분은 사고나 질환에 의한 경우가 많은데, 장애인과 비장애인이 신체적 외형이나 행동 등에 있어서 다르다고 해서 장애를 이상한 시선으로 보거나 차별해서는 안 된다. 사고든 질환이든 부주의든, 그런 일로 장애가 되는 경우도 있고, 또 앞으로 살면서 뜻밖의 사고로 인해 장애가 되는 경우도 있을 수 있으며, 아니면 평생 사고 없이 사는 경우도 있을 것이다. 사람은 살아가면서 그 어떠한 경우도 장애를 입지 않는다고 장담할 수 없다. 사고의 그림자, 장애의 그림자는 멀리 있는 것이 아니라 우리 주변에 있다. 그러므로 내가 장애가 없다고 하더라도 장애인과 그 가족을 대하고 생각하는 마음은 서로 상생하고 배려하고 입장 바꿔 생각할 줄 아는 자세가 필요하다.

2) 임종호 외(2016). 장애인복지론(제3판). 학지사, pp. 23-25.

(2) 능력장애(disability)

손상에서 야기된 것으로서 인간에게 정상적인 것으로 간주되는 범위 내에서 또는 그러한 방식으로 활동을 수행하는 능력의 제약이나 결여를 뜻한다. 능력장애는 일상적으로 기대되는 활동 수행 및 행동의 과다 또는 결핍이 특징이다. 능력장애는 손상의 직접적 결과로서, 또는 신체적 감각적 또는 기타 손상에 대한 개인적 반응으로서 일어날 수 있다. 즉, 손상이 객관화된 것을 의미하며, 신변처리나 일상생활의 활동 수행에서의 장애를 포함한다.[3] 즉, 행동장애, 상황장애, 숙련장애, 의사소통장애, 운동장애, 활동장애 등을 의미하는 것으로, 여기에는 의료적 · 교육적 · 사회적 · 심리적 · 직업적 · 재활공학 등의 재활서비스를 제공하여 장애로 인한 능력손실의 최소화 또는 잔존능력을 최대한 키울 수 있도록 하는 재활서비스가 필요하다.

(3) 사회적 불리(handicap)

손상이나 능력장애로부터 야기된 것으로, 사회문화적 요인에 따른 정상적인 역할의 수행을 제약받거나 방해받는 개인의 불이익을 의미한다.[4] 즉, 비장애인은 이용 가능하지만 장애인은 이용 불가능하게 하는 여러 가지 물리적 · 문화적 장벽 또는 편견 등의 사회적 장벽을 의미하는 것으로, 여기에는 사회제도의 개선(장애인 의무고용, 장애당사자의 사회참여 확대 등), 환경개선(편의시설 개선, 배리어프리 등), 국민의식 개선 등을 통하여 사회적 역할 수행을 지원하는 재활서비스가 필요하다.

(4) 소결

어떤 질병으로 손상이 발생하면, 손상이 활동능력에 제약을 가져오고, 그러면 능력장애가 발생하며, 능력장애가 사회적 불이익을 초래할 때 사회적 불리라고 한다. 1차적 손상에 대해서는 예방, 2차적 능력장애에 대해서는 재활을, 3차적 사회적 불리는 기회의 균등화라는 정책 내지 대안을 통해 문제되는 부분을 완화하고 최소화해 나가야 할 것이다.

---

3) 임종호 외(2016). 학지사, p. 24.

4) 임종호 외(2016). 학지사, p. 24.

2) ICIDH-2

WHO는 ICIDH의 미흡한 부분을 보완하고자 1997년 ICIDH-2를 발표하였다. ICIDH-2에서 장애는 기본적으로 환경과 개인이라는 상황적 요인을 포함한 장애개념을 채택하고 있고, 개인이 접하게 되는 장애를 손상(impairment), 활동(activities), 참여(participation)로 구분하고 있다.

3) ICF 제정

2001년 세계보건기구는 인간과 환경의 상호작용이라는 긍정적 개념으로 변화된 장애개념인 국제 기능·장애·건강분류(ICF : International Classification of Functioning, Disability and Health)를 제안하여 종래의 장애개념 대신에 손상(impairment), 활동제한(activity limitation), 참여제약(participation restrict)을 사용하여 장애인의 사회통합과 지역사회 생활을 강조하였다.

① 손상(imparment)

손상은 신체구조나 신체기능 혹은 심리적, 정신적 기능의 손실이나 이상성(abnormality)을 의미한다.

② 활동제한(activity limitation)

일상생활과 관계된 개인 활동의 지속성이나 제한 등을 의미한다.

③ 참여제약(participation restrict)

이는 개인의 사회에 대한 참여를 촉진하거나 방해하는 사회적 반응을 말하는 것으로 사회적·물리적·환경적 요인을 포함하는 것이다. 이와 같이 장애는 단순히 개인이 가지는 신체적·정신적 손상에 의해서만 설명되는 것이 아니라, 개인이 그 손상을 입게 됨에 따라 경험할 수 있는 여러 가지 활동상의 제한, 그리고 사회활동에의 참여제약 등을 포괄하여 종합적으로 설명되어야 한다.

4) 장애개념의 재분류

(1) 개인적 장애

① 장애인 개인의 신체장애는 생리학적인 신체구조장애와 신체기능장애로 구분된다.

② 장애를 1차, 2차, 3차 장애로 구분할 경우, 1차 장애는 신체장애, 2차 장애는 의식장애, 3차 장애는 능력장애로 구분하기도 한다. 즉, 신체장애로 인해 의식장애(생각, 사고 장애)를 수반하기도 하도 그렇지 않은 사람도 있다. 의지가 강한 사람은 신체장애를 입었다 해도 이를 극복하고 잘 살아가는 사람이 있는가 하면, 그렇지 않고 자신의 처지를 비관하며 사는 사람도 있을 것이다. 전자의 경우에는 의식장애가 동반되지 않은 것이고, 후자의 경우에는 의식장애가 동반된 경우이다. 이 경우 3차 장애인 능력장애로까지 영향을 미칠 가능성이 높아지게 된다.

③ 신체장애는 불가역적 장애에 해당하고, 의식장애는 가변적 장애에 해당된다. 즉, 신체장애는 한번 장애를 입게 되면 아무리 재활을 한다고 해도 최소한의 장애(제한)가 남게 되므로 장애 발생 이전의 원래 상태로 돌아갈 수 없으며 이와 같은 현상을 불가역적이라고 한다. 의식장애는 장애로 인한 부정적 사고나 생각이 사람에 따라서는 오래갈 수도 있고, 반면 이를 강한 의지로 극복하여 잠시 그러다가 정상적인 사고와 의식을 가지고 살아가는 사람도 많다. 그래서 의식장애는 가변성을 지닌 것이다.

(2) 사회적 장애

① **물리적 사회환경 장애** : 거주 및 생활공간 등에 있어서의 장애요인들을 말한다.

② **문화적 사회환경 장애** : 종교, 도덕, 법률, 제도, 문화 여가 등에 있어서의 장애요인들을 말한다.

③ **사회심리적 환경 장애** : 장애인에 대한 편견으로, 즉 사실과 다른 견해, 혐오, 적의적 태도를 말한다. 이러한 편견은 심리적 태도에 머물지 않고

장애인에 대한 혐오, 회피, 직업거부, 거주거부, 추방 등 여러 가지 차별행동으로 나타날 수 있다.

(3) 사회적 불리(개인적 장애와 사회적 장애의 통합)

핸디캡(handicap)이라고 하는 것으로, 즉 사회적 불리는 모든 장애요인을 통합한 장애의 총체를 말하며, 장애로 인해 사회적으로 불리한 입장에 처한 상태를 의미한다.

3. 장애범주

1) 우리나라의 장애범주

우리나라 최초의 장애인복지법인 1981년의 「심신장애자복지법」에서는 지체장애, 시각장애, 청각장애, 언어장애, 정신지체 등 5가지 유형만을 법적인 측면에서 장애인으로 인정했다. 1999년 말 법 개정으로 「심신장애자복지법」을 「장애인복지법」으로 명칭을 바꾸고, 장애유형도 기존의 다섯 가지 장애범주에 뇌병변장애, 발달장애(자폐), 정신장애, 신장장애, 심장장애 등 다섯 가지를 추가하여 총 10가지로 확대(1차 장애범주 확대)되어 2000년 1월부터 시행되었으며, 이후 2003년 7월 2차로 장애범주가 확대되었는바, 기존 10가지에 호흡기장애, 간장애, 안면장애, 장루·요루장애, 간질장애 등 다섯 개가 추가되어 모두 15가지가 되었다. 그리고 2007년 10월 15일 장애인복지법 시행령 개정에 따라 기존 정신지체는 지적장애로, 발달장애는 자폐성장애로 바뀌었고, 또 2014년 6월 30일 장애인복지법 시행령 개정에 따라 기존 간질장애는 뇌전증장애로 용어가 바뀌었다.

장애유형별로는 전체 등록장애인 중 지체장애가 45%, 이어서 청각장애 15%, 시각장애 9.5%, 뇌병변장애 9.4%, 지적장애 9% 등의 순이며, 이 5대 장애가 전체의 89%에 가깝다. 가장 적은 유형은 안면장애 0.1%, 심장장애 0.2%,

뇌전증장애 0.3% 순이다. 지체장애 비율은 2011년 이후 지속적으로 감소세이고, 청각장애, 발달장애, 신장장애 비율은 증가세를 보이고 있다. 장애정도는 등록장애인 중 장애의 정도가 심한 장애인은 37% 정도, 심하지 않은 장애인은 63% 정도이다. 등록장애인 중 장애의 정도가 심하지 않은 장애인의 비율은 2003년 이후 증가세를 유지하고 있다. 장애출현율은 5.4%로, 핀란드 34.2%, 오스트리아 34.1%, 네덜란드 31.2%, 덴마크 29.0%, 벨기에 25.2%, 프랑스 25.2%, 뉴질랜드 24.0%, 그리스 23.8%, 이탈리아 23.7%, 독일 22.3%, 캐나다 22.3%, 영국 22.0%, 스페인 20.6%, 호주 17.7%, 스웨덴 13.0%, 미국 12.7% 등[5] 이들 나라에 비해서 높지는 않으나, 이는 우리나라 법령상 이러한 국가들에 비해 장애 인정 범위가 협소하기 때문이다.

〈표 1-1〉 **장애인복지법 시행령 제2조 관련 장애의 종류 및 기준에 따른 장애인(시행령 제2조의 별표 1)**

1. 지체장애인(肢體障碍人)
   가. 한 팔, 한 다리 또는 몸통의 기능에 영속적인 장애가 있는 사람
   나. 한 손의 엄지손가락을 지골(指骨 : 손가락 뼈) 관절 이상의 부위에서 잃은 사람 또는 한 손의 둘째 손가락을 포함한 두 개 이상의 손가락을 모두 제1지골 관절 이상의 부위에서 잃은 사람
   다. 한 다리를 가로발목뼈관절(lisfranc joint) 이상의 부위에서 잃은 사람
   라. 두 발의 발가락을 모두 잃은 사람
   마. 한 손의 엄지손가락 기능을 잃은 사람 또는 한 손의 둘째 손가락을 포함한 손가락 두 개 이상의 기능을 잃은 사람
   바. 왜소증으로 키가 심하게 작거나 척추에 현저한 변형 또는 기형이 있는 사람
   사. 지체(肢體)에 위 각 목의 어느 하나에 해당하는 장애정도 이상의 장애가 있다고 인정되는 사람
2. 뇌병변장애인(腦病變障碍人)
   뇌성마비, 외상성 뇌손상, 뇌졸중(腦卒中) 등 뇌의 기질적 병변으로 인하여 발생한 신체적 장애로 보행이나 일상생활의 동작 등에 상당한 제약을 받는 사람
3. 시각장애인(視覺障碍人)
   가. 나쁜 눈의 시력(공인된 시력표에 따라 측정된 교정시력을 말한다. 이하 같다)이 0.02 이하인 사람
   나. 좋은 눈의 시력이 0.2 이하인 사람
   다. 두 눈의 시야가 각각 주시점에서 10도 이하로 남은 사람

5) 2013~2021년 각 국가에서 발표한 장애인 관련 통계자료

라. 두 눈의 시야 2분의 1 이상을 잃은 사람

마. 두 눈의 중심 시야에서 20도 이내에 겹보임[복시(複視)]이 있는 사람

4. 청각장애인(聽覺障碍人)

가. 두 귀의 청력 손실이 각각 60데시벨(dB) 이상인 사람

나. 한 귀의 청력 손실이 80데시벨 이상, 다른 귀의 청력 손실이 40데시벨 이상인 사람

다. 두 귀에 들리는 보통 말소리의 명료도가 50퍼센트 이하인 사람

라. 평형 기능에 상당한 장애가 있는 사람

5. 언어장애인(言語障碍人)

음성 기능이나 언어 기능에 영속적으로 상당한 장애가 있는 사람

6. 지적장애인(知的障碍人)

정신 발육이 항구적으로 지체되어 지적 능력의 발달이 불충분하거나 불완전하고 자신의 일을 처리하는 것과 사회생활에 적응하는 것이 상당히 곤란한 사람

7. 자폐성장애인(自閉性障碍人)

소아기 자폐증, 비전형적 자폐증에 따른 언어·신체표현·자기조절·사회적응 기능 및 능력의 장애로 인하여 일상생활이나 사회생활에 상당한 제약을 받아 다른 사람의 도움이 필요한 사람

8. 정신장애인(精神障碍人)

다음 각 목의 장애·질환에 따른 감정조절·행동·사고 기능 및 능력의 장애로 일상생활이나 사회생활에 상당한 제약을 받아 다른 사람의 도움이 필요한 사람

가. 지속적인 양극성 정동장애(情動障碍, 여러 현실 상황에서 부적절한 정서 반응을 보이는 장애), 조현병, 조현정동장애(調絃情動障碍) 및 재발성 우울장애

나. 지속적인 치료에도 호전되지 않는 강박장애, 뇌의 신경학적 손상으로 인한 기질성 정신장애, 투렛장애(Tourette's disorder) 및 기면증

9. 신장장애인(腎臟障碍人)

신장의 기능장애로 인하여 혈액투석이나 복막투석을 지속적으로 받아야 하거나 신장기능의 영속적인 장애로 인하여 일상생활에 상당한 제약을 받는 사람

10. 심장장애인(心臟障碍人)

심장의 기능부전으로 인한 호흡곤란 등의 장애로 일상생활에 상당한 제약을 받는 사람

11. 호흡기장애인(呼吸器障碍人)

폐나 기관지 등 호흡기관의 만성적 기능부전으로 인한 호흡기능의 장애로 일상생활에 상당한 제약을 받는 사람

12. 간장애인(肝障碍人)

간의 만성적 기능부전과 그에 따른 합병증 등으로 인한 간기능의 장애로 일상생활에 상당한 제약을 받는 사람

13. 안면장애인(顔面障碍人)

안면 부위의 변형이나 기형으로 사회생활에 상당한 제약을 받는 사람

14. 장루 · 요루장애인(腸瘻 · 尿瘻障碍人)

배변기능이나 배뇨기능의 장애로 인하여 장루(腸瘻) 또는 요루(尿瘻)를 시술하여 일상생활에 상당한 제약을 받는 사람

15. 뇌전증장애인(腦電症障碍人)

뇌전증에 의한 뇌신경세포의 장애로 인하여 일상생활이나 사회생활에 상당한 제약을 받아 다른 사람의 도움이 필요한 사람

〈표 1-2〉 **장애인복지법 시행규칙 제2조 관련 장애인의 장애정도(시행규칙 제2조의 별표1)**

1. 지체장애인
   가. 신체의 일부를 잃은 사람
      1) 장애의 정도가 심한 장애인
         가) 두 손의 엄지손가락과 둘째손가락을 잃은 사람
         나) 한 손의 모든 손가락을 잃은 사람
         다) 두 다리를 가로발목뼈관절(Chopart's joint) 이상의 부위에서 잃은 사람
         라) 한 다리를 무릎관절 이상의 부위에서 잃은 사람
      2) 장애의 정도가 심하지 않은 장애인
         가) 한 손의 엄지손가락을 잃은 사람
         나) 한 손의 둘째손가락을 포함하여 두 손가락을 잃은 사람
         다) 한 손의 셋째손가락, 넷째손가락 및 다섯째손가락을 모두 잃은 사람
         라) 한 다리를 발목발허리관절(lisfranc joint) 이상의 부위에서 잃은 사람
         마) 두 발의 발가락을 모두 잃은 사람
   나. 관절장애가 있는 사람
      1) 장애의 정도가 심한 장애인
         가) 두 팔의 어깨관절, 팔꿈치관절, 손목관절 중 2개 관절기능에 상당한 장애가 있는 사람
         나) 두 팔의 어깨관절, 팔꿈치관절, 손목관절 모두의 기능에 장애가 있는 사람
         다) 두 손의 엄지손가락과 둘째손가락의 관절기능에 현저한 장애가 있는 사람
         라) 한 손의 모든 손가락의 관절기능에 현저한 장애가 있는 사람
         마) 한 팔의 어깨관절, 팔꿈치관절, 손목관절 중 2개 관절기능에 현저한 장애가 있는 사람
         바) 한 팔의 어깨관절, 팔꿈치관절, 손목관절 모두의 기능에 상당한 장애가 있는 사람
         사) 두 다리의 엉덩관절, 무릎관절, 발목관절 중 2개 관절기능에 현저한 장애가 있는 사람
         아) 두 다리의 엉덩관절, 무릎관절, 발목관절 모두의 기능에 상당한 장애가 있는 사람
         자) 한 다리의 엉덩관절, 무릎관절, 발목관절 모두의 기능에 현저한 장애가 있는 사람
      2) 장애의 정도가 심하지 않은 장애인
         가) 한 손의 둘째손가락을 포함하여 3개 손가락의 관절기능에 상당한 장애가 있는 사람

나) 한 손의 엄지손가락의 관절기능에 상당한 장애가 있는 사람
다) 한 손의 둘째손가락을 포함하여 2개 손가락의 관절기능에 현저한 장애가 있는 사람
라) 한 손의 셋째손가락, 넷째손가락, 다섯째손가락 모두의 관절기능에 현저한 장애가 있는 사람
마) 한 팔의 어깨관절, 팔꿈치관절, 손목관절 모두의 기능에 장애가 있는 사람
바) 한 팔의 어깨관절, 팔꿈치관절 또는 손목관절 중 하나의 기능에 상당한 장애가 있는 사람
사) 두 발의 모든 발가락의 관절기능에 현저한 장애가 있는 사람
아) 한 다리의 엉덩관절, 무릎관절, 발목관절 모두의 기능에 장애가 있는 사람
자) 한 다리의 엉덩관절 또는 무릎관절의 기능에 상당한 장애가 있는 사람
차) 한 다리의 발목관절의 기능에 현저한 장애가 있는 사람

다. 지체기능장애가 있는 사람
1) 장애의 정도가 심한 장애인
가) 두 팔의 기능에 상당한 장애가 있는 사람
나) 두 손의 엄지손가락 및 둘째손가락의 기능을 잃은 사람
다) 한 손의 모든 손가락의 기능을 잃은 사람
라) 한 팔의 기능에 현저한 장애가 있는 사람
마) 한 다리의 기능을 잃은 사람
바) 두 다리의 기능에 현저한 장애가 있는 사람
사) 목뼈 또는 등·허리뼈의 기능을 잃은 사람
2) 장애의 정도가 심하지 않은 장애인
가) 한 팔의 기능에 상당한 장애가 있는 사람
나) 한 손의 둘째손가락을 포함하여 세 손가락의 기능에 상당한 장애가 있는 사람
다) 한 손의 엄지손가락의 기능에 상당한 장애가 있는 사람
라) 한 손의 둘째손가락을 포함하여 두 손가락의 기능을 잃은 사람
마) 한 손의 셋째손가락, 넷째손가락 및 다섯째손가락 모두의 기능을 잃은 사람
바) 두 발의 모든 발가락의 기능을 잃은 사람
사) 한 다리의 기능에 상당한 장애가 있는 사람
아) 목뼈 또는 등·허리뼈의 기능이 저하된 사람

라. 신체에 변형 등의 장애가 있는 사람(장애의 정도가 심하지 않은 장애인에 해당함)
1) 한 다리가 건강한 다리보다 5센티미터 이상 짧거나 건강한 다리 길이의 15분의 1 이상 짧은 사람
2) 척추옆굽음증(척추측만증)이 있으며, 굽은각도가 40도 이상인 사람
3) 척추뒤굽음증(척추후만증)이 있으며, 굽은각도가 60도 이상인 사람
4) 성장이 멈춘 만 18세 이상의 남성으로서 신장이 145센티미터 이하인 사람
5) 성장이 멈춘 만 16세 이상의 여성으로서 신장이 140센티미터 이하인 사람

6) 연골무형성증으로 왜소증에 대한 증상이 뚜렷한 사람

2. 뇌병변장애인

가. 장애의 정도가 심한 장애인

1) 보행 또는 일상생활동작이 상당히 제한된 사람

2) 보행이 경미하게 제한되고 섬세한 일상생활동작이 현저히 제한된 사람

나. 장애의 정도가 심하지 않은 장애인

보행 시 절뚝거림을 보이거나 섬세한 일상생활동작이 경미하게 제한된 사람

3. 시각장애인

가. 장애의 정도가 심한 장애인

1) 좋은 눈의 시력(공인된 시력표로 측정한 것을 말하며, 굴절이상이 있는 사람은 최대 교정시력을 기준으로 한다. 이하 같다)이 0.06 이하인 사람

2) 두 눈의 시야가 각각 모든 방향에서 5도 이하로 남은 사람

나. 장애의 정도가 심하지 않은 장애인

1) 좋은 눈의 시력이 0.2 이하인 사람

2) 두 눈의 시야가 각각 모든 방향에서 10도 이하로 남은 사람

3) 두 눈의 시야가 각각 정상시야의 50퍼센트 이상 감소한 사람

4) 나쁜 눈의 시력이 0.02 이하인 사람

5) 두 눈의 중심 시야에서 20도 이내에 겹보임[복시(複視)]이 있는 사람

4. 청각장애인

가. 청력을 잃은 사람

1) 장애의 정도가 심한 장애인두 귀의 청력을 각각 80데시벨 이상 잃은 사람(귀에 입을 대고 큰 소리로 말을 해도 듣지 못하는 사람)

2) 장애의 정도가 심하지 않은 장애인가) 두 귀에 들리는 보통 말소리의 최대의 명료도가 50퍼센트 이하인 사람

3) 두 귀의 청력을 각각 60데시벨 이상 잃은 사람(40센티미터 이상의 거리에서 발성된 말소리를 듣지 못하는 사람)

4) 한 귀의 청력을 80데시벨 이상 잃고, 다른 귀의 청력을 40데시벨 이상 잃은 사람

나. 평형기능에 장애가 있는 사람

1) 장애의 정도가 심한 장애인양측 평형기능의 소실로 두 눈을 뜨고 직선으로 10미터 이상을 지속적으로 걸을 수 없는 사람

2) 장애의 정도가 심하지 않은 장애인평형기능의 감소로 두 눈을 뜨고 10미터 거리를 직선으로 걸을 때 중앙에서 60센티미터 이상 벗어나고, 복합적인 신체운동이 어려운 사람

5. 언어장애인

가. 장애의 정도가 심한 장애인

음성기능이나 언어기능을 잃은 사람

나. 장애의 정도가 심하지 않은 장애인
음성·언어만으로는 의사소통을 하기 곤란할 정도로 음성기능이나 언어기능에 현저한 장애가 있는 사람

6. **지적장애인(장애의 정도가 심한 장애인에 해당함)**
지능지수가 70 이하인 사람으로서 교육을 통한 사회적·직업적 재활이 가능한 사람

7. **자폐성장애인(장애의 정도가 심한 장애인에 해당함)**
제10차 국제질병사인분류(International Classification of Diseases, 10th Version)의 진단기준에 따른 전반성 발달장애(자폐증)로 정상발달의 단계가 나타나지 않고, 기능 및 능력 장애로 일상생활이나 사회생활에 간헐적인 도움이 필요한 사람

8. **정신장애인**
가. 장애의 정도가 심한 장애인
1) 조현병 또는 뇌의 신경학적 손상으로 인한 기질성 정신장애로 망상, 환청, 사고장애 및 기괴한 행동 등의 양성증상이 있으나, 인격변화나 퇴행은 심하지 않은 경우로서 기능 및 능력 장애로 일상생활이나 사회생활에 간헐적으로 도움이 필요한 사람
2) 양극성 정동장애(情動障碍, 여러 현실 상황에서 부적절한 정서 반응을 보이는 장애)에 따른 기분·의욕·행동 및 사고의 장애증상이 심하지는 않으나, 증상기가 지속되거나 자주 반복되는 경우로서 기능 및 능력 장애로 일상생활이나 사회생활에 간헐적으로 도움이 필요한 사람
3) 재발성 우울장애로 기분·의욕·행동 등에 대한 우울 증상기가 지속되거나 자주 반복되는 경우로서 기능 및 능력 장애로 일상생활이나 사회생활에 간헐적으로 도움이 필요한 사람
4) 조현정동장애(調絃情動障碍)로 1)부터 3)까지에 준하는 증상이 있는 사람

나. 장애의 정도가 심하지 않은 장애인
1) 조현병 또는 뇌의 신경학적 손상으로 인한 기질성 정신장애로 망상, 환청, 사고장애 및 기괴한 행동 등의 양성증상이 있으나, 인격변화나 퇴행은 심하지 않은 경우로서 기능 및 능력 장애로 일상생활이나 사회생활에 경미한 도움이 필요한 사람
2) 양극성 정동장애(情動障碍, 여러 현실 상황에서 부적절한 정서 반응을 보이는 장애)에 따른 기분·의욕·행동 및 사고의 장애증상이 심하지는 않으나, 증상기가 지속되거나 자주 반복되는 경우로서 기능 및 능력 장애로 일상생활이나 사회생활에 경미한 도움이 필요한 사람
3) 재발성 우울장애로 기분·의욕·행동 등에 대한 우울 증상기가 지속되거나 자주 반복되는 경우로서 기능 및 능력 장애로 일상생활이나 사회생활에 경미한 도움이 필요한 사람
4) 조현정동장애(調絃情動障碍)로 1)부터 3)까지에 준하는 증상이 있는 사람
5) 지속적인 치료에도 호전되지 않는 강박장애, 투렛장애(Tourette's disorder) 또는 기면증으로 기분·의욕·행동 및 사고의 장애증상이 심한 경우로서 일상생활이나 사회생활에 수시로 도움이 필요한 사람

9. 신장장애인
   가. 장애의 정도가 심한 장애인
      만성신부전증으로 3개월 이상 혈액투석이나 복막투석을 받고 있는 사람
   나. 장애의 정도가 심하지 않은 장애인
      신장을 이식받은 사람

10. 심장장애인
   가. 장애의 정도가 심한 장애인
      심장기능의 장애가 지속되며, 가정에서 가벼운 활동은 할 수 있지만 그 이상의 활동을 하면 심부전증상이나 협심증증상 등이 나타나 정상적인 사회활동을 하기 어려운 사람
   나. 장애의 정도가 심하지 않은 장애인
      심장을 이식받은 사람

11. 호흡기장애인
   가. 장애의 정도가 심한 장애인
      1) 만성호흡기 질환으로 기관절개관을 유지하고 24시간 인공호흡기로 생활하는 사람
      2) 폐나 기관지 등 호흡기관의 만성적인 기능장애로 평지에서 보행해도 호흡곤란이 있고, 평상시의 폐환기 기능(1초시 강제날숨량) 또는 폐확산능(폐로 유입된 공기가 혈액 내로 녹아드는 정도)이 정상예측치의 40퍼센트 이하이거나 안정시 자연호흡상태에서의 동맥혈 산소분압이 65밀리미터수은주(mmHg) 이하인 사람
   나. 장애의 정도가 심하지 않은 장애인
      1) 폐를 이식받은 사람
      2) 늑막루가 있는 사람

12. 간장애인
   가. 장애의 정도가 심한 장애인
      1) 간경변증, 간세포암종 등 만성 간질환을 가진 것으로 진단받은 사람 중 잔여 간기능이 만성 간질환 평가척도(Child-Pugh score) 평가상 C등급인 사람
      2) 간경변증, 간세포암종 등 만성 간질환을 가진 것으로 진단받은 사람 중 잔여 간기능이 만성 간질환 평가척도(Child-Pugh score) 평가상 B등급이면서 난치성 복수(腹水)가 있거나 간성 뇌증 등의 합병증이 있는 사람
   나. 장애의 정도가 심하지 않은 장애인
      간을 이식받은 사람

13. 안면장애인
   가. 장애의 정도가 심한 장애인
      1) 노출된 안면부의 75퍼센트 이상이 변형된 사람
      2) 노출된 안면부의 50퍼센트 이상이 변형되고 코 형태의 3분의 2 이상이 없어진 사람
   나. 장애의 정도가 심하지 않은 장애인
      1) 코 형태의 3분의 1 이상이 없어진 사람

2) 노출된 안면부의 45퍼센트 이상에 백반증(白斑症)이 있는 사람

3) 노출된 안면부의 30퍼센트 이상이 변형된 사람

14. 장루 · 요루장애인

가. 장애의 정도가 심한 장애인

1) 배변을 위한 말단 공장루를 가지고 있는 사람

2) 장루와 함께 요루 또는 방광루를 가지고 있는 사람

3) 장루 또는 요루를 가지고 있으며, 합병증으로 장피누공 또는 배뇨기능장애가 있는 사람

나. 장애의 정도가 심하지 않은 장애인

1) 장루 또는 요루를 가진 사람

2) 방광루를 가진 사람

15. 뇌전증장애인

가. 성인 뇌전증

1) 장애의 정도가 심한 장애인

만성적인 뇌전증에 대한 적극적인 치료에도 불구하고 연 6회 이상의 발작(중증 발작은 월 5회 이상을 연 1회, 경증 발작은 월 10회 이상을 연 1회로 본다)이 있고, 발작으로 인한 호흡장애, 흡인성 폐렴, 심한 탈진, 두통, 구역질, 인지기능의 장애 등으로 요양관리가 필요하며, 일상생활 및 사회생활에서 보호와 관리가 수시로 필요한 사람

2) 장애의 정도가 심하지 않은 장애인

만성적인 뇌전증에 대한 적극적인 치료에도 불구하고 연 3회 이상의 발작(중증 발작은 월 1회 이상을 연 1회, 경증 발작은 월 2회 이상을 연 1회로 본다)이 있고, 이에 따라 협조적인 대인관계가 곤란한 사람

나. 소아청소년 뇌전증

1) 장애의 정도가 심한 장애인

전신발작, 뇌전증성 뇌병증, 근간대(筋間代) 발작, 부분발작 등으로 요양관리가 필요하며, 일상생활 및 사회생활에서 보호와 관리가 수시로 필요한 사람

2) 장애의 정도가 심하지 않은 장애인전신발작, 뇌전증성 뇌병증, 근간대(筋間代) 발작, 부분발작 등으로 일상생활 및 사회생활에서 보호와 관리가 필요한 사람

16. 중복된 장애의 합산 판정

정도가 심하지 않은 장애를 둘 이상 가진 장애인은 보건복지부장관이 고시하는 바에 따라 장애의 정도가 심한 장애인으로 볼 수 있다. 다만, 다음 각 목의 경우에는 그렇지 않다.

가. 지체장애와 뇌병변장애가 같은 부위에 중복된 경우

나. 지적장애와 자폐성장애가 중복된 경우

다. 그 밖에 중복장애로 합산하여 판정하는 것이 타당하지 않다고 보건복지부장관이 정하는 경우

2) 외국의 장애범주

유럽, 미국 등 서구 선진국은 장애범주가 매우 포괄적이다. ① 신체나 정신의 기능적 장애 외에도, ② 특정한 일을 어느 정도 수행할 수 있는지의 여부에 의한 노동능력 측면에서의 장애, ③ 개인적 요인뿐만 아니라 환경적 요인에 의해 불이익을 받는 조건 등 사회적 의미의 장애 등을 포괄하여 장애범위를 채택하고 있다.[6)]

① 미국, 영국, 호주 등 일부 국가에서는 암도 장애로 인정하고 있다.
② 미국, 호주는 AIDS도 장애로 인정하고 있다.
③ 미국, 프랑스는 외형적 추형도 장애로 인정하고 있다.
④ 미국, 스웨덴, 호주는 알코올중독도 장애로 인정하고 있다.
⑤ 스웨덴, 노르웨이는 알레르기도 장애로 인정하고 있다.
⑥ 스웨덴, 호주는 당뇨도 장애로 인정하고 있다.
⑦ 또 스웨덴은 의사소통이 어려운 외국 이민자나 타인 의존자도 장애인으로 인정하고 있다.

〈표 1-3〉 장애범주의 국제비교

국가	장애인구 비율	장애범주
한국	등록장애인 수는 273만 명(2023년) 전체 인구의 5.4% 65세 이상 50%, 증가추세	• 신체적 장애 – **외부 신체기능장애** : 지체장애, 뇌병변장애, 시각장애, 청각장애, 언어장애, 안면장애 – **내부 기관장애** : 신장장애, 심장장애, 간장애, 호흡기장애, 장루·요루장애, 뇌전증장애 • 정신적 장애(지적장애, 자폐성장애, 정신장애) ※ 신규등록한 연령별은 70대>60대>80대 이상>50대>40대 순임 ※ 65세 이상 장애는 지체장애>청각장애>뇌병변장애(뇌졸중/ 중풍) 순임

6) 정무성 외(2015), 정민사.

독일	22.3%	• 신체장애(지체, 시각, 청각, 언어, 추형) • 지적장애, 정신질환, 정서장애 • 내부장애 : 호흡기, 심장, 순환기, 비뇨기, 신장, 생식기, 신진대사, 혈관, 피부
호주	17.7%	• 신체장애(지체, 시각, 청각, 언어, 안면기형) • 지적장애, 정신장애, 정서장애, 알코올중독, 약물중독 • 내부장애 : 심장, 신장, 호흡기, 당뇨, 암, AIDS 등
스웨덴	13.0%	• 신체장애(지체, 시각, 청각, 언어) • 지적장애, 학습장애, 정신장애, 정서장애, 약물, 알코올중독 • 내부장애 : 폐질환, 심장질환, 알레르기, 당뇨 • 사회적 장애 : 의사소통이 어려운 외국 이민자, 타인의존자
미국	12.7%	• 신체장애(지체, 시각, 청각, 언어), 외형적 추형, 신경계, 근골격계, 감각기관장애 • 정신질환, 발달장애, 정서장애, 학습장애, 알코올중독 • 내부장애 : 생식기, 소화기, 비뇨기, 피부, 혈액, 내분비계, 암, AIDS

4. 장애인 등록 및 등급판정제도

1) 장애인 등록 및 등급판정제도의 역사와 법적 근거

장애인 등록제도는 1988년부터 전국적으로 실시되었으며, 현행 장애인복지법 제32조에 실시 근거가 명시되어 있다. 등록장애인을 대상으로 복지서비스를 제공하고 장애 인구를 파악하며 행정적 효율성을 제고할 목적으로 시행하고 있는데(일본도 동일함), 현재 신규로 장애인 등록을 할 경우 모든 장애인은 국민연금공단에서 장애판정을 하고 등급을 심사받도록 되어 있다.

2) 장애인 등록

장애인 등록제도는 수요자 중심이 아닌 행정편의의 공급자 중심 제도로서, 장애판정을 위한 검사나 평가비용을 장애인이 전액 부담(장애 진단서 발급비용만

시·군·구에서 해당 병원에 지원)하도록 되어 있다. 현행 장애판정시스템은 국민연금공단의 장애판정 의료진이 장애판정을 맡고 있다. 미국은 주기관과 연방 사회보장국 장애판정위원회에서 장애를 판단하는데, 판정위원인 의료인 및 전문가는 미국 정부, 즉 사회보장국(The United States Social Security Administration)에서 위촉하고 있다.

5. 장애인복지실천에서의 임파워먼트

20세기 후반부터 강점중심의 사회복지실천에 있어 가장 중요한 목표의 하나가 클라이언트의 임파워먼트(empowerment) 형성이라고 할 수 있다. 즉, 클라이언트 스스로가 자신의 삶에 대해 대처능력을 개발해 나가도록 하는 것이 사회복지실천의 가장 중요한 과업이라고 볼 수 있다. 따라서 장애인복지실천에 있어서도 임파워먼트가 그대로 적용되고 요구된다고 할 것이다.

임파워먼트에 대한 사전적 정의는 '힘 혹은 권한을 부여함 – 능력을 부여함, 허락함' 등이며, 이는 힘이 한 사람에서 또 다른 사람에게 주어질 수 있음을 함축하고 있다. 사회복지 실천현장에서도 사회복지사의 임파워먼트는 매우 중요하다. 사회복지기관의 핵심적인 활동은 클라이언트와 사회복지사와의 관계 속에서 이루어지고 사회복지사의 활동에 의해서 사회복지조직의 효과성이 결정된다는 사실에 기초해 볼 때, 사회복지사의 임파워먼트는 사회복지기관의 효과성 제고에 있어 참으로 중요한 요인이 된다고 하겠다.

임파워먼트라는 용어는 힘(power)에서 유래된 것이며, 힘은 자기 자신이 원하는 무엇을 얻을 수 있는 능력, 타인의 생각, 느낌, 행동에 영향을 미칠 수 있는 능력을 말한다. 임파워먼트는 자신의 삶에 대한 통제권과 자율권을 의미하는 것으로, 즉 어느 한 개인의 임파워먼트는 자신에 대한 삶과 환경을 얼마만큼 자율적으로 조정하고 통제할 수 있는지와 관련된 개념이라고 할 수 있다.

이렇게 볼 때 장애인복지실천의 가장 중요한 과업은 장애인 스스로가 자신의 삶에 대해 대처능력을 개발해 나가도록 하는 것이라고 할 수 있으며, 이를 가능케 하는 것이 바로 사회복지사의 임파워먼트다. 임파워먼트는 장애인을 문제중심으로 보는 것이 아니고 강점중심으로 봄으로써 장애인의 잠재역량 및 장애인도 할 수 있음을 인정하고(자기암시, 자기최면을 걸어주는 것), 장애인 안팎에 그가 지니고 있는 문제에 대한 해결능력 내지는 회복력이 있다는 것을 전제로 하여 장애인이 건강한 삶을 결정할 수 있도록 힘을 부여하고자 하는 것이다. 즉, 장애인을 강인한 사람으로, 스스로 자립 가능하도록 하는 것을 궁극의 목표로 한다. 따라서 임파워먼트는 장애인과 사회복지사가 동반자(파트너)로서 함께 임하는 협력의 과정이며, 장애인은 자기 스스로를 변화에 영향을 미칠 수 있는 주체로 인식해야 한다. 그리고 사회복지사는 장애인이 가지고 있는 잠재력과 능력을 개발시키고자 노력해야 하며, 힘이 부족할 경우 다른 체계와 협력하여 역량을 강화해 나가야 한다.

임파워먼트 모델에 입각한 장애인복지실천은 장애인의 문제나 약점을 파악하려 하기보다는 강점과 잔존능력을 확인하고 이를 개발하여 더욱 극대화하는 방향으로 나아가기 때문에 장애인복지실천의 기본적 가치(즉, 인간의 존엄성과 가치, 개별성에 따른 자기결정권 보호, 자립생활 등) 실현에도 도움이 된다.

6. 장애의 벽을 허물고 성공한 인물들

1) 우리나라

(1) 김용준 전 대법관/ 헌법재판소장

김용준 전 헌법재판소장은 세 살 때 소아마비를 앓아 지체장애 2급(현 장애의 정도가 심한 장애인) 판정을 받았으며, 부친이 6·25 때 납북되면서 편모 슬하에서 자랐다. 그는 다리가 불편해 어머니 등에 업혀 학교에 다녔고, 서울고등학교 2학년 때 검정고시를 봐서 서울대학교 법학대학에 입학하였으며, 대학 3학년이던 만 19세 때 제9회 고등고시(현 사법시험)에 수석 합격했고, 만 22세 역대

최연소 나이에 판사로 임용됐다. 1988년 지체장애인으로는 처음으로 대법관에 임명되었고, 1994년 대법관에서 물러난 뒤 곧바로 제2대 헌법재판소장이 되었으며, 이후 사회복지공동모금회장도 역임하였다.

(2) 김신 대법관

소아마비 지체장애인으로 서울대학교 법학대학을 졸업하고 사법시험에 합격 대법관까지 올랐던 인물이다.

(3) 최영 부산지방법원 판사

서울대학교 법학대학을 졸업한 우리나라 최초의 시각장애인 판사로, 그는 고3 때 점차 시력이 나빠지는 '망막색소변성증' 진단을 받았다. 서울대학교 법학대학 입학 후 시각장애 3급(현 장애의 정도가 심한 장애인) 판정을 받은 그는 현재 밝기만 구별할 수 있는 중증 시각장애인이다. 후천적으로 얻은 질병이라 점자를 모른다. 이 때문에 당시 사법연수원 교수와 직원들은 모든 교재와 기록을 음성으로 변환되는 텍스트 파일로 준비했다. 연수생이 보는 두꺼운 기록 자료들을 일일이 타이핑한 뒤, 음성변환 파일로 전환하는 방식이었다. 교수들은 수업 내용을 칠판에 적을 때 반드시 말로 풀어서 설명했고, 시험 문제도 두 번 출제했다고 한다. 시험 시간은 일반 연수생의 1.5~2배로 제공되었고, 음성파일은 속도가 엄청나게 빨라 제대로 알아들을 수 없을 정도였는데, 이를 귀로만 듣고 문제를 이해하고 답안을 작성했다고 하니 정말 엄청난 일이었다. 이렇게 해서 사법연수원 41기생 1,030명 가운데 상위 40위권 내에 드는 우수한 성적으로 졸업한 그는 서울북부지법 판사를 거쳐 현재 부산지방법원 판사로 재직하고 있다.

(4) 신순규 미국 월가의 시각장애인 애널리스트(analyst)

선천적 안구 질환으로 9세 때 완전히 시력을 잃었으며, 일본 출판사의 점자 악보까지 구해준 어머니의 권유로 피아노를 배웠고, 서울맹학교에 다니던 중 15세에 미국 필라델피아로 유학을 가게 되었다. 시각장애 학생 중창단 반주자로 미국 공연을 갔다가 한 선교사의 초청을 받게 되어 유학길에 오르게 된 것이다. 미국에 도착해서 만난 데이비드 부부가 그를 친아들처럼 돌봐주었으며 장애인 특수학교가 아닌 일반고교를 거쳐 하버드 대학교 심리학과에 입학했고 졸업 후 MIT 경영학 석박사 과정을 거쳐 JP모간에 들어갔고 이후 미국 프라이빗뱅크(부유층을 위한 전문은행) 애널리스트가 되었다. 그가 말하기를, "실현하기 어려워 보이는 꿈을 가지세요. 대신 현실을 정확히 파악하고 몇 배의 노력을 하세요. 무엇보다 지금 당장 좌절을 겪어도 불행해하지 마세요. 무엇이든 언젠가는 쓰임이 있습니다. 제가 그 증거입니다"라고 말했다고 한다. 지금도 미국에서 증권분석 전문가로 활동하고 있다.

(5) 강영우 박사

전맹의 시각장애인 고(故) 강영우 박사는 미국 피츠버그 대학교 철학 박사였고 미국 백악관 국가장애위원회 정책차관보, UN 세계장애인위원회 부의장, 미국 노스이스턴 일리노이 대학교 특수교육학과 교수를 역임하였다.

2) 외 국

(1) 프랭클린 루즈벨트 대통령

미국 제32대 대통령으로 4선까지 했던 프랭클린 루즈벨트(Franklin Roosevelt)는 양하지마비의 소아마비 지체장애인이었다.

(2) 헬렌 애덤스 켈러

미국의 작가이자 정치 활동가 및 교육자였던 헬렌 애덤스 켈러(Helen Adams Keller, 1880년 6월~1968년 6월)는 시각·청각 중복 장애인으로, 그녀는 스승 앤 설리번 여사의 지지와 도움으로 장애를 극복하고 많은 집필 활동을 했고, 또 여성의 선거권과 참정권, 비참한 노동환경에서 일하던 노동자의 인권을 위해 투쟁함으로써 자본주의를 극복하고자 한 사회주의 운동가로서 활동하기도 했다. 미국의 사회복지 사업가였고, 전 생애를 맹아·농아를 위해서 헌신적인 삶을 살았다.

헬렌 켈러는 1880년 6월 27일 미국에서 태어나 생후 19개월 때 무서운 열병에 걸려서 시력, 청력, 언어 발생력을 상실하여, 눈이 보이지 않고 귀도 들리지 않고 말도 하지 못하는 치명적인 장애를 갖게 된다. 그로 인해 밝고 활달했던 헬렌 켈러는 세상과 차단되어 제멋대로인 아이로 살다가 7살 때 20살인 가정교사 앤 설리번을 만나게 된다. 설리번이 처음으로 본 헬렌 켈러는 이미 7세가 되었는데도 아무런 교육이 되어 있지 않았고 손으로 음식을 먹고 마음에 들지 않으면 닥치는 대로 주위의 물건을 집어 던지는 야수 그 자체였다. 그날부터 설리번과 헬렌의 싸움이 시작되었다. 단지 울어대는 것과 소리를 지르는 것으로 의사를 표현해 왔던 헬렌은 엄격한 교육에 온몸으로 반항했다. 그럼에도 불구하고 설리번은 신중하고 끈기 있게 단 하나 남아 있는 인식의 창구인 헬렌의 촉각을 통해서 자극을 주기 시작하였다. 이런 헌신적인 교육의 힘이 바탕이 되어 헬렌 켈러는 나중에 하버드 대학도 졸업하게 되고, 『내 삶의 이야기』(1902), 『암흑 속에서 벗어나』(1913), 『나의 종교』(1927), 『사흘만 볼 수 있다면』(1933) 등 수많은 책들도 집필하였다.

(3) 필립 크루아종

26세 때 지붕 위에서 TV 안테나를 치우다가 2만 볼트에 이르는 고압선에 감전되는 사고로 팔과 다리를 절단한 프랑스의 필립 크루아종(Philippe Croizon)은 5개 대륙을 잇는 해협 4곳(홍해 · 지브롤터 · 베링 · 우통)을 수영을 해서 건넜다. 사지(四肢)가 없는 사람이 4개 해협을 횡단한 것은 처음이라고 한다.

(4) 오스카 피스토리우스

남아공의 '의족 스프린터' 오스카 피스토리우스(Oscar Pistorius)는 2012년 런던 올림픽 남자 400m와 1600m 계주에 출전한 바 있다. 그는 태어날 때부터 두 종아리뼈가 없었고, 생후 11개월 때 무릎 아래를 모두 절단했다. 의사들은 "평생 제대로 걸을 수 없을 것"이라고 했지만, 피스토리우스는 의족을 신고 동네를 누볐고, 럭비 · 레슬링 등 각종 운동을 섭렵했으며, 17세 때 육상에 입문해 패럴림픽(장애인올림픽)을 휩쓸었다. 2004년 아테네 패럴림픽 200m 정상에 오른 후 그는 올림픽 도전을 선언했으나 국제육상경기연맹은 "경기용 의족이 경기력에 도움이 된다"며 반대했다. 그는 굴하지 않고 2008년 스포츠중재위원회(CAS)에 제소했고, 결국 승소했다. 2011년에는 생애 첫 세계육상선수권대회 출전을 이루어 냈고, 2012년 제30회 런던올림픽에도 출전했다.

(5) 스티븐 호킹 박사

영국의 천체(우주)물리학자 스티븐 호킹(Stephen Hawking) 박사는 케임브리지 대학교 박사과정을 시작한 해(1963년, 당시 21세)에 루게릭병(근육이 위축되는 질환) 진단을 받은 뒤 마비가 진행되어 몸의 거의 모든 부분을 움직일 수 없게 되었고, 그럼에도 불구하고 장애를 이겨내고 아인슈타인 이후 최고의 물리학자로 인정받았던 인물이었다.

(6) 레나 마리아

스웨덴이 낳은 세계적인 가스펠 가수 레나 마리아(Lena Maria)는 두 팔 없는 장애인 가수로 천상의 목소리를 가지고 희망을 노래하며 세계를 감동케 하고 있다.

CHAPTER 02

장애인에 대한 에티켓

CHAPTER 02

장애인에 대한 에티켓

1. 기본적 인식

장애인에게 도움을 주려고 할 경우 먼저 도움이 필요한지, 또는 어떻게 도우면 좋을지를 반드시 물어보고 한다. 일방적으로 행동을 하다가는 장애인으로부터 거절당할 수도 있다. 장애인 혼자만의 힘으로 하지 못할 때 도움이 필요하다고 보면 될 것이다. 반드시 장애인이 동의나 승낙을 받은 후에 도와주어야 한다. 그리고 도와줄 때 과다한 감정표현은 좋지 않고, 정확하고 안전하게 보조하는 것이 중요하다. 장애인의 사회활동 참여에 대해서도 원칙적으로 모든 활동에 참여할 수 있도록 제한을 두지 않아야 하며, 활동에 참여할지 여부도 순전히 장애인의 의사에 따라 결정하도록 하여야 한다. 약속장소를 정하는 데 있어서도 교통수단, 편의시설의 유무, 해당 장애인에게 익숙한 장소 등 장애 특성에 맞는 접근성을 고려하여 정하도록 한다. 장애인과 함께 식사하기 위해 장소를 정할 때도 만나고자 하는 장애인이 특별한 요구가 있는지 미리 확인해 보고, 테이블의 높낮이 확인, 조명 확인 등 장애 특성을 고려한 장소를 선택하는 것이 좋다. 시각장애인과 식사를 할 경우 식사나 대화를 방해할 수 있는 식탁 위 장식물에 유의해야 한다. 식탁 위에 물건들이 놓여 있으면, 시각장애인의 손 움직임을 방해할 수 있고, 청각장애인이 한국수어(수화)나 독화를 할 때 시선을 방해할 수 있기 때문이다. 메뉴 선정에 있어서도 상지장애인이나 시각장애인이 먹기에 불편한 음식은, 도와줄 수 있다는 의사표현을 주문 전에 미리 표현함으로써 메뉴선택의 폭을 넓혀줄 수 있다. 양팔 장애인, 시각장애인의 경우 식사보조를 해주어야 할 것이다.

2. 장애를 소재로 한 대화를 나눌 경우

장애인은 신체적인 장애로 인한 좌절감을 수반할 수 있는데, 장애인과 대화 시 장애인 스스로 먼저 자신의 장애에 대해 이야기하지 않는 이상 상대방이 장애를 궁금해하며 묻게 되면 자칫 반감을 가져올 수도 있으므로 주의해야 한다. 친한 관계가 아니라면 장애인의 사생활에 대한 대화는 삼가는 것이 좋다. 장애와 관련된 대화에 대한 거부감의 정도는 개인별로 심리상태에 따라 차이가 있을 수 있다. 장애에 관한 정보는 그 사람의 사생활(privacy) 영역에 포함되므로 사적인 정보가 노출되지 않도록 유의할 필요가 있다. 그러므로 상대방이 먼저 말하지 않는 한, 그 사람의 장애에 관해 먼저 이야기하는 것은 삼가야 한다. 일반사회가 장애인이나 보장구에 대해 친숙해져 '장애=개인의 특성 중 하나'라는 사회적 인식이 자리 잡혀 있지 않다면 단순히 호기심에 의한 대화는 하지 않는 것이 좋다.

3. 장애인 보장구 관련 에티켓

장애인이 사용하는 휠체어, 목발, 기타 보장구들은 개인의 사적인 물건인 동시에 그 자체로서 장애인의 신체 일부에 해당하므로 사용자의 허락 없이 사용해서는 안 된다. 특히 사용자가 닿지 않는 곳으로 옮겨놔서도 안 된다. 어떤 장애인들은 자신의 일상생활을 도와주는 장애인 보조견(시각장애인 도우미견, 청각장애인 도우미견 등)을 데리고 다니는데 이러한 개를 쓰다듬거나 음식을 먹이는 등의 행위는 삼가야 한다. 목발 이용자나 시각장애인이 넘어졌을 때 부축해서 일으키지 않도록 하고, 도움을 주는 쪽에서 팔을 내밀어 주거나, 목발이나 흰 지팡이를 장애인의 손이 닿는 곳에 가져다주어 스스로 일어나는 것을 보조하는 정도에서의 도움이 좋다. 또 휠체어 이용자나 목발 이용자 등 사용하는 보장구의 특성에 따라 좌석 배치 시에도 세심한 배려가 필요하다. 특히 휠체어 보조 시 장애물 턱 넘기, 경사로와 계단 오르내리는 부분 등에 주의가 필요하다.

4. 지체장애인에 대한 에티켓

지체장애는 이동 혹은 신체적 과제를 수행하는 능력에 영향을 주는 장애로 개인마다 독특하게 나타난다. 지체장애인은 주로 휠체어나 목발 등의 보장구를 사용하게 되는데, 이하 지체장애인을 대할 때 기본적인 에티켓을 알아보기로 한다.

1) 출입문과 엘리베이터에서

① 장애인이 오면 문을 열어주거나 문을 잡아준다. 장애인의 팔이나 지팡이, 휠체어를 잡아주는 것보다 문을 잡아주는 것이 더욱 편리하다. 왜냐하면 출입문을 두 사람이 통과하기보다는 혼자 통과하는 것이 더 쉽기 때문이다. 문을 잡아줄 때는 사람이 완전히 통과할 때까지 잡아주고 문을 닫을 때는 장애인의 손가락이 문틈에 끼이지 않도록 주의한다.

② 엘리베이터를 잡아주는 것도 출입문을 잡아주는 것과 같은 요령으로 하면 된다. 장애인이 완전히 엘리베이터를 탈 때까지 엘리베이터 문을 잡아주고, 엘리베이터 문을 닫을 때는 보장구가 엘리베이터 문에 끼이지 않도록 주의한다. 엘리베이터 밖에서 장애인을 도울 때는 장애인이 엘리베이터 안에 있는 버튼을 누를 수 있는지 또는 버튼까지 손이 닿는지 물어보아서 도움이 필요하다면 대신 눌러준다.

2) 휠체어를 밀어줄 때

① 휠체어를 밀어줄 때는 휠체어 사용자에게 도움이 필요한지를 먼저 묻는다. 휠체어 사용자에게 밀어주겠다는 의사표시 없이 휠체어를 밀게 되면 사고의 위험이 있다. 그리고 내리막길이나 오르막길에서 휠체어 사용자에게 알리지 않고 휠체어를 놓는 것은 위험하다.

② 모터가 장착된 전동휠체어는 사용자가 조종하도록 고안되어 있으므로 밀어주는 것이 불필요할 수도 있다. 그러나 전동휠체어는 정교하고 예민해서 고장이 잘 나는 경향이 있으므로 도움이 필요하다. 램프의 경사가 급해서 모터의 힘이 약할 때나 바닥이 미끄럽거나 경사로 길이 울퉁불퉁하여 바퀴가 잘 구르지 않을 때는 도움이 필요하다.

③ 수동휠체어는 도움이 매우 많이 필요하다. 수동휠체어는 사용자가 손으로 바퀴를 밀어 움직이기 때문에 사용자가 쉽게 피로를 느낀다. 어떤 사람은 휠체어를 타고 두꺼운 카펫 위를 지날 때나 가파른 언덕길을 오를 때, 또는 피로할 때 다른 사람이 밀어주기를 좋아하는 반면 어떤 장애인은 도움받는 것을 싫어한다.
그리고 도움을 주고자 하는 사람이 휠체어를 밀어주는 것을 편안하게 느끼는 사람이 있는가 하면 불안해하는 사람도 있다.

④ 수동휠체어를 밀어줄 때 생기는 대부분의 문제는 밀어주는 사람이 휠체어의 모양이나 특성을 잘 모르기 때문에 발생한다. 휠체어는 바닥의 작은 돌출물에 부딪혀서 휠체어를 탄 사람이 쉽게 바닥에 떨어질 수 있을 만큼 불안정하므로 조심하며 도와주어야 한다.

⑤ 휠체어를 밀어줄 때는 휠체어 크기와 발판이 튀어나와 있음을 주의해야 한다. 옥외에서는 지형에 유의하고, 움푹 패인 곳이나 질척한 곳은 피해야 한다. 휠체어를 밀어줄 때는 천천히 밀어주고 장애인이 어디로 가기를 원하는지를 물어본 후 밀기 시작한다.

3) 계단과 턱에서

① 하지에 장애를 가지고 있는 사람들에게 계단이나 도로의 턱은 이동하는데 커다란 장애물이 된다. 남의 도움 없이 통과할 수 있는 계단은 그 사람의 장애 정도에 따라 다르다. 어떤 사람은 계단이 높지 않으면 휠체어를 타고도 남의 도움 없이 한 개 또는 그 이상의 계단을 올라갈 수 있는 사람이 있는 반면 도움이 꼭 필요한 사람이 있다. 이러한 차이는 휠체어 사용자의 힘과 휠체어를 다루는 기술 그리고 휠체어 형태에 달려 있다.

② 계단을 오를 때는 휠체어를 뒤로 눕혀 앞바퀴가 들리도록 하여 밀고, 계단을 내려올 때는 휠체어 사용자에게 앞으로 내려오는 것이 좋은지 뒤로 내려오는 것이 좋은지 물어본 다음 어느 쪽으로 내려오든지 휠체어 앞바퀴가 들리도록 한 상태로 내려오면 된다. 이때 휠체어 사용자의 상체가 휠체어 등받이에 붙도록 하여야 한다.

③ 보행장애인은 가파른 계단을 이용하기 어렵다. 그러나 잡을 수 있는 견고한 난간이 있으면 남의 도움 없이 계단을 이용할 수 있다. 보행장애인의 계단 이용을 도와줄 때는 장애인 옆으로 걸으면서 팔을 뻗어 장애인이 팔을 잡아 의지하고 균형을 유지할 수 있도록 한다. 더 큰 도움이 필요할 경우는 팔로 장애인의 허리를 부축하고 계단을 오르내리면 된다. 계단을 오르내릴 때 장애인의 팔을 잡는 것은 별로 도움이 되지 않으며 균형을 잃어 넘어지게 할 수도 있다.

④ 장애인이 남의 도움 없이 계단을 이용하는 경우 내려올 때는 앞에서, 올라갈 때는 뒤에서 만약의 사고에 대비하는 것이 필요하다. 이렇게 함으로써 장애인이 비틀거리거나 넘어지려고 할 때 잡아줄 수 있다.

4) 넘어졌을 때

장애인은 행동의 부자유로 인해 자주 넘어지게 된다. 넘어지는 것은 피할 수 없는 경우도 있지만 많은 경우 다른 사람이 건드리거나 부딪혀 넘어지게 되므로 보행 중인 장애인과 부딪히지 않도록 조심해야 한다. 장애인이 넘어지면 본능적으로 팔을 내밀어 도와주게 되는데 사람에 따라서는 도움이 필요한 경우도 있지만 혼자 일어나는 것이 더 편하고, 그렇게 하는 것을 좋아하는 사람도 있다. 그러므로 넘어진 장애인을 도와줄 경우에는 도움이 필요한지를 묻고 그렇지 않으면 넘어진 사람을 잡지 말고 팔을 내밀어 잡고 일어서도록 하는 것이 좋다.

5) 만날 장소를 선택할 때

장애가 있는 친구를 만나기 위하여 공공장소를 선택할 때는 사전에 건물에 편의시설이 설치되어 있는지를 알아본다. 가능하면 만날 장소에 대해 충분한 지식이 있는 곳을 선정하여 장애인에게 건물의 편의시설 설치 정도를 알려주어 그로 하여금 접근 가능성을 판단하도록 하는 것이 좋다. 그리고 미리 전화를 통해 만날 장소의 접근성에 대해 알아볼 수 있다. 그러나 이렇게 얻는 정보는 전적으로 믿을 만한 것이 못 된다. 장애를 가지고 있지 않은 사업주나 종업원들은 편의시설이나 편의시설의 중요성을 잘 알지 못하는 경우가 있기 때문이다. 그러므로 의심스러울 때는 장애인에게 어디에서 만나는 것이 좋은지 묻는다. 장애를 가지고 있는 친구는 본인이 접근 가능한 음식점, 극장, 그 밖에 공공장소를 잘 알고 있는 경우가 많다. 밖에서 만나기가 어렵다고 생각되면, 친구를 집으로 초대하는 것도 좋은 방법이다. 그러나 일반주택이나 아파트가 공공장소보다 더 불편할 수도 있다. 또한 장애인을 내 집으로 오라고 하기보다는 비장애인 친구가 자기 집을 방문하는 것을 더 좋아할 수도 있으므로 서로 의사소통을 통해 정한다.

6) 교통편에서

장애인이 행사나 모임에 가고 올 때 교통수단이 문제가 되기도 한다. 그러나 이동에 장애가 있다고 해서 불가능한 것은 아니고, 약간의 편의만 제공되면 이동하는 것이 가능하다. 어떤 장애인들은 쉽게 일반 대중교통수단을 이용할 수 있다. 휠체어 사용자들은 휠체어 때문에 대중교통수단을 이용하기가 어려울 수 있다. 수동휠체어는 차량에 실을 수 있도록 접을 수 있어서 간단하나, 전동휠체어의 경우는 그렇지 않다. 차량이나 휠체어 형태에 따라 휠체어를 차 뒤 트렁크나 뒷좌석에 싣기도 하지만, 차 밖에 특수장치를 달아야 하는 경우도 있다. 보통 휠체어 사용자들은 평상시에는 큰 휠체어나 모터가 장착된 전동휠체어를 사용하고, 자동차로 여행을 할 때는 작은 휠체어를 사용한다. 휠체어 사용자 중에는 남의 도움 없이 차에 타고 휠체어를 접어 실을 수 있으나, 도움요청이 있어 도울 때는 먼저 무엇을 어떻게 도와야 할지를 사용자로부터 알아본 후에 도와주어야 한다. 왜냐하면 사람마다 도움이 필요한 정도가 달라 모든 장애인들에게 적용되는 최선의 방법에는 정답이 없기 때문이다.

장애인이 차에 타는 것을 도울 때는 머리를 흩트리거나 옷이 구겨지지 않도록 조심해서 도와주어야 한다. 최선의 노력을 다했는데도 장애인의 용모를 흩트려 놓았을 때는 용모를 단정하게 고치는 것까지도 도와주는 것이 좋다. 특장차(특수장치가 되어 있는 차)와 같이 휠체어를 타고 램프나 리프트를 이용해 오르내릴 수 있는 차는 휠체어 사용자가 휠체어에서 내릴 필요가 없다. 이러한 특수장치가 되어 있는 차를 이용하면 휠체어 사용자가 쉽고 빠르게 여행을 할 수 있다. 차가 있는 장애인들은 행사나 모임에 오고 갈 때 자기 차를 이용하는 것을 좋아한다. 이와는 달리 차가 없는 장애인들에게는 모임이나 행사가 있을 때 가능하면 교통편을 제공해 주는 것이 좋다.

7) 대중음식점에서

대부분의 사교모임은 음식을 먹으면서 하며, 따라서 친구들 간에 대중음식점에서 식사를 자주 하게 된다. 장애가 있는 사람 중에는 음식을 씹거나 많은 사람이 있는 데서 대화하는 것이 곤란하여 대중음식점을 싫어하는 경우도 있다. 장애인과 식사 시 음식점을 선택할 때는 식탁이나 의자의 배열이 널찍하게 되어 있는 곳을 선택하고 만약 음식점이 크다면 현관에서 멀지 않은 테이블에 앉는 것이 좋다.

손과 팔에 장애가 있는 사람은 음식을 먹는 데 어려움이 있을 수 있다. 이런 때에는 음식을 잘라주거나 반찬의 배열을 편하게 해주어 음식을 먹기 좋게 해준다. 대부분의 사람들은 공적인 자리에서 이러한 도움을 부탁하기가 쑥스럽기 마련이다. 그러므로 장애인이 부탁하기 전에 도와주겠다고 표현하는 것이 좋다. 그리고 도와주겠다는 표현은 음식을 주문하고 난 후보다 주문하기 전에 미리 하는 것이 좋다. 손이나 팔에 장애가 있는 사람이 음식을 먹을 때 누군가 도와줄 사람이 있으면 먹기 편한 음식을 주문하기보다는 먹고 싶은 것을 주문할 수 있기 때문이다.

8) 대중음식점에서 장애인 손님을 맞을 때

대중음식점 고용인들이 이동장애가 있는 고객에게 더 좋은 서비스를 제공하기 위해서는 우선 좌석 선정 시 보다 넓은 식탁을 배정해 주는 것이 좋다. 다른 사람들이 장애인의 휠체어를 지나쳐 다니거나 목발을 건드릴 수 있는 위치를 배정하지 않도록 한다. 휠체어 장애인에게는 아래에 다리를 둘 수 있는 식탁을 배정하면 좋다. 목발이나 보행기 등을 사용하는 장애인들에게는 벽 가까운 곳에 좌석을 배정하고, 앉고 일어서는 데 어려움이 있는 장애인에게는 팔걸이가 있는 견고한 의자를 제공하며, 넓거나 여러 층으로 된 음식점에서는 입구에 가까운 곳을 지정해 준다. 가까운 좌석이 바로 없다면 그 고객이 다른 좌석에 앉기를 원하는지 혹은 가까운 좌석에 배정될 때까지 기다릴 것인지를 묻는다.

휠체어를 이용하는 장애인은 장애유형, 음식점 의자의 형태, 그리고 자신의 선호도에 따라 음식을 먹기 위해 일반의자로 이동할 수 없을 수도 있다. 장애인이 휠체어에 앉아 있고자 한다면 일반의자를 치워주고, 장애인이 휠체어를 밀어주기를 원하는지 확인하며 어디에 앉게 될 것인지 알려준다. 이러한 경우 다른 동반자가 아닌 장애인 본인과 직접 의사를 나누는 것이 좋다. 손님이 팔에 장애가 있다면 물건들을 그가 접근하기 쉬운 곳에 놓고, 음식을 먹기 편하게 제공하고 음료를 위해서 빨대를 준비하며, 그가 혼자서 식사를 할 때 뷔페와 같이 직접 가서 음식을 담아야 하는 경우에는 이를 도와주는 것이 좋다.

9) 휠체어 이용 장애인과 대화할 때

휠체어 이용 장애인과 대화를 나눌 때는 대개 앉아서 이야기하는 것이 눈높이를 맞출 수 있으므로 최선의 방법이다. 날씨가 좋은 날 외부에 있는 경우 햇볕으로 인해 눈이 부실 수 있으므로 장애인이 해를 등지고 앉도록 하거나 그늘진 곳으로 자리를 옮긴다. 대화가 길어지면 좌석에 앉도록 하고, 의자나 앉을 만한 곳이 없다면 다른 곳으로 자리를 옮기도록 제안한다. 웅크리거나 쭈그리고 앉게 되면 불편하고 때로는 고통스러울 수 있으므로 편안한 자세로 앉도록 배려하며, 서 있든지 앉아 있든지 간에 다른 사람들과 마주 보며 대화할 수 있도록 해준다.

5. 시각장애인에 대한 에티켓

시각장애인은 이동을 위해서 시각장애인 안내견이나 흰 지팡이를 사용한다. 시각장애인 안내견은 시각장애인이 걷는 방향을 따라 안전하게 길을 안내하도록 특수하게 훈련받은 동물이다. 안내견은 보통 개를 묶는 긴 끈 대신에 짧은 견장을 두른 견복을 입고 있다. 흰 지팡이는 장애물을 감지하고 앞 방향을 찾는 데 사용되는데, 보통 끝의 뾰족한 부분은 빨간색이나 노란색으로 되어 있다. 이하 시각장애인을 대할 때의 에티켓에 대하여 알아보면 다음과 같다.

1) 길 알려주기

시각장애인에게 길을 가르쳐 줄 때 가장 중요한 것은 정말 그 위치를 정확하게 알고 있는지를 생각하여야 한다. 만일 적절한 도움을 제공할 수 있다고 생각되면 가능한 한 정보를 구체적으로 알려준다. 도움을 줄 때는 숫자를 사용해서 위치를 정확하게 설명한다. 예를 들어, 앞으로 직진 50미터를 가서 거기서 우측으로 10미터 걸어가면 된다는 식으로 상세히 설명해 준다.

2) 걸을 때

시각장애인과 함께 걸을 때는 팔을 시각장애인에게 내준다. 팔을 잡고 걷게 되면 훨씬 수월하게 걸을 수 있다. 팔은 팔꿈치 부분이나 팔꿈치 위를 잡게 하는 것이 좋다. 반대로 시각장애인의 팔을 잡고 이끄는 형태가 되어서는 안된다. 만일 시각장애인이 당신의 팔을 잡는 것을 좋아하지 않으면 시각장애인이 만질 수 있을 정도로 가깝게 붙어 걷는다. 시각장애인이 팔을 잡을 때는, 갑자기 돌거나 또는 움직이는 행동을 하지 않는다. 계단, 엘리베이터 또는 예외적인 어떤 곳에 접근할 때는 우선 멈춰 서서 처한 상황을 설명해 준다. 뒤로 돌 때는 팔을 잡은 채로 같이 돌지 말고 시각장애인에게 방향 바꾸는 것을 이야기하고 팔을 놓으라고 한 다음 앞으로 얼굴을 마주 보면서 방향을 바꾸고 다시 팔을 잡도록 한다. 문이 닫혀 있는 곳에 있을 때는 돕는 사람이 문을 열어주거나 또는 시각장애인의 손을 손잡이에 갖다 대주어 시각장애인이 직접 열도록 한 다음 안으로 안내를 해준다. 회전문의 경우에는 어느 쪽으로 열리는지를 말해주어야 한다.

3) 흰 지팡이

흰 지팡이는 안내견과 마찬가지로 많은 기능을 할 수 있는 시각장애인을 위한 장애인보장구다. 흰 지팡이의 뾰족한 끝으로 땅을 더듬으면서 걷고 턱을 찾고 장애물을 탐지한다. 흰 지팡이 역시 시각장애인의 발이나 마찬가지이므로, 시각장애인의 허락을 받지 않고는 지팡이를 만지지 말아야 한다. 시각장애인이 흰 지팡이를 가지고 돌아다닐 때는 천천히 이동하고, 아무 때나 도와주어야 할 필요는 없으며, 커다란 어려움이 보이기 전까지는 스스로 보행하도록 맡겨두는 것이 좋다. 시각장애인이 흰 지팡이를 사용하여 걸을 때는 흰 지팡이의 반대편에 서서 당신의 팔(팔꿈치 부분)을 잡게 내어주면 좋다.

4) 소 음

시각장애인은 그들의 주변 환경에 관한 정보의 대부분을 소리를 통해서 얻는다. 지나치게 큰 소음은 사람의 목소리나 교통신호 등과 같은 중요한 소리를 듣는 데 혼동을 준다. 시각장애인이 다 지나가거나 소리를 완전히 파악할 때까지는 큰 소음을 통제해 주는 것이 좋다. 예를 들면, 시각장애인이 사무실에 들어올 때는 복사기 소리를 내지 않는다든가, 안전하게 거리를 건널 수 있도록 경적을 울리지 않는다든가, 시각장애인이 처음으로 집을 방문했을 때 음악소리를 줄여주는 등 배려를 해주는 것이 좋다. 만일 공사장의 작업소리, 비행기 지나가는 소리 등 부득이하게 소리를 통제해 주지 못하는 경우에는 친구나 지나가는 사람이 소리에 대해 설명해 주면 도움이 된다.

5) 음식점에서

시각장애인과 함께 식사를 계획할 때는 음식점을 선택하기 전에 시각장애인에게 먼저 어떤 특별한 욕구가 있는지를 물어본다. 만일 시각장애인이 약간의 시력을 가지고 있다면 어두운 분위기를 싫어할 것이다. 테이블에 도착했을 때 시각장애인이 자신의 의자에 앉을 수 있도록 돕는다. 테이블 위의 촛불, 꽃병 같은 것은 시각장애인으로부터 멀리 놓는다. 테이블 위에 이미 놓여있는 음료나 과자, 빵 또는 먹을 것이 있다면, 시각장애인에게 그것들에 대해 자세히 이야기해 준다. 또 메뉴를 결정할 때 시각장애인에게 다양한 메뉴와 가격을 읽어주고, 먹기 어려운 음식을 먹는 것을 도와주려면 주문을 하기 전에 미리 시각장애인에게 말을 해주어 시각장애인의 메뉴 선택의 폭을 넓게 해준다. 음식이 도착하면 시각장애인에게 음식에 대해 설명해 준다. 어떤 시각장애인은 간단한 설명으로도 알아들을 수 있지만 어떤 시각장애인은 자세히 설명을 해주어야 알아들을 수 있다. 어떤 경우에 주문한 음식에 이상한 것이 들어 있거나 또는 먹어서는 안 될 장식용 물건이 있을 수도 있다. 이러한 것들은 처음부터 끝까지 잘 알려주어야 한다.

6. 청각 · 언어장애인에 대한 에티켓

청각 · 언어장애는 외형적으로 드러나지 않기 때문에 그 사람이 장애인인지 아닌지 주변에서 잘 모르는 경우가 많다. 청각장애인을 만나면 우선 한국수어(수화), 지화(指話), 필담(筆談) 중 가장 좋은 의사소통 방법을 확인하는 것이 좋다.

1) 청각장애인과 말하기

청각장애인과 대화를 나눌 때는 적당히 크고, 일정한 소리로, 약간 느린 속도로, 분명하고 바른 입 모양으로, 간략하게 이야기하는 것이 좋다. 말끝을 흐리지 않도록 유의하고, 한 문장을 말하고 약간 쉰 후 다음 문장을 말한다. 새로운 주제에 대해 이야기하고자 할 때 얼마간 시간을 두고 이야기한다. 이야기 도중 다른 상황(전화벨이나 초인종이 울린 경우 등)에 처한 경우 이를 설명해 준다.

2) 청각장애인과 글로 의사소통하기

글로 의사소통하는 방법은 구화법을 사용할 수 없는 경우나 주소, 버스나 기차 시간, 의약품명 등 중요한 정보를 제공할 때 매우 유용하다. 청각장애인에게 글을 쓸 때는 필체에 유의한다. 장애인이 내용을 읽고 있는 동안 그의 표정을 관찰하여 그가 내용을 이해하고 있는지 확인한다.

3) 청각장애인과 대화 시 몸짓과 얼굴 표정

청각장애인에게, 특히 구화법을 모르는 청각장애인들에게 몸짓 및 얼굴 표정은 매우 유용하다. 색안경, 커다란 챙이 달린 모자는 전체 얼굴, 특히 눈을 가릴 수 있으므로 의사소통을 방해하거나 오해를 가져올 수도 있으므로 얼굴을 보여주면서 대화를 나누는 것이 좋다. 이때 과장된 얼굴 표정과 몸 동작을 보일 필요는 없으며, 입 모양이 바로 보이도록 머리를 움직이거나 지나친 얼굴표정을 짓지 않는 것이 좋다.

4) 언어장애인과의 의사소통(경청 자세)

많은 언어장애인들이 언어장애에도 불구하고 말로써 의사소통을 한다. 언어장애인의 대화 속도는 비장애인만큼 빠르지 않으며 청각장애를 함께 지닌 경우 상대방의 대화를 이해하는 데 더욱 시간이 걸림을 인식하여야 한다. 얼굴, 눈을 바라보고 대화에 충분한 주의를 기울여야 하며, 소음이 있는 곳에서는 가까이 앉는다. 장애인의 말이 확실히 끝날 때까지 기다린 다음 적당하게 천천히 말을 하고, 장애인이 오랫동안 이야기할 때는 고개를 끄덕이고 몇 마디 말을 하여 여전히 경청하고 이해하고 있음을 알린다. 장애인이 말하는 동안 지치지 않도록 너무 길게 이야기하지 않고, 언어장애인이 말하는 것이 힘들어 보일지라도 될 수 있는 한 그가 말하고자 하는 것을 끝마칠 때까지 기다려 주며, 무엇보다 중요한 것은 언어장애로 대화가 어렵다는 판단하에 장애인의 말을 중간에 끊고 함부로 속단하거나 추측하지 않아야 한다.

5) 한국수어 및 통역과 관련

한국수어는 단어나 생각을 나타내기 위해 손동작과 손 위치를 이용하는 의사소통 방법으로 많은 청각장애인들과 일부 언어장애인들이 사용한다. 한국수어 통역을 통해 의사소통하는 경우 대화를 더욱 천천히 진행해 나간다. 대화를 하는 동안 통역자의 말은 귀로 듣고, 통역자를 바라보지 않고 장애인을 바라보며 이야기한다. 통역자는 모든 말을 그대로 한국수어로 통역하므로 통역되기를 원치 않는 말은 하지 않아야 하고, 통역자의 개인적인 견해를 묻거나 대화내용에 포함시키려 하지 않는다. 장애인과 개인적인 대화를 원할 때는 통역자에게 잠시 자리를 비켜주도록 양해를 구한 후 글이나 다른 방식으로 의사소통을 할 수 있다. 비청각장애인이 하는 말을 한국수어로 통역해 가며 대화를 나눌 때는 본래의 의미가 왜곡되기 쉬우므로 되도록 명백하고 직접적인 표현을 쓸 필요가 있다. 여러 사람과의 대화에서는 통역자가 한 번에 한 가지만을 통역하도록 한다. 만일 통역자가 아동일 경우 복잡하거나 어려운 용어를 쓰지 않는 것이 좋다.

6) 청각 · 언어장애인과의 전화통화

전화통화가 가능한 청각장애인에게 전화를 걸 경우 전화벨 소리를 즉각 듣지 못할 수 있으므로 보통의 경우보다 더 오래 기다려 준다. 전화통화를 하기 전에 주변의 소음을 제거하고 전달한 말을 미리 생각해 놓으면 좋으며, 적극적이고 명확하고 분명하게 그리고 천천히 문장마다 끊어서 말을 한다. 또 언어장애인들 중에는 전화통화를 꺼리는 경우가 있으므로 이를 확인할 때까지는 전화를 사용하지 않는 것이 좋고, 또한 언어장애인은 느리게 쉬어가면서 더듬더듬 말을 할 것이므로, 성급하게 다그치거나 기분 나쁜 톤으로 말하지 말고 느긋하게 인내하고 수용할 줄 알아야 한다.

7) 대중교통수단 운전자의 청각 · 언어장애인 대하기

택시승강장이나 버스터미널 등은 소음이 심해서 특히 청각 · 언어장애인과 대화를 나누기에 좋은 장소가 아니다. 그 주변 환경의 소음으로 인해 의사소통장애가 있는 사람들은 중요한 정보를 놓칠 수 있기 때문이다. 운전자와 다른 승객들은 대개 서두르기 때문에 장애인이 두 번 들을 수 있는 기회를 얻기 어렵다. 이로 인해 이용취소, 연착 혹은 계획의 변경 등에 있어서 청각 · 언어

장애인은 불이익을 당하기 쉽다. 교통수단 운전자는 의사소통장애가 있는 승객이 적절하게 서비스를 받는지를 확인하기 위해 몇 가지 행동을 취할 수 있는데, 우선 승객이 말하는 것을 주의 깊게 경청하고, 이해가 잘 되지 않는다면 주요 사항을 반복해 주어야 한다. 대화를 나눌 경우 천천히 명확하게 말하며, 이해할 때까지 충분한 시간을 가진다. 상황이 허락한다면 출입문 번호나 출발시간과 같이 중요한 사항에 대해서는 글로 써서 제공하는 것이 좋다.

8) 청각 · 언어장애인과 대화 시 주의할 사항

청각장애인은 의사소통이 안 되기 때문에 대화하는 것을 좋아하지 않을 것이라는 편견을 갖기 쉬운데, 의외로 대화를 좋아하는 사람들이 많다. 청각 · 언어장애인과의 대화방법 중 구화법을 사용할 경우 말을 하는 사람은 정면에서 입을 크게 움직이며 여유를 가지고 과장되지 않으며 명확하게 이야기해야 한다. 또한 구화를 사용하는 장애인은 사람의 입 모양을 보아야 하기 때문에 껌을 씹거나 그 밖의 음식물을 먹으면서 이야기하거나 계단 내려갈 때 이야기하는 것을 피하는 것이 좋다. 청각장애인은 다른 감각이 매우 발달했기 때문에 가식적인 표현은 피해야 하며, 듣지 못한다고 함부로 대하거나 반말을 해서는 안 되고 반드시 예의를 지켜야 한다. 필기법은 손바닥이나 종이에 글자를 써서 읽어주는 방법인데, 다소 시간이 걸리지만 의사를 정확히 전달할 수 있다는 장점이 있다. 청각장애인에게 가장 불편을 느끼는 경우는 보행 중 뒤에서 나는 소리를 듣지 못하는 경우, 급한 일이 있으나 전화를 사용할 수 없는 경우 등이다. 전화를 부탁받았을 때는 그가 원하는 내용을 충분히 파악한 후 도와준다. 그리고 언어장애인의 말을 듣는 데는 상당한 인내와 노력이 필요한데, 끝까지 주의를 갖고 들어주도록 해야 하며 발음이 틀렸다고 비웃거나 교정해 주려고 하면 안 되고 있는 그대로 받아들여야 한다. 말을 잘 알아듣지 못했을 때는 “잘 못 알아들었습니다. 다시 한 번 말씀해 주세요”라고 이야기를 한다. 청각장애인과 동석하여 대화할 때 특히 주의할 점은 건청인(비청각장애인)끼리 속삭이며 대화하는 것은 삼가야 한다는 점이다.

7. 지적장애인에 대한 에티켓

1) 대화를 나눌 때

지적장애인이 사용하는 말의 발음이 불명확하고 단어선택이 미숙하더라도 끝까지 주의 깊게 들어주어 이들이 말하고자 하는 의사를 정확히 파악해야 한다. 비장애인은 발음을 분명하게 하고, 천천히 쉬운 단어를 선택하여 자신의 의사를 표현해야 하고, 필요하다면 몸짓 등의 행동을 덧붙여 이해를 도울 수도 있다. 지적장애인이 지능이 부족하다고 해서 무조건 반말을 하거나 나이 어린 사람처럼 대할 수 있는데, 지적장애인의 나이와 상관없이 반말을 하는 등 장애인을 함부로 대하는 것은 있어서는 안 되며, 연령에 맞게 존칭어를 사용해 주어야 한다. 그리고 정신박약이라는 용어도 사용하지 않아야 한다.

2) 레크리에이션에서

비장애인은 지적장애인의 지능수준이 저하되어 있기 때문에 이들의 정서나 감정, 오락적 유희감각까지도 저하되어 있다고 생각하기 쉬우나, 오히려 이들의 정서수준이 더 민감하다고 할 수 있다. 따라서 이들에게 레크리에이션을 지도할 때는 무엇보다도 이들의 발달 정도를 파악하여 이들의 수준에 맞는 프로그램을 선정하여야 한다. 프로그램 진행 시 비장애인에게 할 수 있는 농담 “아 돌아버리겠네”, “그것도 못하냐”, “지능이 그것밖에 되지 않아” 등의 말은 조심하여야 한다. 그리고 새로운 프로그램을 가르쳐 줄 때는 이들이 알 수 있을 때까지 천천히 반복해 주어야 한다.

3) 대중음식점에서

지적장애인이 메뉴를 읽지 못할 때는 메뉴를 읽어주는 것이 좋으며, 가능하다면 글씨로만 되어 있는 메뉴에서 음식을 선택하게 하기보다는 음식 그림을 보면서 선택할 수 있게 해주는 것이 더 좋다.

4) 외부 장소에서 만날 때

지적장애인은 교통수단 이용이 한정적이고 제한적이기 때문에 이들이 잘 아는 장소에서 만나는 것이 좋고, 사전에 보호자에게 허락을 받으며 늦지 않게 귀가할 수 있도록 한다. 그리고 헤어진 후에는 안전하게 귀가하였는지 확인전화를 하는 것도 좋은 매너이다.

5) 돈 계산에 있어서

지적장애인의 가장 큰 어려움 중의 하나가 돈 계산이므로 비장애인이 대신 계산해 주고 반드시 영수증을 받아 보호자가 확인할 수 있도록 챙겨주는 것이 좋다.

CHAPTER 03

생애주기와 장애 특성 및 일반이론

CHAPTER 03

생애주기와 장애 특성 및 일반이론

1. 생애주기와 장애

1) 생애주기의 개념

생애주기란 인간의 생애를 단계로 구분한 것으로, 시간의 흐름에 따라 변화해 나가는 개인 생애의 일정한 단계별 과정을 말한다. 생애주기에 따라 개인 자신이나 가족 구성원들의 요구와 기대, 역할이 달라지게 된다. 생애주기는 개인 생활주기와 가족 생활주기로 나누어 볼 수 있다. 개인 생활주기는 일반적으로 영아기, 유아기, 아동기, 청소년기, 성년기, 중년기, 노년기로 구분되며, 가족 생활주기는 가정 형성기, 가정 확대기(자녀 양육기, 자녀 교육기), 가정 축소기(자녀 독립기, 노후기)로 구분해서 볼 수 있다.

각 생애주기별로 개인과 가족이 생애주기를 거치는 동안 각 단계마다 수행해야 할 역할이나 해결해야 할 중요한 과업이 있는데 이를 발달과업이라 한다. 개인이나 가족에 따라 정도의 차이는 있지만, 생애주기 각 단계의 진행 순서와 중요 발달과업은 일반적으로 비슷하게 나타난다. 각 시기의 발달과업은 서로 연관성을 가지고 있어, 전 단계에서 과업을 성공적으로 수행했는가 아닌가는 다음 단계의 과업 수행 여부에 영향을 주게 된다. 각 단계별로 요구되는 발달과업을 잘 수행하기 위해서는 본인 스스로의 노력도 필요하지만 가족이나 친구, 동료의 관심과 지지도 필요하다.

각 시기의 발달과업을 제대로 수행할 때 다음 단계의 발달과업 수행에도 도움이 되며, 보다 안정되고 행복한 생활이 가능하게 된다. 다시 말해서 생애의 각 단계에서 발생할 수 있는 상황과 문제를 예측하여 해결함으로써 발달과업을 원만하게 수행해야 개인과 가족이 모두 행복하고 만족스러운 삶을 영위할 수 있다. 그런데 각 생애주기에서 장애가 발생하면 생애의 시기에 요구되는 바람직한 과업수행에 문제가 생길 가능성이 높아지게 되고, 그럴 경우 행복하고 만족스러운 삶을 사는 데 어려움이 따를 수 있게 된다. 따라서 장애를 가지고 있는 사람들의 생애주기별 발달과업은 일반 비장애인에게 요구되는 생애주기별 발달과업 외에도 장애 특성에 따라 추가적인 요구들이 존재한다. 여기서는 장애와 관련하여 개인 생활주기를 크게 영유아기, 학령기, 성인기, 노년기로 나누어 보도록 한다.

2) 생애주기에 따른 발달

(1) 영유아기(0~6세)

영유아기는 보통 출생 후 초등학교 입학 전 시기를 말한다. 이 시기에 기본적인 인성과 품성이 형성된다고 보는데, 이 시기에 영유아가 경험하는 것들은 아동의 성격 형성에 큰 영향을 미치게 된다. 특히 부모와 형제로부터 받는 영향은 매우 크다고 할 것이다. 따라서 이 시기에 부모의 양육태도와 가치관은 아동에 있어 절대적으로 중요하다. 부모와의 애착관계가 잘 형성된 가정에서 자란 아동일수록 그렇지 않은 아동에 비해 인간으로서의 본성, 인성이 달라질 수 있다. 장애아동은 부모의 과잉보호를 받기 쉬워 자칫 타인에 대한 의존성과 자율성 상실 등 부정적인 측면이 나타날 소지가 있다. 그 반대로 장애 때문에 부모의 무관심과 냉대를 받고 자란 아동은 성격장애, 인격장애, 품행장애, 반사회적 성격장애 등 왜곡된 성격이 형성될 소지가 있다. 따라서 장애아동이 자신이 가지고 있는 장애 자체 외에도 부모, 형제 등 주변인으로부터 인정받지 못하거나 반대로 과잉보호 되는 일이 없도록 주의해야 하고 지지하고 격려하는 자세가 필요하다. 물론 이를 위해 장애의 조기발견과 조기

교육이 중요하다는 것은 두말할 것도 없으며, 따라서 모든 영유아를 대상으로 하는 예방적 진료가 보다 철저히 의무적으로 이루어져야 할 것이다.

(2) 학령기(7~18세)

학령기란 초등학교에서 의무교육을 받아야 할 나이의 시기로 우리나라에서는 만 6세부터 12세까지 6년간의 기간에 해당한다. 이 시기의 아동은 신체적 성장과 지적 성장을 이루는 시기로 사회화를 위한 학습능력을 강화하는 시기이다. 대인관계나 사회성 형성, 협동성 습득 등 사회적 관계망이 가정중심에서 학교중심으로 옮겨가는 시기로, 자아정체감이 확립되어 나가는 시기이기도 하다. 이 시기는 대체로 사춘기를 경험하는 나이인데, 장애아동의 경우 자신의 장애로 인해 또래 아이들과 교사와의 관계에 있어서 심리적으로 위축되고 소외되며 차별을 경험할 수도 있다. 그래서 부모뿐 아니라 학교 교사의 장애학생에 대한 태도가 매우 중요한 시기이다. 장애학생이 따돌림과 차별을 당하지 않도록, 심리적으로 위축되지 않도록, 학습권이 침해되지 않도록, 학교 차원에서, 교육자의 역할에서, 제도적 측면에서 세심한 배려와 지지가 요구된다고 할 것이다. 장애학생과 비장애학생이 함께 어우러져 공부하고 뛰어놀 수 있는, 바람직한 교우관계와 인격형성이 이루어질 수 있도록 진정한 의미의 제대로 된 통합교육을 위해 나아가야 할 것이다. 2023년 기준 특수교육 대상 학생은 전국에 98,000여 명 되는데, 특수교육 장애학생 유형별로 보면 지적장애 52.8%, 자폐성장애 15.5%, 지체장애 9.9%, 발달지체 9.5%, 청각장애 3.1%, 의사소통장애 2.5%, 정서・행동장애 1.9%, 시각장애 1.9%, 건강장애 1.8%, 학습장애 1.2% 순이다.

(3) 성인기(19~64세)

이 시기 동안 성인은 신체발달을 마치고, 대부분의 사람들이 집을 떠나 직업을 갖고, 결혼을 하고, 아이를 낳아 가족을 이루는 중요한 변화가 일어난다. 이 시기 동안 성인은 자신의 남은 생에 영향을 미치게 될 많은 결정을 내리게 되며, 이 시기의 생활방식이 노년기 건강을 결정하게 된다. 그리고 성인 초기에는 새롭게 만들어지는 관계로 인한 여러 영역에서 갈등이 생기게 된다. 그러므로 부모, 자녀, 부부 등과 같은 다양한 사회적 관계 속에서 자신의 책임과 역할을 적절히 수행하여야 할 것이다. 성인기는 일반적으로 청년기까지의 생물학적 성숙을 바탕으로 생활의 경험에 의한 인식의 변화에 크게 영향을 받는 시기라고 할 수 있다. 또한 개인의 가정적·사회적 생활의 급격한 변화는 성인으로 하여금 계속적으로 발생하는 문제를 해결해야만 하는 상황으로 몰아넣고 있다고도 할 수 있다. 이러한 상황 속에서 성인은 자신의 태도, 신념, 판단력에 의해 문제를 해결하고 발달해 가는 것이다.

하비거스트(R. J. Havighurst)는 성인의 각 시기의 발달과제를 제시하고 각 시기의 과제를 성취해야만 다음 시기도 성공할 수 있다고 하였으며 각 시기에 이루어야 할 과제로서 다음과 같은 것을 들고 있다. 첫째, 성인 전기(18~30세)의 과제로서는 ① 배우자 선택, ② 배우자와의 생활을 배우는 일, ③ 첫아이를 가족 구성원에 넣는 일, ④ 어린이를 기르는 일, ⑤ 가정을 관리하는 일, ⑥ 직업을 가지는 일, ⑦ 시민적 책임을 가지는 일, ⑧ 합당한 사회집단을 발견하는 일을 들고 있다. 둘째, 성인 중기(30~55세)의 과제로는 ① 시민적·사회적 책임을 담당하는 일, ② 일정한 경제생활 수준을 쌓고 유지하는 일, ③ 10대의 어린이들이 신뢰할 수 있는 성인으로 성장하도록 돕는 일, ④ 여가생활을 충실히 하는 일, ⑤ 중년기의 신체변화에 적응하는 일, ⑥ 노년의 양친에 적응하는 일을 제시하고 있다.

그런데 성인기에 장애가 있으면 이러한 발달과제를 제대로 수행하기 어려울 수 있다. 특히 여성 장애인의 경우 여성에다 장애까지 있다는 이유로 사회에서 다중적 차별을 경험할 가능성이 커진다. 성폭력, 가정폭력 등 학대에 노출될 가능성 또한 높아지게 된다. 따라서 사회복지 측면에서 이런 부분에 대한 문제해결을 위한 시스템 정비와 강화가 지속적으로 필요하다. 장애인이 성폭력·가정폭력 등 피해를 입을 경우 여성긴급상담전화 1366, 한국여성의 전화, 한국여성상담센터, 해바라기센터, 가정폭력상담소, 성폭력상담소 등에 도움을 구할 수 있다.

(4) 노년기(65세 이상)

노년기는 인간의 일생에서 마지막 단계로, 각 사회별로 또는 한 사회 내부에서도 노년기에 대한 보편적 연령기준은 일정하지가 않다. 몇 살을 노령의 기준으로 보는가 하는 것과 어느 정도의 연령을 늙었다고 생각하는가 사이에는 종종 괴리가 있다. 노인복지법은 노년을 65세 이상으로 규정하고 있으나, 한국인의 기대수명(남녀 전체)이 84세에 가까워 이제는 노인의 연령기준을 70세로 상향 조정할 필요가 있다. 노년기의 노인은 결정을 내리고, 그 결정을 바로 행동으로 옮기는 데 걸리는 시간이 젊은이보다 길다. 새로운 것을 학습하는 속도도, 반응속도나 정보처리 속도도 느리고, 기억력도 저하된다. 배우자와 가족, 그리고 절친한 지인들의 사망으로 인한 우울증 등 정신장애를 겪을 수도 있다. 즉, 노년기에 접어들면 시각, 청각, 지체 등의 신체적 장애나 만성질환, 노인성 우울증, 인지기능 저하 등이 나타나게 된다. 연령이 증가함에 따라 이러한 현상은 더욱 심해질 수 있다. 연령이 증가할수록 이러한 특징들이 나타나는데, 여기에 장애까지 있으면 일상생활에 여러 가지 많은 어려움을 경험하게 된다. 장애노인이 겪게 되는 일상생활의 불편함이나 사회적 고립을 최소화하기 위해서는 장애노인들의 심리적 지지와 의료적 지원시스템 강화가 필요하다. 장애를 가지고 노년기를 맞은 사람들은 가족과의 연락두절이나 유기 방임 등의 이유로 장기적인 독거생활을 하게 되는 경우가 많으며, 기초생활수급자가 대부분이다. 기존의 장애에 노환으로 인한 장애가 추가되어 신체적·정신적으로 어려움이 가중되고 지속적인 의료지원이 필요하게 되므로 이런 측면에서의 접근과 지원이 이루어져야 한다.

2. 장애 관련 현황

1) 장애인 실태조사

(1) 조사목적

장애인 실태조사의 1차 목적은 우리나라 장애인구 및 장애출현율을 파악하고 장애인의 생활실태 및 복지욕구를 파악하여 장·단기 장애인복지정책 수립 및 시행을 위한 기초 자료를 생산하고자 하는 것이며, 이러한 조사결과에 근거하여 우리나라 장애인의 인구사회학적 특성, 장애유형별 장애 특성, 보건 및 교육 특성, 경제적 특성, 복지서비스 이용실태 및 욕구 등에 관한 구체적인 통계자료를 얻고자 하는 데 있다.

(2) 조사개요

2020년도에 실시된 장애인 실태조사는 1980년, 1985년, 1990년, 1995년, 2000년, 2005년, 2008년, 2011년, 2014년, 2017년 조사에 이은 제11차 조사였다. 2020년의 장애인 실태조사는 한국보건사회연구원을 통해 전국 등록장애인 7,025명에 대한 방문 면접조사로 실시되었다. 전반적인 생활 만족도는 예년 수준이었으나 코로나19로 인한 어려움이 존재했던 것으로 나타났다. 코로나19로 인해 외출, 정서적 안정, 경제활동, 보건의료 서비스 이용 등에 어려움을 겪고 있었던 것으로 조사되었다. 특히 코로나19 장기화에 따른 소득감소 및 고용시장 위축으로 인해 장애인 자신의 가구를 저소득 가구로 인식하는 경향을 보이며, 소득보장 욕구가 증가한 반면, 고용보장 욕구는 감소하는 결과가 나타났다. 2020년 5월 기준으로 등록장애인은 262만 3천 명으로, 2017년 조사 때보다 줄었다. 2017년에 등록장애인이 266만 8,400명으로 조사되었던 것이, 3년 뒤 조사한 2020년 5월 기준으로는 45,400명 감소한 것이었다. 2023년 1월 기준으로 전국에 등록장애인은 273만여 명이다.

(3) 조사내용

장애인 실태조사는 다음과 같은 장애인 심층조사를 한다.

① **일반특성** : 성, 연령, 장애등록연도, 등록장애유형, 장애정도, 가구규모, 세대구성, 가구주와의 관계 등

② **장애유형별 장애특성** : 15개 장애유형별 장애발생시기, 장애원인, 장애부위 등

③ **보건의료 · 건강** : 주된 장애유형, 정기적 치료 및 재활 여부, 주관적 건강평가, 건강검진 여부, 만성질환 유무, 재활치료서비스 이용 현황 등

④ **일상생활지원** : 일상생활정도(ADL), 수단적 일상생활정도(IADL), 일상생활을 위한 주위 지원필요 정도 등

⑤ **장애인보조기기** : 장애인보조기기 종류별 필요 · 소지 · 사용 여부, 이용만족도, 장애인보조기기 구입 시 외부지원 경험 여부 및 지원내용, 구입 경로 등

⑥ **교육** : 최종학력, 지금까지 다녔거나 현재 다니고 있는 학교 형태(초 · 중 · 고), 학교를 다니지 않았거나 중도에 그만둔 이유, 재학 중인 어린이집 · 유치원 · 조기교육시설 유형, 어린이집 · 유치원 이용시간, 비용, 만족도, 평생교육 이용현황 등

⑦ **취업 및 직업생활** : 취업상태, 취업 시 일하는 곳, 직장 내 지위, 만족도, 실업 및 비경제활동인 경우 일하지 않는 이유, 직업훈련 경험, 직업훈련 희망 분야 등

⑧ **사회 및 문화 · 여가활동** : 외출 정도, 집밖 활동 시 불편한 점, 이용하는 교통수단, 문화 · 여가활동 영역별 참여빈도, 선거 투표 여부, 투표하지 않은 이유 등

⑨ **결혼생활 · 여성장애인** : 결혼 상태, 자녀 장애유무 및 자녀 양육 · 교육 시 어려운 점, 임신 · 출산 · 육아 어려운 점, 여성 장애인 대상 가장 필요 서비스 등

⑩ **생활만족도 및 폭력 · 차별경험** : 생활만족도, 장애로 인한 무시나 폭력 경험 여부, 무시 · 폭력유형, 사회적 차별의 경험, 본인의 장애에 대한 차별 인식정도, 우리나라의 장애인 차별에 대한 인식 등

⑪ **주거 및 재난 안전** : 주거위치, 소유형태, 주택 구조 · 성능 및 환경, 주거복지사업 경험 여부 및 만족도, 현재 거주주택의 개조 필요성, 개조하고 싶은 곳, 재난에 대한 장애인 어려움 해소를 위해 국가가 시급하게 지원해야 하는 내용 등

⑫ **복지서비스** : 장애인복지사업에 대한 이용경험 및 만족도, 장애인복지시설에 대한 인지 및 이용경험, 사회나 국가에 대한 요구사항 등

⑬ **경제상태** : 주관적 소속계층 인식정도, 국민기초생활보장 수급 여부 및 형태, 가구소득 및 개인소득의 수입원, 연금가입 여부, 장애로 인한 추가소요비용 등

(4) 조사방법

① 장애인 심층면접조사

구조화된 조사표에 의한 조사원의 가구방문 면접 조사로, 조사모집단은 2020년 5월 기준 전국에 거주하는 등록장애인을 대상으로 하였고, 표본 크기는 전국 17개 시 · 도의 일반주거시설에 거주하는 등록장애인 7,025명을 대상으로 하였으며, 표본조사구 추출은 읍 · 면 · 동을 추출 단위로 하여 248개 읍 · 면 · 동 추출 후 장애유형, 장애정도를 고려하여 장애인 표본 추출 조사방법을 사용하였다.

② 조사현황

2020년도 장애인 실태조사는 총 248개 조사지역의 등록장애인 11,120명에 대해 조사 접촉을 하였고 이 중 7,025명에 대해 장애인 심층 조사를 한 것이며, 당시에 조사 완료율은 63.2%로 2017년 조사 완료율(81.9%)에 비해 낮았다. 당시 조사에서 사회복지통합관리망 행복e음을 통해 총 88,273명의 등록장애인이 장애인 · 아동 · 노인시설 등 사회복지시설에 거주하고 있는 것으로 나타났다. 사회복지시설에 거주하고 있는 등록장애인의 경우 시설 유형별로는 노인의료복지시설에 52.7%, 장애인거주시설에 29.6%, 정신요양시설 · 정신재활시설에 9.8%, 노숙인복지시설에 4.2% 등이었다.

(5) 장애인구

2020년 장애인 실태조사를 통해 추정한 재가장애인은 262만 9천 명이었다. 2023년 1월 기준으로는 273만여 명이다. 2020년 실태조사에서 주된 장애유형을 기준으로 전체 재가장애인을 장애유형별로 구분하면, 지체장애인이 1,215,914명, 청각장애인이 384,668명, 시각장애인이 252,702명, 뇌병변장애인이 250,961명의 순으로 많고, 안면장애인이 2,676명으로 가장 적었다. 그리고 2개 이상의 장애를 가진 장애인의 중복 장애유형을 고려한 장애유형별 장애인 추정수는 지체장애 인구가 129만 명으로 가장 많았고, 다음으로 청각장애 인구가 44만 8천 명, 시각장애 인구가 30만 8천 명, 뇌병변장애 인구가 27만 9천 명, 지적장애 인구가 24만 2천 명 등이었다. 장애정도는 등록장애인 중 장애정도가 심한 장애인은 37.5%, 장애정도가 심하지 않은 장애인은 62.5%였다. 그리고 지적장애, 자폐성장애를 가리키는 발달장애인은 현재 전체 등록장애인의 10% 정도로 전체 장애인구에서 그 비율이 계속 증가하고 있다.

2) 장애인의 일반적 특성

2020년 장애인 실태조사에서 나타난 장애인의 성별분포는 남자 58%, 여자 42%로 남자가 여자에 비해 16%p 정도 더 많았다. 또 장애로 인하여 결혼하지 못하고 있는 비율도 상당히 높은 수준이었으며, 장애인의 연령도 65세 이상이 49.9%로 가장 높았고, 그 다음으로 50~64세가 28.7%였다. 이는 우리 사회가 고령사회로 진입하면서 장애인 중 고령자 비율이 지속적으로 증가하고 있다는 것을 말해주는 것으로, 갈수록 장애인구의 연령대가 높아지고 있어 장애인의 고령화현상이 심해지고 있음을 알 수 있다. 장애인의 교육 정도는 초등학교가 33%로 가장 많고, 고등학교 24.5%, 중학교 18.4%, 무학 12.3%, 대학 이상 학력자 11.8% 순으로 나타나 대학 이상 학력자 비율이 가장 낮게 나타났다. 전체 인구 기준 대학 이상 학력자 비율이 32.4%였던 것에 비교하면 장애인의 대학 이상 학력자 비율은 많이 낮은 것이다.

3) 장애원인과 장애인의 신체적 특성 등

장애인의 장애 원인은 80.0%가 후천적 질환이나 사고로 인하여 발생한 것이었고, 후천적 원인 중 질환(43.6%)이 사고(36.4%)보다 더 높게 나타났다. 질환과 사고에 대한 주의가 있으면 사전에 어느 정도 장애 예방이 가능하다는 점을 알 수 있다. 그리고 장애인 중 현재 치료 중인 장애인이 76.3%나 되어 이로써 장애인과 환자의 구분이 점차 힘들어지고 있는 것도 최근의 현상이다. 보통 내부장애(신장, 심장, 호흡기, 간, 장루·요루, 뇌전증)의 경우 대부분 의료적인 치료를 받고 있고, 지적장애인이나 자폐성장애인 또는 정신장애인의 경우 지속적인 치료를 받고 있는 것도 한 원인이 될 수 있다. 기본적 일상생활동작(ADL)의 수행에서 필요한 지원 수준을 보면, 상당한 혹은 전적인 주위의 지원이 필요가 높은 일상생활수행 내용은 '이동하기', '목욕하기', '보행', '옷 갈아입기', '구강청결'인 것으로 나타났다. 자폐성장애인, 뇌병변장애인, 지적장애인의 경우 다른 장애에 비해 일상생활에서 더 많은 지원이 필요한 것으로 나타났다. 그리고 수단적 일상생활 수행능력(IADL) 면에서 보면, 등록장애인 중 '상당한 혹은 전적인 지원이 필요하다'고 응답한 비율은 '대중교통수단 이용하기', '빨래하기', '청소하기', '식사준비', '물건사기' 순으로 나타났다. 일상생활 수행 시 타인의 도움이 필요한 장애인 중 실제로 도와주는 사람이 있는 장애인은 74.1%이며, 도와줄 사람이 없는 경우는 25.9%로 나타났고, 일상생활에서 장애인에게 도움을 제공하는 사람은 배우자 38.7%, 부모 20.8%, 자녀 13.3%의 순이었고, 이러한 도움 제공자는 대부분 가족 구성원(76.9%)이었다. 따라서 가족의 부양부담을 지원하기 위한 활동지원서비스 강화가 더욱 필요한 것으로 보인다.

4) 장애인의 사회적 특성

2020년 장애인 실태조사에서 나타난 것을 보면, 장애인의 40.7%가 외출 시 불편함을 느끼는 것으로 나타났으며, 특히 자폐성장애, 뇌병변장애, 호흡기장애가 다른 장애유형에 비해 외출 시 불편 정도가 심한 것으로 나타났다. 장애인의 외출 시 불편한 이유는 '장애인 관련 편의시설이 부족해서'가 40.8%로 가장 높았고, 그 다음으로 '외출 시 동반자가 없어서'(29.6%), '주위 사람들의 시선 때문에'(8.6%), '의사소통의 어려움이 있어서'(8.1%) 순이었다. 안면장애의 경우는 '주위 사람들의 시선 때문에'라는 응답이 33.4%로 다른 장애에 비해서 주위 사람들의 시선을 가장 의식하는 것으로 나타났다. 장애인이 외출 시 불편을 느끼는 원인이 어디에 있든 간에 장애인 편의시설의 확충, 활동지원서비스 확충과 함께 장애인에 대한 인식 개선 노력이 지속적으로 추진될 필요가 있음을 알 수 있다.

한편 장애로 인하여 사회적 차별을 경험한 영역을 보면 '초등학교 입학·전학'이 37.2%로 가장 많았고, '중학교 입학·전학'에서가 33.5%, '학교에서 또래 학생으로부터'가 29.4% 등으로 나타났다. 학교 이외 영역에서 장애로 인한 사회적 차별 경험률은, 취업 시 21.5%, 결혼 시 17.7%, 보험제도 계약 시 13.9%로 나타났고, 직장에서 소득수준에서 차별경험 13.6%, 직장 동료관계에서 차별경험 13.5%, 직장 승진에서 차별경험 7.8%, 지역사회생활에서 차별경험 6.8% 등으로 나타났다. 장애인차별금지법이 2007년 4월 제정되어 시행되고 있으나 장애인들은 여전히 삶의 모든 영역에서 차별을 느끼고 있다는 것이다. 특히 장애노인의 경우 장애인차별금지법에 대한 인지 정도가 다른 연령대에 비해서 보다 낮은 것으로 나타나고 있다. 따라서 장애인복지관이나 장애인시설 등을 통해서 지속적으로 그 부분에 대한 인지율을 높여나가는 노력도 필요하고, 또한 비장애인의 장애인에 대한 인식개선을 위한 사회 공동체적인 노력이 지속되어야 한다고 본다.

5) 장애인의 경제적 특성

지난 실태조사에서는 장애인가구의 월평균 소득은 199만 원으로 전국 월평균 가구소득 411만 1천 원의 48.4% 수준에 머물렀고, 장애인의 61.2%가 장애로 인하여 월평균 152,600원의 추가 지불(장애로 인한 추가 소요 비용)이 있는 것으로 나타났다. 추가 지불은 의료비가 가장 많았고, 그 다음으로 교통비, 보호・간병비, 장애인보조기기 구입・유지비, 통신비, 보호・교육비 등에 소요되는 비용이다. 장애유형별로는 거의 모든 장애에서 의료비로 인한 추가비용이 많았고, 자폐성장애 및 지적장애는 보육・교육비로 인한 추가비용이 많았고, 뇌병변장애는 보호・간병비, 교통비로 인한 추가비용이 많았으며, 청각장애의 경우 장애인보조기기 구입・유지비, 통신비로 인한 비용이 많았고, 신장장애의 경우 교통비로 인한 추가비용이 많았던 것으로 나타났다.

만 15세 이상 장애인의 경제활동참가율은 31.3%였고, 실업률은 5.8%로 전체 실업률(2020. 10) 3.7%에 비해 1.5배 이상 높은 수준이었다. 남성 장애인의 인구대비 취업자 비율(고용률)은 38.7%이고, 여성 장애인은 17.1%로 남성의 취업자 비율이 여성에 비해 2배 이상 높았다. 취업장애인의 임금 수준은 188만 원으로 이는 우리나라 전체 임금근로자 월평균 임금 268만 원(2020. 8)의 70%에 불과한 수준이었고, 월 평균 임금 수준은 간장애가 261만 원으로 가장 많았고, 이어서 신장장애 240만 원, 호흡기장애 223만 원, 안면장애 214만 원, 지체장애 203만 원, 장루・요루장애 197만 원, 언어장애 193만 원, 시각장애 191만 원 등이었으며, 지적장애 92만 원, 정신장애 96만 원, 뇌전증장애 119만 원 등으로 낮았다. 장애인 취업은 단순노무직이 가장 많고, 그 다음으로 기능근로자, 장치 기계조작 등 대부분 취약한 임금 직종에 편중되어 있고 장애인 사무직 종사자는 매우 적다.

장애인가구의 19.1%는 국민기초생활보장 생계급여 수급자이고, 장애유형별로 보면, 생계급여 수급가구의 비율이 가장 높은 장애인은 정신장애인이며, 이어서 뇌전증장애인, 지적장애인 가구도 생계급여 수급가구 비율이 매우 높게 나타나고 있다. 국민기초생활보장 의료급여를 수급하는 장애인가구의 비율은 25%로, 생계급여 수급 비율보다 약간 더 높다. 장애유형별로 보면, 정신장애인 가구의 의료급여 수급 비율이 가장 높고, 이어서 뇌전증장애, 호흡기장애, 신장장애 등이 20%를 넘는다. 장애인의 기초생활 주거급여 수급률은 14.7%로 생계급여의 수급률보다 약간 낮다. 장애유형별로는 정신장애인의 주거급여 수급률이 가장 높고, 이어서 뇌전증장애, 지적장애, 호흡기장애, 뇌병변장애 등의 순이다. 장애인 가구의 주된 수입원은 가구주 소득이 40% 정도로 가장 높고, 이어서 국민기초생활보장급여, 연금 및 퇴직금, 가구주 외 가구원의 소득, 친척 등 지원 순이다.

6) 장애인에 대한 복지서비스

장애등록 이후 혜택을 받는 정도에 대해서는 '받고 있다'고 응답한 비율은 28.8%, '받고 있지 못하다'는 비율은 71.2%로 등록 이후 혜택에 대해서 부정적인 응답 비율이 높게 나타났고, 지적장애, 정신장애, 자폐성장애, 뇌전증장애, 신장장애 등의 등록 이후 지원에 대해 긍정적인 비율이 높았으며, 지체장애, 시각장애, 간장애, 안면장애, 장루・요루장애, 청각장애 등의 부정적 응답비율이 상대적으로 높았다.

현재 실시하고 있는 장애인복지사업 중 가장 이용경험률이 높은 사업은 '통신 관련 요금 감면 및 할인'(75.3%), '교통 관련 요금 감면 및 할인'(62%), '공공시설 이용 시 요금감면 및 할인'(52.5%) 등이었다. 주요 사업의 이용경험률을 보면 장애인연금 16.8%, 경증장애수당 9.6%, 장애아동수당 1.1% 등이며, 일상생활 및 돌봄지원으로 장애인 활동지원서비스 6.5%, 노인장기요양보험 7.5% 등이었다. 장애인복지사업 이용에 대한 만족수준은 '여성 장애인 출산비 지원', '장애인 활동지원서비스', '장애인 보조기기 건강보험 급여지원', '장애인 보조기기 교부', '장애인 의료비 지원', '발달장애인 활동서비스', '발달장애인 부모상담, 교육지원', '세금 공제 및 면제', '주택 관련 분양알선 및 가산점 부여'가 80% 이상인 경우였다. 이와는 상대적으로 '경증장애수당', '장애아가족양육지원사업'은 만족수준이 절반에 미치지 못하는 것으로 나타났다.

장애인복지사업 기관의 이용경험은 장애인복지관이 6.2%로 가장 높게 나타났고, 이어서 교통약자이동지원센터(장애인 콜택시, 해피콜 등) 4.9%, 장애인 재활병의원 2.3%, 직업재활시설 2.2% 등으로 나타났으며, 향후 이용을 희망하는 비율은 특정 장애유형 대상 기관을 제외하면, 교통약자이동지원센터 14.6%,

장애인복지관 11.6%, 장애인 재활병의원 11.0%, 장애인 체육시설 8.4% 등의 순서로 높게 나타났다. 그리고 장애인들이 국가 및 사회에 대해 우선적으로 요구하는 사항으로는, 소득보장 48.9%, 의료보장 27.9%, 주거보장 7.4%, 고용보장 3.6%, 주거보장 8.0%, 장애 건강관리(장애발생 예방 포함) 2.5%의 순이었다.

3. 장애인에 대한 사회의 태도

1) 비장애인의 인식과 태도

(1) 동정과 연민의 대상으로 보는 태도

장애인을 동정과 연민의 시각에서 바라보고 대하려는 부정적인 태도는 그런 시선을 느끼는 장애인과 장애인 가족들에게는 상처이고 고통이다. 장애를 바라보는 비장애인의 이런 태도가 지배적으로 강한 사회에서는, 예를 들어 교통사고 중증장애인이 자신의 처지를 비관하여 자살을 생각하거나, 장애아를 임신한 임산부가 장애 태아를 낙태하려고 하거나, 중증장애인을 안락사하려는 등 장애를 죄악시하고 부정하려는 행동들이 나타날 가능성이 높아진다. 이 입장에서는 장애인 본인은 장애에 대한 책임이 없고, 단지 불행 때문에 장애를 갖게 된 것이라고 생각한다. 그래서 장애인 부모나 장애인이 소속된 집단이 그 죄에 대한 책임을 지고 벌을 받는 것으로 보는 것이다. 이런 사회에서 특히 가족은 장애 가족을 수치스러워 하며, 장애를 자신의 짐으로 여기거나 경멸하게 되는 것이다.

(2) 장애인을 사회의 위협적 존재로 생각하는 인식

이는 장애인으로 인해 나쁜 일이 일어날 수 있다고 생각하는 것으로, 우리 집단에 닥칠 나쁜 일의 징조로 여기는 것이다. 장애인이 남을 해치거나 나쁜 짓을 할 것이라고 여기는 것이다. 따라서 장애인을 유전적으로 쇠퇴시켜야 할 존재로 여긴다. 이러한 인식은 장애인을 시설에 분리 · 격리시키고, 또 결혼을 반대하거나 불임시술까지 자행하는 결과를 초래한다.

(3) 장애인을 병자 취급하는 사회적 인식

오래전부터 '병든 것 = 장애'라는 공식이 통용되던 시대가 있었다. 이럴 경우 건강한 장애인에 대해서까지 병자 취급을 하게 된다. 장애인을 부족한 존재, 치료의 대상, 복종을 요구할 수 있는 존재로 여기는 이러한 시각에서는 장애는 사회적 책임도 아니고 개인의 잘못도 아닌 것으로 본다. 그저 치료해서 나아질 수 있는 존재로 보는 것이다. 장애인을 병자나 환자로 인식하는 태도는 옳지 못하고 편견과 차별을 유발하는 원인이 된다. 사람은 누구나 장애가 있든 없든 인간으로서의 존엄과 가치를 보호받아야 하며 인간다운 생활을 누릴 권리가 있다. 따라서 장애가 있다는 이유로 장애인들의 자기결정권과 자율권을 부정하고 제한하고 무시하는 태도는 없어져야 한다.

(4) 장애인을 무능력자로 보는 고정관념

장애인이 자신의 장애를 비관하며 아무렇게나 무책임하게 산다면 무능력하고 패배주의자가 될 수 있지만, 그렇지 않고 강한 의지로서 자신의 장애를 있는 그대로 받아들이고 자신의 처지에서 열심히 성실하게 살 경우 장애는 더 이상 문제 되지 않는다. 그럼에도 불구하고 주변의 편견과 인식 부족으로 장애를 무능력자 취급하려는 경우도 있는데, 그 어떤 장애인이든 본인이 원해서 장애가 된 사람은 이 세상에서 한 사람도 없다. 대부분의 장애가 질환이나 사고 등 후천적 원인에 기한 것이지만, 누구나 살면서 매사에 조심함에도 불구하고 어느 한순간에 장애를 입게 되는 경우가 허다하다. 교통사고, 산재사고, 추락사고 등 장애는 항상 우리 주변에 도사리고 있다. 그 누구도 평생 사는 동안 장애의 어두운 그림자로부터 전적으로 자유로울 수 있다고 장담할 수 없다. 그렇기 때문에 장애를 남의 일로만 생각하지 말고, 장애인과 그 가족들을 이해하고 배려할 수 있는 마음을 가져야 한다. 그것이 곧 인간의 선한 본성이기 때문이다. 아무리 시대가 흐를수록 인성이 무뎌지고 인간미가 약해지고 있다고 하더라도, 사람 고유의 인성은 유지 보호되어야 할 것이다.

(5) 신의 저주

장애를 입게 된 것이 신의 저주를 받은 것이라고 생각하는 것이다. 그래서 장애인 자신과 그 가족들, 특히 장애인 부모는 죄책감과 수치심을 느끼거나 서로를 비난하게 된다는 관점이다. 울펜스버거(Wolfensberger)는 장애인을 인간의 모습을 한 악마로 보았다. 사람으로 보지 않았기에 가족이나 사회에 의해 죽임을 당하고 제물이 되었다.

(6) 영원한 아이

장애인은 자신의 나이와 관계없이 어린아이와 같이 취급된다는 것으로, 울펜스버거는 이를 '영원한 아이'의 역할이라고 명명하였다. 장애인을 아이 취급하기 때문에 더 이상 자란다거나 환경에 적응하는 것을 기대하지 않게 된다. 그저 잘 먹고 아프지 않으면 되는 존재로 보며, 아이(장애인)에게 맞는 환경을 잘 갖추려고 할 뿐이다. 성인 장애인에게는 그에 맞는 환경이 필요하지만, 연령을 불문하고 모든 장애인을 아이 취급 함으로써 제공되는 환경 또한 어린아이의 환경일 수밖에 없다. 장애인을 이런 태도로 보는 입장에서는 장애인이 성장이나 발달할 것이라는 기대를 갖지 않고, 따라서 성장할 수 있는 기회도 주지 않는다.

2) 관점에 따른 장애인에 대한 태도 변화

(1) 거시적 관점

특정 사회의 사회문화적 규범이나 기대가 장애인에 대한 부정적 태도를 형성한다는 것이다. 즉, 아름다운 신체나 건강, 완전성과 같은 개념을 강조하고 개인의 생산성과 성취를 강조하는 곳에서는 장애인을 가치절하 하거나 일탈적 지위로 낙인찍음으로써 장애인을 '주변인', '아웃사이더'로 보게 된다는 것이다.

(2) 미시적 관점

1988년 유커(Yuker)의 연구에 따르면 성별이 장애인에 대한 태도에 영향을 미친다고 한다. 즉, 여학생이 남학생보다 장애인에 대해 더 긍정적으로 이해하고 수용한다는 것이다. 개인의 연령대에 따라서도 장애인을 대하는 태도가 달라질 수 있는데, 레이더(Raider)의 연구에 따르면 장애인에 대한 아동의 태도는 성인들에 비하여 매우 수용적이며 편견이 적었다고 하였고, 학력수준에 있어서도 고학력자들이 저학력자들보다 장애인에 대해 긍정적인 태도를 가졌다고 한다. 또 장애인과의 접촉빈도가 많을수록 장애인에 대한 긍정적인 태도 변화가 있었다는 연구들도 있는데, 가족이나 친구 중에 장애인이 있는 자연적 경험이나 혹은 장애체험을 해본 사람은 장애인에 대한 태도에 긍정적 영향을 미친다는 것이다. 예컨대 장애인에 대한 정보를 많이 제공받은 사람들이 장애인을 보다 더 이해하고 수용적인 태도를 가진다고 한다. 즉, 장애체험, 장애인시설에 대한 자원봉사활동, 장애인에 관한 책 읽기, 장애인에 관한 영화 보기, 배리어프리(barrier free)[1] 영화체험, 한국수어(수화) 배우기, 장애인 이해 프로그램 경험하기 등 다양한 교육활동을 통해 장애에 대한 다양한 정보를 경험한 사람일수록 장애인에 대한 이해와 수용적 태도가 좋다는 것이다.

3) 장애인차별이론

(1) 우생학이론

우생학은 1883년 영국의 프랜시스 골턴(Francis Galton)이 창시하였는데, 그는 "우수 유전자 간 결혼을 장려하고 장애인 등은 수도원 같은 편안한 시설에 격리, 단종시켜야 한다"고 주장했다. 이렇듯이 우생학이론은 우등한 인구의 증가를 위해 지적장애와 같은 열등인구는 줄어들어야 한다는 이론이다. 이 입장에서 지적장애는 범죄와 빈곤, 타락의 근원으로 보게 된다. 따라서 사회

1) 배리어프리는 장애인·고령자 등 사회적 약자의 사회생활에 지장이 되고 위험할 수 있는 장애물이나 심리적인 장벽을 제거해 주기 위해 실시하는 운동 및 시책을 말하며, 배리어프리 영화는 시각장애·청각장애 등으로 영화 관람에 어려움이 있는 사람들을 위해 화면음성해설과 자막 서비스를 제공해 주는 영화를 말한다. 이로써 장애인과 비장애인이 함께 영화를 즐길 수 있도록 하는 데 목적이 있다.

방어와 장애발생 예방을 목표로 사회로부터 장애인을 격리·수용하고 강제로 단종시키는 우생법이 미국 등 여러 나라에서 시행된 사례도 있었다. 과거에 독일 나치 정권에서 히틀러에 의해 벌어진 600만 유대인 학살도 골턴 우생학의 뒤틀린 결과라고 할 수 있다.

(2) 편견이론

사회가 장애인을 무능력자로 규정하는 것이다. 장애인이 가지고 있는 개별적 능력과 관계없이 장애인 전체를 낮은 가치를 지닌 존재로 인식하는 것이다. 장애인들이 사회에서 가치절하 되면서 사회적 차별, 사회활동에 제약을 받게 되는 것이다. 이러한 낙인은 장애인 자신들에게 전이되어 아무것도 할 수 없다는 자기 무능감과 자기 파괴감을 갖게 할 수 있다. 장애인 편견사회에서는 장애인을 사회적으로 더욱 격리시키는 현상이 나타나게 될 것이고, 장애인에 대한 편견과 선입견으로 장애인은 사회참여의 균등한 기회를 갖지 못하게 되는 것이다. 이러한 불평등 처우는 장애인에 대한 이해 부족을 낳는 악순환 현상을 가져오게 된다. 따라서 장애인을 나와는 다른 사람이라는 편견을 가지고 대하는 부정적인 인식은 없어져야 한다. 누구나 장애를 입을 수 있기 때문이다.

(3) 상품이론

이 이론은 장애문제를 노동력과 지식이 개인의 능력을 평가하는 기준이 되고 있는 현대 산업사회와 관련하여 설명하고 있는 이론으로, 현대사회는 생산력의 향상을 위하여 양질의 노동과 높은 수익성을 추구하면서 개인의 경쟁력이 사회적 신분에도 영향을 미치기 때문에 한 개인의 능력 여부에 따라 상품성이 인정된다는 이론이다. 바꾸어 말하면 이 말은, 즉 장애인은 신체적·정신적 기능의 제한으로 인해 적극적으로 경제활동에 참여하지 못하기 때문에 현대 산업사회에서는 장애인을 노동이 불가능한 또는 노동생산성이 저하된 존재로 인식한다는 것이다. 장애인은 전반적으로 직업능력 저하와 직업인으로서 적합하지 않다는 인식에 따라 장애인은 상품성이 없다는 평가와 함께 노동시장에서 소외된다. 그 결과 장애인을 쓸모없는 존재로 여기게 되고, 그리하여 자본주의 사회구조 속에서 장애인은 점차 고용시장에서 제외되게 된다는 것이다.

(4) 정책부재이론

장애인복지가 다른 복지영역에 비해 정치적 비교우위(우선순위)가 낮기 때문에(복지영역의 사각지대를 의미함) 아무런 정책적 노력을 하지 않기로 결정하게 된다는 이론이다. 따라서 이를 극복하기 위해서는 장애인의 정치적 세력화가 필요하다. 즉, 역량 있는 장애인들이 국회나 지방의회에 많이 진출해야 한다는 것이다. 선거권을 갖는 19세 이상 장애인 유권자가 투표를 통해 자신들의 정치적 대표자들을 선출하여 그들로 하여금 장애계를 대변하도록 하고, 역량 있는 장애인을 정계에 진출시켜 장애인들의 요구를 현실정치에 반영시키려는 노력을 장애인들 스스로가 해주어야 한다. 장애인들의 선거권 행사에 그 어떠한 제한요소도 따르지 않도록 선거 때마다 필요한 조치를 다하여 장애인들의 정치참여가 완전하게 보장되어야 한다. 장애인의 정치참여가 보장되어야 하는 이유는 장애인들과 직접 관련이 있는 법률의 제정이나 정책의 결정과정에 있어서 정치적 결정이 가지는 중요성 때문이다. 예컨대 국회의 입법 등은 국민에게 직접적인 영향을 준다. 특히 장애인의 경우 관련 법률이 어떻게 제정되고, 지방의회에서 어떤 조례가 만들어지냐에 따라 삶의 질이 좌우된다고 할 수 있다. 따라서 이런 과정에 장애인들의 목소리가 반영되어야 하고, 보다 확실하게는 역량 있는 장애인들이 국회나 지방의회에 구성원으로서 많이 참여할 수 있을 때 장애인복지도 더욱 탄력을 받고 강화될 수 있다.

4. 장애와 면역력의 관계

1) 운동과 면역력의 관계

평소 적당한 운동을 꾸준히 하면 혈액순환 촉진과 우리 몸의 면역력을 높여주어 각종 질환으로 인한 장애 예방에도 도움이 된다. 조금 빠르게 걷는 워킹이나 등산, 조깅, 스트레칭 등은 우리 몸의 면역력을 높여준다. 규칙적으로 하루 30분 이상, 일주일에 4회 이상 꾸준히 운동을 할 경우 비만 방지는 물론 질병에 대한 면역 기능도 높일 수 있다. 운동은 가장 싸고, 가장 뛰어난 최고의 의사이기 때문이다. 특히 근육 운동은 무릎이나 허리를 지탱하는 힘을 키울 수 있으므로, 통증을 많이 느끼는 사람일수록 근육 운동을 통해 힘을 키워주어야 한다.

2) 수면과 면역력과의 관계

수면이 부족하거나, 수면의 생체 리듬이 깨지면, 뇌의 혈류가 나빠져 뇌의 기능이 저하되고 면역 기능도 떨어지며, 또 세포의 대사가 원활하게 진행되지 않기 때문에 몸 안에서 노화가 빠르게 진행된다. 우리가 잠을 잘 때 뇌 속에서 멜라토닌이 분비되는데, 이것은 인체의 면역력을 높여준다. 따라서 만약 잠이 부족하거나 수면 습관이 나쁘면 우리 몸의 면역력이 떨어져 각종 질병의 발생빈도를 높일 수 있다. 인체 내 면역력을 높여주고 건강한 삶을 살기 위해서는 평소 충분한 수면이 매우 중요하다는 것을 알 수 있다. 뿐만 아니라 '미인이 되고 싶다면 반드시 하루에 7시간 정도는 자야 한다'는 말이 있다. 사람이 자는 동안 분비되는 멜라토닌은 낮 동안 스트레스로 손상된 피부세포를 회복시키고 세포 기능을 유지하는 데 중요한 역할을 한다. 뿐만 아니라 멜라토닌은 멜라닌 합성을 억제하여 안색을 밝게 하며, 모발 성장에도 도움을 주므로 탈모를 예방하는 효과도 있다.

3) 식습관과 면연력의 관계

평소의 식사 습관도 면역력과 관련되는데, 식사는 편식되지 않도록 하면서 골고루 먹는 것이 중요하다. 현미는 최상의 영양원으로 현미에는 탄수화물, 단백질, 지방, 비타민 B군, 미네랄 등 우리 몸에 필요한 영양소의 대부분이 포함되어 있다. 따라서 평소 정제되지 않은 현미를 주식으로 하면 좋고, 밭의 쇠고기라 불릴 정도로 식물성 단백질이 풍부한 콩도 섞어 먹도록 해야 한다. 그리고 녹황색 채소는 비타민 A와 비타민 C를 많이 함유하고 있어 면역세포를 만들어 내고 그 기능을 촉진하는 작용에 도움이 된다. 평소 토마토, 당근, 시금치, 복숭아 등 비타민이 많은 과일을 먹는 것도 면역력 증강에 도움이 된다. 지방질의 과다 섭취는 면역력을 떨어뜨리는 주범이므로 가급적 피한다. 예로부터 백익일해(百益一害)라 불릴 정도로 그 가치를 인정받아 온 마늘은 냄새가 나는 한 가지 해로운 점을 빼고는 어느 것 하나 버릴 것 없는 최고의 면역 증강 식품이다. 박테리아와 곰팡이, 바이러스뿐만 아니라 암세포까지 죽이는 효과가 있기 때문이다. 양배추도 식이섬유가 풍부하고 비타민도 다량 함유되어 있어 몸의 면역력을 높이는 최고의 식품에 속한다. 또 당근의 β-카로틴 함유량은 다른 녹황색 채소 중에서 가장 높은데, 이러한 β-카로틴이 인체의 면역력을 높여준다. 버섯은 신비한 약효를 가진 균사식품으로, 버섯에는 베타 글루칸이라는 성분이 있어 이것이 인체의 면역력을 높여준다고 한다. 이러한 면역력 증강 식품을 평소 즐겨 먹는 식습관도 각종 질환으로 인한 장애 발생 예방에 도움이 된다.

CHAPTER 04

장애인복지의 역사

CHAPTER 04

장애인복지의 역사

1. 서구 장애인복지의 역사

1) 고 대

고대사회는 가족이나 씨족에 의해 형성된 원시 공동사회로 건강한 신체를 가진 개인은 종족보존을 위한 노동력과 전투력의 수단이 되었으며, 자연적으로 부족의 생존에 도움을 주지 못하는 장애인은 산에 버려지거나, 굶겨서 죽이기도 하고, 장애아동은 살해하고, 또 잠재적 장애를 지닌 아동들도 제거 대상으로 보았다. 로마사회에서는 장애인과 장애아동에 대한 유기나 살해가 사회적으로 묵인되어, 예컨대 청각·언어장애인들을 강물에 던져 익사시키고, 투기장과 연회장 등에서 귀족들의 노리갯감으로 이용하였으며, 폭군 네로왕은 장애인을 활쏘기 연습의 표적으로 사용했다고 한다. 또 스파르타 사람들은 장애인을 외곽지역에 버려 죽게 했고, 그리스와 로마 시대에는 기형아를 둔 아버지가 벼랑에서 아이를 떨어뜨려 죽이거나 노예로 팔았으며, 플라톤은 장애인을 완벽한 사회로 가는 길을 가로막는 장애물로 여겨 "장애인의 자식이나 불구자는 발견되지 않는 아무도 모르는 곳으로 당연히 보내져야 한다"는 주장까지 했다고 하니 한마디로 고대사회 장애인에 대한 처우와 관념이 얼마나 원시적이고 비인간적이며 미신적이었는가를 알 수 있다. 물론 고대사회에서도 장애인을 동정이나 보호의 대상으로 보아 예외적으로 보호했던 기록들도 있으나, 기본적으로는 장애인에 대한 인식이 매우 부정적이었던 시대였다.

2) 중 세

중세 기독교의 발달은 장애인에 대한 사회적 인식과 결정에 크게 영향을 미쳤다. 기독교의 가르침을 바탕으로 모든 인간은 하느님 앞에 동등한 권리와 의무를 갖는다는 신념에서 장애인에 대한 구제와 자선이 싹트기 시작하였다. 중세의 장애인 보호와 구제는 당시의 장애인을 무능력한 존재로 여겼던 부정적 인식에서 벗어나 인간에 대한 존엄성과 사회적 약자의 보호와 구제라는 인식으로의 변화를 가져와 애타(愛他)정신을 강조한 기독교의 박애사상을 기초로 하여 종교적으로 보호받게 된 시기였다. 그러나 온전한 의미에서의 보호라기보다는, 단순히 종교적 차원에서 자선적인 시혜를 베풀어 주는 것으로서 여전히 장애인에 대한 차별과 학대는 존재하였다.

3) 근 대

근대에는 르네상스, 의학의 발전, 종교개혁의 영향으로 장애인에 대한 인식이 크게 변화되는 계기가 마련되었고, 장애인의 본질을 합리적으로 이해하려는 노력은 장애아동에 대한 교육의 가능성을 제시해 주면서 장애인 교육이 시작되었다.

근대에 이르러 기존의 장애인에 대한 운명론적인 사상을 버리게 되고, 새로운 장애인관을 가지게 된다. 당시 르네상스 운동(문예부흥운동)의 영향으로 이전까지 신 중심이었던 것이 인간중심, 인간존중주의로 바뀌면서 중세의 종교적 편견과 미신에서 탈피하게 되고 장애인관에 대한 변화도 생겨 장애인에 대해 합리적으로 이해하려고 하였으며, 장애아동에 대한 교육의 가능성을 제시해 주면서 장애인 교육이 시작되었다. 여기에는 루터의 종교개혁도 한몫을 하였다. 루터는 장애인이라 할지라도 그리스도인이 될 수 있고, 장애인을 포함하여 모든 국민을 대상으로 한 교육은 정부의 책임이라고 하였다. 이런 교육사상이 장애아동의 학교교육 실현으로 이어졌다. 16세기에 접어들면서 장애인의 교육이 서서히 이루어지기 시작하였고, 19세기 후반부터는 특수교육이 발전하였으며, 1882년 프랑스에서는 장애아동에 대한 의무교육을 실시하게 되었다.

또 한편으로는 사회진화론과 우생학이론에 입각하여 장애인을 위험하고 열악한 유전인자를 지닌 존재로 보고 사회의 제거대상으로 보게 되며, 그에 따라 장애인을 일반인들과 분리하여 시설수용보호를 하게 된다. 그래서 품질위주의 인구정책을 펼쳐 열악한 유전인자를 보유한 자들에 대한 출산억제정책을 실시하고자 불임수술법을 만들어 지적장애나 정신장애를 지닌 장애인에 대한 불임수술이 이루어지기도 한 시기였다.

4) 현 대

제1, 2차 세계대전 이후 전쟁으로 인해 장애를 입은 군인에 대한 직업재활과 의료재활을 중심으로 장애인 제도가 마련된다. 1960년대에 들어 장애인의 시설보호를 반대하며 정상화운동이 전개되었고, 1970년대에는 1971년 UN의 '정신지체인 권리선언'과 1975년의 '장애인 권리선언' 등이 나오게 되어 현대 장애인복지의 태동기라 할 수 있으며, 1980년대에는 장애인의 사회통합을 지향하는 형태의 장애인복지가 강조되기 시작하면서 UN은 1981년을 '세계장애인의 해'로 지정하였고, 1983~1992년을 'UN 장애인 10년'으로 선포함과 동시에 구체적 지침으로 '장애인에 관한 세계행동계획'을 발표한 바 있다. 세계보건기구(WHO)도 1980년에 국제장애분류(ICIDH : International Classification of Impairment, Disabilities, and Handicaps)를 발표하고 각국이 이 분류기준을 적용할 것을 권장하였다. 1990년대 이후에는 미국의 미국장애인법(1990), 호주의 장애인차별금지법(1992), 영국의 장애인차별금지법(1995) 등이 제정되었고, 2006년 UN은 기존의 선언보다는 더 강력한 것으로서 국제장애인권리협약을 채택하여 회원국들로 하여금 준수하도록 하였다.

2. 우리나라 장애인복지의 역사

1) 근대 이전

과거 우리나라(조선시대)에서는 장애인을 몹쓸 병에 걸려 몸이 쇠약해진 사람을 뜻하는 폐질인(고칠 수 없는 병에 걸린 사람), 잔질인(몸에 질병이 남아 있는 사람), 독질인(매우 위독한 병에 걸린 사람)이라고 하였다. 장애인은 가족이 책임지도록 했고, 천재지변으로 인해 가족부양이 어려우면 마을 공동체에서 지원해 주었다.

(1) 삼국시대

삼국시대는 가족부양을 원칙으로 했기 때문에 자연재해로 인해 그 가족이 문제가 있어 책임을 지지 못할 경우 일차적으로 친척이나 마을에서 지원을 하였고, 친척이나 마을에서조차 해결이 어려운 경우에는 나라에서 직접 구제를 하였다. 이 시대의 구휼정책은 왕명에 의해 임시적이며 즉흥적으로 이루어졌으며, 장애인을 병자나 빈민과 특별히 구별하지는 않았다. 사궁구휼(四窮救恤)이라 하여 환과고독, 즉 홀아비, 홀어미, 고아, 자녀 없는 사람과 같이 의지할 곳 없는 빈민들을 구제하는 일이 왕명에 의해서 이루어졌다. 삼국사기 기록에 의하면, 고구려 고국천왕 때 재상 을파소의 건의로 진대법을 제정하여 관곡을 대여하여 질병이나 노동능력이 결핍된 자들을 구휼했다는 기록이 있다. 이는 춘궁기인 3~7월에 관곡을 대여하고 이후 10월 추수기에 다시 납입케 한 것으로 춘대추납 방식의 구휼제도였다. 고구려의 진대법은 고려의 의창, 조선시대의 환곡으로 연결된다.

(2) 고려시대

고려시대는 불교의 자비사상의 영향을 받아 구휼제도가 한층 더 제도화되는데, 가족이나 친척, 마을에 책임을 지우기보다 구체적 구휼제도를 통하여 나라에서 직접 개입하여 구제를 하였다. 태조 왕건 때는 흑창, 성종 5년에는 상평창, 충선왕 5년에는 유비창 등이 있어 곡식을 비축해 두었다가 춘궁기나 재해로 인해 빈민이 발생할 때 대여해 주고 가을철 추수기 때 상환하도록 하는 제도가 발달하였다. 동서대비원을 두어 병자나 빈민, 고아, 노인, 폐질자 등을 치료해 주었다. 고려시대에는 맹인을 위한 직업대책을 나라에서 직접 챙겨 점복, 독경, 악사와 같은 직업을 갖도록 해주고 자립생활을 지원했다는 기록이 있고, 고려 초부터 국가가 복업(卜業)을 과거제도에 포함시켜 복인을 선발해 복업이 제도화되었다.

(3) 조선시대

조선시대는 건국 초부터 불교를 배척하고 유교를 도입하여 유교의 정치사상인 인과 덕을 바탕으로 부모의 마음으로 백성을 보살피는 정치인 왕도정치를 기반으로 한 구휼제도를 펼쳐 백성의 생업을 마련해 주어 먹고사는 문제를 해결해 주려고 하였다. 굶주린 백성과 장애인을 수용 보호하는 진제장과 동서활인원이 있었고, 태조 2년에 노약폐질자로 자립할 수 없는 자에게 노동면제 및 구휼을 실시하였으며, 세종 원년에 환과고독, 폐질자에게 쌀과 콩 등으로 구제를 하였고, 폐질자에게는 노동을 면제해 주었다는 기록이 있다. 세조 3년에는 동서활인원을 통해서 장애인, 맹인에 대한 진휼을 실시하였고, 정조 7년에는 불구폐질자를 맹인(시각장애인), 절름발이(지체장애인), 문둥이(한센인), 간질(뇌전증), 벙어리(언어장애인), 꼽추(척추후만증) 등으로 규정하여 각각의 장애유형에 맞는 직업기술을 가르쳐 자립할 수 있게 하였다.

또 조선시대에는 시각장애인 지원기관인 명통시가 있었다. 명통시는 우리나라 최초의 장애인단체로, 명통시에 소속된 장애인들은 매달 초하루와 가뭄이 들면 기우제 등 국가의 공식 행사를 담당하며 그 대가로 노비와 쌀을 받았다. 조선시대에는 장애인에게 세금과 부역을 면제해 주었으며, 신분제도가 아주 철저했음에도 불구하고 신분에 상관없이 중증장애인에게는 시종(일종의 도우미)을 붙여주었다고 한다. 그리고 부모나 배우자, 자식들이 장애인을 정성껏 부양하면 그 집을 포상하는 장려제도를 실시했으며, 반대로 장애인을 학대하는 자에게는 일반 범죄보다 훨씬 더 무겁게 처벌을 내리는 엄벌제도를 시행하였다. 특히 장애인의 자립을 중요하게 여겨 점복사, 독경사 등 장애인을 위한 전문직 일자리 창출을 활성화하였으며, 장애인은 신분에 상관없이 능력 위주로 채용하였다.

이처럼 다양한 장애인 복지정책을 펼쳤던 조선시대는 장애인에 대한 편견과 차별이 없었던 사회라고 할 수 있다. 그 결과 척추장애인 허준은 조선 초 우의정과 좌의정을, 뇌전증(간질)장애인 권균은 중종 때 우의정을, 지체장애인 심희수는 광해군 때 좌의정을, 청각장애인 이덕수는 영조 때 대제학과 형조판서에 오르는 등 역사를 빛낸 수많은 장애인들이 있었다. 이처럼 조선시대는 장애의 유무보다는 그 사람 자체의 능력과 노력을 더욱 중시하였다. 이런 사회였기에 세종실록에 의하면 음악가 박연[1]은 "옛 제왕들은 모두 시각장애인에게 현송(거문고를 타며 시를 읊음)의 임무를 맡겼으니 이는 세상에 버릴 사람은 아무도 없기 때문입니다"라고 말했다고 한다.

그 밖에 조선시대에는 민간 차원에서 자치적으로 구제역할을 했던 계, 두레, 품앗이, 향약이 있었고, 향약의 네 가지 덕목 중 하나인 환난상휼은 오늘날 사회복지와 가장 가까운 것이었다.

2) 근 대

일제시대의 구휼정책은 일제가 식민통치를 합리화하고 황민사상을 주입할 목적으로 시행하게 되는데, 한일합병 이후 1913년 4월 1일 조선총독부에 제생원(濟生院) 맹아부(盲啞部)가 설치된다. 맹아부는 맹본과(盲本科)와 아본과(啞本科)로 구성되었는데, 맹본과 학생을 맹생(시각장애학생), 아본과 학생을 아생(청각·언어장애학생)이라고 하였다. 제생원 맹아부를 통해 시각·청각장애 학생들에 대한 교육이 실시되었으며, 맹아부는 1945년 10월 1일에 6년제 초등교육기관인 국립 맹아학교로 개편되고, 이후 1959년 4월 1일에 서울맹학교와 서울농학교로 분리 등을 거쳐 오늘의 서울맹학교로 발전되었다. 제생원 맹아부 교사였던 송암 박두성 선생은 1926년에 한글점자인 훈맹정음을 개발해 맹인교육

1) 박연은 조선 시대에 활동한 천문학자이자 음악가이다. 조선 초 미비한 궁정 음악을 정비하여 고구려의 왕산악, 신라의 우륵과 함께 3대 악성으로 불린다. 박연은 아악을 제정하여 조선 초기 음악 완비에 공을 세웠다.

의 기초를 세웠다. 1944년 3월 1일에는 일제가 조선구호령을 제정하여 실시하였는데, 그 보호대상이 65세 이상 노쇠자와 13세 이하의 아동, 임산부, 불구자, 폐질자, 부상자, 정신 및 신체 장애 등 노동을 하지 못하는 자로 되어 있었다. 이들을 대상으로 신청에 의해 보호사업을 실시하였으나 장애인만을 대상으로 한 것이 아니라 식민통치를 정당화하기 위해 실시된 사업이었으며, 그것마저도 명목적이고 형식에 불과한 것들이었다.

3) 현 대

(1) 장애인복지 태동기(1948~1980년)

1949년 5월 6일 이문형은 우리나라 최초의 정신박약자보호시설인 중앙각심학원이라는 수용시설을 설립하게 되고, 이후 1960년 8월 12일 국립각심학원으로 명칭을 변경했다가 1986년 8월 18일 국립각심학원을 폐지한 후 국립재활원으로 직제를 개정하였으며, 1994년 1월 재활병원을 설치하였다. 현재 서울 강북구에 있는 보건복지부 국립재활원은 재활 전문진료서비스, 맞춤형 재활훈련 및 교육, 이용자 중심의 재활보조기구 개발을 포함한 장애연구 등의 업무를 수행하고 있으며, 한방진료와 소아재활 및 장애인 건강검진 등을 실시하고 있다.

한편 미군정시대와 1950년대를 거쳐 1960년대에 6·25 전쟁의 영향으로 군인이나 경찰의 특수집단을 위한 제도가 마련되었고, 1977년에는 장애 관련법으로는 최초로 「특수교육진흥법」이 제정되었다.

(2) 장애인복지 전환기(1981~1989년)

1980년대는 우리나라 장애인복지제도의 전환기로 1981년에는 한국 역사상 최초의 장애인복지에 대한 종합적 법률이라 할 수 있는 「심신장애자복지법」이 제정되는데, 이 법은 일본 「신체장해자복지법」을 수정해서 만든 것이다. 이 무렵 UN은 1981년을 '세계장애인의 해'로 선언하고 세계 각국에 기념사업을 추진하도록 권장하였는데, 당시 우리나라는 그 취지에 맞게 보건사회부가

4월 20일 '제1회 장애인의 날' 행사를 갖게 된다. 그러나 당시 법정 기념일로 지정되지 못하고 1982년부터 한국장애인재활협회 주관으로 '장애인재활대회'라는 명칭 아래 기념식을 개최하게 되었다. 그 뒤 1989년 12월 30일 법의 전부개정 시 제43조에 장애인의 날 근거를 최초로 규정, 법정기념일로 하였고, 이어 1999년 2월 8일 두 번째 전부개정 시 제12조에 장애인의 날을 4월 20일로 한다고 명시적으로 규정함으로써 4월 20일 '장애인의 날'이 법으로 설정되었다. 앞서 1982년에는 서울장애인종합복지관을 최초로 하여 각 시도에 장애인복지관을 설치하기 시작했고, 1987년엔 장애인 등록제 시범사업을 하였고, 1988년부터 장애인 등록제를 전국적으로 확대 실시하게 되었다. 1990년대 이후 탈시설화와 함께 그동안 시설보호에서 벗어난 지역사회보호로의 전환뿐만 아니라 장애인의 교육, 직업, 고용에 이르기까지 지역사회 안에서의 서비스지원 및 보호로 패러다임의 변화를 가져오는 시기였다.

(3) 장애인복지 발전기(1990~1999년)

1990년 「장애인고용촉진 등에 관한 법률」을 제정하여 1991년부터 300인 이상 사업장에 대해 장애인 의무고용률을 1% 이상 적용하도록 시행하였다. 이후 민간기업의 경우 1992년에는 1.6%로, 1993년에는 2%로, 2014년부터 2.7%, 2017년부터 2.9% 상향 조정되었다. 국가, 자치단체, 공공기관의 장애인 의무고용률은 기존 3% 이상에서 2017년부터 3.2%로 상향 조정되었다. 이 시기는 장애인올림픽을 전기로 사회적 관심이 장애인에 초점이 맞추어지기 시작하였으며, 장애인단체를 중심으로 장애인운동이 조직적으로 전개되는 시기이고, 이 당시 1998년에 '한국장애인인권헌장'이 제정 공포되며, 같은 해에 전 장애계를 포괄하는 '한국장애인단체총연맹(한국장총)'이 조직되었다.

(4) 장애인복지 도약기(2000년~현재)

장애인복지발전 5개년 계획의 수립과 이행(2013~2017년까지는 제4차 장애인복지발전 5개년 계획을 수립하여 이행하고 있음) 시기이며, 장애범주도 1981년 5가지에서 2000년 1월부터 10가지로, 다시 2003년 7월부터 15가지로 확대되었다. 그렇지만 선진국들에 비해서 우리나라의 장애범주는 매우 협소하다. 도약기에 있어서 장애인복지 관련 법률의 개정 및 제정 내용을 살펴보면, 1977년에 제정된 「특수교육진흥법」은 2007년 「장애인 등에 대한 특수교육법」으로 변경되고, 1990년에 제정된 「장애인고용촉진 등에 관한 법률」은 2000년엔 「장애인고용촉진 및 직업재활법」으로 전면 개정되었으며, 2005년 「교통약자의 이동편의 증진법」 제정, 2008년 「장애인차별금지 및 권리구제 등에 관한 법률」 제정, 2010년 「장애인연금법」 제정, 2011년 「장애아동 복지지원법」과 「장애인활동지원에 관한 법률」 제정, 2014년 「발달장애인 권리보장 및 지원에 관한 법률」 제정, 2015년 「장애인 건강권 및 의료접근성 보장에 관한 법률」 제정,[2] 2016년 「한국수화언어법」[3]과 「점자법」 제정,[4] 2020년 「장애예술인 문화예술 활동 지원에 관한 법률」 제정[5] 등 많은 변화가 있었다. 그리고 2019년 7월 1일부터는 기존의 장애등급제가 폐지되고 장애정도로 변경되었는바, 즉 장애의 정도가 심한 장애인(기존 중증장애인), 장애의 정도가 심하지 않은 장애인(기존 경증장애인)으로 이원화되었다. 그리고 2022년부터 국가, 자치단체, 공공기관의 장애인 의무고용률도 3.6% 이상으로 상향되었다.

3. 보건복지부 명칭 변천사

미군정 시대에 군정법령 제18호로 기존의 위생국을 고쳐 1945년 10월 보건후생국을 설치한다. 보건후생국은 다시 1946년 3월에 보건후생부로 승격되고 해방 후 1948년 사회부로 바뀌며, 1949년 사회부에서 보건부가 따로 분리되어

2) 이 법은 장애인의 건강권 보장을 위한 지원, 장애인 보건관리 체계 확립 및 의료접근성 보장에 관한 사항을 규정하여 장애인의 건강증진에 이바지하는 것을 목적으로 2015년 12월에 제정되었다.

3) 이 법은 한국수화언어가 국어와 동등한 자격을 가진 농인의 고유한 언어임을 밝히고, 한국수화언어의 발전 및 보전의 기반을 마련하여 농인과 한국수화언어사용자의 언어권과 삶의 질을 향상시키는 것을 목적으로 2016년 2월에 제정되었다.

4) 이 법은 점자 및 점자문화의 발전과 보전의 기반을 마련하여 시각장애인의 점자사용 권리를 신장하고 삶의 질을 향상시키는 것을 목적으로 2016년 5월에 제정되었다.

5) 이 법은 장애예술인의 문화예술 활동 지원에 필요한 사항을 정하여 장애예술인의 문화예술 활동을 촉진하고 삶의 질 향상에 이바지하는 것을 목적으로 2020년 6월에 제정되었다.

나오고, 1955년에 보건사회부로, 1994년 12월에 정부조직법 개정으로 보건복지부로 개편 이후 2008년 2월에 보건복지가족부로 바뀌었다가, 다시 2010년 1월 정부조직법 개정으로 현재의 보건복지부로 바뀌었다.

CHAPTER 05

장애에 관한 이론적 접근

01 _ 탈의료화
02 _ 탈시설화
03 _ 정상화
04 _ 사회통합
05 _ 사회적 역할의 가치화
06 _ 자립생활
07 _ 장애인 소비자주의와 당사자주의

CHAPTER 05

장애에 관한 이론적 접근

1. 탈의료화

이는 한마디로 장애인을 병원을 통해서 의료적 치료로만 접근하는 것은 바람직하지 않다는 것으로, 따라서 병원에만 의존하지 말고 장애인을 시설에 수용하여 그 시설에서 치료 및 보호를 받도록 할 필요가 있다는 것이다. 즉, 시설수용 중심의 장애인 치료 및 보호의 개념이다. 그러므로 탈의료화는 병자 역할(sick role)로부터 탈피하기 위한 개념이라고 할 수 있다.

2. 탈시설화

이는 사회복지시설 내에서 생활하는 장애인이 시설을 벗어나서 재활, 사회복귀 그리고 자립을 할 수 있도록 시설과 지역사회에서 적절한 사회복지 서비스를 제공하기 위한 방안으로 대두되었다. 장애인복지, 노인복지, 아동복지, 청소년복지 등 사회복지 각 영역에서 탈시설화가 요구된다.

탈시설화는 그에 따른 폐해도 있는데, 예를 들어 중증장애인이나 정신장애인의 경우, 탈시설화를 위한 건축물이나 지역사회 환경상의 보완과 수정, 장애인과 비장애인이 더불어 살 수 있는 사회통합에 대한 시민의 태도 및 인식의 성숙이 우선되어야 함에도 불구하고, 이러한 조건이 갖추어지지 않은 상태에서 탈시설화 정책이 이루어지는 경우 많은 장애인의 삶의 질을 더욱 떨어뜨리는 결과를 낳게 된다는 점이다.

따라서 제대로 된 탈시설화의 이념을 달성하기 위해서는 규제가 많은 생활에서 적은 생활로, 규모가 큰 시설에서 작은 시설로, 큰 생활단위에서 작은 생활단위로, 집단생활에서 개인생활로, 지역사회로부터 격리된 생활에서 통합된 생활로, 의존적인 생활에서 자립생활로 시설보호의 방향을 바꾸어 나가야 하며, 지역사회 내에서 지속적으로 적응하기 위한 훈련을 필요로 한다.[1)]

한편 서울시의회는 2022년 6월에 서울시 의회 의원 재석 62명 중 찬성 54명으로 '장애인 탈시설 조례'를 통과시켰다. 이 조례는 모든 장애인의 시설 생활을 금지하는 것이 아니라, 탈시설 장애인을 지원하는 것이 주 내용이다. 그래서 장애인을 수동적인 보호의 대상이 아닌 자율적인 인권의 주체로 인정하고, 시설 밖으로 나온 장애인이 지역사회에서 자립할 수 있도록 지원한다는 취지를 담고 있는 조례이다.

3. 정상화

탈의료화 및 대규모 시설보호에 반대하는 탈시설화와 밀접하게 연관된 개념으로 정상화(normalization)라는 개념이 있다. 정상화는 1959년 덴마크에서 정신지체인을 대상으로 "정신지체인을 가능한 한 최대로 정상적인 생활조건(normal living condition)에 가깝게 생존하도록 하는 것"이라 정의한 정신지체인법에서 출발하였다. 이는 후에 뱅크 미켈슨(Bank Mikkelsen)에 의하여 "정신지체인에게 주거, 교육, 일, 취미활동 등을 포함하여 다른 모든 시민들이 갖는 인간의 기본권을 제공하는 것"을 의미하는 개념으로 발전되었다. 정상화 이론은 미켈슨(Mikkelsen), 뉴리에(Nirje), 울펜스버거(Wolfensberger) 등이 주창하였는데, 특히 미켈슨은 정상화의 개념은 인간의 존엄성, 권리, 개인의 가치, 개인의 자유와 평등에 대한 보장과 같은, 이 사회에서 추구하는 가장 중요하고 높은 인간의 가치와 그 맥을 같이하면서 "가능한 한 정상에 가까운 생활양식을 누릴

1) 임종호 외(2016).

수 있도록 하는 것"이라고 정의했다. 정상화란, 정상적인 사람으로 만든다는 말이 아니라, 정상적인 행동을 유발시킬 수 있는 환경을 의미하는 것이다. 정상화는 장애인의 시설보호 대신에 이를 지역사회로 전환한다는 면에서 볼 때 시설수용의 비인도성에서 시작된 '탈시설화'와 일치하는 개념이기도 하다. 울펜스버거도 정상화에 대해서 "가능한 한 사람들에게 가치 있는 사회적 역할을 습득, 정립, 유지시키기 위해 문화적으로 가치 있는 수단을 이용하는 것" 또는 "사람들이 문화적으로 가치 있는 삶을 영위할 수 있도록 하기 위한 문화적으로 가치 있는 수단들의 이용"이라고 정의하였다.

정상화는 기존의 지배적인 서비스 이데올로기에 반대하고, 정상적이고 일상적인 생활의 리듬을 존중할 것을 강조한다. 즉, 정상화란 아침에 일어나고 저녁에 잠자리에 드는 등의 행위를 포함하는 하루 일과에서의 정상적인 리듬, 일주일에 낮 시간은 직장에 나가서 일하고 밤 시간과 주말은 휴식을 취하는 정상적인 리듬, 1년 중에 특정 시기에 휴가가 있고 휴식기간을 가지는 등 1년 동안의 정상적인 리듬을 가능하게 해주고, 개인의 성장과 발달에서 정상적인 발달경험, 인생주기에서의 선택의 자유, 정상적인 이웃과 함께하는 정상적인 가정에서의 삶, 지역사회에 통합되어 있는 삶을 강조하는[2] 개념인 것이다. 한마디로 일상생활의 리듬과 패턴이 정상적인 생활을 할 수 있도록 해주자는 개념이다. 정상화 사상은 1980년대 초 울펜스버거에 의하여 장애인 재활, 교육 그리고 복지 측면 등에서 중요성이 더욱 강조되었다.[3] 즉, 정상화 이론은 기존의 전통적인 재활서비스 이념에 대해 반대하며, 재활이나 교육, 복지적인 면에서 정상적인 생활 리듬을 되찾을 수 있도록 해주자는 것이다.

1950년대 후반 북유럽에서 시설 처우 중심의 장애인복지 접근을 비판하면서 출발된 정상화 이념은 이후 뉴리에(Nirje, 1969)가 정신지체인(지적장애인)도 동 시대의 일반주류의 사람들과 동일한 생활방식과 환경에 가깝도록 처우되어야 함을 강조하면서 본격적으로 개념정의 되었다. 뉴리에의 이러한 개념정의는 장애인도 비장애인과 동일한 사회적·문화적인 생활을 할 권리가 있음

2) 오혜경(1999).

3) 임종호 외(2016), p. 93.

을 나타내는 것이었고, 이는 곧 개인의 선택에 대한 자유와 자기결정권의 확보가 장애인 정상화 이념의 기반임을 표명하였음을 알 수 있다. 정상화 이념은 이후 1983년 울펜스버거에 의해 수정·보완되어 '사회적 역할가치 부여' 내지 '가치 있는 사회적 역할 강화(S.R.V : Social Role Valorization)'라는 이론이 나오게 되는데, 이는 가치 절하된 사람들이 가치가 인정되는 사회적 역할을 창출할 수 있도록 하는 것을 목표로 하는 이론이다.

4. 사회통합

사회통합이란 모든 사람들이 사회생활에 적극적으로 참여하고 살아가는 것을 의미한다. 그러므로 통합된 사회란 '사회적 배제가 없는 사회'를 의미한다고 할 수 있다. 사회적 배제란 사람들의 집단을 사회의 주류로부터 격리시키는 메커니즘(mechanism)으로 이해할 수 있다. 지금까지 우리나라의 복지개념은 for에 머물러 있었던 면이 크다고 볼 수 있는데, 즉 클라이언트를 위한 복지로 치우쳐 왔던 것이 사실이다. for의 복지를 취할 경우 이것은 '누구를 위한다'는 것으로, 예컨대 Welfare for the Disabled는 '장애인을 위한 복지' 곧 장애인복지가 될 것이다. 그런데 이 for의 복지개념을 취할 때 복지서비스 제공주체 내지 운영주체와 복지서비스의 대상자인 클라이언트 간에는 그 지위 면에서 다를 수밖에 없다. 위하는 측과 위함을 받는 측은 서로 다를 수밖에 없다는 것이다. 즉, 전자는 적극적·능동적인 지위에 있게 되는 것이고, 후자는 소극적·수동적·피동적 지위에 놓이기 쉽다. 뿐만 아니라 이는 곧 너와 나의 통합이 아니라 '분리'를 의미하는 것이기도 하다. 한마디로 양자 간에는 보이지 않는 장벽이 가로막혀 있다고 할 수 있다. 그러므로 for의 복지를 with의 복지로, 즉 위하는 복지에서 함께하는 복지, 공존하는 복지, 더불어 복지로 복지패러다임과 그에 대한 실제적인 인식개념과 내용을 완전히 바꿔가는 것이 필요하지만, 아직도 대부분 for의 개념을 쓰고 있다. with가 클라이언트와의 라포(공감대) 형성에 더 가까운 표현이다. 라포(Rapport)란 두 사람 사이를 연결하는 교량 역할을 의미하며, 상대방의 상황을 이해하고 공유하는 것을 말하고, 상대방에 대한 존중이 그 바탕이 되는 것이다. 따라서 라포란 '마음의 유대'를 뜻하는 것으로 서로의 마음이 연결된 상태, 즉 서로 마음이 통하는 상태를 뜻한다. 장애인복지를 실천함에 있어서도 전문 실천가의 일방적 지원이나 원조가 아니라, 사회복지사와 장애인 간에 상호 교류하고 유대감을 이끌어 낼 수 있는 쌍방향적 소통이 중요하다는 것이다. 서비스를 제공하는 기관, 시설, 복지공무원, 사회복지사 등은 권위적 자세를 지양하고 겸손한 서비스 태도와 상대방의 입장에 서서 이해와 수용할 줄 아는 마음이 요구된다. 힘든 상황에 놓인 장애인 등 사회적 약자들을 마음으로부터 깊이 헤아릴 수 있는 그런 인간미가 사회 전반에 퍼져야 한다. 그것이 곧 사회통합을 도모하는 길이다.

장애인복지에서 사회통합은 장애인이 사회 구성원으로서 역할을 수행하며 살아가는 것을 의미한다. 장애인이 사회에 완전하게 참여하기 위해서는 그 사회가 장애인의 참여에 부정적인 것, 예를 들어 물리적·심리적·문화적인 제약조건들을 없애는 것이 필요하다. 역사적으로 볼 때 장애인은 기존 사회로부터 격리되었고, 사회 구성원의 역할을 할 수 없는 존재로 인식되어 왔기에 장애인의 사회통합은 현대 장애인복지에서 가장 궁극적인 이념이자 목표가 되는[4] 것이라고 할 수 있다.

5. 사회적 역할의 가치화

사회적 역할의 가치화(SRV : Social Role Valorization)는 1960년대 후반에 형성되어 발전되어 온 정상화 이론에 입각하여 1983년 미국에서 울펜스버거에 의해 체계화된 이론이다. 사회적 역할의 가치화란, 사람들이 가치 있는 사회적 역할들을 형성하고, 정립하고, 유지하도록 하기 위하여 문화적으로 가치 있는 수단들을 가능한 한 많이 사용하는 것을 의미한다. 사회적 역할의 가치화는 능력과 가치를 중요시하는 사회에서 가치를 인정받지 못하는 사람들에게 그 사회

4) 정무성 외(2015).

나 가정, 학교, 직장 등에서 인정받을 수 있는 가치를 창출할 수 있게 하는 것을 목표로 한다. 즉, 장애인이라 하더라도 가치 있게 평가되는 사회적 역할을 수행하면 개인의 속성이 높이 평가된다는 것이다. 이러한 가치절하와 상처에 대한 극복 노력은 1950년대에는 주로 장애인 가족들에 의해 주도되었고, 1980년대 들어서는 가족의 노력과 함께 장애인, 옹호자, 전문가에 의해 주도되면서 커다란 변화를 가져왔다.[5)]

6. 자립생활

1) 정의와 특성

자립생활은 장애인이 자신의 삶을 스스로 선택·조정하고, 자신의 삶의 전부를 관리하는 것으로서 장애인이 언제 어디서나 자신이 영위할 수 있는 자유를 누릴 수 있음을 뜻한다.[6)] 즉, 장애인 스스로가 자신의 삶을 선택하고 결정하며 자신의 생활 전반에 대한 통제력을 가지고 있음을 나타내는 것으로, 장애인 스스로가 자신이 어디에서 살 것인지, 누구와 함께 살 것인지, 어떤 생활방식을 택할 것인지, 자신의 시간과 경제적 상황 등을 어떻게 활용하고 소비할 것인지를 결정한다는 것이다.[7)] 또한 장애인의 자립생활이란 장애인이 스스로 자신의 삶을 선택하고 관리할 수 있도록 필요한 기술과 원조를 제공하는 일이 필수적으로 요구된다. 즉, 장애인의 자립이란 장애인 자신이 가지고 있는 능력을 최대한 활용하여 직업적·경제적으로 자립적인 생활을 영위하는 것을 의미한다.[8)] 즉, 장애인이 스스로의 삶을 조정하고 선택하는 주체에 초점을 두는 개념이다.

5) 임종호 외(2016). p. 96.

6) 임종호 외(2016), p. 100.

7) 정무성(2015).

8) 임종호(2016).

2) 자립생활 접근

장애인 자립생활 접근은, 장애인은 사회의 소수이기에 사회 구성원으로서 당연하게 누려야 할 기회나 자원 등이 박탈되고, 사회적으로 가치하락, 억압과 차별 등이 따른다고 보고 이러한 문제 제기에서 출발한다. 자립생활 접근에서는 부적절한 사회문화적 환경에서 문제의 원인을 찾고 결국 이러한 부적절한 사회문화적 환경으로 인하여 장애인들의 부적응 또는 문제상황이 발생한다고 보고 있다. 그러기에 장애인복지실천에서는 부적절한 사회문화적 환경을 개선하는 것이 중요하다고 본다. 결국 이러한 부적절한 사회문화적 환경이 장애인을 사회와 분리시키고 기회를 봉쇄하며 차별을 가져온다고 보기 때문이다. 자립생활 접근은 장애인들에 대해 어떤 기대를 가지는 것인데, 여기서는 장애인들을 능력 있는 사람으로 인식한다. 따라서 장애인 자신이 충분히 자신의 삶을 통제하고 결정할 수 있는 능력이 있는 것으로 본다.

7. 장애인 소비자주의와 당사자주의

1) 장애인 소비자주의

장애인 소비자주의의 탄생은 장애인 자립생활운동과 그 맥을 같이한다. 자립생활운동이 자기결정과 자기선택의 이념을 담고 있는 것과 같이 장애인 정책이나 프로그램을 수립하고 수행할 때 그 권리는 의사나 재활전문가, 복지전문가에게 있는 것이 아니라 장애인 당사자에게 있으므로, 장애인 정책과 프로그램의 기획이나 결정, 집행이나 평가 등의 전 과정에 장애인의 참여와 결정을 보장하라고 주장하는 것이 장애인 소비자주의다. 이러한 장애인 소비자주의는 그동안 전문가들의 일방적인 결정이나 권력에 반기를 든 것이고, 장애인 당사자의 문제임에도 장애인 당사자들이 전혀 권한을 갖지 못했던 패러다임을 바꾸고자 하는 시도이다. 장애인들이 사회복지 정책과정과 정책평가에 있어 능동적이고 적극적으로 참여하고 권리행사를 하겠다는 뜻이다. 장애인의 노동권을 보장하고, 노동을 통해 소득을 보장할 수 있는 시스템이 갖추어져 있어야[9] 장애인 소비자주의의 실효성을 거둘 수 있을 것이다. 그런 의미에서 기업의 장애인 의무고용(채용)이 잘 이루어져야 한다. 먼저 국가기관부터 모범이 되어 장애인 의무고용제도를 지켜야 할 것이다.

2) 장애인 당사자주의

장애에 관련한 문제를 해결함에 있어 장애인이 전문가임을 주장하는 이념이다. 장애인의 욕구를 정확하게 파악하여 이 사회의 객체가 아닌 주체로서의 역할을 확보하는 것과 역량을 강화하는 것이 목적이다. 이는 진일보된 장애운동의 이념으로, 전문가주의와 대치되는 개념이다. 따라서 장애인 당사자주의는 장애인 당사자의 선택에 따라 생활방식과 형태를 결정할 수 있게 함으로써 삶의 질을 향상시키기 위한 개념이지 장애를 소유한 사람들만이 가질 수 있는 절대 성역이 아니라고 본다. 장애인은 항상 서비스의 주체가 아니라 대상자로서 대상화되고, 공급자가 장애인 당사자의 권한을 대행해서 이행해왔기 때문에 장애인의 눈으로, 장애인의 목소리로 장애인에 대한 정책이나 서비스가 결정되어야 한다고 주장하는[10] 것이 바로 장애인 당사자주의이다.

9) 임종호 외(2016).

10) 김대성(2005).

CHAPTER 06

신체적 장애

CHAPTER 06

신체적 장애

1. 외부 신체기능의 장애

1) 지체장애

(1) 개념

사람의 몸은 골조가 되는 골격, 골격과 골격 사이의 관절, 관절을 움직이는 근육, 근육을 수축하게 하는 신경으로 이루어져 있어서 여러 가지 운동을 할 수 있도록 되어 있는데 질병이나 외상 등으로 그중 어느 하나에 기능장애가 발생하여 운동장애를 일으키는 것을 지체장애라 한다.[1] 전체 15종의 장애유형 중 지체장애인이 45%로 가장 많다. 장애형태로 보면 관절장애가 가장 많고 그 다음 절단, 마비, 변형에 의한 지체장애 순이다. 대부분의 장애원인이 사고와 질환인데 지체장애의 경우 그 원인은 사고로 인한 경우가 질환으로 인한 경우보다 조금 더 많고, 아주 일부는 선천적 원인인 경우도 있다. 성별로는 남자의 경우 사고로 인한 지체장애의 경우가 질환으로 인한 경우보다 훨씬 많고, 여자의 경우는 질환으로 인한 지체장애의 경우가 사고로 인한 경우보다 훨씬 많아 성별 지체장애 발생 원인에 큰 차이를 보이고 있다.

1) 정무성 외(2015).

(2) 원인 및 유형

지체장애는 신경계, 골격계, 근육계의 원인과 질병으로 발생한다. 신경계는 뇌와 척수로 구성되어 있는 중추신경계와, 뇌신경·척수신경으로 구성된 말초신경계로 구분되어 있으며, 신경계 이상의 원인도 외상, 감염, 퇴행성 병변(病變 : 병이 원인이 되어 일어나는 생체의 변화) 등으로 다양하다.[2)]

① 척수손상

척추(총 33개의 등뼈)는 경추, 흉추, 요추, 천추로 이루어지는데, 경추는 목 부분으로 7개의 척추, 흉추는 등 부분으로 12개의 척추, 요추는 허리 부분으로 5개의 척추, 천추(천골)는 꼬리뼈 부분으로 9개의 척추로 되어 있다. 척추 안에는 기둥과 같은 굵은 신경인 척수가 있는데 이는 대뇌에서 나머지 몸으로 신호를 전달하는 신경을 포함하고 있으며, 이 척수가 질병이나 외상에 의해 손상되면 그 손상 부위 이하에 운동마비, 감각마비가 나타난다. 경추손상일 경우 사지마비, 흉추 이상의 손상일 경우 하반신마비를 초래한다. 완전 마비일 경우 배뇨 기능이 소실되기 때문에 도뇨관(소변배출을 유도하는 소변줄) 삽입시술을 하고, 오랜 기간 동안 마비 상태로 누워 있으면 욕창이 생길 수도 있기 때문에 욕창을 방지하기 위해 체위를 2~3시간마다 변경해 주어야 한다. 만약 욕창이 생기면 욕창 부위가 눌리지 않게 해주고 2차적인 염증을 방지해야 하며, 손상 부위가 심하면 피부 이식술을 하는 경우도 있다. 척수손상은 70%가 외상에 의해, 30%는 종양 또는 감염과 같은 질병에 의해 발생하는데, 40세 이전에는 외상에 의한 척수손상이 많고, 40세 이후에는 질병에 의한 척수손상(비외상성 척수손상)이 많다. 외상성 척수손상의 경우에는 자동차 사고가 45% 정도로 가장 많고, 이 밖에 낙상, 총기나 흉기 사고, 스포츠 손상 등이 있으며, 45세 이후에는 낙상이 가장 많은 원인으로 알려져 있다.

② 소아마비

소아마비는 말초신경 손상으로 바이러스 균이 음식과 함께 입으로 들어가

2) 정무성 외(2015).

척수 세포를 파괴시켜 상지나 하지에 마비를 일으키는 감염성 질환으로 감각에는 이상이 없는 것이 특징이다. 대부분 어린아이에게서 발생한다고 하여 소아마비라고 하나 청년기나 성인에게도 발병할 수 있다. 지금은 소아기에 소아마비 예방접종을 하기 때문에 새로운 발병 환자는 없다.

③ 근디스트로피

근디스트로피(근이양증, 근육위축증)는 근육계 만성질환으로 일반적으로 근육병이라고 한다. 점진적으로 근력감소를 가져와 보행능력 상실과 호흡근력 약화, 심장기능의 약화를 초래하는 진행성 질환이다. 심해지면 걷지 못하고 휠체어에 의지하게 되거나 자리에 눕게 된다. 원인은 염색체에 이상이 생겨 발생하는 경우가 많고, 가족력과 상관없이 돌연변이에 의해 발생하는 경우도 있다. 기타 염증으로 인한 경우와 신진대사의 이상, 내분비기능의 장애, 독성에 의한 경우 등 다양하다. 증상이 악화되면 호흡곤란, 심부전 등으로 사망에 이르기도 한다.

④ 관절염

관절은 두 개 또는 그 이상의 뼈들이 맞닿는 곳을 말하며 관절뼈 끝부분은 연골로 싸여 있다. 연골은 쿠션 역할을 하여 관절이 쉽게 움직이도록 도와주는 역할을 한다. 이 부분에 염증이 생기면 관절염이라고 하고 부종, 통증, 관절이 뻣뻣한 증상 등을 동반한다. 가장 흔한 관절염은 퇴행성 관절염(골관절염)으로 이는 노화나 관절에 생기는 상처나 감염 등이 원인이 되어 발생한다. 주로 체중이 많이 실리는 무릎이나 엉덩이, 척추 관절에서 발생하고 외상이나 골절, 과도한 운동 등으로 인해 발생하는 경우도 있다. 두 번째로 많은 류마티스 관절염은 자가면역성 질환으로 관절뿐만 아니라 인체 여러 부분에 영향을 주는 질병이다. 과다한 요산(통풍의 원인이 됨)으로 관절염이 생기는 경우도 있다.

통풍은 한마디로 말하면 요산수치가 높이 상승하여 관절염을 일으키는 병이다. 요산은 신장의 움직임으로 배설되는 것인데 사람은 신장에서의 요산 배설이 매우 한정되어 있기 때문에 체내에 축적되기 쉽다. 대부분의 포유류는 요산을 더 잘게 분해할 수 있는 효소가 있기 때문에 요산이 체내에 축적되는 일이 거의 없지만 사람과 유인원은 이러한 효소가 없기 때문에 결국 통풍으로 고생하는 경우가 생기게 되는 것이다. 몸 안의 요산이 증가하면 몸의 조직 안에서는 요산이 잘 녹지 않기 때문에, 특히 손발 관절 부위에서는 요산나트륨(요산염)이라는 물질이 바늘 모양의 결정으로 쌓이기 쉽고 그 때문에 관절염이 생기게 된다.

⑤ 절단

절단이란 사지의 일부를 잃어버린 상태를 말하는데, 하지 절단의 경우에는 주로 보행에 지장이 있으며, 상지 절단의 경우에는 대부분 일상생활동작과 작업에 지장을 받게 된다. 근래에 의지 제작기술이 향상되었고, 재활공학기기의 발전으로 갈수록 새로운 보조기구들이 개발되어 신체 절단을 입은 사람들도 의지를 착용하고 훈련을 잘 받으면 직장생활이나 사회생활을 큰 어려움 없이 할 수 있다. 그렇지만 절단 장애인은 외관상의 문제로 인해 다른 장애인에 비하여 심리적 갈등을 많이 경험하게 된다. 담배를 많이 피우는 사람의 경우 담배의 유해성분인 니코틴으로 인해 혈압이 오르고, 맥박이 빨라지며 말초혈관들이 수축하는데, 심한 경우에는 혈관이 막혀 발가락 등 신체 조직이 썩어 들어가는 버거스씨병(Buerger's Disease)이 생길 수도 있고, 그럴 경우 그 신체부위를 절단해야 하는 경우도 있다.

(3) 판정시기

장애의 원인질환 등에 관하여 충분히 치료했음에도 장애가 고착되었을 때에 장애인으로 등록하며, 그 기준 시기는 원인질환 또는 부상 등의 발생 후 또는 수술 후 6개월 이상 지속적으로 치료한 후로 한다. 다만, 지체의 절단 등은 예외로 할 수 있다. 수술 또는 치료로 기능이 회복될 수 있다고 판단하는 경우에는 장애판정을 처치 후로 유보하여야 한다. 신체가 왜소한 사람(왜소증)에 대한 장애등급은 성장이 정지되었을 때에 판정할 수 있으므로 남성은 20세부터, 여성은 18세부터 판정한다. 다만, 남성의 경우에 왜소증의 증상이 뚜렷하여 앞으로의 성장이 미미할 것으로 예측될 때는 18세 이상에서 판정할 수 있다. 20세 이상 남성의 경우 신장 145cm 이하, 18세 이상 여성의 경우 신장 140cm 이하면 왜소증의 의한 지체장애에 해당한다.

(4) 지체장애의 유형

우리나라 장애인복지법에 따른 지체장애의 종류는 절단장애, 관절장애, 지체기능장애, 변형장애로 구분된다.

① 절단장애

상지나 하지의 일부분을 잃어버린 상태로, 외상에 의한 결손뿐 아니라 선천적인 결손도 포함된다. 절단장애의 판정은 상지(上肢)와 하지(下肢) 장애로 구분된다. 손, 발, 무릎뼈 등 절단에 따른 장애가 여기에 해당되는데, 손가락(수지 手指)의 경우 첫째 손가락에 1개, 다른 네 개의 손가락에는 2개의 지관절이 있다. 그중 심장에서 가까운 쪽부터 중수지관절, 제1지관절(근위지관절), 제2지관절(원위지관절)이라 부른다. 예컨대 두 손의 엄지손가락을 지관절 이상 부위에서 잃고, 다른 모든 손가락을 근위지관절 이상 부위에서 잃은 사람은 장애의 정도가 심한 지체장애 판정을 받을 수 있으며, 한 손의 엄지손가락을 지관절 이상 부위에서 잃은 사람이나, 한 손의 둘째 손가락을 포함하여 두 개의 손가락을 근위지관절 이상 부위에서 잃은 사람, 한 손의 셋째, 넷째, 다섯째 손가락을 모두를 근위지관절 이상 부위에서 잃은 사람은 장애의 정도가 심하지 않은 지체장애 판정을 받을 수 있다. 또한 발에는 리스프랑 관절이 있는데, 이 관절은 발가락(족지 足指)과 발등이 연결되는 부분을 말한다. 그리고 쇼파관절은 발목이 꺾어지는 부분을 말한다. 예컨대 두 다리를 리스프랑 관절 이상 부위에서 잃은 사람은 장애의 정도가 심한 지체장애 판정을 받을 수 있고, 한 다리를 쇼파관절 이상 부위에서 잃은 사람은 장애의 정도가 심하지 않은 지체장애 판정을 받을 수 있으며, 한 다리를 리스프랑 관절 이상 부위에서 잃은 사람도 장애의 정도가 심하지 않은 지체장애 판정을 받을 수 있다.

② 관절장애

관절의 강직, 근력의 약화 또는 마비, 또는 관절의 불안정(동요관절, 인공관절 치환술 후 상태 등)의 경우를 말한다. 관절장애에서 동요관절이란 근육 인대 등에 이상이 있어 관절이 정상적인 운동범위를 넘어 불안정한 상태를 말한다. 전후방 동요가 10mm 이상 되는 것을 통상 동요관절로 보고 있으며, 이런 사람은 잘못하면 뼈가 탈구되는 경우가 있기 때문에 고정장구(보조기)를 착용하는 경우가 많다. 관절장애에서 인공관절 치환술은 퇴행성 관절염이 심해지면 무릎관절이 더 이상 제 기능을 하지 못하기 때문에 극심한 통증과 함께 정상적인 보행을 할 수 없게 된다. 이 경우 손상된 무릎 관절뼈를 제거하고, 그 부위에 특수 금속과 플라스틱 재질로 된 인공관절을 삽입하는 수술을 하게 되는데 이를 인공관절 치환술이라 한다. 요즘에는 통증의 해결과 관절기능의 유지를 함께 할 수 있기 위해 '오래 쓰고 잘 구부릴 수 있는' 인공관절들이 개발되어 수술에 사용되고 있다. 인공관절 치환술은 수술 후 관리가 더 중요한데, 수술 후 약 3~6개월까지는 약간의 열이 나고 가끔씩 쿡쿡 쑤시는 통증이 있을 수 있으며, 걸을 때 수술 전과는 달리 그리 심하지 않은 통증이 있을 수 있다. 이것은 관절에 문제가 있어서가 아니라 퇴행성 관절염으로 인한 통증으로 다리를 오랫동안 잘 쓰지 못했기 때문에 근육이 약해져서 생기는 일종의 다리 근육통과 망가진 관절 연골을 잘라내고 삽입한 인공관절이 무릎 안에서 적응하는 과정에서의 통증이다. 이러한 경우 관절이 적응하는 과정에서의 통증은 시간이 지나야 하므로 어쩔 수 없으나, 근육통은 운동으로 극복할 수 있다. 운동을 통해 다리 근육이 정상적인 상태가 되면 통증이 없어진다. 거의 대부분 수술 후 6개월 정도 지나면 인공관절 상태가 자연스럽게 느껴지고, 통증 없이 걸을 수 있으며, 다른 사람의 도움 없이도 일상생활을 할 수 있게 된다. 그리고 무릎 인공관절은 수술 후 6주~3개월간 보행보조기나 지팡이가 필요할 수 있는데, 보조기 보행 시 절대로 넘어지지 않도록 주의해야 한다. 잘못 넘어지면 골절 발생률이 높아 또 다시 재수술이 필요하게 되며 재수술을 한다 해도 인공관절에 대한 경과가 좋지 않으므로 반드시 주의해야 한다.

③ 지체기능장애

팔다리의 장애와 척추장애로 구분할 수 있다. 팔다리의 기능장애는 팔 또는 다리의 마비(마비의 종류 참조), 관절의 강직으로 팔 또는 다리의 전체 기능에 장애가 있는 경우를 말한다. 마비에 의한 팔다리의 기능장애도 여기에 해당한다. 예컨대, 두 팔을 완전마비로 전혀 움직일 수 없는 사람이나 두 다리를 완전마비로 각각 전혀 움직일 수 없는 사람은 장애의 정도가 심한 지체장애 판정을 받을 수 있다.

④ 변형 등의 장애

신체의 외적 모양이 정상과 다른 것으로 한쪽이 짧거나 왜소증과 같이 신체의 전반적인 발육부진으로 왜소한 경우도 변형에 포함된다. 예컨대, 한 다리가 건강한 다리보다 10cm 이상 또는 건강한 다리의 길이의 10분의 1 이상 짧은 사람이나 한 다리가 건강한 다리보다 5cm 이상 또는 건강한 다리의 길이의 15분의 1 이상 짧은 사람은 장애의 정도가 심하지 않은 지체장애 판정을 받을 수 있다. 척추측만증이 있으며, 만곡각도가 40도 이상인 사람, 척추후만증이 있으며, 만곡각도가 60도 이상인 사람, 성장이 멈춘 만 20세 이상의 남성으로서 신장이 145cm 이하인 사람, 성장이 멈춘 만 18세 이상의 여성으로서 신장이 140cm 이하인 사람도 장애의 정도가 심하지 않은 지체장애 판정을 받을 수 있다.

(5) 마비의 유형

① 사지마비(quadriplegia) : 사지(四肢) 모두가 마비가 있는 상태

② 삼지마비(triplegia) : 상지, 하지 중 3부위의 마비가 있는 상태

③ 편마비(hemiplegia) : 몸의 편측만 마비된 상태, 즉 몸의 반만 마비가 있는 상태

④ 단마비(monoplegia) : 상하지 중 한 부위만 마비가 있는 상태

⑤ 양마비(diplegia) : 신체 양측의 같은 부분에 오는 마비로, 특히 상지에 가벼운 마비를 가진 하지마비. 하지마비가 주 마비이고, 상지는 아주 경미한 마비를 가진 경우

⑥ **하반신 마비**(paraplegia) : 상지는 이상 없이 하지마비(감각 및 운동 마비)가 있는 상태로 하반신 불수라고도 하며, 대마비(對痲痺)라고도 함

⑦ **경련성마비**(spastic paralysis) : 근육의 경련을 수반하는 마비

⑧ **이완성마비**(fiaccid paralysis) : 근육의 긴장도가 약화되거나 상실되면서 나타나는 마비로, 근육이 힘이 빠진 것같이 흐늘흐늘 늘어져 수축과 이완을 하지 않고 이완된 상태로만 있는 것

⑨ **뇌성마비**(cerebral palsy) : 출생 전이나 출생 시 또는 출생 후 아직 뇌가 미성숙한 시기에 생기는 뇌의 병변에 의해 발생하는 운동기능 장애를 총칭하며, 비진행성. 운동 협응능력(손가락, 눈, 팔다리 등 신체기관들 사이의 서로 협조적인 반응과 움직임에 대한 능력), 자세 및 동작의 이상, 동작지연과 같은 운동장애가 주 증상. 흔히 언어장애, 지적장애, 학습장애, 경련, 감각장애와 같은 문제들을 동반

⑩ **진전마비**(paralysis agitans) : 경직과 떨리는 증상을 특징으로 하는 마비로, 파킨슨병이 대표적

⑪ **안면신경마비**(facial nerve palsy) : 어떤 원인에 의해서 얼굴의 근육을 움직이는 안면신경의 기능에 문제가 생겨 얼굴의 마비가 생기는 것. 얼굴 마비가 생기면 한쪽 얼굴 근육의 움직임의 정도가 감소하여 얼굴을 움직일 때 양쪽이 서로 비대칭 모양이 됨. 귀에서 안면신경이 나오는데 이 안면신경이 손상되면 손상된 부위(예 이마나 눈 주위, 입가)에 주름이 잡히지 않음. 안면신경마비를 한방에서는 '구안와사 또는 구안괴사'(입과 눈이 한쪽으로 틀어지는 병)라고 하며 중풍의 일종으로 보고 있는데, 얼굴의 말초신경이 마비되면 저작(음식물 씹기) 곤란 등의 증상이 편측으로 나타날 수도 있음. 특별한 원인이 없는데 갑자기 안면마비가 생긴 경우 이를 특발성 얼굴 마비 또는 벨 마비라고 함. 벨 마비는 영국 의사인 찰스 벨의 이름을 따서 붙여진 것으로 얼굴 마비의 원인 중 가장 흔하기 때문에 널리 쓰이는 용어. 대상포진 바이러스에 의해 얼굴의 대상포진과 함께 얼굴 마비가 발생하는 경우도 있고, 교통사고나 추락에 의한 머리의 충격으로 인해 머리뼈의 골절과 더불어 얼굴 마비가 생기기도 하며, 뇌졸

중이나 뇌종양 같은 뇌신경 질환으로 인해 얼굴 마비가 나타나기도 하고, 드물게는 급성 중이염이나 만성 중이염으로 인한 합병증으로 얼굴 마비가 발생하기도 함. 대개 몸이 피로하거나 스트레스 및 신경을 쓴 후 또는 찬바람을 쏘인 후 발생하는 경우가 많고, 동맥의 부종 등으로 인한 신경의 압박, 안면이 추위로 인한 면역학적 염증, 정신적 충격이나 감정적 불안 등이 원인이 될 수 있으며, 고혈압 환자에게서 약 4~5배 정도 많이 발생함.

2) 뇌병변장애

(1) 개념

뇌병변장애란 중추신경계의 손상으로 인한 복합적인 장애로 뇌성마비, 외상성 뇌손상, 뇌졸중 등의 기질적 병변(病變 : 병이 원인이 되어 일어나는 생체의 변화)으로 인해 보행이나 일상생활동작에 상당한 제약을 받는 것을 의미한다. 뇌졸중은 중추신경계 병변으로 발생하게 되는데 뇌혈관장애로 신체반신이 마비가 일어나는 것으로, 중풍으로 많이 알려져 있다. 뇌졸중에는 뇌혈관이 막혀서 뇌에 피가 통하지 않아 그 부분이 괴사되는 상태인 뇌경색과, 뇌혈관 벽의 약한 부분이 터져 생긴 출혈이 원인이 되어 일어나는 뇌혈관장애인 뇌출혈 두 가지가 있다. 뇌경색의 증상은 혈관이 막힌 부위에 따라서 다양하게 나타날 수 있다. 반신불수, 언어장애, 시야장애, 어지러움증, 의식소실 등 막힌 혈관의 위치에 따라 다양하게 나타날 수 있다. 뇌출혈은 약 75%가 고혈압이 원인이 되어 뇌혈관의 약한 부분이 터져서 발생한다. 뇌 조직에 산소와 영양분을 공급해 주는 혈관이 장기간 고혈압에 노출되면 혈관에 변화가 생기고, 이럴 때 과도한 흥분이나 정신적 긴장, 과로 등의 요인에 의해 혈압이 상승하면 혈관이 견디지 못하고 터질 수 있다. 특히 당뇨가 있거나 고지혈증이 있는 사람들에게는 더 흔히 발생할 수 있다. 뇌출혈의 증상은 두통, 현기증, 마비 등의 증상에 이어 발작, 구토가 일어나게 되며, 대개 갑자기 쓰러지면서 '어지럽다', '머리가 아프다'고 호소하며 구토가 나타난다. 몸의 한쪽이 마비되어 움직이지 않고 의식이 점차 나빠지며, 혼수상태에 빠지면 꼬집거나 때려도 반응이 없고 숨을 몰아쉬고 거칠게 호흡하는 모습을 보이기도 한다. 출혈이 적은 양이면 실신하는 일은 없으나, 손발에 힘이 없고 말이 어눌해지며 입이 돌아가는 경우가 있다.

그리고 뇌성마비는 중추신경계의 병변으로 발생하게 되는데, 뇌가 발육하는 시기에 손상을 입고 그 기능이 저하되어 마비와 기타 여러 장애가 동반되는 것을 말한다. 일반적으로 생존 출산아 1,000명당 6~7명꼴로 출현한다. 남자의 출현율이 여자에 비해 평균 천 명당 2.4건 정도 높게 나타나고 있다.

(2) 원인

장애원인을 선천적, 출생 시, 후천적 원인으로 구분해서 볼 때, 거의 대부분의 뇌병변장애는 후천적 원인에 의한 것(94.8%)으로 조사되었다. 선천적이거나 출생 시 원인은 극히 적었으며, 후천적 원인 중에는 질환이 83.9%로 5분의 4 정도를 차지하고 있다.

(3) 뇌성마비의 원인

뇌성마비는 뇌가 미처 성숙되기 전에 뇌손상을 받을 때 생긴다. 뇌손상이 생길 수 있는 시기에 따라 산전기(아기가 태어나기 전), 주산기(태어나는 동안), 또는 산후기(태어난 후) 세 시기로 나누어 볼 수 있는데, 그중에서도 아기가 태어나기 전이나 태어나는 동안 뇌손상을 받는 경우가 많다. 태어난 후에 뇌손상을 받아서 뇌성마비가 되는 경우는 전체 뇌성마비 환자의 약 10%에 불과하다.

출산 전에, 즉 산전기에 뇌성마비가 생길 수 있는 원인으로는 선천적 기형과 관련될 수 있고, 특히 엄마가 임신 중에 감염질환에 걸린 경우 뇌성마비의 원인이 될 수 있다. 이것은 임신 초에 더욱 중요한데, 임신 초기 3개월간 산모가 풍진이나 매독, 또는 기타 바이러스 등에 감염되는 경우 위험하다. 이 밖에도 산모가 연탄가스 또는 약물이나 알코올에 중독되었을 때에도 위험하고, 임신 중 사고를 당한다거나 산모와 아기가 혈액형의 문제가 있을 때(예 엄마가 RH− 아기는 RH+) 뇌손상을 입어 뇌성마비가 생길 수 있다. 산모와 태아의 혈액형이 문제인 경우 태어난 아기는 황달이 심한 것이 특징이며 발견 즉시 자외선치료를 받거나 교환수혈을 하게 되면 뇌손상을 예방할 수 있다.

태어날 때의 문제는 미숙아(몸무게 2,500g 이하)의 문제가 가장 큰 원인을 차지하는데, 미숙아들은 뇌 자체도 미성숙할 뿐만 아니라 뇌혈관이 약하고 물리적인 스트레스 등을 많이 받기 때문에 뇌혈류의 이상이 생기기가 쉽다. 또 조산의 경우도 뇌성마비 위험이 높은데, 아기가 엄마 배 속에서 지난 기간이 32주 이하일 경우에는 뇌성마비가 생길 확률이 증가한다. 또한 출산 시 난산으로 인한 산소결핍이 원인이 되는 경우도 있으며, 이 밖에도 아기가 분만 중 질식이 일어나거나 하여 뇌손상을 받을 수도 있다.

출생 후에는 아기의 뇌가 충분히 성숙되기 전까지, 즉 생후 2, 3세 전에 머리를 다치거나 뇌염이나 뇌수막염 또는 뇌종양을 앓는 경우 뇌성마비가 생길 수 있다.

뇌성마비의 약 20% 정도는 그 원인을 찾을 수 없는데, 유전적 요인은 거의 없다.

(4) 유아의 뇌성마비 의심 징후

유아가 자극에 지나치게 과민하거나 또는 둔감할 때, 몸에 힘이 없어 축 처지거나 과도하게 뻣뻣할 때, 혀를 과도하게 내밀거나 젖을 빠는 힘이 떨어지며, 목에 힘이 없어 목을 가누지 못하거나 목을 뒤로 지나치게 젖힐 때, 한 살 이전에 한쪽 손만을 주로 사용하고, 발 끝으로만 서려는 경우 등을 보일 때 뇌성마비를 의심할 수 있다.

(5) 뇌성마비의 증상

뇌성마비 주 증상은 근육의 마비이다. 그러나 대부분의 경우 감각장애, 언어장애, 청각장애, 이상행동 등의 여러 장애를 동반한다. 즉, 주 증상이 근육마비에 따른 운동장애이지만, 다른 영역에서의 장애를 동반할 수 있는데, 예컨대 뇌성마비의 50% 정도는 지적장애를, 30% 정도는 경련성 질환을, 80% 정도는 언어장애를, 20% 정도는 청각장애를 보이고, 또 연하곤란, 뇌전증(간질)

증상, 학습장애, 안과적 문제(사시, 시야 결손, 시력장애) 등을 보이기도 한다. 이처럼 여러 가지 중복장애를 동반하는 특성 때문에 사회적응에도 어려움을 겪을 수 있다.

(6) 뇌성마비의 유형

마비의 특성에 따라 여러 형태로 나누는데 경직형과 무정위 운동형이 대부분을 차지하고 있다.

① 경직형

가장 흔히 볼 수 있는 형태로, 근육의 긴장이 심하여 사지와 목이 뻣뻣한 것이 특징이며, 긴장하거나 빨리 움직이려고 하면 더욱 심해진다.

② 무정위 운동형

얼굴과 목 부위 그리고 손목과 손이 본인의 의사와는 상관없이 뒤틀리는 불수의운동(不隨意運動)을 보이는 것이 특징이다. 무정위 운동형은 대부분 지능이 정상이므로 창작활동 등이 가능하지만 취업은 다른 장애에 비해 잘 되지 않는 편이다.

(7) 판정시기

뇌졸중, 뇌손상 등 기타 뇌병변이 있는 경우는 발병 또는 외상 후 6개월 동안 지속적으로 치료한 후에 장애의 판정을 할 수 있으며, 6개월이 경과하더라도 기능 향상이 뚜렷이 진행되고 있다면 판정을 미루어야 한다.

(8) 뇌졸중에 대한 오해와 진실

① 뇌졸중은 노인의 병인가

뇌에 혈액을 공급하는 뇌혈관에 동맥경화가 생기면 뇌졸중으로 이어질 가능성이 높다. 하지만 젊은 사람이라고 뇌졸중으로부터 안전하지는 않다. 전체 뇌졸중 환자의 약 8%는 45세 이하이며 그 수치는 점점 더 늘어나는 추세이다. 고혈압을 방치하고 술과 담배를 많이 하다 보면 나이가 젊어도 뇌혈관이 심하게 손상될 수 있다. 아무리 젊어도 손발 마비 증세가 나타나거나 뜨거운 음식을 먹을 때 숨이 가쁘면 뇌졸중 전조증상이 의심되므로 즉시 의사의 진단을 받아야 한다.

② 뇌졸중 환자는 모두 치매 환자인가

뇌졸중을 여러 차례 겪으면 기억력과 함께 판단력이 떨어지는 치매 상태에 빠질 수 있다. 이들은 일반적으로 최근의 일은 기억하지 못하고 오래전의 일은 기억하는 경우가 많다. 뇌졸중은 알츠하이머병과 더불어 대표적인 치매의 원인이다.

③ 뇌졸중은 완치가 불가능한 병인가

뇌졸중은 심각한 병인 것은 사실이지만 위험한 시기만 넘기면 대체로 증상이 호전되며, 다만 환자에 따라서는 근육강직과 같은 후유증이 남을 수도 있다. 근육강직을 예방하려면 입원 초기부터 자세를 바르게 하고 적절한 관절 운동을 꾸준히 해주어야 한다. 한번 강직이 심해지면 아무리 열심히 관절 운동을 해도 별 효과가 없기 때문이다.

④ 뇌졸중은 반드시 재발하는가

뇌졸중은 일단 한 번 일어나면 반드시 재발한다고 알고 있는 사람들이 많은데, 반드시 그런 것은 아니다. 뇌경색은 처음 발발하고 1년 안에 재발할 확률이 10% 정도이며, 5년 안에 재발할 확률은 23~30%이다. 뇌출혈은 이보다 재발 확률은 더 낮으나, 여러 가지 요인들에 의해 재발률이 달라진다. 뇌졸중은 여러 번 재발하면 정상 세포의 숫자가 그만큼 줄어 회복하기 어려워진다.

⑤ 뇌졸중 유발 위험인자는 무엇인가

뇌졸중의 가장 중요한 위험인자는 나이이다. 전체 뇌졸중 가운데 50~60대 이후 환자의 비율이 거의 90%에 육박한다고 한다. 나이가 들면 혈관에 지방이 쌓이고 탄력성을 잃는 동맥경화증이 생길 위험이 높기 때문이다. 일반적으로 고혈압이 있는 사람은 없는 사람에 비해 뇌졸중에 걸릴 위험이 4~5배

더 높다. 고혈압은 뇌경색과 뇌출혈에 모두 위험한데, 고혈압이 있는 경우 뇌경색 발생률은 남성이 6배, 여성이 12배가량 더 높고, 뇌출혈 발생률은 남성이 18배, 여성이 20배가량 더 높다는 연구 결과도 있다. 또 심장질환으로 생긴 혈전이 혈관 속을 흘러 다니다가 뇌혈관을 막으면서 뇌경색을 초래하기도 한다. 반대로 뇌혈관의 동맥경화증이 심장병을 초래하는 경우도 있다. 우리 몸의 혈관은 서로 연결되어 있기 때문에 뇌혈관에 동맥경화가 있으면 심장벽의 혈관에도 동맥경화가 생길 수 있다. 또 당뇨병 환자는 정상인보다 2~3배 정도 뇌졸중에 잘 걸리며, 발병 후 회복 속도가 늦고 사망률과 재발률도 훨씬 높다. 흡연과 과음도 뇌졸중을 촉발하는 요인으로 꼽히므로 주의해야 한다.[3)]

⑥ 뇌졸중의 후유증을 최소화하는 초기 대처법

㉠ 전조 증상을 보일 경우 신속하게 119나 병원에 구조 요청을 한다. 뇌졸중은 발생 후 몇 시간 안에 치료하느냐에 따라 뇌세포 손상을 최소화하고 회복의 정도를 좌우한다. 그만큼 전조 증상이 나타났을 때 초기 대처가 치료의 중요한 변수가 된다는 것이다. 막힌 혈관을 뚫어야 하는 뇌경색과 터진 혈관을 막아야 하는 뇌출혈은 치료법이 정반대이며, 뇌경색의 가장 효과적인 치료법은 혈관을 막고 있는 혈전을 혈전용해제로 녹이는 방법인데, 이는 증상 발생 후 3시간 이내에만 사용할 수 있다. 증상 발생 후 빠른 시간 내에 컴퓨터 단층촬영(CT)을 해서 뇌출혈인지 뇌경색인지를 확인한 후에 응급치료를 한다.

㉡ 구조 요청을 한 후 환자를 이동하기 쉬운 곳에 누워 있도록 한다. 의식을 확인하기 위해 뺨을 때리거나 흔드는 것은 금물이며, 손이나 발을 바늘로 따면 혈압이 상승하면서 더 위험한 상황을 초래할 수 있다.

3) 최근에 코코넛오일이 혈액순환을 도와 심혈관계질환(고혈압, 심장병, 동맥경화, 심근경색 등)의 예방, 당뇨병과 알츠하이머병 예방, 면역력 강화, 건선·아토피 피부염 감소, 다이어트, 피부미용 등에 효능이 좋은 것으로 소개되어 많은 사람들이 이용하고 있다.

㉢ 구토를 했다면 입안의 이물질을 제거해 기도를 확보하며, 틀니도 빼놓는 것이 좋다. 물이나 청심환 등을 억지로 먹이는 것은 질식이나 폐렴 유발의 위험이 있으므로 삼간다.

㉣ 넥타이, 벨트 등 몸을 죄는 것을 풀어 혈액순환과 호흡을 원활하게 한다.

㉤ 실내일 경우 조명을 어둡게 하고 환기를 한다.

㉥ 머리를 높이 들면 숨쉬기가 힘들어지므로 베개나 타월을 포개 목이 일직선이 되도록 받쳐 머리가 뒤로 젖혀지면서 기도를 충분히 확보한다.

㉦ 뇌손상을 줄이기 위해 증상 발생 후 신속하게 전문 의료기관을 찾는 것이 중요하다.

(9) 운동과 뇌 건강(뇌를 자극하는 유산소 운동)

누구나 나이가 들수록 두뇌가 예전 같지 않음을 실감한다. 흐르는 세월을 막을 수 없듯, 노화하는 뇌를 막을 방법도 없다. 인간의 뇌 무게는 약 1.3kg, 뇌세포는 140억~200억 개인데 일반인이 정상적인 생활을 할 때 뇌의 무게는 1년에 1g씩 감소하고, 뇌세포는 하루에 10만 개가 줄어든다. 하지만 미국 스탠포드 대학 랠프 퍼펜버거 교수는 규칙적이고 체력에 적합한 운동을 지속적으로 한 사람의 뇌는 1년에 0.5g, 하루에 뇌세포 5만 개가 감소한다는 연구 결과로 운동이 노화를 지연시킴을 증명하였다. 운동이 뇌에 좋은 이유는 무엇보다 뇌 전체에 긍정적인 영향을 준다는 것이다. 일반적인 두뇌 훈련은 한두 가지 능력에만 영향을 주지만 운동은 여러 부위를 동시에 자극하기 때문이다. 뇌에 산소와 영양을 공급해 주는 유산소 운동은 뇌 건강에 매우 효과적이다. 전문가들은 활발한 유산소 운동이 신경세포를 조밀하게 하고, 이를 서로 연결된 망으로 만들어 빠르고 효율적으로 작동시킨다는 사실을 발견했다. 하루 30분 이상 꾸준히 유산소 운동을 하는 것이 뇌에 좋다는 것이다. 운동을 하면 혈류량이 늘어나고 새로운 뇌혈관도 형성되는데, 새롭게 생긴 혈관들은 뇌의 구석구석까지 피의 흐름을 좋게 하고 각종 신경전달물질을 효과적으로 실어

나른다. 혈액량이 많아지면 산소량도 많아져 뇌세포에 산소와 영양 공급이 잘 이루어진다. 또한 운동 시 근육이 수축하고 이완할 때마다 혈류를 따라 움직이는 단백질을 포함한 화학물질이 나와 뇌 속에 전달되는데, 이 단백질은 뇌 속에서 도파민, 세로토닌 같은 신경전달물질을 증가시킨다. 따라서 기분이 좋아지고 침착해져 우울증 예방에 좋고, 스트레스가 유발하는 각종 질병도 줄어든다.

(10) 뇌를 위한 식습관

① 싱겁게 먹는 것이 최선

우리나라 사람들이 섭취하는 소금의 양은 하루 평균 13.4g으로 세계 보건기구의 목표 수준인 5g을 훨씬 넘는 수치이자 서양 사람들의 2~3배에 해당하는 양이다. 찌개나 국 같은 국물 위주의 식사와 뜨거운 음식을 좋아하는 식습관 때문이다. 문제는 이런 식습관이 혈압을 높여 심뇌혈관질환의 발생과 악화를 가져온다는 것이다. 소금을 줄이기 위해서는 요리할 때 소금으로 간을 맞추기보다는 간장을 사용하는 것이 좋다. 소염다초 소식다작이라는 말이 있다. 즉, 염분은 적게 섭취하고 식초는 많이 먹으며 음식은 적게 먹고 오래 오래 많이 씹는 것이 좋다는 말로 건강장수 수칙의 한 가지로 알려져 있다.

② 채소와 과일이 좋다

채소와 과일의 섭취는 뇌졸중을 예방해 준다. 채소와 과일에는 비타민, 섬유소, 각종 항산화 물질을 비롯해 엽산과 칼륨이 풍부하게 들어 있어 뇌졸중을 비롯한 심뇌혈관질환의 예방에 효과적이다. 대표적인 식품은 양파와 마늘, 버섯 등이다. 흔히 고기를 먹을 때 양파를 곁들이는데, 이는 양파가 콜레스테롤을 분해하는 효과가 있기 때문이다. 또한 양파는 혈액의 점도를 낮춰 피를 맑게 해주므로 중년 이후에는 매일 한 개 정도의 양파를 꾸준히 먹는 것이 좋다. 마늘도 콜레스테롤을 낮추는 효과가 뛰어나고, 심장의 수축력을 강화해 뇌졸중을 예방하는 작용을 하며, 버섯 또한 혈압을 낮추고 피를 맑게 해주며 콜레스테롤 분해를 촉진하여 뇌졸중 예방에 도움이 된다.

③ 생선은 많이 고기는 적게

고등어, 꽁치 등 등푸른 생선에 함유되어 있는 오메가3 지방산은 혈중 중성지방을 낮추고 혈전의 형성을 막아주며 또한 불포화지방산이 많아 혈전을 녹이는 작용도 하여 뇌 기능을 강화해 준다. 생선은 우리 몸속의 피가 엉기는 것을 막아주는 효과가 있고, 혈중의 중성지방과 유해한 콜레스테롤 수치를 줄여주며 혈압을 낮추는 효과가 있어 심장 발작과 뇌졸중의 위험을 줄여준다. 또한 뇌신경세포의 작용을 활성화해 치매 예방에도 효과가 있다. 콜레스테롤이 많은 기름진 음식은 동맥경화를 일으켜 뇌졸중으로 이어지기 쉽기 때문에 생선을 기름에 튀겨 먹기보다는 조리하거나 구워 먹는 것이 더 좋으며, 생선은 많이 섭취하되, 고기는 가능한 한 적게 먹어야 한다. 달걀 노른자처럼 콜레스테롤이 많이 들어 있는 식품을 자제하는 것도 뇌졸중 예방에 도움이 된다.

3) 시각장애

(1) 개념

시각장애는 중심시력, 시야, 색 지각(色 知覺) 또는 양안 기능에 영향을 주는 시 감각에 해부학적·기능적 이상이 있는 것을 말한다. 의학적으로 시각장애에서 실명(失明) 또는 맹(盲)은 눈앞의 광선을 전혀 못 느끼는 절대맹(絶代盲)과 그리 심하지 않으나 사회활동이 불가능할 정도로 감소된 사회맹(社會盲), 또는 법적맹(法的盲)으로 구분한다. 절대맹은 전맹(全盲)에, 사회맹은 약시(弱視)에 해당한다. 협의의 시각장애는 시력과 시야만 기준으로 하는 것이고, 광의의 시각장애는 시력측정, 시야측정, 광각장애, 색각장애, 안전수동, 안전지수 등을 포함하는 개념이다. 우리나라는 협의의 시각장애에 입각하고 있다. 전맹(total blindness : 시력 0)은 시력이 전혀 없는 상태를 말하고, 광각(light-perception)은 암실에서 장애인의 눈에 광선을 점멸하여 이를 인식할 수 있는 상태를 말하며, 안전수동(hand movement)은 눈앞에서 손을 좌우로 움직일 때 이를 알아볼 수 있을 정도를 말하고, 안전지수(finger count)는 자기 앞 1m 전방의 손가락 수를 헤아릴 수 있는 상태를 말한다. 우리나라 시각장애인 출현율은 인구 1,000명당 6.34건이고, 현재 전국의 시각장애인은 약 30만 명으로 추정된다.

(2) 원인

시각장애를 크게 선천적 원인과 후천적 원인으로 볼 때 후천적 원인(질환, 사고)으로 발생하는 경우가 더 많으며(89.4%), 확실한 원인을 알 수 없는 경우도 있다. 시각장애는 여러 질병이나 안구에 이물질 침입, 화상, 화학물품에 의한 손상 또는 천공(구멍 뚫림) 등 안구부 외상(사고)에 의하여 발생하는 것이 대부분이며 이 밖에도 영양결핍, 약물중독에 의하여 시각장애가 나타나기도 하고 또한 유전성 질환이나 심리적 원인으로 발생하기도 한다.

시각장애의 발생 원인을 연령별로 구분해 보면 어린아이의 경우는 대개 종양, 감염, 상해 또는 수정체 후방 섬유증식증에 의해 발생한다. 사람의 시력 발달 과정을 보면, 눈이 잘 보이기 위해서는 초점도 잘 맞아야 하지만, 시신경 및 두뇌에서 해독도 잘 해야 한다. 특히 신경기능은 어릴 때일수록 성장이 빠른데, 돌 전후만 해도 거의 성인에 준한 시력을 가지게 되며, 만 5세 정도면 성인들과 비슷한 시력을 가지게 된다. 이후 조금 더 성장하다가 10세 이후에는 더 이상 시력이 성장하지 않는다. 따라서 좋은 시력을 위해서는 10세 이전, 특히 5세 이전에 시력관리가 가장 중요하다.

성인의 경우에는 백내장, 녹내장, 당뇨병, 혈관장애, 감염, 근시, 상해에 의해 발생한다. 눈의 모든 질환과 외상은 몇 가지 외안부 질환을 제외하고는 그 정도가 심해지면 실명을 초래할 수도 있으며, 눈과 대뇌 속의 시중추를 잇는 시신경 경로의 고장으로도 시각장애, 나아가서는 실명에 이를 수 있다. 그리고 시각장애를 일으키는 질병의 종류로는 백내장, 녹내장, 당뇨, 망막염, 망막박리, 시신경염, 안압상승 등 여러 가지가 있다.

백내장은 수정체가 혼탁해져 빛을 제대로 통과시키지 못하게 되면서 안개가 낀 것처럼 시야가 뿌옇게 보이게 되는 질환이고, 녹내장은 안구의 안압이 병적으로 상승하기 때문에 시신경이 장애되어 시력이 약해지는 병이며, 당뇨성 망막증은 당뇨병으로 인해 망막혈관이 변화되어 출혈을 일으키고 결국에는 심각한 시력장애를 유발하는 질환을 말한다. 모든 당뇨병 환자가 망막증이 있는 것은 아니지만 병을 앓는 기간이 오래된 사람일수록 망막증 발생률이 현저하게 증가한다. 망막박리는 망막이 안저(眼底 : 눈알의 내면으로, 망막이 있는 부분)로부터 벗겨져서 초자체강(망막이 안저로부터 벗겨져서 떠올라와 있는 상태, 먼저 시력이 나빠지며 심하면 눈앞에 막이 가려진 것 같은 느낌이 든다)에 떠올라와 있는 상태를 말하고, 시신경염은 안저에 뚜렷한 변화를 나타내는 시신경의 염증을 말한다.

(3) 판정

① 판정시기

장애의 원인질환 등에 관하여 충분히 치료하여 장애가 고착되었을 때에 장애인으로 등록하며, 그 기준 시기는 원인질환 또는 부상 등의 발생 후 또는 수술 후 6개월 이상 지속적으로 치료한 후로 한다. 수술 또는 치료로 기능이 회복될 수 있다고 판단하는 경우에는 장애판정을 처치 후로 유보하여야 한다. 각막이식 수술 등의 경우는 국내 여건의 변화 등을 감안하여 필요한 시기를 지정(장애판정일로부터 최소한 2년이 경과)하여 재판정을 받도록 하여야 한다.

② 판정기준

시각장애는 시력장애와 시야결손장애로 구분하여 판정하며, 시력은 만국식 시력표 등 공인된 시력표에 의해 측정된 것을 사용한다. 안경, 콘택트렌즈를 포함한 모든 종류의 시력교정법을 이용하여 측정된 교정시력을 기준으로 한다.

(4) 안마사와 점자 등

안마사는 1910~1945년 36년간의 일제 강점기에 일본에서 장애인을 위한 침, 뜸, 안마 교육이 유입되었고, 안마사 자격증은 국가공인자격증으로 오직 시각장애인들만 취득이 가능하다. 점자는 19세기 초 프랑스 육군 포병 장교 니콜라스 바루비에가 야간 작전 시 암호용으로 처음 개발했다. 그 후 1821년 프랑스의 파리 맹학교에 전달되었고 당시 학생이었던 시각장애인 루이 브라 이유(Louis Braille)에 의해 10여 년간 연구, 실험 과정을 거쳐 1834년 지금의 시각장애인 문자인 6점 점자가 완성되었다. 이 점자가 우리나라에 전해진 후 1923년 당시 특수교육기관인 제생원 맹아부 교사였던 송암 박두성 선생이 시각장애인들로 조선어점자연구위원회를 조직하여 한글 점자를 연구, 1926년에 완성, 그 해 11월 4일 '훈맹정음'으로써 한글 점자를 발표하였다.

(5) 시각장애인용 안경

옥스퍼드 대학 치료신경과학 연구팀은 초소형 카메라와 초소형 컴퓨터 · 발광다이오드(LED) 전구 등을 이용해 전방에 있는 사람이나 물체 등을 인식할 수 있는 생체공학 안경인 스마트 안경(smart spectacles)을 연구 개발하였다. 이 안경은 시력을 완전히 상실한 경우에는 사용하기 어렵고, 어느 정도 빛을 감지할 수 있어야 사용이 가능하다. 이 안경은 겉으로 볼 때는 일반 안경과 다르지 않은 보통 크기의 안경이나, 안경테 양쪽 윗부분에 초소형 카메라가 장착되어 있다. 이 카메라가 앞에 있는 사람이나 물체의 정보를 안경에 연결된 소형 컴퓨터로 보내면 컴퓨터가 입력정보를 처리해 안경에 신호를 되돌려 보낸다. 안경 렌즈에 장착된 LED 전구는 이 신호를 시각장애인이 인지할 수 있는 빛 신호로 바꿔 보여준다. 이 안경은 예컨대 버스 정류장이나 기차역 안내판에 써 있는 정보를 인식해 버스 종류 · 목적지 · 도착예정시각 등을 안경에 부착된 이어폰을 통해 음성으로 알려준다.

(6) 안구건조증

안구건조증 10명 중 3명은 쇼그렌증후군(Sicca syndrome)이라고 하는데, 이는 눈물 · 땀 등의 액체를 몸 밖으로 분비해야 하는 외분비샘 기능이 망가지는 자가면역질환이다. 흔히 안구건조, 구강건조, 피부건조, 목 건조 등 질환을 말한다. 원인은 타액선, 눈물샘 등에 림프구(lymph球, 백혈구의 하나로, 골수와 림프 조직에서 만드는 둥근 세포)가 침입해 만성 염증이 생겨 분비장애를 일으키기 때문이다. 쇼그렌증후군이라는 병명은 이 질환을 처음으로 기술한 스웨덴 의사 헨릭 쇼그렌(Henrik Sjögren)의 이름을 따서 지어진 것으로 남자보다 여자에게서 9

배 정도 많이 발생하는데, 특히 30세에서 50세 사이의 중년 여성에게서 많이 발생한다. 쇼그렌증후군이 눈에 나타나면, 각막·결막을 덮는 상피세포가 파괴되어 각막염·결막염이 생기거나, 눈물샘이 파괴되어 안구건조증을 유발한다. 쇼그렌증후군은 보통 30~40대에 발병하며, 어릴 때 안구건조증이 없다가 이 나이대에 갑자기 심한 안구건조증이 생긴 사람은 쇼그렌증후군일 가능성이 높다. 전문의에 따르면 인공눈물을 써도 안구건조증이 잘 낫지 않고 침이 잘 분비되지 않으면서 피로감·미열·근육통 등이 동반되면 쇼그렌증후군을 의심해야 한다.

4) 청각장애

(1) 개념

청각장애는 청력장애, 평형기능장애로 귀에서부터 뇌에 이르기까지 청각전달에 관여하는 기관 중 어느 부분에서 이상이 생겨 소리를 듣지 못하거나 들은 소리의 뜻을 정확하게 이해하지 못하는 경우를 말한다. 일반적으로 데시벨(dB : decibel, 음향의 크기를 측정하는 단위)의 수치를 기준으로 청력장애 여부를 판단한다. 보통 청각장애인을 농인과 난청인으로 분류하는데, 농인(聾人, deaf person)은 보청기를 착용하거나 착용하지 않은 상태에서 청력으로 음성이나 소리를 듣지 못하는 장애가 있는 사람을 말하고, 난청인(難聽人, hard-of-hearing person)은 청력손상이 있지만 어느 정도 잔존청력이 남아 있어 보청기를 착용하거나 착용하지 않은 상태에서도 음성이나 소리를 들을 수 있는 사람을 말한다. 그리고 평형기능장애란, 청력기능의 손상으로 신체의 평형기능에 장애가 있어 생활에 불편이 따르는 경우로, 공간 내에서 자세 및 방향감을 유지하지 못하는 것을 말한다. 즉, 어지럼증으로 몸의 중심을 잡지 못하는 것인데, 우리 몸의 평형기능은 시각, 고유수용감각 및 전정기관에 의해 유지된다. 귀의 가장 안쪽인 내이(속귀)에 위치한 전정기관은 머리의 수평, 수직, 회전 운동을 감지하고 뇌의 중추평형기관에 전달하여 신체의 균형을 유지하도록 하는 기관이다. 전정기관은 중력에 대한 방향을 감지하여 신체가 수직·수평에 대한 올바른 자세를 취하도록 도와준다. 이 부분에 이상이 생기면 몸의 균형을 바로잡을 수 없다.

(2) 귀의 구조

귀는 외이, 중이, 내이로 구성되어 있다.

① 외이(外耳, out ear)

집음기관(음을 모으는 기관)인 귓바퀴와 방어작용과 공명작용의 역할을 하는 외이도로 이루어져 있다. 귓바퀴를 다른 말로 이개(耳介)라고도 한다.

② 중이(中耳, middle ear)

중이(가운데귀)는 소리를 진동으로 바꿔 내이로 전달하는 기능을 한다.

③ 내이(內耳, inner ear)

내이(속귀)는 청각기관과 평형기관 두 부분으로 되어 있고, 내이에는 달팽이 껍질 모양의 나선형 기관인 와우각이 있는데, 이것이 고막의 진동을 받아들여 청신경으로 전해주는 역할을 한다.

(3) 원인

① 외이의 원인

귀지나 이물 등이 외이도를 막았을 경우에 청각장애를 유발할 수도 있으나 이 경우는 비교적 경미한 것이며, 또 선천적 기형에 의해 외이도가 생기지 않은 경우에도 중이의 기형까지 있어 심한 경우 약 70dB까지의 청력손실이 생길 수 있다.

② 중이의 원인

타박 또는 중이의 과도한 압력, 기타 염증에 의한 고막천공, 중이에 액이 차서 염증이 생기는 중이염, 이경화증 등이 있을 수 있다. 이경화증이란 중이 부위에서 뼈가 지나치게 자라서 생기는 귓병을 말한다. 유전질환이며 남자보다 여자에게 더 잘 생긴다.

③ 내이의 원인

내이의 장애는 대부분 심한 청력손실을 일으키며, 소리의 왜곡, 평형의 문제, 현기증 등을 일으킬 수 있다. 이러한 원인의 50%는 유전적인 것이며 또한 뇌막염, 뇌염, 모자혈액 불일치, 미숙아, 약물중독성 등에 의해 내이가 손상된 경우의 청력손실을 의미한다.

④ 청각중추의 원인

청각중추가 다른 중추들과 상호작용을 하고 있기 때문에 청각장애만 오는 경우는 드물고 학습장애, 뇌성마비 등 다른 문제를 수반하는 경우가 많다.

(4) 장애 부위에 따른 청각장애 유형

청각장애는 장애 부위에 따라 전도성, 감각신경성, 혼합성 청각장애의 세 가지 유형이 있다. 외이(外耳, 바깥귀)와 중이(中耳, 가운데귀)에 장애가 있는 경우에는 전도성 청각장애(전음성 난청이 여기에 해당함)라 하고, 내이(內耳)와 청신경에 장애가 있는 경우에는 감각신경성 청각장애(감음성 난청이 여기에 해당함)라 하며, 귀의 전 영역에 장애가 있는 경우는 혼합성 청각장애라 한다. 전도성 청각장애(전음성 난청)는 경미한 청력손실에 해당하고, 감각신경성 청각장애(감음성 난청)는 대부분 장애가 심하여 청각에 의한 의사소통에 어려움이 있다. 혼합성 청력장애는 전도성 청력손실과 감각신경성 청력손실이 혼합되어 있는 상태를 말한다.

(5) 청각장애 · 평형기능장애 장애정도

① 두 귀의 청력손실이 각각 90데시벨 이상인 사람 : 장애의 정도가 심한 장애인

② 두 귀의 청력손실이 각각 80데시벨 이상인 사람 : 장애의 정도가 심한 장애인

③ 두 귀의 청력손실이 각각 70데시벨 이상인 사람 : 장애의 정도가 심하지 않은 장애인

④ 두 귀에 들리는 보통 말소리의 명료도가 50% 이하인 사람 : 장애의 정도가 심하지 않은 장애인

⑤ 두 귀의 청력손실이 각각 60데시벨 이상인 사람 : 장애의 정도가 심하지 않은 장애인

⑥ 한 귀의 청력손실이 80데시벨 이상, 다른 귀의 청력 손실이 40데시벨 이상인 사람 : 장애의 정도가 심하지 않은 장애인

⑦ 평형기능에 상당한 장애가 있는 사람 : 두 눈을 뜨고 10미터 거리를 직선으로 걷다가 쓰러지거나(장애의 정도가 심한 장애인), 걷다가 중간에 균형을 잡으려 멈추거나, 걸을 때 중앙에서 60cm 이상 벗어나는 경우(장애의 정도가 심하지 않은 장애인)

(6) 고유수용감각

고유수용감각이란 한마디로 자기가 자기 몸을 인식하는 것을 말한다. 어떤 동작을 만들어 냄에 있어 무의식적인 인식이며, 인체 곳곳에 포진하고 있는 신경들에 의해 통제된 공간적 방향감을 말하는 것이다. 몸을 인식하는 과정에서 뇌는 신체의 뼈, 관절, 근육과 끊임없이 의사소통을 해야 하며 이런 부위들이 뇌가 시키는 대로 자연스럽게 동작을 만들어 주어야 한다. 우리의 고유수용감각 체계는 우리 몸이 공간 속에서 어떤 동작을 취해도 문제가 없도록 해주고, 우리의 팔다리가 다른 인체와 관련해서 현재 위치를 인식하게 해주며, 팔다리 동작의 시작과 끝을 인식할 수 있게 해준다. 이러한 고유수용감각의 문제를 가진 발달장애 아동들이 많은데, 다른 감각적 문제와 더불어 고유수용감각의 문제를 가진 경우, 인지발달과 신체동작 모두의 영역에 문제를 보임으로써 극심한 자폐적 현상을 보이게 되고, 다른 감각적 기능이 정상임에도 불구하고 인지와 언어, 사회성 발달에 더딘 현상을 보인다. 고유수용감각 기능이 떨어지는 자폐아동들은 균형감이 떨어져 자주 넘어지고 주저앉음으로써 몸에 타박상을 입는 경우가 많다.

(7) 판정시기

판정은 청력검사실, 청력검사기(오디오미터)가 있으면 이비인후과 전문의가 있는 의료기관에서 한다. 장애원인 발생 후 혹은 수술 후 6개월 이상 지속적

으로 치료한 후로 한다. 수술 또는 치료로 기능이 회복될 수 있다고 판단되는 경우에는 장애판정을 유보한다.

5) 언어장애

(1) 개념

언어장애는 어떤 사람이 의사소통에 방해를 받아 사회생활 면에서 정상적인 적응이 불가능한 경우를 말하는 것으로, ① 말이 불완전하거나, ② 말이 쉽게 이해되지 않거나, ③ 음성이 듣기에 거북하거나, ④ 특정 음성의 변형이 있거나, ⑤ 발성이 어렵거나 말의 리듬, 음조 혹은 고저에 이상이 있거나, ⑥ 말하는 사람의 연령, 성, 신체적인 발달 정도와 말이 일치하지 않는 특성을 보이는 경우 등을 일컫는다.[4)]

목소리는 발성기관(폐, 성대, 목 안의 공간인 인두강, 입안의 공간인 구강과 혀, 입술)을 움직여 생성되는데, 우리가 숨을 쉬면서 폐에 담아놓은 공기는 기도를 통과하면서 후두 안에 있는 성대를 진동시킨다. 이때 생성된 음파는 성도(聲道), 즉 인두강을 거치면서 음색을 만들고, 구강과 입술을 통해 나오면서 발음을 형성하게 된다. 이런 발성기관에 이상이 생기면 언어장애를 가져온다.

(2) 언어장애 원인

선천적인 언어장애의 경우는 유전적인 것과 임신, 출산 전후의 이상에서 원인을 찾을 수 있다. 임신 중 산모의 약물중독, 심한 흡연 및 음주가 지적장애 등의 원인이 될 수 있으며, 출산 시 산소결핍으로 인하여 신생아의 뇌에 손상이 생겨 지적장애, 뇌성마비와 같은 장애가 발생할 수 있다. 구개열(口蓋裂) 또는 구개파열은 선천적인 경우가 대부분으로, 구순(口脣)이나 구개(口蓋)에 장애가 생겨서 목젖이나 연구개, 경구개 등에 틈이 갈라지는 것을 말한다. 입술파열(토순 兎脣/ 언청이)이 그 예라 할 수 있다. 또 정신질환이나 치매와 같은 사고과정에 문제가 있어 언어장애를 보이는 경우도 있다.

4) 이종운 외(2013).

(3) 유형

① 조음장애(調音障碍)

음운장애라고도 하며, 말할 때 말소리를 생략, 대치, 왜곡 또는 첨가하는 것을 말한다. 예컨대 생략(아버지 → 아지, 할머니 → 하머니, 연필 → 연피), 대치(사과 → 다과, 선생님 → 던댕님, 자동차 → 자동아), 왜곡 또는 첨가(형 → 형아, 콩 → 콩아, 바지 → 반지)하는 현상이다. 그리고 모음(ㅏ, ㅑ, ㅓ …)과 자음(ㄱ, ㄴ, ㄷ …)을 잘 조화시키지 못하는 것으로, 말은 하지만 발음이 이상한 것을 말한다. 조음장애의 원인으로는 구순(口脣), 치열, 혀 등의 기형이나 손상 및 신경마비 등을 들 수 있다.

② 음성장애

후두(목구멍), 성대, 인두, 구강, 비강 등에 장애가 있으면 음성장애를 일으키게 된다. 음성장애의 주 증상은 성대피로, 기식화된 소리(breathiness, 거친소리), 성량의 감소, 실성증(aphonia), 높낮이 일탈 또는 부적절하게 높은 소리, 쥐어짜는 소리(strained voice), 떨림(tremor) 등이다. 기식화된 소리란 성대에 혹이 생기거나 결함이 있어서 성대 간 틈이 벌어질 때 나는 소리이며, 실성증(失聲症 aphonia)은 무언증(無言症)이라고도 하고, 성대의 기능이 손상되어 목소리가 전혀 나오지 않는 것을 말한다.

실어증(aphasia, 失語症)은 '말을 잃어버린 증상'으로, 뇌손상 후 언어에 대한 이해나 표현이 잘 안 되는 장애를 보이는 증세를 말한다. 언어중추신경의 문제로 일어나는 언어장애로, 언어가 완성되는 5~6세 이후 발생하는 후천적 장애이다. 우측 편마비를 가진 뇌졸중 환자에게서도 흔히 나타날 수 있는 장애이다.

③ 구어장애

구어장애는 말을 할 때 경련이 일어나 발음을 제대로 하지 못하고 첫 음이나 낱말을 되풀이하여 말하는 증상을 말한다. 원인은 정신적 스트레스, 신경손상, 마비, 협응력 부족, 근육의 경직 등으로 인하여 나타난다. 구음장애, 발음장애라고도 말하기도 한다. 뇌졸중 및 교통사고 등 외상으로 인하여 뇌의 언어기능에 손상을 입게 되면 한순간 말과 언어를 사용하는 것이 어려워지는

데 이를 신경언어장애라고 한다. 신경언어장애는 실어증과 운동구어장애로 분류되며, 운동구어장애는 중추신경계나 말초신경계의 병변에 의해 구어를 만드는 신체부위의 약화, 마비 혹은 적절하게 협응하지 못하여 발성, 호흡, 조음 등의 문제가 생기는 것으로, 따라서 말을 할 때 과대비음이 나타나거나, 부정확한 발음을 나타내며 빠르거나 느린 말속도 등의 특성이 나타난다. 이러한 뇌손상으로 인한 언어문제가 있을 경우 전문 치료기관에 가서 정확한 진단을 받고 언어치료를 시작해야 한다. 치료를 통하여 언어적 자극을 주게 되면 언어 기능의 활성화를 도울 수 있다. 최근에는 특수재활치료 분야가 발전하여 언어치료실을 보유한 병원도 많이 있는데, 언어치료실은 뇌졸중으로 인한 신경언어장애뿐만 아니라 말을 더듬는 유창성장애 및 발음이 부정확한 조음장애 등을 치료하고 있다.

④ 유창성장애

말의 흐름에는 유창성, 속도, 리듬 등 세 가지 요소가 포함되는데, 이 세 가지 요소 중 일부 또는 전부에 이상이 있으면 말의 흐름에 장애가 생긴다. 이를 '말의 흐름 장애' 또는 '유창성장애'라고 하며 말더듬과 속화증(성급하게 말하기)이 여기에 해당한다.

말더듬(stuttering)은 말을 할 때 호흡·발성 등의 기관에 경련을 일으켜 유창한 발음을 할 수 없는 것을 말하는데 흔히 어린이에게서 볼 수 있다. 말더듬의 원인은 다양한데 그중 특히 완벽성향이 강한 부모를 둔 아이일수록 말더듬이 될 가능성이 높아진다고 할 수 있다. 특히 어머니가 완벽성향이 강한 경우 아동은 과잉간섭과 예의, 청결, 정돈, 순종 등을 지나치게 요구당함으로써 아동의 긴장은 높아지고, 그것이 말더듬과 그 밖의 문제행동(과도한 결벽성, 변비, 비사회성)의 원인이 되기도 한다. 속화증(速話症 cluttering)은 조급한 성격과 주의력 산만 등으로 말을 할 때의 속도, 리듬, 쉼 등에 이상이 있어 말이 빠르고 알아듣기 어려운 것을 말한다.

⑤ 언어발달지체

정상적인 언어발달 단계에서 기대되는 시기에 언어발달이 이루어지지 않아 언어의 이해와 표현에 어려움이 있는 경우를 말한다. 대부분 지적장애 아동에게서 나타나며 뇌성마비, 자폐, 행동장애, 청각장애 아동에게도 공통적으로 나타난다. 아주 드문 예이나 신체적, 지적, 정서적으로 정상인데도 언어발달지체를 보이는 경우도 있다. 원인이 어떠하든지 간에 이들이 공통적으로 나타내는 점은 언어발달이 정상아동이 시작하는 연령보다 뚜렷하게 지체된다는 것이다.

⑥ 기타 뇌성마비, 지적장애, 청각장애에 따른 언어장애 등이 있다.

(4) 언어장애의 다른 분류

① 기질적 언어장애

구개열과 같이 입천장(구개, 口蓋)에 신체적인 이상이 있거나 귀와 또는 머릿속에 청각신경계통의 문제가 있어서 말소리를 제대로 내지 못하거나, 청력이 모자라서 언어수용에 어려움이 생기는 언어장애를 말한다. 실어증, 지적장애, 뇌성마비, 자폐증으로 인한 언어장애도 기질적 장애이다.

② 기능적 언어장애

신체적 또는 신경계통의 잘못이 발견되지 않는 언어장애를 말한다. 발달언어장애 또는 발달언어지체가 여기에 해당된다. 언어장애 중 말더듬증(stuttering)은 그 원인이 아직 확실히 규명되지 않고 있다.

③ 복합적 언어장애

말더듬을 환경적인 원인으로 볼 수 있는데, 그 원인 중에는 부모를 포함한 가족들의 말의 속도, 어린이에게 과도한 정신적 압박을 주는 집안 분위기 등을 들 수 있다. 따라서 말더듬은 기질적·기능적 장애라고 볼 수 있다.

④ 말더듬(stuttering)

말더듬은 일반적으로 4~5세 이전에 주로 나타나고, 남자가 여자보다 3~4배 더 많다는 통계가 있으며, 가족 가운데 말더듬이 있다면 영향을 받을 수도 있다. 또 개별적 요인과 기간은 서로 다르지만 80% 이상이 치료를 받지 않아도 자연적으로 회복된다고 하는데, 가능하다면 언어치료사의 도움을 받는 것이 좋다.

말더듬의 원인은 매우 다양한데, 심리적인 충격, 신경외과적인 질병의 후유증, 언어발달의 지연, 흉내 내기, 학교에서의 갈등, 가정환경의 불안, 교육 부족, 정서적인 갈등, 지적장애, 발성 조음기관의 이상, 쇼크 등 다양하다.
많은 정신과 의사나 심리학자들은 기본적인 내적 갈등 등 정서적인 문제로 말더듬이 발생한다고 보고 있는데, 즉 말을 더듬기 때문에 방어적이고, 두려워하며, 적의(敵意)를 나타내는 등의 부정적인 정서반응을 일으킨다는 것이다.

자녀가 말을 더듬을 때 부모나 가족들이 말더듬을 직접 고쳐주려고 해서는 안 된다. "다시 말해봐", "천천히 해봐", "크게 해봐", "말 더듬지 마" 등의 강압적인 지도는 아동에게 심리적인 부담만 주게 되어 말을 더 더듬는 원인이 된다. 따라서 아동이 말을 더듬더라도 다그치지 말고 자연스럽게 대해주면서, 치료는 언어치료사에게 맡기는 것이 바람직하다.

- Stutter : 언어장애로 같은 음을 계속해서 여러 번 발음하는 것을 말한다.
- Stammer : 흥분, 긴장, 당황해서 일시적으로 말을 더듬는 것을 가리킨다.

⑤ 속화증(cluttering, 성급하게 말하기)

속화증은 '음절을 빠뜨리는 것을 특징으로 하는 침착성이 없는 신경질적인 언어'를 가리키는데, 그 원인은 발음하려는 의욕과 언어운동능력 사이의 불균형에 의한 언어의 발육지연, 조급한 성격, 주의력 산만 등에 따른 것으로 볼 수 있다. 유아기를 지나서 나타나며 연령이 많아짐에 따라 증가한다.

(5) 언어장애인의 의사소통 방법

① 말 54%

② 몸짓 23.4%

③ 한국수어(수화, sign language) 10.9%(여자가 남자보다 더 많음)

④ 구화(독화, speech reading) 6.2%

⑤ 필담(筆談, conversation by writing) 2.5%

성별로는 남자가 필담을 이용해서 의사소통하는 경우가 여자에 비해 더 많았고, 여자는 한국수어(수화)를 이용해서 의사소통하는 경우가 남자에 비해 더 많다. 전체 언어장애인의 98% 정도가 한국수어(수화)를 하지 못한다는 조사 자료도 있는데, 한국수어를 할 수 있거나 현재 배우고 있는 언어장애인은 매우 적음을 알 수 있다.

(6) 판정시기와 장애정도

재활의학과 전문의 또는 언어치료사가 있는 의료기관의 이비인후과, 정신과, 신경과 전문의 등의 진단을 통해 판정된다. 판정시기는 장애원인 발생 후 혹은 수술 후 6개월 이상을 지속적으로 치료한 후로 한다. 수술 또는 치료로 기능이 회복될 수 있다고 판단되는 경우에는 장애판정을 유보한다.

음성기능 또는 언어기능을 잃은 사람은 장애의 정도가 심한 장애인, 음성·언어만으로는 의사소통을 하기 곤란할 정도로 음성 또는 언어 기능에 현저한 장애가 있는 사람은 장애의 정도가 심하지 않은 장애인 판정을 받을 수 있다.

6) 안면장애

(1) 개념

안면장애란 안면 부위(얼굴, 귀, 목의 앞면을 포함함)의 변형(모양이나 형태가 달라지게 된 것) 또는 기형(정상의 모습과는 다른 것으로, 주걱턱, 무턱, 귀 기형, 안면비대칭 등)으로 인하여 사회생활을 하는 데 있어 상당한 제한을 받는 상태를 말한다. 안면장애에는 면상반흔,[5] 색소침착,[6] 모발결손,[7] 조직의 비후나 함몰, 결손이 포함된다. '함몰이나 비후'라 함은 연부조직,[8] 골조직(뼈조직) 등의 함몰이나 비후를 말한다.

---

5) 흔히 수술 후나 외상 후에 나타나는 일반적으로 볼 수 있는 튀어 올라오지 않은 흉터로, 손상 후 얼마 동안은 비교적 가늘던 흉이 주변 피부의 긴장성 때문에 점점 폭이 넓어진 것을 말한다.

6) 얼굴에 기미, 잡티처럼 피부색이 거무스름하게 변하는 것으로, 멜라닌 분비의 균형이 깨졌을 때 생기는 착색을 말한다.

7) 탈모증에 의한 것은 제외하며 반흔을 동반한 모발결손으로 국한한다.

8) 뼈나 연골 등 딱딱한 경조직에 반대되는 것으로 연조직을 말하며 점막, 근육, 인대, 지방, 섬유조직, 신경, 혈관 등이 포함된다.

(2) 원인

안면장애의 원인은 크게 선천적인 원인과 후천적인 사고로 구분된다. 선천적 원인은 혈관종[9]이나 혈관기형, 거대모반증[10]이 대표적이며, 후천적 원인은 화상이나 각종 사고로 인한 반흔(흉터)을 들 수 있다.

안면장애를 가지면 원인질환 자체로 겪는 어려움과 동시에 경우에 따라 미용수술로 분류되어 보험혜택을 받을 수 없는 비싼 수술비로 인한 경제적 부담이라는 이중고를 겪게 된다. 그러나 그보다 심각한 것은 이로 인해 파생되는 사회적 적응의 문제와 경제활동 기회의 제한 때문에 환자뿐 아니라 가족 모두가 큰 고통과 어려움을 겪고 있다는 사실이다. 더구나 선천적 원인이나 어릴 때 입은 화상이나 손상으로 인한 안면장애의 경우에는 심리적인 장애까지도 유발하며 평생을 고통 속에서 살아가는 경우도 있다.[11]

(3) 판정

① 판정시기

원인질환 등에 관하여 충분히 치료하여 장애가 고착되었을 때에 진단하며, 그 기준시기는 원인질환 또는 부상 등의 발생 또는 수술 이후 6개월 이상 지속적으로 치료한 후로 한다. 수술 또는 치료로 기능이 회복될 수 있다고 판단하는 경우에는 장애진단을 처치 후로 유보하여야 한다. 의료기관의 성형외과, 피부과 또는 외과(화상의 경우) 전문의는 원인질환 등에 대하여 6개월 이상의 충분한 치료 후에도 장애가 고착되었음을 진단서, 소견서, 진료기록 등으로 확인하여야 한다.

② 판정기준

안면변형장애는 이학적 검사(병력에 대한 자세한 문진 후 시행하는 것으로 혈압측정, 심장박동수 체크, 핏줄상태 체크, 청진 소견 등이 이에 해당하며, 안면장애의 경우 얼굴 표정

9) 안면부에 혈관이 뭉치면서 미용상에 많은 문제를 일으키는 두드러기 종양이라고 할 수 있는데, 혈관종은 몸 어디에나 올 수 있지만 얼굴이나 목 등 타인에게 쉽게 눈에 띄는 부위에 자리 잡으면 보기에 좋지 않아 여성에게는 미용적으로 치명적일 수 있고, 남성에게는 소극적인 성격을 만들 우려가 있다.

10) 얼굴이나 몸통의 일부 또는 전체가 점으로 덮여 있는 질환을 말한다.

11) 정무성 외(2015).

과 얼굴 모양의 이상을 의사가 확인하는 것을 말함)로 확인하며 단순 X선 촬영, CT (Computer Tomography), MRI(Magnetic Resonance Imaging) 등으로 함몰이나 비후의 정도를 결정할 수 있다. X-ray, CT, MRI 등은 안면장애뿐 아니라 다른 장애·질환의 검사에도 사용되고 있는바, 그 내용은 다음과 같다.

㉠ X-ray검사 : 뢴트겐검사라고도 하는데, 이는 X선을 인체에 비추어 형광판으로 투시하거나 사진촬영하여 병변(病變)을 진단하는 검사로, 검사법에는 형광판을 이용해 상(像)의 움직임을 연속적으로 관찰하는 X선 투시법과 X선 필름에 의해 상을 촬영하는 X선 촬영법이 있다. 방사선을 이용한 검사이기 때문에 자주 이용하지 않도록 주의해야 한다.

㉡ CT촬영 : 컴퓨터 단층촬영으로, 장점은 X선을 이용해 짧은 시간에 인체의 단면 촬영이 가능하다는 점이다. 뼈의 미세골절이나 뇌출혈 등을 MRI보다 훨씬 정확하게 포착해 내며, 촬영시간이 짧아 호흡으로 움직이는 폐나 계속 박동하는 심장, 연동운동을 하는 장 등의 장기를 촬영하는 데 유리하고, 검사종류와 촬영 부위에 따라 차이는 있지만 MRI나 PET에 비해 비용이 덜 든다. 반면 단점은 극소량이기는 하지만 환자가 방사선에 노출될 위험이 있으며, 혈관을 촬영하거나 조직의 특성을 파악하기 위해 사용되는 약물이 신부전환자나 약물 과민반응 환자에게는 적지 않은 부담을 줄 수 있다는 점이다.

㉢ MRI : 자기공명영상을 말하며, 자기장을 이용하기 때문에 CT와는 달리 방사선에 노출되지 않는다. 근육, 인대, 뇌 신경계, 종양 등을 촬영하는 데 있어 아직까지 MRI의 해상도를 능가하는 검사가 없으며, 최근에는 유방암, 간암, 난소암, 자궁경부암 등 암의 범위 파악에 MRI가 폭넓게 활용되고 있다. MRI의 단점은 CT보다 촬영시간이 길어(검사종류와 촬영 부위에 따라 짧게는 20여 분에서 1시간 이상 소요될 수 있음) 폐소공포증이 있는 환자에게는 시행이 곤란하다는 것이다(인내심 필요). 그리고 MRI 촬영 시 보청기, 틀니, 머리핀, 벨트, 시계, 열쇠, 지갑, 카드, 휴대전화기는 검사에 방해되므로 별도의 장소에 반드시 보관해

야 한다. 휴대 시 카드의 자기 정보가 지워지거나 시계, 전화기 등은 고장 날 수 있기 때문이다.

2. 내부 신체기능의 장애

1) 신장장애

(1) 개념

신장은 본질적으로 신체의 항상성을 유지하는 기관으로 필수물질들과 수분을 보유하고 신체의 산, 염기 균형을 유지함으로써 체액의 성분과 양을 조절하며, 또한 해독을 하고 독성물질, 외부침입자, 불필요한 물질들을 소변 형성 과정을 통해 배출시키는 기능을 하며, 혈압조절, 적혈구 생성, 인슐린과 다른 물질들의 신진대사와 같은 여러 기능들과도 관련 있다.

신장장애인이란 “신장의 기능부전으로 인하여 혈액투석이나 복막투석을 지속적으로 받아야 하거나 신장기능의 영속적인 장애로 인하여 일상생활에 상당한 제약을 받는 사람”을 말한다. 신장장애는 보통 만성신부전을 뜻하는 말로 정상적인 신장은 인체의 불순물을 제거하고 체내의 수분을 균형 있게 유지시켜 주지만 만일 만성 신장질환으로 인해 신장에 이상이 생기면 신장은 더 이상 정상적인 기능을 할 수 없게 된다. 따라서 신장장애가 발생하면 혈액정화를 하기 위해 혈액투석기계를 사용하며, 혈액투석을 하거나 복막투석을 하게 된다. 신장장애는 치료기간이 길고 병원에서 소비하는 시간이 많아 취업 등 사회적 활동에 제약이 따를 수 있으며, 의료비 부담으로 경제적인 고통을 받을 수 있다.

(2) 원인

신장장애에서 만성신부전은 노폐물을 제거하는 신장기능이 감소되어 정상으로 회복될 수 없는 단계에 있는 질환을 말한다. 즉, 신장이 제 기능을 유지하지 못하는 상태로, 남아 있는 신장기능은 시간이 경과함에 따라 점차 저하되어 결국은 신 대체요법(혈액투석·복막투석이나 신장이식술)이 필요한 말기 신장질환으로 진행된다. 만성신부전의 대표적인 원인은 당뇨병이 50% 정도까지 차지하고 있으며 그 다음으로 고혈압이 원인이다. 갈수록 당뇨병에 의한 신부전이 증가하고 있는 추세이고, 또 최근 식습관이 서구화되고 비만 인구가 늘어나면서 당뇨병, 고혈압 유병률이 빠르게 증가하고 있으며, 이와 함께 만성신부전 환자 수도 증가하고 있다. 신장 기능이 나빠지는 것을 예방하기 위해서는 고혈압, 당뇨, 고지혈증 같은 질환 관리가 중요하다. 현재 전국에 신장장애인 수는 11만 명이 넘는다.

(3) 증상

만성신부전 초기에 사구체[12] 여과율이 정상의 35~50%까지 감소하더라도 환자는 자각증상이 없고 혈액검사가 정상으로 나온다. 사구체 여과율이 정상의 5%까지 감소하면 말기 신부전이라고 하는데, 말기 신부전이 되면 혈액투석, 복막투석 및 신장이식 등의 신 대체요법이 필요하다. 이 중 신장이식이 최선의 방법이나 신장이식에 적합한 조건을 갖추지 못했거나 신장이식을 기다리는 동안에는 혈액을 정화하는 투석이 최선의 방법이다. 신장장애인은 요독증 증상도 보이는데, 이는 한마디로 신장기능 이상으로 노폐물이 제거되지 않고 쌓이게 되는 것을 말한다. 그 증상으로 식욕부진, 오심(惡心),[13] 구토, 쇠약감, 소양증(가려움증), 근경련, 빈혈 등이 있다.

(4) 판정

① 판정시기

3개월 이상 지속적으로 혈액투석 또는 복막투석 치료를 받고 있는 사람 또는 신장을 이식받은 사람에 대하여 장애인으로 판정한다.

---

12) 신장의 기본단위로 신장의 안쪽에 있는 실타래처럼 동그랗게 뭉쳐진 작은 모세혈관 덩어리를 말하며, 혈액 속의 노폐물이 걸러지는 부분이다.

13) 속이 메스꺼워 구토를 할 것 같은 느낌을 말한다.

② 판정기준

장애인복지법상 신장장애의 등급 판정은 두 가지 유형이 있는데, 만성신부전증으로 3개월 이상 혈액투석이나 복막투석을 받고 있는 사람은 장애의 정도가 심한 장애인, 신장을 이식받은 사람은 장애의 정도가 심하지 않은 장애인에 해당한다.

(5) 투석의 유형과 투석방법

투석이란 혈액 속의 여러 가지 노폐물과 수분을 제거하기 위해 투석기계 또는 투석액을 통하여 깨끗이 걸러주는 방법으로, 혈액투석 방법과 복막투석 방법이 있다.

① 혈액투석

투석기(인공 신장기)를 이용하여 혈액으로부터 노폐물을 걸러주고 과잉의 수분을 제거하는 방법이다. 혈액투석을 받기 위해서는 혈관에 투석치료를 위한 통로를 만들어야 하는데, 주로 아래팔의 동맥과 정맥 혈관을 연결해서 혈관을 점점 굵게 만드는 것으로, 이 굵어진 혈관을 동정맥루라고 하며, 동정맥루가 충분히 굵어지면(약 6주 이상 소요) 주삿바늘을 이곳에 삽입하여 투석기와 연결한 후 투석치료를 시작한다. 일주일에 3회 정도 약 4~5시간씩 병원 혈액투석실에서 치료한다. 혈액투석은 고정된 스케줄에 맞추어 투석실을 방문해야 하는 번거로움이 있으며, 치료 때마다 두 번 주삿바늘을 꽂아야 하며, 투석을 위해서는 먹는 것이나 수분의 제한이 심하다. 또 투석과 투석 사이에 쌓인 노폐물을 몇 시간에 걸쳐 빼므로 투석 후 피로하거나 허약감을 느낄 수 있다.

② 복막투석

하복부에 복강으로 이어지는 카테터(도관)를 삽입하고 이를 통해 수분 및 노폐물을 제거하는 투석방법이다. 타인의 도움 없이 환자 스스로 실시할 수 있어 병원에 정기적으로 가지 않아도 되는 장점이 있고, 식사나 수분 섭취에 있어 비교적 제한이 적은 편이다. 그러나 복막이 도관을 통해 외부와 직접적으로 노출되어 있어 복막염에 걸릴 위험이 높고, 이로 인해 복막의 기능이 저하되면 투석이 원활하게 진행되지 않을 수 있다.

2) 심장장애

(1) 개념

우리의 심장은 매일 약 10만 번 이상 뛰어야 생명을 유지할 수 있다. 우리나라 40대 남성의 사망률은 세계 최고 수준으로, 주된 사망 원인 중 하나가 바로 심장질환(협심증, 급성 심근경색증 등)이다. 심장질환은 암, 뇌혈관질환에 이어 한국인의 사망 원인 3위에 해당하는 질병이며, 70세 이후 사망 원인 1위도 동맥경화성 혈관질환, 즉 심장과 뇌혈관 질환이다.

심장은 몸속 구석구석에 혈액을 통해 산소와 영양분을 공급하는 펌프 역할을 하는 장기이다. 이 펌프기능을 하기 위해서는 지속적으로 산소와 영양분을 필요로 하는데, 관상동맥(심장동맥)은 심장 자체에 혈액을 공급하는 혈관이다. 이러한 관상동맥의 이상으로 발생하는 질환들을 포괄적으로 '관상동맥질환' 또는 '허혈성 심질환'이라 하는데, 협심증과 심근경색증이 이에 해당한다. 장애인복지법상 심장장애인이란 "심장의 기능 부전으로 인한 호흡 곤란 등의 장애로 일상생활에 상당한 제약을 받는 사람"을 말한다. 심장기능장애의 장애기준은 크게 ① 부정맥, ② 허혈성 심질환(협심증, 심근경색), ③ 심부전으로 구분된다. 그리고 심장장애인의 장애정도 구분은, 심장기능의 장애가 지속되며, 가정에서 가벼운 활동은 할 수 있지만 그 이상의 활동을 하면 심부전 증상이나 협심증 증상 등이 나타나 정상적인 사회활동을 하기 어려운 사람은 장애의 정도가 심한 장애인, 심장을 이식받은 사람은 장애의 정도가 심하지 않은 장애인으로 구분하고 있다.

(2) 유형과 원인

① 부정맥

심장의 맥박이 불규칙적이거나 이상 맥박이 발생하는 것을 말한다. 심장박동수가 너무 빠르거나 너무 늦어도 정상적인 맥박에 영향을 초래한다.

② 협심증

관상동맥(심장동맥)이 좁아져서 심장근육으로 가는 산소 공급이 부족하여 생기는 병(심장동맥 혈관이 좁아지는 병)으로, 심장을 움직여 주는 관상동맥의 혈류량이 상대적 또는 절대적으로 감소하여 협심발작을 일으키는 것이다. 이 경우 가슴을 조이는 듯한 느낌과 왼쪽 가슴을 비롯한 통증이 목과 아래턱까지 이어지는 증상으로 나타나며, 30분 이상 지속되면 심장근육이 죽어가는 급성 심근경색의 단계에 이르게 되어 심근괴사로 돌연사할 수 있다.

③ 심근경색증

심장에 산소와 영양을 공급하는 3개의 심장동맥(관상동맥)이 막혀 급사의 원인이 되는 심각한 질환(심근혈관이 막히는 병)이다. 심장동맥(관상동맥)이 막히는 원인은, 동맥경화에 의해 30~40% 정도 좁아진 혈관에 침착되어 있던 기름 찌꺼기가 터지면서 혈관 벽 내부의 성분과 혈액이 만나 갑자기 혈전이 발생하게 되고, 이로 인해 혈액순환이 완전히 차단되기 때문이다. 이런 상태로 지속적인 심한 가슴통증이 발생하며 심장근육이 죽는 질환이 바로 심근경색증이다.

④ 심부전

심장의 펌프기능이 장애를 일으켜 정맥압이 상승하고, 충분한 양의 산소를 말초조직에 공급할 수 없는 상태를 말하며 심기능부전이라고도 한다. 심부전이 되면 숨이 막히고, 호흡곤란, 빈맥(심장이 비정상적으로 빨리 뛰는 것) 등의 증상이 나타난다.

(3) 관상동맥(심장동맥) 질환을 일으키는 주요 인자

① 흡연

흡연량과 심장병 위험도는 비례하며, 특히 50세 이하에서 그 위험도가 높다. 동맥경화증이 없는 경우에도 흡연은 심장발작을 일으킬 수 있는데, 이는 니코틴에 의해 동맥에 경련이 일어나기 때문인 것으로 보고되고 있다. 또한 흡연은 혈액의 점도를 높여 혈전 형성이 쉬워져 심장병의 위험을 증가시킨다.

㉠ 담배의 유독성 : 담배 연기 속에는 4,800여 가지의 화학물질이 포함되어 있는데, 이 중 특히 100여 종의 화학물질은 우리 인체에 극히 해

롭다. 특히 이들 화학물질들은 정상세포를 공격하여 지치게 만들므로 우리 몸의 면역기능은 떨어지게 될 수밖에 없다. 흡연으로 인해 각종 암이 발생하기도 하는데, 흡연이 유발하는 암의 종류로는 폐암, 후두암, 췌장암 등 셀 수 없이 많다.

㉡ **담배 골초와 버거스씨병** : 흡연으로 인한 질병 중에 '버거스씨병'(Buger's disease)이라는 것이 있는데, 이 병은 혈관이 막혀 조직이 썩어 들어가는 질환이다. 정확한 발병원인은 아직까지 규명되지 않았으나 환자의 대부분이 지독한 골초라고 한다. 이렇게 볼 때 담배가 이 병의 가장 유력한 원인이라고 할 수 있다.

② 콜레스테롤과 동물성 지방

주로 동물성 육류나 유제품류에 있는 포화지방산은 혈중콜레스테롤 수준을 증가시키는 반면, 식물성 기름이나 생선의 지방에서 볼 수 있는 불포화지방산은 혈중콜레스테롤을 감소시킨다.

③ 고혈압

고혈압은 동맥경화증을 유발한다. 보통 고혈압 환자는 정상인 경우보다 심장발작의 위험이 2~3배 정도 증가하며 급성심장사도 2~3배 정도 더 흔하다.

④ 당뇨병

당뇨병은 관상동맥질환의 위험인자이며, 남성은 2배, 여성은 4~6배 위험도를 증가시킨다.

⑤ 유전적 요인

비만, 고혈압, 심부전 등이 대표적인 위험인자이며, 가족력도 무시할 수 없다. 가족 중 만 45~55세 정도에 심장질환에 걸린 사람이 있다면 다른 사람보다 심장질환이 나타날 가능성이 훨씬 높다.

⑥ 비만

비만은 모든 성인병의 원인이 되는데, 체중을 줄이면 혈관기능이 좋아져 심장질환에 도움이 된다. 비만은 대부분 식습관과 연관되므로 기름진 음식을 자제하고 소식을 하는 것이 좋다. 비만은 혈액 중 지방이 많아지면서 각종 혈관질환을 일으키는데, 체중을 줄이면 혈관기능이 좋아지고 당뇨병이 예방되며, 혈압도 낮아지므로 적정 체중을 유지하기 위해 소식하는 습관이 중요하다. 가장 중요한 것은 콜레스테롤을 줄이는 일인데, 보통 콜레스테롤은 육류와 유제품에 많다. 흔히 즐겨 먹는 음식 중 삼겹살의 비계, 닭고기의 껍질, 오징어, 새우, 달걀 등에 콜레스테롤과 포화지방이 많다. 가능한 한 살코기로 먹고, 포화지방산 함량이 비교적 낮은 육류를 골라 먹는 것이 좋다. 요리를 할 때에도 튀기거나 볶는 조리법은 가급적 피하도록 하며, 콩기름, 참기름 등 몸에 좋은 식물성 기름이라고 해도 장시간 열을 가하거나 조리 후 시간이 경과하면 트랜스지방이 발생한다. 패스트푸드처럼 같은 기름을 여러 번 사용해 튀기는 음식은 피하는 것이 좋다.

⑦ 나트륨

심장질환이 있으면 나트륨(염분) 섭취를 줄여야 하는데, 이는 염분이 혈압을 상승시키는 작용을 하기 때문이다. 한국인의 경우 김치나 찌개를 먹는 식습관으로 하루 나트륨 섭취량이 최대 6,000mg이고 보통은 5,000mg 정도라고 하는데, 이는 세계보건기구에서 제안하는 섭취량의 2배를 훨씬 초과하는 수치이다. 그리고 연령대가 64세 이하인 경우에는 하루 나트륨 권장 섭취량은 1,500mg 연령대가 65세에서 74세 미만인 경우에는 1,300mg 연령대가 75세 이상의 경우에는 1,100mg이라고 한다. 나트륨 과다섭취의 경우 나트륨이 배출되는 과정에서 칼슘을 함께 데리고 나가는 특성 때문에 골다공증을 유발하는 요인이 될 수 있고, 또 나트륨과 함께 체내에 흡수된 염분은 위 점막을 자극해 위염을 일으킬 수도 있다. 따라서 염분 섭취를 줄이기 위해서는 국물섭취를 줄이고 건더기 위주로 식사를 하거나, 김치의 경우 포기김치보다는 겉절이를, 아니면 김치 섭취량을 줄이고 생채나 샐러드 같은 소금 간을 하지 않은 반찬을 먹거나, 생선은 자반보다 날생선을, 구운 조미김 보다는 무조미 김을 먹는 것이 더욱 좋다. 마늘은 심장혈관을 막히지 않게 하는 기능을 하기 때문에 심근경색 예방에 좋다. 익힌 것보다는 생으로, 껍질을 까서 곧장 먹는 것보다는 잘라놓은 후 잠시 뒤에 먹으면 마늘의 항산화 효과를 높일 수 있다.

(4) 전조증상과 치료

심장질환은 대부분 전조증상이 있는데, 평소에 아무 문제가 없다가도 걷거나 운동을 할 때 가슴에 고춧가루를 뿌린 듯한 느낌의 통증이 있다면 협심증을 의심할 수 있다. 아무런 움직임이 없을 때도 비슷한 통증이 느껴진다면 심근경색일 가능성이 높다. 심장질환 치료에는 빠른 처치가 중요한데, 심장혈관이 막히고 최대 12시간이 지나면 치료를 하더라도 다시 심장을 살리기 어렵다. 보통 6시간을 기준으로 삼는데, 이 시점에서도 심장근육의 70~80%는 죽는다. 하지만 1시간 이내에 병원에 도착한다면 80% 이상은 살릴 수 있다.

(5) 운동

협심증 환자라 하더라도 유산소 운동과 같은 적절한 운동을 꾸준히 해주면 심장근육이 발달하고 심장혈관의 탄력도가 높아져 결과적으로 심장에 혈액 공급이 원활해지는 효과를 볼 수 있다. 유산소 운동으로는 빠르게 걷기(파워워킹), 가볍게 달리기, 가벼운 등산, 계단 오르기, 줄넘기, 고정식 자전거 타기, 수영, 요가, 에어로빅 등 다양하다.

3) 호흡기장애

(1) 개념

호흡기장애인은 “폐나 기관지 등 호흡기관의 만성적 기능부전으로 인한 호흡기능의 장애로 일상생활에 상당한 제약을 받는 사람”을 말한다. 등록된 호흡기장애인 수는 2023년 초 11,400여 명이며, 전체 장애인의 0.44%에 해당한다. 아직 한번 손상된 폐 기능을 회복시켜 주는 약제가 없으며 증세 악화만 경감시킬 수밖에 없는 난치성 질환이다. 그러나 현재 호흡기장애인은 장애로 인해 여러 부정적 심리상태를 경험하고 있으며, 적절한 심리서비스를 받지 못하고 있는 실정이다. 특히 복지서비스와 직업재활서비스 등 장애인을 대상으로 하는 기본적인 서비스 내에서도 제외되고 있고, 호흡기장애인을 대상으로 하는 사회자립, 직업재활 연구 등도 부족해 호흡기장애에 대한 사회적 관심이 낮다고 할 수 있다. 호흡기장애인에 대한 부정적 사회적 인식이 호흡기장애인의 사회적 활동 범위를 더욱 좁게 만들고 외부활동 시간을 축소하는데 주요 요인이 되고 있다고 볼 수 있다. 그래서 호흡기장애인들은 대부분 자신들의 삶에 더 이상 긍정적 기대를 하지 않는, 무의미한 시간으로 채워지고 있다는 부정적 인식을 많이 가지고 있다는 것이다.[14] 현재 호흡기장애인을 위한 지원정책으로는 장애인보조기기 교부사업, 장애인보장구 지원사업을 통한 보조기기 지원과 가정용 인공호흡기 환자에게 지원되는 재택의료 서비스, 가정용 및 휴대용 산소발생기 월 대여료 지원 등이 있다.

(2) 원인 및 유형

① 기관지염

기관지점막에 생긴 염증이다. 주로 감기를 앓다가 기관지염으로 진행되는 경우가 있고 갑자기 찬바람을 맞아 생기는 경우도 있다. 또는 먼지나 가스, 담배 등이 원인이 되는 경우도 있다. 기관지염에는 급성 기관지염과 만성 기관지염이 있다.

㉠ **급성 기관지염** : 급성 기관지염일 때에는 중등도의 열이 나면서 마른기침을 하다가 점차 가래가 생기고 가래 끓는 소리가 난다. 기침이 심해지면 가슴이 아프고 숨이 차며 입맛이 떨어지고 머리가 아프다. 급성 기관지염을 잘 치료하지 않으면 만성 기관지염으로 넘어가게 된다.

㉡ **만성 기관지염** : 세균과 같은 미생물 또는 오염된 공기와 과도한 흡연, 유해가스나 체질적 요인에 의해 기관지에 염증이 생기고 고름과 같은 다량의 가래를 뱉는 경우 기관지염이라 할 수 있는데, 이러한 증상이 1년 중 3개월 이상 2년간 연속적으로 나타나는 경우 만성 기관

14) 에이블뉴스(2022. 12. 6.).

지염이라 한다. 만성 기관지염은 흡연이 주범이며 그 외 황사현상이나 대기오염, 작업장에서 노출되는 가스와 유전적인 요인 등에 의하여 발생하는 것으로 알려져 있다. 만성 기관지염일 때에는 열이 나거나 점성이 높은 가래가 목에 붙어서 잘 떨어지지 않으며, 만성 기관지염이 심해지면 급성 기관지염 시의 증상들이 나타나면서 고름이 섞인 가래가 많이 나온다. 기관지염을 예방하기 위해서는 항상 몸을 단련하여 저항성을 높여야 한다.

② 만성 폐쇄성 폐질환

이는 만성 호흡부전을 가진 환자들로서 만성적 기침, 객담(가래)배출, 호흡곤란을 주 증상으로 하며 잦은 폐렴 및 기관지염을 수반하는 질환으로, 노인이 되면 해소 기침이라는 증상을 보이는 경우가 흔한데, 이것이 바로 만성 폐쇄성 폐질환이다.

㉠ **폐기종** : 이는 여러 가지 원인에 의해서 기관지나 폐에 염증이 생기고 이에 의하여 숨 쉴 때 폐조직(폐포)이 늘어나는 것을 조절하는 섬유가 파괴되어 폐포가 제 기능을 못하게 되어 만성적인 기침이나 가래, 호흡곤란 등의 증상과 폐활량의 감소가 있는 질환을 말한다. 폐기종을 일으키는 가장 중요한 원인은 흡연이다. 흡연을 할수록 폐활량의 감소가 심해지고 호흡곤란 등의 증상이 조기에 나타날 수 있으며 다른 폐질환이나 심장질환, 각종 장기의 암, 혈관질환의 위험 또한 높일 수 있다.

㉡ **기관지천식** : 기관지천식은 평상시에는 증상이 없다가도 급작스러운 기도의 폐쇄로 인한 호흡곤란을 야기하는 질환으로 오래도록 지속되는 때에는 폐기종 또는 만성 기관지염과 유사한 증상을 보이게 된다. 흡연이 주요한 원인이다.

(3) 판정시기

호흡기장애 판정시기는 현재의 상태와 관련한 최초 진단 이후 1년 이상이 경과하고, 2개월 이상의 적극적인 치료에도 불구하고 호전의 기미가 거의 없는 만성 호흡기 질환의 경우에 장애로 진단한다. 수술 또는 치료로 기능이 회복될 수 있다고 판단하는 경우에는 장애진단을 처치 후로 유보하여야 한다. 향후에 장애정도의 변화가 예상되는 경우에는 반드시 재판정을 받도록 하여야 한다. 이 경우 재판정의 시기는 최초의 진단일로부터 2년 이상 경과한 후로 한다.

4) 간장애

(1) 개념

간장애인은 "간의 만성적 기능부전과 그에 따른 합병증 등으로 인한 간기능의 장애로 일상생활에 상당한 제약을 받는 사람"을 말한다.

(2) 유형 및 원인

① 간경변증(간경화)

이는 간의 염증이 오래 지속된 결과 간의 표면이 우툴두툴해지는 것을 말한다. 간경화의 주 원인은 B형 및 C형 간염바이러스의 만성적인 감염과 알코올의 과다섭취이다.

② 간세포종암

간은 성인의 경우 무게가 800~1,200g으로 체내 최대의 장기이며, 간에 발생하는 암은 간세포암과 담관세포암이 95%를 차지한다. 성인 간암의 대부분은 간세포암이고, 간세포암의 평균 발증연령은 대략 55세이다. 담관세포암은 남자 노인에게서 많이 발병하고 업무상 과로와 스트레스, 오랜 음주로 인하여 간경화에 이르고 간경화가 담관세포암으로 발전하는 것이다. 생존율이 낮은 암은 췌장암, 폐암, 간암 순이다. 췌장은 위장 아래 십이지장이 있고 그 아래 붙어있는 길이 약 6인치, 무게 80g 정도의 장기로, 인슐린 등을 분비하는 작용을 하고, 인슐린이 결핍되면 당뇨병으로 진행된다. 간암은 간경변증(간경화)이 심할수록, 연령이 많을수록, 또 남자에게서 잘 발생한다. 갈수록 알코올성 간질환이 늘어나고 있기 때문에 술에 의한 간암도 늘어나는 추세이다.

간세포암의 원인은 그 대부분이 간염바이러스에 의한 감염이다. 간염바이러스에는 A, B, C, D, E, F 등의 종류가 있으며, 아주 최근에 G형이 발견되었다. 우리나라에서 문제가 되고 있는 것은 A, B, C의 세 종류인데, 이 중 간암과 관계되는 것은 B, C의 두 종류이다. 간암 수술을 받은 사람들 중 85%는 B형 또는 C형의 간염바이러스에 감염되어 있는데, 그중 B형 간염바이러스에 의한 경우가 약 70% 이상이다. B형 간염바이러스 보유자는 대부분 아기 때 부모로부터 감염된 이들이며, 이들 중 절반 이상이 만성 간염 혹은 간경변증(간경화)으로 진행되고, 간경변 환자의 경우 한 해 약 6~7%가 간암으로 발전한다.

B형, C형 간염바이러스가 정상 간세포에 작용하여 돌연변이를 일으켜 암을 일으키는데, 간염바이러스에 감염되면 대부분은 간염에 걸리게 되며, 그 증상은 전신권태감, 식욕부진, 소변의 농염(소변의 색이 홍차처럼 짙어지는 것), 더 나아가 황달 등이 나타나지만 자각증상은 없으며, 대략 1~2개월(A형, E형) 또는 3~4개월(B형, C형) 정도 내에 대부분 자연적으로 치유·회복되기도 한다. 그러나 E형 간염의 경우 임산부가 감염되면 치사율이 높아진다.

(3) 판정시기

간장애의 판정은 질병상태 등에 대한 전문의의 최초 진단 이후 1년 이상이 경과하고, 2개월 이상의 적극적인 치료에도 불구하고 호전의 기미가 거의 없는 만성 간질환의 경우에 장애를 진단한다. 수술 또는 치료로 기능이 회복될 수 있다고 판단하는 경우에는 장애진단을 처치 후로 유보하여야 한다. 향후 장애 정도의 변화가 예상되는 경우에는 반드시 재판정을 받도록 하여야 한다. 이 경우 재판정의 시기는 최초의 판정으로부터 2년 이상 경과한 후로 한다.

(4) 간의 질환

간은 우리 몸이 늘 일정한 상태를 유지하도록 단백질을 비롯한 여러 가지 영양소를 만들어 내고 저장하며, 건강을 해치는 나쁜 단백질을 해독하는 역할을 한다. 알코올을 분해하는 것도 간의 몫이다. 뿐만 아니라 알부민[15)]과 피를 멎게 하는 단백질 등을 하루에 최대 15~20g씩 만들어 낸다. 간이 나빠지면 코피가 나거나 잇몸에서 피가 나는데, 간이 피를 멈추는 단백질을 제대로 합성하지 못하기 때문이다. 또한 간은 면역력을 키우는 역할을 하는데, 간에 있는 '쿠퍼 세포'는 세균을 걸러내 몸 밖으로 배출하는 기능을 한다. 그러나 이렇게 우리 몸에 중요한 역할을 하는 간에는 통증세포가 없으며, 워낙 재생력이 강해 웬만큼 아프지 않고서는 통증을 감지하지 못한다. 따라서 병원을 찾았을 때에는 이미 병이 깊어진 후인 경우가 많다. 때문에 간질환은 조기 발견과 치료가 중요하다.

습관적인 과음, 불규칙한 생활습관이나 과로, 스트레스 등이 간 건강을 해칠 수 있는 인자이다. 술의 경우 건강한 사람이 하루 1회 식사 때 즐기는 가벼운 음주는 신진대사를 좋게 한다. 개인에 따라 해독능력에 차이가 있으나 일반적으로 건강한 사람에게 적당한 음주량은 여자는 하루 1잔 이하, 남자는 하루 2잔 이하이다. 여기서 1잔이란 소주 3~4잔, 맥주 1캔, 포도주 1잔, 위스키 1잔을 가리킨다. 여름철에는 음주에 특히 주의해야 하는데, 알코올 성분이 체열을 더욱 상승시켜 각종 질환을 일으켜 고혈압과 심장병, 신장병 등을 악화시키기 때문이다. 알코올은 몸의 탈수를 촉진시키는데 이러한 수분 부족으로 숙취(宿醉)[16)]가 발생하므로 수분을 충분히 보충하는 것도 숙취를 해소하는 효과적인 방법이다.

15) 아미노산으로 구성된 물에 잘 녹는 단백질로, 알부민 수치가 낮으면 복수가 차기도 하는데, 이럴 경우 알부민 주사를 맞거나 먹는 알부민 영양제를 복용한다.

16) 숙취란 다음 날까지 깨지 않은 술 기운을 말한다.

(5) 간 건강과 운동

간 기능을 개선하기 위해서는 운동을 꾸준히 하는 것이 필요하다. 특히 걷기는 기초 체력을 유지하는 데 도움이 되는 가장 간편하면서도 효과적인 운동이다. 보통의 걷기보다 더 많은 칼로리를 소모하는 '파워워킹'은 효과를 높일 수도 있다. 파워워킹은 꼿꼿이 허리를 세우고 팔을 힘차게 저으며 시속 6~8km의 빠른 속도를 유지하며 걷는 것이다. 자칫 지루해질 수 있으므로 파트너를 정해 걷거나, 운동 구간에 변화를 주는 것이 좋다. 걷기로 다리 근력과 심폐지구력을 증진시킨 후에 가볍게 조깅을 시작한다. 걷기와 마찬가지로 처음부터 너무 오래, 빨리 달리면 무리가 되므로 시간과 횟수를 천천히 늘려가는 방법으로 운동 강도를 조절한다. 어느 정도 익숙해지면 조금 더 힘든 등산을 시작해 보는 것도 좋다.

(6) 간에 좋은 음식

간 기능을 강화하는 데 도움이 되는 음식들로는 먼저 단백질을 들 수 있는데, 호박, 깻잎, 양배추, 상추, 아욱, 미나리, 시금치, 브로콜리, 당근, 토마토 등 녹황색 채소에는 양질의 단백질이 풍부하며 또한 우리 몸 안의 유해 활성산소를 줄여주는 카로티노이드가 많다. 또 밭에서 나는 쇠고기로 알려진 콩의 단백질 성분도 간 기능을 활성화한다. 특히 청국장은 비타민과 아미노산이 풍부하여 아주 좋다. 또 해산물에는 콜레스테롤을 낮춰주고 간 기능을 돕는 타우린이 풍부하여 간의 해독 작용에 좋다. 호두, 아몬드, 땅콩, 해바라기씨, 호박씨에 풍부한 비타민 E는 지방간 예방에 도움을 준다. 결명자차, 구기자차, 오가피차는 간 기능을 개선하고 해독작용이 있으며, 수삼 역시 체내에 쌓인 중금속을 배출하는 데 도움을 준다. 마늘도 간에 좋은 비타민 B1이 풍부하고 체내 흡수력이 좋아 피로를 푸는 데에도 좋다. 마늘의 매운맛 성분인 알리신은 항암 작용을 할 뿐만 아니라 해독 효소를 만들어 간 건강에도 좋다. 부추는 동의보감에 '간의 채소'로 기록되어 있을 만큼 간 기능을 강화하는 데 도움이 된다.

(7) 술과 건강

술에 의해 손상된 간이 회복되는 시간은 최소 이틀이다. 적당한 술은 친구를 만들어 주고, 심장질환을 예방하는 데 도움이 된다고도 하지만, 주량이 과하면 뇌세포가 망가지기도 한다. 또한 간에 기름을 끼게 해서 지방간을 형성, 간암으로 발전할 수도 있다. 음주가 만성적이고 습관적이면 뇌 크기가 줄고 표면이 쭈글쭈글해져, 심한 경우 노화로 수축된 뇌보다 더 심하게 위축될 수도 있다. 그리고 거의 매일 습관적으로 술을 마시게 되면 '알코올성 치매'로 이어질 수도 있다. 이 같은 기억 소실(black out)은 학습과 관련된 글루타메이트(신경전달물질의 하나)가 억제되기 때문에 발생한다. 술을 끊고 1~2년 지나면 수축된 뇌가 다시 정상으로 돌아와 기억력 감퇴 증상도 현저히 호전될 수 있는데, 술을 낮은 연령에서 끊을수록 뇌 기능회복이 더 빠르다. 술자리를 피할 수 없다면, 술을 마시기 전에 뇌 수축을 예방하는 비타민 B와 오메가3를 먹어두는 것이 좋은데, 비타민 B는 만성적인 음주로 엽산이 결핍되어 있는 뇌 위축 환자에게 가장 필요한 영양소이고, 오메가3는 몸 안에 있는 독성물질을 중화해 주는 역할을 하기 때문이다. 비타민 B가 많이 함유된 음식으로는 어패류・육류・유제품이, 오메가3 지방산이 풍부한 음식으로는 고등어・연어・견과류 등이 있다. 신경세포 손상을 막기 위해 검은콩, 코코아, 은행잎 등에서 추출한 성분이 들어간 영양제를 먹는 것도 도움이 된다.

(8) 알코올 의존(중독)

알코올 의존 또는 중독이란 지속적이고 반복적인 과도한 음주로 인해 신체적・정신적・사회적 기능이 손상되는 만성질환을 말한다. 다음과 같은 문제에 해당되는 경우 알코올 의존(중독)일 가능성이 매우 높다.

① 술에 대한 내성이 증가한다.

㉠ 술로 인한 만족을 얻기 위하여 점점 더 많은 양을 필요로 한다.

㉡ 과거에 비해 같은 양의 술에 대한 만족도가 적게 느껴진다.

② 술을 끊거나 줄였을 때 금단증상이 생긴다.

㉠ 식은땀이나 자율신경계 흥분이 나타난다.

㉡ 손 떨림, 불면, 구역, 불안 등의 증상이 나타난다.

㉢ 환시, 환촉, 환청이 있을 수 있으며 심한 경우 뇌전증(간질) 발작을 일으키기도 한다.

③ 마시고자 했던 의도보다 더 많이 마시게 되고 더 오래 마시게 된다.

④ 술을 끊거나 양을 줄이려고 하여도 실패하는 경우가 많다.

⑤ 술을 얻기 힘든 상황일 때 많은 노력을 들여서라도 술을 마시게 된다.

⑥ 술을 마시기 위해 직업적·사회적 일들을 포기하게 된다.

⑦ 간질환, 위질환 등이 있음에도 불구하고 계속 술을 마시게 된다.

(9) 알코올 의존(중독) 치료 유형

① 해독 및 금단 증상 제거

술을 갑자기 끊으면 몸에 항상 축적되어 있던 알코올이 갑자기 빠지게 되면서 심한 금단증상이 나타나게 되어 위험해질 수도 있다. 충분한 수액 공급과 영양 공급(비타민 B1 등)이 필요하며, 술을 끊음으로써 불면, 우울 등의 증상이 있을 시에는 적절한 약물 치료도 필요하다.

② 인지행동치료

술에 대한 왜곡된 생각, 감정, 행동 등을 교정하는 치료과정을 말하는데, 술을 마시면서 간과했거나 막연하게만 느꼈던 것들을 명료화하고 술에 대한 생각을 변화시켜 술을 끊게 한다.

③ 항갈망제 등을 이용한 약물치료

항갈망제[17]는 술을 마시고 싶은 충동 등을 조절하여 술을 끊는 데 도움을 준다. 그러나 복용 시 심한 구역, 구토, 어지러움, 두통, 심장의 통증, 빈맥, 저혈압, 호흡곤란 등 부작용을 유발할 수도 있으므로 주의해야 한다.

④ 심리, 정신치료

우울증, 불안증, 성격장애로 어려움을 겪고 있는 경우 정신치료가 도움이 된다.

17) 알코올과 반응하면 거부반응을 일으켜 술 생각을 줄여주는 약으로 날트렉손, 아캄프롤 사이드 등이 있다.

⑤ 입원 치료

술과의 단절을 통해 안전하게 단주를 시작할 수 있는 장점이 있다. 집단치료, 단주교육, 인지행동치료, 동기강화치료, 사회기술훈련 등의 프로그램이 있다.

(10) 알코올 의존(중독)과 기타 사항들

① 알코올 의존은 병인가

알코올 의존(중독)은 심각한 신체적·심리적·사회적 폐해를 야기하는 만성적이고 진행성인 질환이다. 일반적으로 알코올 의존은 스트레스 때문에 의지력이 약한 사람에게서나 생기는 현상 등으로 이해하기 쉬우나, 알코올 의존은 명백한 뇌의 병이다.

② 알코올 의존은 치료가 되는가

알코올 의존(중독)도 완치가 가능하다. 단주와 재발을 반복하는 경우도 있지만, 분명 치료 가능하다.

③ 술과 회식자리

사회생활을 하다 보면 어쩔 수 없이 술을 마시게 되는 경우가 있다. 회식에 참석하더라도 꼭 술을 마셔야 함께 어울리고 재미있게 놀 수 있는 것은 아니므로, 무엇보다도 자신의 의지가 매우 중요하다.

(11) 알코올 과다 섭취가 인체에 미치는 영향[18]

평소 술을 습관적으로 많이 마시는 사람들에게는 신체의 12기관에 걸쳐 25가지 증상이 일어날 수 있다.

① 뇌

㉠ 전두엽 앞 신경기능 감소로 충동조절능력 상실

㉡ 기억 담당 '해마' 손상으로 기억력 감퇴, 알코올성 치매 유발

㉢ 소뇌 위축으로 운동실조증(운동 조화기능 감소) 발생 우려

18) 조선일보(2012. 7. 10).

㉣ 평소에 우울증과 불안 초조 증세가 많아짐

㉤ 자다가 일찍 깨는 수면장애 유발

㉥ 과량 섭취 시 뇌출혈, 뇌경색 등 뇌졸중의 발생 위험

② **구강**

㉠ 구강세포 염증으로 구내염 발생에 취약

㉡ 구강암과 인후암 발생 높아짐

㉢ 음주 후 양치질을 하지 않고 취침할 경우 음식 찌꺼기로 치주염 발생

③ **식도** : 위 식도 역류 증가하여 식도암 발생

④ **근육** : 근육세포가 가늘어지고 분해되어 근위축 위험

⑤ **심장**

㉠ 심장근육이 흐물거리는 확장성 심근염 위험 증가

㉡ 심실박동이 불규칙해지는 부정맥 발생 증가

㉢ 과량섭취 시 돌연사 위험 증가

㉣ 관상동맥 협착증 위험 증가

⑥ **간**

㉠ 간 조직이 딱딱해져 간경화(간경변증) 발생

㉡ 지방간, 간염 발생에 취약

⑦ **위** : 만성 위염 증가

⑧ **췌장**

㉠ 인슐린 효능을 떨어뜨려 당뇨병 발생 증가

㉡ 췌장세포가 녹는 췌장염 위험

⑨ **대장** : 대장 폴립(용종) 발생이 늘어 대장암, 직장암 위험 증가

⑩ **고환** : 고환세포 파괴로 정자 생성 감소

⑪ **난소** : 배란 없는 월경으로 불임 유발

⑫ **혈액**

㉠ 조혈(혈액세포의 형성과 발육)기능 감소로 빈혈 유발

㉡ 고중성지방혈증(중성지방이 혈액 중에 과다한 경우) 발생

(12) '아시안 플러싱(Asian Flushing)' 현상

술을 마실 때 서양인에게는 없고, 동양인에게만 있다고 해서 '아시안 플러싱'이라는 용어가 있다. 플러싱(flushing)은 술을 마시면 얼굴이 빨갛게 홍조를 띠는 현상을 말하는데, 한국인이나 일본인에게는 흔히 있지만 미국인에게는 거의 없다. 그 이유는 섭취된 알코올이 분해되는 과정에서 나오는 '아세트알데하이드'라는 물질이 남아돌면 얼굴이나 피부의 혈관을 팽창시켜 얼굴을 빨갛게 만들기 때문이다. 따라서 얼굴 홍조 현상은 '아세트알데하이드'를 대사시키는 효소의 기능이 약하다는 의미이다. 동양인이 서양인과 달리 얼굴 홍조 현상이 많다는 것은 바로 알코올 분해 효소가 인종적으로, 선천적으로 동양인이 더 적다는 의미로, 일반적으로 말하자면 서양인이 동양인보다 체질상 술이 더 잘 받는다고 할 수 있다. 술을 조금만 마셔도 얼굴이 빨개지는 사람은 술을 자제해야 한다. 알코올에 의한 독성에 더 위험하기 때문이다.

5) 장루 · 요루장애

(1) 개념

장루·요루장애인이란 질환이나 사고에 의한 후천적 원인으로, "배변기능이나 배뇨기능의 장애로 인하여 장루 또는 요루를 시술하여 일상생활에 상당한 제약을 받는 사람"을 말한다. 장루는 복부를 통해 결장부위에 수술로 만들어진 개구이다. 장루수술을 받게 되면 대변을 더 이상 항문을 통해 배출하지 않고 결장을 통해 배출하며, 배변활동을 스스로 조절할 수 없다. 따라서 대변을 모으기 위한 일회용 주머니를 착용해야 한다. 요루는 소변을 몸 밖으로 배출하게 해주기 위해 아랫배에 만든 개구이다. 요루수술을 하게 되면 소변은 더 이상 요도를 통해 배출되지 않게 되며, 요루를 통해 배출된다. 요루는 항문괄약근을 가지지 않으므로 요루수술을 한 사람은 언제 소변을 볼 것인지에 대한 자기 스스로의 조절능력이 없다. 대신 소변을 모으기 위한 일회용 주머니를 착용한다.

(2) 원인

장루・요루장애 발생원인은 질환에 의한 경우가 대부분인데, 장루장애의 경우 직장암이나 대장암 등의 악성종양이 원인이 되는 경우가 많으며, 드물게는 보행자 교통사고 등 각종 사고 및 외상으로 인한 경우도 있다. 요루장애는 방광암이 원인이 되는 경우가 많고, 드물게는 방광자율신경이 마비되는 경우와 요도의 종양, 협착증, 결석 등으로 인한 경우도 있다.

(3) 판정 방법 및 시기

복원수술이 불가능한 장루・요루의 경우에는 장루(요루)조성술 이후 진단이 가능하며, 그 외 복원수술이 가능한 장루(요루)의 경우에는 장루(요루)조성술 후 1년이 지난 시점에 장채판정이 가능하다.

6) 뇌전증장애

1) 개념

뇌전증 장애인은 "뇌전증에 의한 뇌세포신경의 장애로 인하여 일상생활이나 사회생활에 상당한 제약을 받아 다른 사람의 도움이 필요한 사람"을 말한다. 뇌전증은 뇌 신경세포가 일시적 이상을 일으켜 과도한 흥분 상태를 나타냄으로써 의식소실, 발작 등 뇌기능의 일시적 마비증상을 나타내는 상태를 말한다. 한마디로 말하여 뇌의 전기적 신호가 과부하되어 발작 경련을 일으키는 질환이다. 프랑스 황제 보나파르트 나폴레옹, 그리스 철학자 소크라테스, 화가 빈센트 반 고흐, 미국 32대 대통령 프랭클린 루즈벨트, 로마 초대황제 줄리어스 시저, 과학자 알프레드 노벨, 작곡가 차이코프스키, 음악가 헨델, 모차르트, 그리고 성경에 사도 바울 등 유명한 인물들도 뇌전증을 앓았다고 한다.

(2) 원인

뇌전증은 다양한 원인에 의해 생길 수 있다. 출생 시 또는 출생 후에도 나타날 수 있으며 임신 중의 영양상태, 출산 시의 합병증, 두부외상, 독성물질,

뇌감염증 그리고 뇌종양과 뇌졸중(뇌출혈과 뇌경색), 뇌의 퇴행성 변화에 의해 발생할 수 있고, 이런 원인에 의해 손상된 부위에서 비정상적인 전기가 방출되어 재발성 경련이 일어나는 것으로 볼 수 있다. 즉, 뇌 신경세포가 일시적 이상을 일으켜 과도한 흥분 상태를 나타냄으로써 의식의 소실이나 발작, 행동의 변화 등 뇌기능의 일시적 마비 증상을 나타내는 것인데, 이러한 경련이 만성적, 반복적으로 나타날 때 이를 뇌전증이라고 한다. 대뇌에는 신경세포들이 서로 연결되어 미세한 전기적인 신호로 정보를 주고받는다. 뇌에서 이러한 정상적인 전기신호가 비정상적으로 잘못 방출되기도 하는데 이때 이런 증상이 일어나는 것이다. 하지만 뇌전증에 대한 정확한 발생기제를 알 수 없는 경우도 많다. 또한 뇌전증 발작이 각종 심각한 뇌 질환에 의한 하나의 증상으로 발생될 수 있기 때문에 이 경우는 뇌전증도 중요하지만 그 원인이 되는 질환이 더욱 문제가 되는 수가 많다.

(3) 증상

뇌전증에서 흔히 가장 많이 관찰되는 증상은 운동성 경련발작이지만, 이 밖에도 다양한 양상으로 나타날 수 있다. 그 이유는 우리의 뇌는 영역과 위치에 따라 그 고유 기능이 모두 다르기 때문이다. 따라서 만약에 팔의 움직임을 조절하는 뇌 영역에서 발작 증상이 생기면 단지 한쪽 팔만 떠는 정도로 증상이 생길 수 있고, 측두엽 부분에서 뇌전증 증세가 발생하면 멍해지면서 일시적으로 의식을 상실하고 입맛을 다시거나 하는 증상이 생길 수 있다. 또한 양쪽 뇌에서 전체적으로 퍼지면 거품을 물고 온몸이 뻣뻣해지고, 떠는 전신 대발작이 발생할 수 있다. 따라서 발작 증상은 뇌에서 발생하는 위치와 강도에 따라 눈꺼풀을 가볍게 깜박이는 것부터 몸 전체를 격심하게 떠는 것까지 다양한 양상으로 나타날 수 있다.

(4) 검사

뇌전증의 원인을 알기 위해서는 우선 발작이 언제 어떻게 일어나고, 눈이나 손은 어떤 모양이었으며, 얼마나 지속되었는지, 그리고 환자가 반응을 했는지, 환자가 기억을 하는지에 대해 의사가 문진을 시행한 후 각각의 증상에 따라 뇌 자기공명영상(MRI), 뇌파검사(EEG), 양전자방출단층촬영법(PET) 등을 시행하게 된다. 이러한 검사들은 뇌전증의 원인을 찾아내는 데 있어서 상호 보완적인 검사로서 그 성격이 조금씩 다르기 때문에 모든 검사에 다 이상이 나타날 수도 있고, 이 중 한 가지에서만 이상이 나타날 수도 있기 때문에 정확한 진단을 위해서는 다수의 검사를 시행하는 것이 좀 더 정확하다. 이 밖에 환자에 따라 추가적인 다양한 검사를 시행할 수도 있다.

(5) 치료

뇌전증의 치료는 크게 약물치료와 수술치료로 구분할 수 있으며, 약물치료가 우선이며 기본이다. 뇌전증은 10명 중 7~8명은 약으로 조절되고, 이 중 3명은 2~5년간의 약물치료 후 약을 끊어도 경련의 재발이 없어 약물치료만으로도 조절할 수 있다. 약물로 조절되는 나머지 3~4명은 약을 끊으면 경련이 재발하기 때문에 장기간 항경련제를 복용해야 하고, 기존의 약물로 뇌전증이 완전히 조절되지 않는 환자는 10명 중 약 3명 정도로, 이들 중 수술적 대상이 되는 경우에는 뇌전증수술이 시행될 수 있다.

(6) 진단과 판정시기

뇌전증장애는 장애진단 직전 6개월 이상 진료한 의료기관의 신경과·신경외과·정신건강의학과·소아청소년과·소아신경과 전문의를 통해 진단받는다.

① 성인의 경우 현재의 상태와 관련하여 최초 진단 이후 2년 이상의 지속적인 치료를 받음에도 불구하고 호전의 기미가 거의 없을 정도로 장애가 고착된 시점에 판정된다.

② 소아청소년의 경우 뇌전증 증상에 따라 최초 진단 이후 규정기간(1년 내지 2년) 이상의 지속적인 치료를 받음에도 불구하고 호전의 기미가 거의 없을 정도로 장애가 고착된 시점에 판정된다.

③ 뇌전증은 최초 판정일로부터 3년 이후의 일정 시기를 정하여 재판정(1회) 받아야 한다.

CHAPTER 07

정신적 장애

CHAPTER 07

정신적 장애

1. 지적장애

1) 개 념

지적장애는 지적 기능과 개념적·사회적·실제적 적응기술로 표현되는 적응행동에 심각한 제한이 있는 상태를 말한다. 예컨대 의사소통, 자기 돌봄, 가정생활, 사회적 기술과 대인관계적 기술, 지역사회 자원의 활용, 자기관리, 기능적 학업 기술, 직업, 여가, 건강 및 안전 등 이러한 부분에 있어서 제한이 있는 상태를 말한다. 지적장애는 출생과 성장기에 뇌 발달에 문제가 생겨 발생하는 발달장애의 하나로, 감각통합능력이 충분하게 발달하지 못하여 문제가 발생하는 것인데, 대부분 18세 이전에 발생한다. 이전에는 정신지체라는 용어를 사용하였으나 지금은 지적장애라는 용어로 바뀌었다. 지적인 능력과 인지적 능력에 뚜렷한 제한이 있어 이로 인해 일상생활을 제대로 수행하기 어렵다. 장애인복지법 시행령에서는 지적장애인이란 "정신 발육이 항구적으로 지체되어 지적 능력의 발달이 불충분하거나 불완전하고 자신의 일을 처리하는 것과 사회생활에 적응하는 것이 곤란한 사람"으로 정의하고 있다. 즉, 18세 이전에 정신발달이 불완전하여 지능이 평균 이하로 저하되고 또 이로 인하여 자기의 신변관리와 사회생활에의 적응이 곤란한 상태에 있는 경우를 말한다. 그렇지만 지적장애 자체를 질병이라고 하기에는 어려운데, 왜냐하면 해당하는 나이에 진행되어야 할 발달이 성취되지 않고 뒤처져 있지만 사람마다 증상의 정도가 다르고 이 증상의 정도와 발견 시기 등에 따라 적절한 치료와 훈련의 기회가 있다면 진단에 요구되는 장애의 수준에 더 이상 머무르지 않을 수 있으며, 또래 아이들이나 동 연령대 사람들과 함께 정상적인 일상생활도 함께 할 수 있기 때문이다. 장애인복지법 시행규칙 [별표1] 장애인의 장애 정도에서 지적장애인(장애의 정도가 심한 장애인)은 "지능지수가 70 이하인 사람으로서 교육을 통한 사회적·직업적 재활이 가능한 사람"으로 규정하고 있다. 개정되기 이전인 2019년 7월 이전까지는 지적장애의 기준을 지능지수를 세 유형으로 나누어 지능지수 34 이하는 지적장애 1급, 지능지수 35~49 이하는 지적장애 2급, 지능지수 50~70 이하는 지적장애 3급으로 규정했던 것을 장애등급 폐지로 여기에 해당하는 사람들이 모두 장애의 정도가 심한 지적장애인으로 바뀌게 된 것이다. 그리고 장애인 등에 대한 특수교육법 시행령 [별표] 특수교육 대상자 선정 기준에서는 지적장애를 지닌 특수교육 대상자를 기존의 "지능지수 70 이하"에서 현재는 "지적 기능과 적응행동상의 어려움이 함께 존재하여 교육적 성취에 어려움이 있는 사람"으로 개정하여 규정하고 있다.

2) 지적장애인의 분류

경도(mild), 중등도(moderate), 중도(severe), 최중도(profound, extreme) 지적장애로 분류해 오던 미국지적장애인협회에서는 1992년의 새로운 정의에 따라 지적장애의 정도를 지적장애인이 필요로 하는 지원의 강도에 따라 간헐적 지원, 제한적 지원, 장기적 지원, 심층적 지원 등을 필요로 하는 경우로 나누어 구분하고 있다.[1)] 이러한 정의들을 종합해 볼 때, 지적장애의 발병연령은 18세 이전으로 되어 있다는 것을 알 수 있다. 즉, 발달기(18세 이전)에 발현되고, 지능의 발달지체(IQ 70 이하)와 적응행동의 결함으로 인한 사회적응의 한계라는 조건을 만족시키면 지적장애라고 볼 수 있을 것이다.

1) 정기원 외(1995).

3) 발생시기

장애인 실태조사에 의하면 지적장애는 '돌 이후'에 발생하는 경우가 80%를 넘는다. 그 다음으로는 '출생 전 또는 출생 시'에 발생과 '돌 이전'에 발생하는 것으로 나타난다. 연령별 발생시기는 1~4세에 발생하는 경우가 가장 많고, 이어서 5~9세, 10~19세, 간혹 20~29세에 발병하는 경우도 있다. 연령이 증가할수록 후천적 지적장애 발생률은 감소하는 경향을 보이고 있다. 일반적으로 보면 9세 미만 연령에서 발생하는 비율이 70% 이상으로 높다.

4) 원 인

지적장애 원인은 원인불명이 가장 많고, 이어서 선천적 원인, 후천적 질환, 후천적 사고, 출생 시 원인 순이다. 성별로는 남자가 출생 시 원인, 후천적 사고에 의한 원인으로 여자보다 지적장애 발생이 많고, 여자는 원인불명, 선천적 원인 및 후천적 질환에 의한 지적장애가 남자보다 높다.

일반적으로 심한 정도의 지적장애는 출생 전후 또는 분만 시 일어날 수 있는 여러 가지 원인들로 인해 생긴다. 예를 들면, 크레틴병[2)]이나 다운증후군 같은 유전질환, 수막염(髓膜炎) 같은 감염성 질병, 대사이상, 신체 기형, 방사선, 납 등의 유독성 물질에 의한 중독, 머리의 손상, 영양실조 등이 그 원인으로 작용할 수 있다. 가벼운 진행성 장애의 경우는 아동기 초기에, 주로 빈곤으로 인한 경제적·문화적 결핍이 그 원인일 수도 있다.

5) 지적장애인의 보호와 교육

과거에는 지적장애인을 보호하고 치료하는 방법이 주로 시설보호였다. 그러나 최근에는 신체 상태를 의학적으로 치료하는 방법, 부모교육·특수학교·직업훈련 등을 통한 노력을 기울이고 있다. 많은 지적장애인들은 대부분의 경우 특수 훈련과 계속적인 지도가 필요하기는 하지만 사회에서 독립적이

2) 선천성 갑상선 기능저하증을 말한다. 태아일 때나 출생 초기 갑상선 호르몬결핍으로 인해 생기는 영유아의 내분비질환이다.

고 생산적인 구성원으로 살 수 있다. 나이가 많은 지적장애인들뿐 아니라 계속적인 주의를 필요로 하는 심한 지적장애의 경우는 흔히 주거보호가 필요하다. 주거보호로 제일 좋은 방법은 가정생활과 가장 비슷한 생활을 하는 그룹홈 보호일 것이다.

대부분 지적장애 아동들은 언어 지연, 인지, 학습 기능의 발달 문제가 조기에 발견되나 가벼운 정도의 지적장애인 경우에는 학령 전기에는 쉽게 알아채지 못하기도 한다. 마찬가지로 중간 정도의 지적장애인 경우에도 유아기에는 정상적으로 의사소통이 이루어지는 듯이 보여 조기에 발견하지 못하기도 하는데, 기본적인 의사소통이 이루어지더라도 나이가 들수록 학업의 성취가 어려워지며 추상적 사고능력이 결핍되고 인지적 기능이 저하되며 자기중심적인 사고 등으로 인해 일상생활이 어려워지기 때문에 반드시 치료를 해야 한다. 그리고 다음과 같은 특징이 나타난다면 지적장애를 의심해 보고 빠르게 정밀검사를 받아보아야 하는데, 즉 아이가 수동적이고 처져 있는 모습을 많이 보이거나 의존적인 모습이 많은 경우, 공격적인 모습을 보이고 충동적인 행동을 하며, 의사소통 기능이 부족하고, 학습의 어려움을 호소할 경우 지적장애를 의심해 보아야 한다. 일반적으로 지적장애는 남자 대 여자의 비율이 1.5 : 1로 남자 아이에게서 많이 발생한다.

지적장애는 그 자체로는 질환이라고 말하기 어렵지만, 계속된 학습의 어려움으로 인해 또래 집단과의 격차가 벌어지게 되고, 나아가 사회적 능력을 부족하게 만들어 사회성 발달에도 영향을 미치므로 조기에 발견·치료하는 것이 중요하다. 학습장애, ADHD(주의력결핍 과잉행동장애) 등의 질환이 동반될 수 있으며 또래 아이들에 비해서 분노장애, 불안장애, 틱장애와 같은 신경정신과적 질환이 발생할 확률이 3~4배 높으므로 반드시 치료해야 한다. 지적장애를 가진 취학아동들에게는 특수교육이 가장 중요하고, 특수교육을 받는 아이들을 정규교육을 받는 아이들과 통합하는 것이 중요한데, 이는 지적장애아를 정상적인 학교교육에 참가시키려는 시도이다. 그러나 물리적으로 통합시키는 것만으로는 부족하며, 심리적 통합 또한 중요하게 고려해야 할 사항이다.

2. 자폐성장애

1) 개 념

자폐성장애[3]는 1943년 레오 캐너(Leo Kanner)에 의해 처음 보고되었는데, 캐너는 이러한 아동들은 태어날 때부터 주변 환경에 대하여 관계형성이 어렵고, 언어발달에 심각한 장애가 있으며, 여러 종류의 행동장애가 동반된다고 하였다. 인구 10,000명당 약 5명꼴로 발생하는 자폐증(autism)은 자기 자신에 비정상적으로 몰입한 상태를 말하는 용어이다. 이는 다른 사람들과의 관계를 맺고 유지하는 일에 어려움을 갖는 것을 의미한다. 그러나 자폐 같으면서도 자폐증이 아닌 경우가 있어 감별이 필요하다. 우리가 일반적으로 부르는 자폐증은 정확하게는 전반적 발달장애(pervasive developmental disorder)를 의미하며 이 전반적 발달장애 안에는 약간씩 증상이 다른 질병이 포함되어 있는데, 대표적인 것이 전형적 자폐증, 아스퍼거 증후군이다.

아스퍼거 증후군은 비정상적인 사회적 상호작용 및 제한되고 반복적인 행동 문제를 보이며, 행동이나 관심 분야, 활동 분야가 제한되어 있다. 대인관계에 어려움을 겪지만, 인지 발달 및 언어 발달이 상대적으로 적게 지연되어 늦게 발견되는 경우가 있다. 또래보다는 어른과 어울리거나 홀로 지내는 것을 선호하고, 경직된 사고방식과 타인의 마음을 잘 이해하지 못하는 성향이 합쳐져 오해를 사고, 이로 인해 괴로워하는 경우가 많다. 아스퍼거 증후군은 언어에 있어서 특이한 화법을 쓰거나, 목소리의 크기나 억양, 리듬 등이 정상 아동과 차이가 있다. 아스퍼거 증후군 환자는 특정한 주제에 대해 강한 관심을 가지며, 특정한 주제에 대해 듣는 이의 느낌이나 반응을 신경 쓰지 않고 이야기를 한다. 장황하고 말이 많거나, 갑작스럽게 대화의 주제를 바꾼다거

---

3) 자폐성장애 동영상 자료로는 ① CTS 7000 Miracles : 자폐의 원인과 증상 및 치료/ 박현선 발달전문의(26분) https://www.youtube.com/watch?v=ZXizT4NIjXU
② 자폐성 장애란?(11분) : 영화 '말아톤'과 드라마 '부모님 전상서' 중에서 https://www.youtube.com/watch?v=guFY2UaitI8
③ 자폐증의 수수께끼(46분) : 2009년에 사이언스 TV에서 영국의 BBC에서 제작한 자폐성 장애에 관한 다큐를 방영한 것으로 https://www.youtube.com/watch?v=SHeg9d7Y3y8를 참고할 수 있다.

나, 문자를 있는 그대로를 이해한다거나, 자기 자신에게만 의미가 있는 은유를 사용하기도 하며, 또래 친구와 사귀는 데 어려움이 있고, 혼자 지내는 경향이 있으며, 독특한 행동을 보이기도 한다. 소리, 빛, 접촉, 감촉, 맛, 냄새, 통증, 온도 및 그 밖의 자극에 대해 지나치게 민감하거나 또는 지나치게 둔감한 경우가 많다. 아스퍼거 증후군 아동의 경과는 일반적으로 다른 자폐스펙트럼장애 아이들에 비해 양호한 편이라고 한다. 그리고 아스퍼거 증후군을 포함한 대부분의 자폐성장애 아동은 사회성 발달 문제와 더불어 주의력결핍 과잉행동장애, 강박장애 등을 포함한 다른 정신적 어려움을 겪을 가능성이 있으므로 이에 대한 관심이 필요하다.

장애인복지법 시행령에 규정된 자폐성장애인은 "소아기 자폐증, 비전형적 자폐증에 따른 언어·신체표현·자기조절·사회적응 기능 및 능력의 장애로 인하여 일상생활이나 사회생활에 상당한 제약을 받아 다른 사람의 도움이 필요한 사람"으로, 진단받은 후 최소한 6개월이 경과되어야 판정을 받게 된다. 소아기 자폐증은 3세 이전에 나타나는 비정상 또는 잘못된 발달이 있어 사회적 상호작용, 소통, 제한되고 상동적이고 반복적 행동 등과 같은 비정상적 기능수행을 특징으로 한다. 일반적으로 공포, 수면장애, 먹기장애, 화내는 기질과 공격성 등이 동반되는 경우가 많고, 부모, 형제까지 포함하여 외부와의 접촉을 거부하는 행위를 보이기도 한다. 비전형적 자폐증은 자폐증과 유사한 증상 가운데 단지 몇 가지 증상만을 보이는 아동들이 종종 이런 진단을 받을 수 있다. 이는 소아기 자폐증과는 발병연령이나 세 가지 분류기준을 만족시키지 못하는 점에서 구별된다. 즉, 아동이 자폐증 증상이 있지만 자폐증 진단에 필요한 모든 특성(자폐증 진단에 요구되는 세 가지 정신병리학적 기준인 사회상호작용의 상반성, 소통의 상반성, 제한되고 상동적이고 반복적인 행동)을 나타내지 않는 아동에게 내려지는 진단이다. 이 장애를 가진 대부분의 아동들은 출생 후 몇 해 동안에는 정상적으로 성장하는 듯이 보이다가, 이후 사회적 능력 발달 면에서 지체를 겪기 시작한다. 비전형적 자폐아동들은 타인의 응시를 피하거나, 얼굴 표정을 이용해 반응하는 능력의 결핍, 언어 사용에 있어서의 불규칙성, 반복적이고 강박적 행동들, 운동기능 발달 지체 등의 특징을 보이는 경우가 많다.

자폐성장애는 발달의 전 영역에 걸쳐서 장애가 일어나는 질환으로, 첫째, 대인관계의 형성이 일어나지 않으며, 둘째, 언어의 발달이 일어나지 않거나 발달의 심각한 지연이 있으며, 셋째, 상동증(常同症),[4] 과잉운동증, 공격적인 행동, 자해적인 행동 등의 행동장애가 동반되는 특징이 있다.

자폐성장애의 지적장애 또는 경련성 질환 동반 여부를 보면, 지적장애만 동반된 경우가 60% 넘게 가장 많고, 지적장애와 경련성 질환이 모두 동반된 경우는 15% 정도 되며, 동반장애가 전혀 없는 경우도 있다. 지적장애만 동반된 경우를 성별로 보면 여자의 지적장애 동반 비율이 남자보다 높고, 남자는 지적장애와 경련성 질환 모두 동반된 경우와 경련성 질환만 동반된 경우 그리고 동반 질환이 없는 경우가 여자에 비해 높다. 자폐성장애 발생 시기는 1~4세가 85% 정도고, 대부분 5세 미만에 발생하고 있다.

2) 원 인

자폐증은 뇌의 발달장애로 인한 질병으로, 원인은 아직까지 확실하지 않다. 초기에는 정신사회적 원인이 중요한 것으로 간주되었으나 최근에는 중추신경계의 장애로 보는 것이 타당하다는 학설이 지배적이다. 현재까지 알려진 자폐증의 원인으로는 유전적 요소, 출생 전후의 감염이나 환경적 독소, 자궁 내에서 발달하는 동안 또는 초기 영아기 동안에 일어나는 뇌 손상 또는 뇌 이상 때문이라고 알려져 있다. 뿐만 아니라 자폐증이 도파민, 세로토닌 등 신경전달물질이라고 불리는 화학물질들의 비정상적인 농도 때문이라는 증거를 제시하는 연구자들도 있다. 반면 부모의 양육문제와 같은 심리적 요인은 희박한 것으로 나타나고 있다.

4) 정신적, 신경적 이상으로 같은 말이나 동작을 반복하거나 오래 지속하는 증상을 말한다. 무의미한 말이나 행동을 반복하는 것이다. 자폐성장애에서는 흔히 나타날 수 있는 증상 중의 하나이고, 의미 없는 말을 반복하는 것을 음송증이라고도 한다. 상동증의 경우 이를테면 메롱 하는 것처럼 혀를 반복적으로 내미는 행동을 맥락에 맞지 않게 지속적으로 반복한다든가, 음송증의 경우처럼 의미 없는 말의 나열을 반복해서 한다든가 하는 경우가 해당될 수 있다.

3) 증 상

자폐증의 일반적인 네 가지 증상은 다음과 같다.

(1) 사회적 고립

자폐증으로 진단된 모든 사람들에게 나타나는 두드러진 증상은 사회적 고립이다. 그러나 사회적 고립이 극심하다고 해서 아무런 정서도 보이지 않는다는 것은 아니다. 무관심 유형은 자신이 원하는 것을 얻을 때를 제외하고는 자발적으로 주변과 교류하지 않고 타인의 접근을 거부한다. 수동적 유형은 먼저 접근하지는 않지만 타인이 상호작용을 시도하면 이에 반응을 보인다. 자발적이나 기괴한 유형은 타인에게 접근은 하지만 그 방식이 유별나고 일방적인 경향이 있다.

(2) 지적장애

자폐아동들은 지능지수 70 이하로 지적장애를 동반하는 경우가 많다. 인지적 문제가 있어 사회적 이해나 언어에 대한 능력은 떨어지지만 숨은 그림 찾기와 같은 감각운동능력은 상대적으로 높은 경우도 있다.

(3) 언어적 결함

자폐아동의 절반 이상이 전혀 말을 하지 못하고, 나머지는 말을 더듬거리거나 비명을 지르거나 다른 사람의 말을 그대로 따라 하는 반향어를 보인다. 상호 의사소통이 잘 되지 않으며, 일상적으로 주고받는 대화에 참여할 수가 없다. 그렇지만 자폐아동의 약 25% 정도는 약 5세에 의미 있는 말을 시작하고, 성인이 되어서도 언어사용 면에 있어서 별다른 문제를 보이지 않는다.

(4) 행동장애

많은 자폐아동들은 어떠한 움직임을 아무런 목적 없이 의식적으로 반복하는 경향이 있다. 예를 들면, 빙글빙글 돌기, 손을 퍼덕거리기, 몸의 일부분을 긴장시키기, 까치발로 걷기 등이 있다. 또한 매일 오랜 시간 동안 자신이 좋아하는 활동을 하기도 하고, 자신의 일상에 생기는 변화에 저항하는 경향이 생긴다. 일종의 의식처럼 물건은 항상 같은 자리에 두어야 하고, 식사의 순서를 지켜야 하는 등의 변함없는 단계를 따라야 하며, 뿐만 아니라 과잉활동이 흔히 동반되고, 머리를 박는다든지 살갗을 할퀴거나 머리카락을 뽑는 등의 자해 행위를 보이기도 한다.

4) 치 료

자폐증 치료는 조기에 시작할수록 좋다. 약물보다는 교육을 이용하는데 부모, 보호자, 치료자 등 주변 사람들이 일관되게 시행하고 다양한 환경에서 적용할 때 효과적이다. 자주 사용되는 세 가지 치료법은 첫째, 다른 사람과의 소통을 유발할 수 있는 어떤 행동을 할 때 그것에 대한 보상을 함으로써 그 행동이 반복되어 일상적인 일이 되도록 하는 것이다. 둘째, 아이가 원하는 행동을 그림으로 가져오게 하고 그것을 보호자가 말하고 아이가 따라 하게 유도함으로써 말을 하지 않는 아이에게 대화를 유도하고 의사소통 방식을 가르친다. 사회성 발달을 위한 이야기로서 자폐아들이 남의 마음을 읽고 감정을 이해하게 하기 위해 사용하는 방법이다. 증상을 완화시키기 위해 약물을 사용하는 경우도 있지만, 자폐증 치료에 특효를 보이는 약은 없다.

5) 동물매개치료

(1) 치료대상

자폐증, 발달장애, 정신장애, 주의력결핍 과잉행동장애, 치매환자, 암환자, 만성 통증 환자 등에 대해서 동물매개치료를 활용할 수 있다.

(2) 개념과 목표

동물매개치료는 심리치료의 한 분야로서 살아있고 감정이 있고 따뜻한 체온이 있는 동물과의 상호작용을 통하여 신체적, 정신적, 사회적, 정서적, 심리적으로 어려움을 겪는 사람들에게 부족한 기능을 향상시켜 주고 치료에 도움을 주는 것을 말한다. 다시 말하면, 동물매개치료는 도움을 필요로 하는 클라이언트와 목적에 맞게 훈련된 치료도우미동물, 그리고 전문적인 교육을 받은 매개치료사의 의도적이고 계획적인 활동을 통하여 인지적, 정서적, 사회적, 교육적, 신체적 발달과 적응력을 향상시킴으로써 신체적 재활과 정신적 회복을 추구하는 전문적인 분야인 것이다.

사람이 동물과 함께한 역사에 대한 자료는 거의 없다. 개의 경우는 약 2,500년 전부터 반려동물로서 함께했다는 설이 있다. 1792년 영국의 정신장애인 수용시설인 요크 수용소에서 토끼나 닭을 키우게 하는 등 자기 통제력을 향상키기 위해서 동물을 사용했다고 한다. 19세기에는 프랑스에서 전쟁으로 부상당한 병사들의 마비를 동반한 신경장애 치료에 말을 이용한 승마요법을 활용하였다고 한다. 1962년 미국의 소아정신과 의사인 레빈슨(B. Levinson)이 자신의 진료를 받기 위해 대기실에서 기다리던 아동들이 자신의 애견 '징글'과 놀면서 아무런 치료를 받지 않고도 이미 치료가 되어 있는 것을 발견하고 이를 연구하기 시작하면서 본격적으로 동물매개치료가 시작되었다. 1981년에는 호주에서 노인복지시설에 있는 노인들을 상대로 행복감과 도덕심에 대한 치료도우미견에 관한 효과 연구가 이루어졌는데, 60%의 노인들이 '보다 행복하다고 느낀다', '활발하게 되었다', '더 웃음이 늘어났다'고 답했다는 보고가 있다. 1999년에는 마틴(F. Martin) 박사가 3세에서 13세까지의 자폐아동들을 상대로 한 연구에서는 '개 때문에 웃음이 늘었다. 그 장소에서 관계없는 것에 주목하지 않고 개 그 자체만을 주목했다. 그리고 개가 일상 대화에 포함되어 개를 필요한 존재로 생각하게 되었다'라는 효과를 보고하였다. 그 외에도 많은 연구에서 공통적으로 개와 같이 생활함으로써 마음을 진정시키고 혈압이나 심장박동수를 떨어뜨리는 효과가 있다는 내용들이 있다.

이러한 효과가 있는 동물매개치료는 자폐증 아동에게는 사회성을 키우도록, 움직임이 더딘 발달장애 아동에게는 더 많이 움직이도록, 주의력결핍 과잉행동장애(ADHD) 아동에게는 행동을 절제하고 집중력을 키우도록 도와준다.

동물매개치료를 받은 자폐아동은 교사・친구들과의 관계가 좋아졌으며, 웃음이나 비언어적인 의사표현 등 사회성과 관련된 행동이 늘었다는 국내 연구 결과도 있다. 말기 암환자에게서는 죽음에 대한 공포, 절망감, 고립감의 저하 등의 효과가 있었다는 보고도 있고, 치매환자는 동물매개치료 후 불안 수치가 줄고 운동량・식사량이 늘었으며, 만성 통증 환자가 동물과 자주 접하면 통증이 줄어 진통제를 덜 먹는다는 유럽 연구 결과도 있다. 또한 발달장애 아동의 인지능력 향상, 조현증(정신분열증) 환자의 안정감 향상에도 동물매개치료가 도움을 준다.

(3) 활용 동물

동물매개치료에 가장 많이 이용하는 동물은 개이다. 이 외에 말, 햄스터, 앵무새, 토끼 등 다양한 동물들이 활용되고 있다. 동물매개치료를 수업에 적용하면 수업에 전혀 집중하지 못하던 ADHD 아동들의 주의력과 수업태도 개선에 도움이 된다. 그리고 말은 운동 재활에 이용되는데, 뇌성마비 환자에게 주 2회씩 8주간 말타기를 시켰더니 균형감, 보행기능이 늘었다는 연구 결과도 있다. 말타기는 관절을 끊임없이 움직이며 근력, 지구력, 자세조절력 등이 필요하기 때문에 치료에 효과적이다.

(4) 가정에서의 활용

자폐아동, 발달장애 아동 등에게 일정한 시간을 정해서 애완동물을 산책시키거나 밥을 챙겨주는 책임을 맡기면, 장애 때문에 늘 남의 도움만 받던 아이들에게 정서적, 심리적, 신체적, 정신적으로 도움이 될 뿐만 아니라 아이들의 책임감도 강해질 수 있다. 가정에서의 동물매개치료 활용은 아이들뿐 아니라 장애나 질환이 있는 노인들, 우울증, 불안장애 등 정신장애가 있는 사람들에게도 긍정적인 효과를 볼 수 있다.

3. 정신장애

1) 개 념

장애인복지법 시행령에서는 정신장애인을 "지속적인 정신분열병, 분열형 정동장애(情動障碍),[5] 양극성 정동장애 및 반복성 우울장애에 따른 감정조절·행동·사고 기능 및 능력의 장애로 인하여 일상생활이나 사회생활에 상당한 제약을 받아 다른 사람의 도움이 필요한 사람"으로 정의하고 있다. 다시 말하여 정신장애는 생물학적·심리적 병변으로 인하여 정신기능의 제 영역인 지능, 지각, 사고, 기억, 의식, 정동, 성격 등에서 병리학적 현상이 진행되는 것을 말한다. 여기서 정동(情動)이란 희로애락과 같이 일시적으로 급격히 일어나는 감정이나, 진행 중인 사고 과정이 멋게 되거나 신체 변화가 뒤따르는 강렬한 감정 상태를 말한다. 그래서 한마디로 정동장애란, 여러 현실 상황에서 적당하지 않은 정서 반응을 보이는 장애를 말한다. 즉, 뚜렷한 신체적 장애나 다른 정신의학적 장애가 없어도 지나치게 의기소침하거나 의기양양한 모습들을 보이는 장애이다. 정신장애 판정을 받기 위해서는 장애판정 직전 1년간 지속적으로 치료하였다는 것을 증명하는 치료력을 제출하여야 한다.

2) 정신질환명의 구체적 개념

(1) 조현병

조현병은 기존에 정신분열병이라고 명명되었던 병으로, 10대 후반에서 20대의 나이에 시작하여 만성적 경과를 보이는 정신적으로 혼란된 상태, 현실과 현실이 아닌 것을 구별하는 능력의 약화를 유발하는 뇌 질환이다. 이 질환은 남녀의 발병 빈도는 비슷하고, 발생원인은 아직 정확히 밝혀지지 않고 있다. 최근 학계에서는 뇌의 기질적 이상을 그 원인으로 보고 있고, 생물학적 원인과 환경의 상호작용에 의해 발병된다고 보고 있다. 과거에는 조현병을 심

5) 여러 현실 상황에서 부적절한 정서 반응을 보이는 장애를 말한다.

리적 질환으로 보는 견해가 컸지만, 현재에는 뇌의 생화학적 이상과 연관된다고 보는 견해가 지배적이다.

뇌에서는 사고, 감정, 행동을 조절하는 수많은 신경전달물질이 분비되어 세포 간에 정보를 전달한다. 조현병 환자는 뇌의 특정 부위에서 도파민이라는 물질의 신경전달 과정에 이상이 생기면서 증상이 나타나고, 도파민이 활성화되면 망상, 환청, 혼란된 사고가 나타난다. 최근에는 도파민 외에 세로토닌 등 여러 신경 생화학적 변화가 상호작용을 일으켜 복합적으로 조현병과 관련된다고 보고 있다. 또 조현병은 가족력이 있는 경우가 있는데, 여러 연구 결과에서 조현병에 유전적 경향이 있는 것으로 보고 있다. 일반인이 조현병에 걸릴 가능성은 1%에 불과하지만, 부모나 형제 중 한 사람이 조현병 환자일 경우에는 발병률이 5~10% 정도로 높아지고, 부모 모두가 조현병 환자일 경우에 자녀가 조현병에 걸릴 가능성은 40% 정도로 높아진다는 것이다. 그러나 100% 조현병이 유전되는 것은 아니며, 부모가 환자인 경우라도 자녀는 조현병에 걸리지 않을 수 있고, 그 반대로 가족 중에 조현병 환자가 없더라도 발병할 수 있다는 것이다. 조현병 자체가 유전된다기보다는 쉽게 병에 걸릴 수 있는 소인이 유전되는 것으로 보고 있는 것이다. 여기에 환경적 요인이 더해지면서 조현병이 발병한다고 보고 있다. 따라서 흔히 생각하듯이 조현병은 약한 정신력, 부모의 잘못된 양육, 악령 및 귀신으로 인해 발병하는 것이 아니라는 것이다. 그리고 조현병은 심리적 질환에 기인한 것뿐만 아니라 뇌의 생태학적 이상과 연관되어 있다고 보는 견해가 많다.

조현병의 주된 증상으로는 환각, 환청, 망상, 이상 행동, 횡설수설 등의 증상과 감정이 메마르고 말수가 적어지며 흥미와 의욕이 없고, 대인관계가 없어지는 등 다양하다. 조현병 환자는 혼자만의 생각에 사로잡혀 있어서 다른 사람의 말에 귀를 기울이지 못하는 경향이 있다. 대화를 나누면서 상황에 적절한 것과 적절치 못한 것을 가려내지 못하고, 타인의 의향을 제대로 파악하지 못하며, 엉뚱한 이야기를 불쑥 꺼내거나 쉽게 산만해지고 집중을 잘 하지 못한다. 사고가 조직화되어 있지 않고 모호하며 사고가 적절하게 연결되지 않으므로 이야기의 핵심을 파악하기 어렵다. 대화 중에 주제가 갑자기 다른 것으로 바뀌기도 한다. 조현병 환자는 상황에 맞지 않게 심각하거나, 슬픈 말을 하는 상황에서 웃는 등과 같이 부적절한 감정 표현을 하기도 하며, 감정이 메말라 감정 표현이 없거나 기쁘거나 슬프다는 정상적인 감정 표현을 잘하지 못하고 무표정해지는 특징이 있다.

(2) 양극성 정동장애

조울증이라고도 하는데, 이는 외부적 자극이나 상황과 관계없이 자신의 내적인 요인에 의해서 상당 기간 우울하거나 들뜨는 기분이 지속되는 정신장애를 말한다. 양극성 정동장애란 조증과 우울증이 교대로 나타나는 질병이다.

(3) 반복성 우울장애

우울증의 진행이 반복적으로 계속되고 있는 질환으로, 의욕 저하, 집중력 저하, 흥미와 관심 상실, 동기상실, 불안감, 죄책감, 시선공포증, 자살충동, 불면증 또는 과다수면, 식욕감퇴, 대인관계 기피 등의 증상을 가져오는 질환이다. 이러한 반복성·습관성 우울장애를 가지고 있으면 전반적인 삶에 있어서 크나큰 영향을 주게 된다.

(4) 분열형 정동장애

정신분열병의 증상과 정동장애(기분장애, 우울증)의 증상이 같이 나타나는 경우이다.

3) 우울증(Depression)

(1) 개념

사람들은 누구나 우울할 때가 있다. 슬픈 일을 당할 때 우울해지는 것은 자연스러운 현상이다. 우울증은 이런 자연스러운 기분을 말하는 것이 아니다. 우울증이란 슬프거나 우울한 기분의 정도가 지나치게 심한 상태로 오랫동안 지속되어 개개인의 삶에 커다란 지장을 일으키는 상태를 말한다.

우리나라 우울증 환자 수는 건강보험심사평가원에 따르면 2021년 기준 933,481명으로, 2023년에는 100만 명이 넘을 것으로 보인다. 이처럼 우울증은 생각보다 흔한 질병이며, 여성의 경우 평생 동안 10~25%가, 남성의 경우 5~12%가 적어도 한 번은 우울증에 걸린다. 윈스턴 처칠, 에이브러햄 링컨 등도 우울증 환자였다.

우울증은 식사, 수면 등 신체적 측면, 우울감과 불안감 등 기분의 측면, 그리고 이런 것들이 표현되는 행동적 측면 등 여러 면에 영향을 미친다. 우울증은 일시적으로 우울한 기분이나 개인적인 나약함이 아니며, 자신의 의지로 좋아지는 상태가 아니다. 따라서 우울증을 앓고 있는 사람은 스스로 자기 자신을 좋아지게 하기가 어렵다. 그 때문에 우울증은 치료를 받지 않으면 몇 개월 또는 몇 년간, 또는 평생 지속될 수 있지만, 적절한 치료를 받는다면 대부분 호전될 수 있다.

우울증 증상이 2년 이상 지속되면 만성 우울증으로 보는데, 이러한 경우는 문제가 된다. 전체 인구 중 우울증으로 자살충동을 경험한 환자가 11%라고 하며, 만성 우울증 환자의 경우는 5명 중 4명이 자살을 생각한 경험이 있으므로 결코 가벼이 여길 질병이 아니다.

만성적인 우울증이 암 발병 가능성을 크게 높일 수 있다는 연구물도 있는데, 미국 국립노화연구소의 브렌다 페닝크스(Brenda Penninx) 박사는 미국 국립암연구소 학술지에 발표한 연구보고서에서 "최소한 6년 이상 만성적인 우울증에 시달리는 노인들은 암에 걸릴 위험이 그렇지 않은 노인들에 비해 88% 높은 것으로 밝혀졌다"고 말했다. 만성 우울증이 면역 기능을 억제시켜 암 발생 위험을 증가시킨다는 것이다.

현재 우리나라에서도 우울증은 보편적 질환으로 인식되고 있는데, 우울증 진료 환자가 크게 늘어나면서 최근 항우울제 소비량도 크게 증가했다. 우울증은 어떤 질환보다 재발률이 높으므로 상태가 조금 호전됐다고 해서 의사의 지시 없이 약을 임의적으로 끊어서는 안 되며, 완치될 때까지 꾸준히 치료를 해주어야 한다. 재발 횟수가 많으면 많을수록 재발할 확률이 높아지기 때문이다.

(2) 증상

우울증의 일반적인 증상은 다음과 같다.

① 계속되는 우울, 불안, 혹은 공허감, 절망적인 느낌, 염세적 사고, 죄책감, 무가치함 혹은 무기력함
② 한때 즐거웠던 일이나 취미생활에 대한 의욕 및 흥미 상실
③ 불면, 아침에 일찍 깨거나 과다한 수면
④ 식욕 감소나 체중 감소, 과식이나 체중 증가
⑤ 힘이 없고 피로하며 몸이 처지는 기분
⑥ 죽음이나 자살에 대한 생각, 자살 기도
⑦ 초조감, 쉽게 짜증남
⑧ 집중력 및 기억력 저하, 의사결정을 하는 데 어려움
⑨ 두통, 소화기장애 또는 통증 등 치료에 잘 반응하지 않고 계속되는 증상을 보임

(3) 원인

우울증의 일반적 원인은 다음과 같다.

① **생물학적 원인** : 신경전달물질 이상, 호르몬 이상, 즉 부족한 신경전달물질, 남아도는 호르몬이 원인이 된다.
② **심리적 원인** : 의존적 성격, 완벽주의자, 낮은 자존감
③ **사회적 원인** : 부정적 사건을 경험(이혼, 실직, 사별 등)
④ **신체질환** : 뇌출혈, 암, 고혈압, 당뇨병, 갑상선질환 등

(4) 노년기 우울증

노년기에 들어서면서 우울증을 호소하는 사람이 많다. 65세 이상 노인의 20% 내외가 일상생활에 지장을 받을 정도의 우울 증상을 가지고 있는 것으로 의학계는 보고 있다. 노인 우울증은 50대 이전의 우울증과 비교해 원인과 증

상이 다른데, "노인 우울증은 은퇴 후 과거의 역할이 상실된 데 따르는 외로움, 허탈감, 무기력감이 주 원인"이다. 따라서 목표를 이루지 못했거나, 업무에 몰두하다가 가족 관계 등 다른 중요한 것을 잃어버려서 생기는 40~50대 우울증과는 다르다.

나이가 들면서 생기는 신체 변화와 질병 등이 노인의 우울 증상을 가속화하는 요인이 되는데, 나이가 들면 대부분 생활 여건이나 주변 환경이 젊을 때와는 달라지는 것이 일반적이고, 이런 변화에 적응하지 못하는 사람이 우울증에 더 취약하다고 할 수 있다. 또한 부부관계도 문제이다. 현재의 노년층은 보통 남편이 일을 하고 아내가 뒷바라지를 해왔는데, 퇴직 후에는 이런 관계가 흔히 바뀔 수 있다. 하지만 남편이 바뀐 관계를 인정하지 않고 자기 입장만 고수하면 부부관계가 나빠져 우울증이 생길 수 있다.

노년기의 우울증은 젊은 사람들의 우울증과 그 증상도 다른데, 젊은 사람은 우울·슬픔 등과 같은 심리적 감정을 호소하는 반면, 노인은 신체의 특정 부위가 아프거나, 잠을 못 자거나, 집중력·기억력이 떨어지는 형태로 나타나며, 망상이나 초조함도 흔히 동반되어 치매와 헷갈리기도 한다. 노인 우울증의 경우 노화로 소화기능, 흡수기능, 배출기능이 약화된 것을 감안하여 약물치료에 신중하여야 하고, 약을 쓰는 경우에도 젊은 사람에게 쓰는 약용량보다 절반가량으로 줄여야 하며, 특히 만성질환을 가진 노인은 4~5가지 이상의 약을 복용하는 경우가 많으므로 이런 경우 약의 상호작용 때문에 우울 증상이 더 심해질 수 있으므로 반드시 약을 처방받기 전에 주치의에게 알려야 한다. 예컨대 신경안정제 등은 근육 풀림이나 어지럼증을 일으켜서 낙상을 가져올 위험이 있으므로 노년층에는 잘 처방하지 않는다.

(5) 생활 속 노인 우울증 극복법

① 부부관계 회복

약물치료 이상으로 중요한 것이 부부관계 회복을 위한 노력으로, 부부가 함께 운동이나 취미 활동을 하면서 남편이나 아내에 대한 불만을 풀어야 한다. 오랫동안 부부관계가 소원했다면 밀린 숙제 하듯이 너무 성급하게 관계

회복에 나서지 말고, 천천히 서로를 이해하는 것이 필요하다.

② 변화 수용하기

나이가 들면 성격이 자기중심적이고 보수적으로 변한다. 그렇기 때문에 어떤 상황이든지 열린 마음으로 이해하고 받아들이려고 노력해야 노년기 변화를 긍정적으로 받아들이면서 우울증을 막을 수 있다.

③ 봉사활동

노년기 우울증은 무기력이 큰 원인이기 때문에 자신의 경험과 재능을 필요한 사람에게 나누어 주면 자존감을 높이고 성취감을 느끼면서 우울 증상을 극복할 수 있다. 집 근처 복지관이나 시니어클럽 등에서 봉사활동을 알선해 준다.

④ 동아리 활동

역사탐방, 전통춤 강습, 게이트볼, 컴퓨터, 서예 등 다양한 노인 동아리 활동에 참여하면 우울 증상을 극복하는 데 도움이 된다.

(6) 갱년기 우울증

여성에 있어서 갱년기란 폐경을 전후한 10년 정도의 기간을 가리키는 말로, 대부분의 여성들은 대략 45~55세 사이에 폐경을 맞게 된다. 세계보건기구(WHO)에서는 갱년기를 '난소의 기능이 상실되어 여성호르몬의 분비가 없어지는 시기, 즉 더 이상 임신할 수 없는 시기, 성년기가 끝나고 노년기로 가는 과도기'로 정의하고 있다. 이 시기에 나타나는 일련의 정신적・신체적 무력감을 갱년기 증상이라고 한다. 이 시기에 자녀의 떠남(취업 결혼으로), 경제적 어려움, 폐경에 따른 젊음의 상실감 등에 빠지면서 갱년기 우울증이 오는 것이다.

일반적으로 여성의 갱년기는 신체적, 정신적으로 급격한 변화를 초래하여 안면홍조, 초조, 걱정, 가슴 두근거림, 심한 건강염려증, 후회, 자책감, 절망감, 편집성(집착성) 경향, 우울증, 스트레스성 위궤양, 어깨결림 등이 올 수 있다. 보통의 우울증보다 불안이나 고민이 심하여 침착성이 없으며, 초조와 흥분의 정도가 강하게 나타나는 시기이다. 남성 갱년기도 있는데, 뚜렷한 신체적 변화를 보이지 않고, 다만 남성호르몬인 테스토스테론이 50대가 되면 거의 절반 수준으로 떨어져 중년 남성들은 성욕감퇴, 성기능 저하, 우울증, 의욕감퇴 등을 경험하게 된다.

여성 갱년기는 50세를 전후해서 여성호르몬인 에스트로겐 분비가 저하되면서 생기는데, 에스트로겐은 여성 성기능 유지를 도울 뿐만 아니라 여성의 혈액순환, 체중조절, 뼈 관리를 돕는 등 여러 기능을 한다. 그래서 갱년기가 되면 안면홍조가 나타나고, 체중이 불어나 복부비만이 되기 쉬우면서 고혈압, 당뇨, 심뇌혈관계 질환, 골다공증 등이 발생할 확률이 높아진다. 증상이 심하면 여성호르몬제를 처방받아 복용하면 되고, 평소 섭취하는 음식들 중에도 우리 몸에서 여성호르몬처럼 작용하는 것들(이소플라본)이 있는데, 예를 들어 콩, 석류, 과일, 브로콜리, 시금치, 칡, 채소류에도 이런 성분들이 많이 있어 갱년기 여성들에게 좋다. 여성이든 남성이든 갱년기에는 노화를 막기 위한 운동이 무엇보다도 필요하다.

(7) 주요우울장애

주요우울장애는 우울 증상과 기능적 손상이 심각한 경향을 보이고, 또 병을 치료한 뒤의 경과인 예후도 매우 나쁘다. 주요우울장애는 평소에 좋아하고 즐겨 하던 취미, 흥미, 관심, 이런 것들이 언제부터인가 귀찮고 매사에 감정의 느낌이 없거나, 불안한 기분을 가지며, 그로 인해서 얼굴 표정에서도, 행동하는 모습에서도, 쉽게 화를 내거나 분노하거나, 다른 사람들을 비난하거나, 매우 민감하고 공격적으로 반응하는 모습을 보이거나, 사소한 문제에도 지나치게 예민한 반응을 보이기도 한다. 수면장애, 즉 불면증상을 보여 밤에 잠들기까지의 시간이 오래 걸리거나, 자다가 새벽녘에 깨어 불을 켜고 서성거리거나 하는 등으로 가족들의 수면에 방해가 되는 일도 많고, 또 몸에 에너지가 약해 항상 피곤하고 나른해 하는 모습을 보이고, 일상생활의 기본적인 것마저, 예컨대 아침에 일어나 씻고 옷을 입는 등 이러한 기본적인 수행 능력도 떨어지고, 행동을 한다고 하더라도 시간이 많이 걸릴 수 있다. 또한 기억력도 많이 떨어져 스스로 생각하고 집중하고 결정하는 일을 거의 못하고, 평소에도 자주 고통스러운 표정을 짓고 얼굴을 많이 찡그리기 때문에 이마에 주름이 패여 있으며, 눈의 초점도 사람이나 사물을 제대로 주시하지 않고 아래로만 내려다보는 등 전체적으로 무기력하고 매우 수동적인 모습을 보이기도 하며, 심할 경우에는 죽음에 대한 생각을 자주 할 수 있기에 가족의 세심한 주의와 관찰이 요구된다. 일반적으로 자살기도자의 경우 우울증 등 정신장애를 가지고 있다고 하며, 그중 70% 정도는 주요우울장애 환자인 것으로 추정하고 있다.

(8) 우울증의 원인

우울증은 생물학적 · 심리적 · 사회적 요인 등이 복합적으로 작용해서 생기는 병이다. 하지만 가장 주된 원인은 뇌의 신경전달물질 분비에 이상이 생겼기 때문이다. 신경전달물질에는 수십 종이 있는데, 이 가운데 정서적인 문제와 연관이 있는 신경전달물질은 세로토닌, 도파민, 노르아드레날린 등이며, 뇌에서 이러한 물질이 부족하거나 지나치게 많아지면 기분이 가라앉거나 지나치게 들뜨는 등 정서상에 문제가 발생하게 된다. 또한 당뇨병, 뇌졸중, 비만, 관절염 등 거의 모든 질환의 합병증으로 우울증이 나타날 수도 있고, 유전적 요인이 영향을 미쳐 가족 중 우울증 환자가 있는 경우 그렇지 않은 경우에 비해 우울증 발병률이 1.5~3배가량 높다.

한편 지그문트 프로이트(Freud)는 사랑하는 사람이 사망했을 때의 애도과정 연구를 통해 상실된 대상 또는 상실했다고 생각되는 대상을 향한 양가감정(ambivalence)이 내재화되어 병적 애도가 나타난다고 하였다. 우울증은 상실 후에 생기는 죄책감, 갈등 그리고 상실에 대한 분노나 무력감 같은 반응, 그리고 결국 자신에게로 향하게 되는 적개심 등을 극복하지 못하는 데서 생겨나는 것으로, 이는 내재화된 대상에게 향해 있던 양가감정이 자신에게 향하게 되므로 애도반응이 우울증으로 변한다는 것이다.

또한 우울증 발병 원인으로 생활사건과 환경적 스트레스를 들 수도 있다. 예컨대 가족이나 절친한 친구 등 가까운 사랑하는 사람의 죽음이나 상실, 또는 인생에 실패, 좌절 등 좋지 않은 사건이 우울증 등 정신장애 원인이 될 수도 있다. 그리고 우울증에 잘 걸리는 성격적 유형도 있다고 볼 수 있는데, 예컨대 지나친 타인 의존적이거나 강박적 성격의 사람, 자존감이 낮은 사람, 평소 자기비하를 많이 하는 사람이 우울증에 더 잘 걸릴 수 있다는 것이다. 즉, 성격이 우울증 유발원인과 상당한 관련성을 가진다는 것이다.

그리고 인지이론에 의하면, 사람이 자기 자신과 환경과 미래에 부정적인 생각을 많이 가지고 있으면 우울증이 발생한다고 한다. 즉, 부정적 자기평가, 과거 생활경험에 대한 부정적 평가, 미래에 대한 비관적·부정적 인식 등 자신과 환경에 대한 잘못된 부정적 해석을 내리는 것이 우울증의 원인이라고 보고 있다. 미국의 정신과 의사이자 교수였던 아론 템킨 벡(Aaron Temkin Beck)은 인간의 사고와 행동이 서로 밀접하게 관련되어 있다고 보았고, 우울한 사람의 행동과 감정은 그 사람들이 처한 상황과 사건에 대해 가지고 있는 인지체계가 그 상황에 대한 정보처리 과정상에 부정적인 방향으로 왜곡한다는, 즉 인지적 왜곡 때문에 문제행동이 일어난다고 보았다. 다시 말하면, 역기능적 신념체계를 많이 가진 사람이 부정적인 사건을 경험하게 되면, 사건의 의미를 해석하는 과정에서 인지적 오류를 범하게 되고, 그로 인해 사건의 의미를 과장하거나 현실을 왜곡함으로써 부정적인 사고가 자동적으로 생기게 되고 그 결과 부정적인 정서가 생긴다는 것이다. 이러한 부정적인 사고는 그 사람이 의식을 해서 생기는 것이 아니라 아무런 의식이나 자각이 없이도 그냥 습관적으로 일어나는 경우 여기에서 우울증이 생기는 것이라고 본 것이다. 그래서 우울한 사람들은 기본적으로 다음 세 가지 부정적인 인지를 가지고 있는데, 첫째, 자기 자신, 둘째, 타인과 세상, 셋째, 자신의 미래에 대해 부정적인 인지를 갖는다고 하여 이를 우울증의 인지적 3요소라고 하였다.

(9) 대표적인 신경전달물질

① 세로토닌

세로토닌은 신경전달물질 가운데 기분에 가장 영향을 미쳐 흔히 '행복 호르몬'이라고 불린다. 세로토닌은 마음의 안정을 가져오고 엔도르핀 생성을 촉진시켜 주며, 수면을 유도하고, 식욕과 통증을 조절하는 역할을 한다. 따라서 세로토닌 분비에 문제가 생기면 충동을 제대로 조절하지 못해 갑자기 화를 내거나 우울해지기도 한다. 세로토닌을 활성화시키기 위해서는 단백질을 구성하는 아미노산 중 트립토판이 필요한데, 이는 체내에서 합성이 되지 않기 때문에 식품으로 섭취해야 한다. 트립토판을 많이 함유한 식품으로는 어패류, 달걀, 두부, 땅콩, 호두, 아몬드, 바나나, 우유, 치즈 등이 있는데, 일반적인 식단에서는 트립토판이 극소량만 포함되기 때문에 부족해지기 쉽다. 그러므로 종합비타민(비타민 B, 비타민 C 등), 니아신, 엽산, 아연, 마그네슘 같은 영양소를 매일 주의를 기울여 적당량을 섭취하는 것이 필요하다.

② 도파민

뇌의 여러 영역에서 생성되는 도파민은 쾌감을 발생시키는 물질로, 행동과 인식, 운동 조절과 감정, 욕망과 쾌락, 동기 부여, 수면, 기분, 주의, 작업 기억, 학습에 중요한 역할을 포함하여 두뇌에 많은 기능을 하는 물질이다. 도파민 분비 조절에 이상이 발생하면 사람에게 다양한 질환이 발생한다. 도파민의 분비가 줄어들거나 부족할 경우 우울증을 일으키는 경우가 대부분이며, 우울증이 만성화되는 경우 정신분열증의 증상이 같이 나타나기도 한다. 또한 도파민을 생성하는 신경세포가 손상되면 운동장애를 일으켜 파킨슨병(Parkinson's disease)을 유발한다. 즉, 기질적(유전적 약함) 원인과 심한 스트레스(외상 후 스트레스 장애 등)를 겪게 되는 경우 도파민을 분비・조절하는 세포가 약화되거나 기능 부전이 되는 것이다. 흡연으로 인해 흡수되는 니코틴은 도파민을 활성화시켜서 쾌감을 느끼게 해준다. 마약을 통해 느끼는 환각이나 쾌락 등도 도파민의 분비를 촉진 및 활성화시켜 얻게 되는 것이다. 우울증은 도파민의 분비가 증대되도록 하는 성분의 약으로 치료한다.

③ 노르아드레날린

노르아드레날린은 의욕을 불러일으키는 물질이다. 인간의 신체는 스트레스를 느끼면 뇌에 그 정보를 전달한다. 그러면 뇌의 노르아드레날린 신경이 노르아드레날린을 다량 분비해 뇌를 활성화하고, 그 결과 스트레스로부터 신체를 지키기 위해 필요한 조치가 취해지게 된다. 도파민이 유발하는 흥분이 쾌감인 데 반해, 노르아드레날린이 유발하는 감정은 위기에 대한 흥분으로 거의 분노에 가깝다. 노르아드레날린이 적절하게 분비되면 높은 집중력을 유지할 수 있고 정보처리능력도 향상되어 업무를 효율적으로 처리할 수 있다. 노르아드레날린은 혈관 수축, 혈압 상승 등에도 관여한다. 그러나 분비량이 지나치게 많아지면 그에 따른 폐해가 발생한다. 노르아드레날린은 스트레스에 반응해 분비되므로, 스트레스 상태가 오래 지속되면 노르아드레날린이 과잉 분비되어 뇌의 흥분을 조절할 수 없게 된다. 또한 우울증이나 강박신경증 등 다양한 정신질환을 초래하게 된다.

④ 여성호르몬

여성의 생식기관인 난소에서 생산되고 분비되는 여성호르몬인 에스트로겐과 프로게스테론을 말하는데, 이 호르몬이 과다하게 분비되면 우울증이 생긴다. 여성 우울증 환자가 남성보다 2배나 많은 것도 바로 이 때문이다.

(10) 우울증의 전조증상, 불면증

① 잠의 종류

㉠ 얕은 잠(선잠) : 주변 자극에 쉽게 깨는 잠으로, 꿈을 꾸며 그날 있었던 심리적 스트레스를 해소한다. 따라서 스트레스를 많이 받는 경우 꿈을 많이 꾼다.

㉡ 깊은 잠(단잠) : 깊게 자는 잠으로, 잠을 자면서 그날 있었던 신체적 피로를 푼다.

㉢ 좋은 잠이란? : 잠자리에 누워 15~20분 안에 잠이 들고, 아침에 상쾌하게 깨어나 하루 종일 졸리지 않은 상태를 유지하는 것이다.

② 우울증과 불면증

우울증을 흔히 '마음의 감기'라고 한다. 하지만 우울증을 '마음의 병'으로만 인식하여 '스스로 마음만 잘 다스리면 되겠지'라고 안이하게 생각하고 치료를 미루는 경우가 많다. 우울증의 가장 대표적인 증상은 무기력과 우울감이다. 의욕이 떨어지고 평소 즐겁게 하던 일도 흥미가 떨어진다. 식욕과 체중에 변화가 생기는 경우도 많다. 수면 패턴에 변화가 생겨 지나치게 잠을 자거나 불면증으로 고생하기도 한다. 특히 과수면보다 불면증 발생률이 높은데, 우울증 환자의 80%가 수면장애(불면증)를 겪는 것으로 알려져 있다. 우울증 초기에는 잠들기는 힘들지만 일단 잠이 들면 아침까지 잔다. 하지만 중기와 말기에 들어서면 잠이 들었다가도 금방 깨고, 한번 깨면 다시 잠들기 힘들어 밤을 새우는 일이 잦아진다.

③ 불면증의 원인

㉠ 우울증, 조울증, 불안증 등과 같은 정신과적 질환과 동반된 불면증

㉡ 위궤양, 천식, 협심증 등의 신체장애나 신체 통증과 관계된 불면증

㉢ 스트레스, 입원과 일상의 중대한 변화 등과 같은 환경적 변화로 생긴 불면증

㉣ 하지불안증후군,[6] 수면무호흡증[7]과 같은 수면 관련 질환으로 인한 불면증

㉤ 뚜렷한 원인이 없이 생기는 정신 생리적 불면증 등

④ 불면증 극복 방법

㉠ 의사를 찾아간다.

㉡ 음악을 들으며 평화로운 장면을 상상해 본다.

㉢ 잠자리에 들기 전에 TV, 책을 보지 않는다.

㉣ 낮에 약간의 운동을 한다.

㉤ 약간 따뜻한 물에 20분 정도 샤워를 한다.

6) 하지불안증후군은 수면 직전에 누우려고 하면 다리통증, 다리 저림을 느껴 움직이지 않을 수 없고 그래서 잠들지 못하는 경우이다. 척추질환, 당뇨, 빈혈, 영양결핍 등이 원인인 경우가 많고, 특정 치료는 없으며, 운동이나 마사지, 약물치료를 해야 한다.

7) 수면무호흡증은 잠자는 동안에 호흡중단이 반복적으로 일어나는 경우를 말하는데, 10초 이상 호흡이 멈추는 경우가 30회 이상 나타날 때 수면무호흡증이라 한다. 코골이를 심하게 하는 사람들의 경우 기도의 공간이 좁은 경우가 많으며, 또 비만으로 인하여 목 부위에 지방이 축적되거나 혀, 편도 등의 조직이 비대해진 경우에도 목 안의 공간이 줄어들고 기도가 좁아져서 무호흡증이 나타날 수 있다. 또한 턱이 비정상적으로 작거나 목이 짧고 굵은 사람에게서 이런 증상이 나타나는 경우도 많다.

ⓑ 따뜻한 우유를 마신다. 자기 전에 물을 많이 마시지 않는다.

ⓢ 수면 전 과식을 피하고, 자기 전에 배고픔을 잊기 위해 약간의 스낵, 과자를 먹는 것은 도움이 된다.

ⓞ 저녁시간에 자극적인 것을 피한다. 술, 담배, 커피 등은 중추신경계를 자극, 수면을 방해한다.

ⓩ 자꾸 시계를 보게 되면 시계를 눈에 띄지 않는 곳에 둔다.

ⓒ 항상 일정한 시간에 잠자리에 든다.

ⓚ 일단 깨면 휴일일지라도 그냥 자리에서 일어난다.

ⓣ 잘 때 이외에는 잠자리에 들지 않는다.

ⓟ 낮잠을 자지 않고, 아무 때나 드러눕지 않는다.

ⓗ 환기가 잘 되게 하고, 소음을 차단시키며, 방에 불빛을 없애는 등 수면환경을 조성한다. 잠이 안 와 초조하거나 화가 날 때, 자꾸 자려고 하지 말고 일어나 불을 켜고 침실을 나와 다른 무언가(㉮ 지루한 책 읽기)를 해본다. 그러다가 잠이 올 때 다시 들어가 잔다.

〈좋은 잠을 위한 필수 요소 : 건강수면 10훈〉

1. 휴일에 늦잠을 자지 마라.
2. 잠들기 전에 먹지 말고 마시지 마라.
3. 카페인과 니코틴을 피해라.
4. 낮에 왕성한 활동을 하라.
5. 실내는 선선하게, 손발은 따뜻하게.
6. 낮잠을 30분 이상 자지 마라.
7. 소음을 줄여라. 라디오와 TV를 꺼라.
8. 잠자리를 직접 만들어라. 자신이 가장 편안한 자세를 취할 수 있는 잠자리를 만들어라. 15분 내에 잠들지 못하면 차라리 일어나서 무언가를 해라. 억지로 잠을 청하면 스트레스가 오히려 수면을 방해한다.
9. 따뜻한 물로 샤워해라.
10. 수면제에 의지하지 마라.

(11) 우울증 예방법

① 스트레스가 쌓이지 않도록 바로 풀어주자

아무리 맷집이 강한 사람도 계속해서 매를 맞으면 견뎌낼 재간이 없듯이, 스트레스가 쌓이지 않도록 그때그때 풀어주어야 한다.

② 긍정적인 마인드 컨트롤을 훈련하자

부정적이고 소심하고 자책을 많이 하는 성격은 우울증에 걸리기 쉽다. 자신이 가진 성격이나 성향을 체크하고, 어떤 상황에서도 긍정적인 마인드를 발휘할 수 있도록 노력하자.

③ 운동 또는 취미생활로 행복을 느끼자

운동은 우울증의 강력한 치료제이다. 운동을 하면 엔도르핀이 활발하게 분비되기 때문이다. 엔도르핀은 고통과 통증을 느끼지 못하도록 신경을 차단하는데, 진통 효과가 모르핀의 20배에 달한다. 또한 운동은 '행복 호르몬'이라고 불리는 세로토닌 분비를 촉진시켜 기분을 좋게 한다. 일주일에 3회 이상 땀이 날 정도로 걸었을 때 약물 복용을 절반 이하로 낮추어도 될 만큼의 효과가 있고, 재발률도 현저히 낮아진다. 빠르게 걷기, 에어로빅, 요가, 등산, 수영, 줄넘기, 자전거타기 등 유산소 운동을 하면 더욱 좋다.

④ 우울증을 의심해 보고 적절한 전문기관과 상담하자

초기에 적절한 치료를 받으면 얼마든지 완치될 수 있다. 우울증은 방치하면 보통 6개월에서 2년 정도 지속되고, 환자의 약 5~10%는 2년 이상 증상이 지속되는 경우도 있으며, 평생 우울증을 안고 사는 경우도 있다. 우울증은 처음 발병했을 때에는 재발할 위험이 50% 이하지만, 두 번째 발병하면 50~90%, 세 번째 이상 발병하면 재발위험성이 90% 이상으로 높아지므로 이상이 있다고 느껴지면 초기에 전문의의 진단을 받아야 한다.

(12) 우울증의 치료

① 약물치료

우울증 치료 중 가장 기본이 되는 치료이다. 아직까지 우울증에 특효인 약은 없으므로 자신에게 가장 잘 맞는 약을 고르는 것이 중요하다. 우울증 약을 의사의 처방 없이 임의적으로 복용해서는 안 되며, 반드시 전문의사와 상담을 하여야 한다.

② 정신치료

우울증은 약물치료가 아주 중요하지만 약물치료만으로 모든 증상을 다 해결할 수 있는 것은 아니다. 우울증으로부터 완전히 벗어나기 위해서는 우울증을 앓게 된 당시의 내적 갈등이나 주변 상황에서의 문제들을 발견하고 해결해야 하며, 정신치료(상담이나 역할극을 통한 내적인 심리치료)는 이런 문제들을 해결하는 데 도움을 준다.

(13) 우울증 특수 클리닉

① 대학 종합병원 정신과

㉠ 우울증 클리닉
㉡ 정신분열병 클리닉
㉢ 강박장애 클리닉
㉣ 공황장애 클리닉
㉤ 알코올의존, 약물남용 클리닉
㉥ 환청, 망상 특수클리닉
㉦ 스트레스 클리닉
㉧ 틱장애 클리닉
㉨ 가상현실 클리닉

② 어린이병원 소아정신과

㉠ 발달장애 전문 클리닉
㉡ 영유아 애착·발달 클리닉

㉢ 아동 스트레스 클리닉
㉣ 주의력결핍·학습장애 클리닉
㉤ 틱장애 클리닉

(14) 우울증 환자와 가족 등의 역할

우울증 환자를 도와주는 가장 중요한 것은 정확한 진단과 치료를 받게 하는 것이다. 증상이 좋아질 때까지 계속 치료를 받게 하고, 의사에게 진찰을 받도록 하는 것이 필요하다. 우울증 환자의 가족들은 우울증을 있는 그대로 받아들이고 인내해야 한다. 우울증 환자에 대한 가족들, 특히 배우자의 이해, 수용, 인내, 지지, 격려, 나을 수 있다는 확신 등이 매우 중요하다. 자살에 관한 이야기를 하거나 암시가 느껴지면 무시하거나 묵살해서는 안 되며, 반드시 의사에게 알려야 한다. 우울증이 심해 외출이나 대인관계를 전혀 못하는 경우 이를 방치하여 폐쇄적으로 집에만 있도록 하면 더욱 무료하고 온갖 부정적인 생각에 빠져들기 쉽다. 취미, 운동, 신앙생활, 봉사활동, 기타 문화적 활동에 참여하도록 권유하는 것도 중요하다. 우울증 환자의 대부분은 적절한 치료를 통해 완치되거나 호전되므로 비관적인 생각보다는 시간과 인내를 가지고 끝까지 함께한다는 믿음을 주면 호전되고 완치될 수 있다.

(15) 우울증 자가 진단법

다음에서 다섯 가지 이상 해당되면 우울증을 의심해 보고 전문가의 상담을 받는 것이 좋다.

① 슬프거나 짜증이 자주 난다. □
② 전에는 즐겁던 일들이 하기 싫고 흥미가 없다. □
③ 최근 체중이나 식욕이 급변했다. □
④ 잠을 못 이루고 자주 깨거나 너무 오래 잔다. □
⑤ 이유 없이 죄책감이 든다. □
⑥ 집중하기 어렵고 결정을 내려야 할 때 판단이 어렵다. □

⑦ 매일 피곤하고 생기가 없다. □
⑧ 이유 없이 안절부절못하고 눈에 띄게 활동량이 줄었다. □
⑨ 자신감이 결여되고 절망적인 생각이 자주 든다. □
⑩ 자살이나 죽음에 대해 자주 생각한다. □
⑪ 어떤 일에도 흥미를 느끼지 못하고 자기비하가 심하다. □
⑫ 심한 건망증 증세를 보이거나 집중력이 떨어진다. □
⑬ 가슴이 두근거리거나 답답한 느낌이 있다. □

4) 조현병

(1) 개념

망상, 환각, 비정상적이고 비상식적인 말과 행동, 대인관계 회피, 무표정, 의욕상실 등의 증상을 나타내는 질환이다. 우울증이나 조울증 등 다른 원인에 의한 증상이 아니고, 이런 증상이 6개월 이상 지속되며 사회적・직업적 문제를 가져올 때 조현병(정신분열병)으로 진단한다.

(2) 원인

아직까지 정확한 원인은 알려져 있지 않으나 신경전달물질 차원에서의 원인, 유전적인 원인, 면역학적 원인, 신경발달적 원인, 심리적 원인, 사회적 원인 등 여러 가지가 복합적으로 작용한다고 보고 있다. 이 중에서 현재까지 정확히 밝혀진 것은 신경전달물질의 이상이다. 즉, 조현병(정신분열병)을 앓게 되면 뇌에서 생각, 감정, 지각, 행동 등을 조절하는 신경전달물질들이 제대로 작동하지 않게 되는 것이다.

(3) 증상

① 망상(忘想, delusion)

현실과 동떨어진 잘못된 믿음으로 다른 사람들의 설명이나 설득으로 바뀌어지지 않는 상태를 말한다. 피해망상, 과대망상, 질투망상, 색정적 망상, 신체적 망상 등이 있다.

㉠ **피해망상** : 누군가가 자신에게 피해를 주거나 자신을 악의적으로 다루고 있다는 망상이다.

㉡ **과대망상** : 자신이 위대하거나 또는 남들이 모르는 재능이나 통찰력을 가졌다고 믿거나, 어떤 중요한 사람과 특별한 관계에 있다고 믿는 망상이며, 그가 실제 인물일수도 있고 가상의 인물일 수도 있다.

㉢ **질투망상** : 오셀로증후군(Othello syndrome), 결혼편집증이라고도 하는데, 소위 의처증(疑妻症), 의부증(疑夫症)이 이에 해당된다. 질투망상은 정당한 이유 없이 배우자나 애인을 믿을 수 없다는 망상이다. 옷차림의 흐트러짐이나 이불에 묻어 있는 얼룩 같은 사소한 '증거'를 가지고 망상을 정당화한다. 그리고 가상의 부정(不貞)에 대해 점차적으로 밝혀 내려고 하고 압박해 나간다. 배우자의 외출을 금지하거나 미행하고 조사하기도 한다. 심지어 배우자에게 폭력을 행사하기도 하며 가상의 정부(情夫)를 공격하기도 한다.

㉣ **색정적 망상** : 자신이 누군가에 의해 사랑받고 있다고 믿는 것이며, 대체로 이상적이며 낭만적인 내용이 많고 성적 매력에 의해서라기보다 영적 결합에 의한 것이라는 내용이 많다. 상대방은 대개 높은 신분으로 유명한 사람 또는 직장의 상사일 때가 많고, 전혀 모르는 사람일 수도 있다. 상대방과 접촉하려고 전화, 문자・메일 발송, 편지, 선물, 방문, 조사, 미행을 하기도 한다. 상대방이 유명인사일 경우 스토킹(stalking)을 많이 당하기도 한다.

㉤ **신체적 망상** : 자신의 몸, 피부, 입 등에서 나쁜 냄새가 난다거나, 피부에 벌레가 기어다닌다는 망상, 몸속에 기생충이 있다는 망상, 신체의 특정 부위가 잘못됐거나 추하다는 망상 또는 신체 일부의 기능이 잘못되었다는 망상 등이다. 의사들을 찾아가 고쳐달라거나 성형수술을 해달라고 요구하기도 한다.

망상증상들은 남녀 모든 연령층에서 발생할 수 있으며 일시적이거나 간헐적일 수도 있고 일생 동안 지속될 수도 있다. 망상의 원인으로 흔히 가족력을 들거나 또는 신경학적 장애가 있을 때 많은 망상이 발견되고 있다는 점으로 보아 생물학적 원인을 들기도 한다. 또 망상장애 환자들은 다른 사람들로부터 주시받는 것을 두려워하는데, 이들은 어렸을 때 부모로부터 주시받는 것을 두려워하며 자라왔기 때문이다. 망상장애 환자들의 특징은 부모와의 관계에서 기본적인 신뢰감을 형성하거나 발전시키지 못했다는 것이다. 그들은 지나친 간섭과 거절적인 어머니와 쌀쌀하고 융통성이 없으며 가학적이거나 무능한 아버지 밑에서 성장한 경우가 많다. 그래서 그들은 주위 환경에 대하여 항상 적대적인 태도를 취하게 되며 대인관계에서 믿음이 없는 것이 특징이다. 그들은 모든 인간관계를 기피하게 되고 상대방 역시 과민한 그들과의 접촉을 피하게 되어 그들의 증오감과 의심증은 더욱 커지게 된다. 그 밖에도 이민이나 이주에서 오는 새로운 문화에 대한 부담, 고독감, 사회적 고립감, 사회경제적 빈곤, 기타 스트레스 등이 망상적 사고를 형성하는 데 영향을 주기도 한다.

② **환각**(幻覺, hallucination)

환각은 의학(특히 정신의학) 용어의 하나로 대상 없는 지각, 즉 아무런 감각기관의 자극이 없음에도 마치 어떠한 사물이 있는 것처럼 느껴지는 증상이다. 외부 사물이나 자극이 실제로 없는데도 마치 그러한 것들이 있는 것처럼 느끼는 것으로, 환각의 종류로는 환청(幻聽), 환시(幻視), 환미(幻味), 환후(幻嗅) 등이 있다. 기면증(가위눌림), 뇌혈관장애, 뇌염, 뇌손상, 뇌종양, 뇌전증(간질), 치매 등의 경우에도 환각이 일어날 수 있다.

㉠ **환청** : 환청(청각의 환각)은 실재하지 않는 소리나 어떤 소리가 분명히 들리는 것을 말한다. 들리는 것은 사람의 이야기 소리, 몇 사람의 대화와 복잡한 것까지 다양하다. 뇌전증(간질), 조현병(정신분열병) 환자에게서 흔히 볼 수 있다. 단순한 소리, 아는 사람의 목소리, 벌레 울음소리, 벽을 두드리는 소리, 욕하거나 명령하는 소리, 전화벨소리 등 여러 가지이고, 망상에 결합되는 것이 특징이다.

㉡ **환시** : 환시(시각의 환각)는 존재하지 않는 사람, 물건, 건물이 마치 정말로 존재하는 것같이 보이는 것을 말한다. 단순한 것으로부터 복잡하고 구체적인 것까지 정도는 여러 가지이다. 대부분 의식이 혼탁한 의식장애 시간에 일어나는 것이 많다. 알코올 중독으로 인한 환시도 있고, 조난 중에 환시 현상이 나타나기도 한다. 구조자나 음료, 돌아가야 할 집 등 자신의 기대하는 것을 뇌가 만들어 내어 환시로 나타나는 것이다.

㉢ **환미, 환후, 환촉** : 환각에는 환미(미각의 환각), 환후(후각의 환각), 환촉(촉각의 환각)도 있다.

③ 음성증상(negative symptom)

조현병(정신분열병)의 양성증상(positive symptom)이 망상, 환각, 와해된 생각이나 행동 등이라면, 음성증상은 무표정, 무의욕, 무언증, 무쾌감증, 사회적 상호작용 제한 등이다. 구체적으로 사람의 시선을 피한다거나 매사에 냉담하고 흥미나 관심이 없고, 감정표현이 거의 없으며, 언어사용에 있어서도 빈약하거나 단조롭고 느리며, 운동이나 행동에 있어서도 현저히 느리고, 사회적 관계망 형성도 결여되는 증상들이 나타난다. 이로써 원만한 가족관계나 대인관계를 유지하거나, 학교나 직장생활에 적응하는 것이 매우 어렵게 된다. 자살 위험도 높다.

(4) 조현병의 치료

조현병 치료에는 약물치료, 정신치료(상담 및 역할극 등 심리치료), 재활치료 등이 있다. 약물치료를 받아도 무기력, 무표정, 대인관계 회피 같은 증상들은 그다지 좋아지지 않을 수 있다. 이런 증상들은 병이 진행될수록 심해지기 때문에 정상적인 사회생활이 어려워진다. 치료방법으로는 약물치료, 가족치료, 정신치료(심리·상담치료·역할극 등), 지역사회 정신사회재활 프로그램, 입원치료 등이 있다. 그리고 조현병 치료에 있어서 특히 중요한 것은 보조치료자로서 가족의 역할이다. 가족 전체의 안정을 해치지 않도록 역할 분담을 해야 하며,

환자를 돌보는 일과 가족 구성원의 생활 사이에 조화와 균형이 필요하다. 어느 특정인에게만 보조치료자의 역할이 과중하게 되면 그 사람의 삶의 질도 떨어지게 되어 결국 가족 간에 불화와 갈등으로 이어질 소지도 있기 때문에 역할이 나누어져야 한다.

5) 공황장애

(1) 개념

공황장애(panic disorder)란 갑작스럽게 아무런 이유도 없이 밀려오는 공포와 불안 증상을 나타내는 질환을 말한다. 주된 증상으로는, 심장이 마구 뛰고 가슴이 아프거나 답답하며, 숨이 막히고 땀을 흘리고 어지럽거나 당장 죽을 것만 같은 느낌, 메스껍거나 속이 거북하고 손발이 떨리는 경우 등이다. 아주 심한 상태의 불안만을 생각하기 쉬우나 불안 정도와는 무관하게, 예측하지 못한 상황에서 불안증상이 갑자기 나타나는 것까지 모두 공황장애로 본다.

(2) 증상

이유 없이 갑자기 불안이 극도로 심해지고 숨이 막히거나 심장이 두근거리고 죽을 것만 같은 극도의 공포 증세를 보이는 상태를 말하며, 다음과 같은 증상들이 나타난다.

① 심장이 마구 뛰거나 맥박이 빨라짐
② 땀이 많이 남
③ 손발이나 몸이 떨림
④ 숨이 가빠지거나 답답한 느낌
⑤ 질식할 것 같은 느낌
⑥ 가슴의 통증이나 압박감
⑦ 메스껍거나 배 속이 불편함
⑧ 어지럽고 휘청거리거나 실신할 것 같은 느낌

⑨ 비현실감, 즉 비현실적인 느낌 또는 이인증(자신이 달라진 듯한 느낌)
⑩ 자제력을 잃거나 미쳐버릴 것 같은 두려움
⑪ 죽음에 대한 공포
⑫ 이상한 감각(손발이 저리고 둔해지거나 마비되는 느낌)
⑬ 몸이 화끈거리거나 오한이 남

(3) 공황장애 극복

누구나 공황장애는 생길 수 있으며, 정신적으로 약하기 때문에 공황발작이 오는 것은 아니다. 공황장애는 치료가 비교적 쉬운 병이지만, 그냥 방치하면 일상 생활에 많은 지장을 준다. 공황발작이 두려워 오랫동안 외출을 하지 못하고 직장을 그만두는 결과가 생기기도 한다. 또한 이런 상태가 지속되면 우울증, 알코올 남용 등의 합병증이 생길 수도 있으므로 조기에 치료하여 합병증을 막는 것이 좋다. 공황발작이 있는 사람들은 커피, 술, 담배 등이 공황발작을 유발할 수 있으므로 삼가는 것이 좋다. 또한 수면습관이 바뀌어도 공황발작이 오므로 평소 규칙적인 생활을 하는 것도 공황장애 예방에 도움이 된다.

6) 강박장애

(1) 개념

강박장애는 흔히 강박증이라고도 하며, 강박적 사고(obsession)와 강박적 행동(compulsion)을 특징으로 하는 일종의 불안장애이다. 강박적 사고란 자신은 생각하고 싶지 않은데도 자꾸 반복해서 떠오르는 생각으로, 더 이상 생각하지 않으려 해도 잘 되지 않고, 다시 하게 되어 괴로운 생각이다. 예컨대 자신이 남을 폭행하는 생각, 사랑하는 사람을 해치는 등의 지속적인 폭력적 사고(예 자신의 아이를 죽이는 생각) 등으로 대개는 이러한 강박적 사고와 함께 강박적 행동이 동반된다. 강박적 행동은 강박 생각으로 생기는 불안을 없애기 위해서 하는 행동으로, 참게 되면 점점 더 불안해져서 결국은 실행하게 되는 행동을 말한다. 잦은 손 씻기(hand washing), 반복해서 숫자 세기(counting), 자물쇠나 수도꼭지 잠근 후 확인하기(checking), 지나치게 청소하기(cleaning), 지나친 물건 정돈하기(arranging things), 책의 읽은 부분 계속해서 다시 읽기(read again), 지나친 건강염려증, 지나치게 도덕적·양심적임(자기에 대해서도, 주변 사람에 대해서도 지나칠 정도로), 지나친 완벽주의, 경직성과 완고함, 지나친 일 중독, 많은 사람들 앞에서 억제된 감정표현(감정억제), 과도한 자기통제, 물건을 버리지 못함(저장강박증, 호딩장애), 돈과 물건 등 소유물에 지나친 집착 등이 강박적 행동에서 비롯되는 것일 수도 있다.

(2) 강박장애 증상

예컨대 강박장애 환자가 침입자에 대한 강박적 사고가 있다면 침실에 들어가기 전 문이 제대로 잠겼는지를 정상적인 수준 이상으로 여러 번 확인하는 경우이다. 또 집 안의 모든 물건을 지나칠 정도로 가지런히 정돈해야 마음이 편안해진다거나, 자물쇠나 가스·수도꼭지 여러 번 확인하기, 책의 읽은 부분을 몇 번이고 다시 읽기, 길을 갈 때에도 보도블록 사이의 선을 밟지 않기 위해 땅만 보고 가는 행동을 하는 등 쉽게 납득하기 어려운 행동들이 강박장애라고 할 수 있다. 본인의 의지와는 상관없이 특정한 생각이나 행동을 반복하는 것인데, 이 강박행동을 중지하면 불안 증세가 나타나므로 반복하지 않을 수 없다.

강박증은 아동기에서 성인기 사이에 어느 시기에서나 나타날 수 있다. 전체 환자의 30~50%에서 아동기에 증상이 시작된다. 불행히도 강박증상은 조기에 발견되지 않은 상태로 지속되기 쉬우며, 정신과 전문의를 만나서 적절한 치료를 받기까지 9~17년이 걸린다는 연구결과도 있을 정도이다. 이러한 강박장애 원인에 대해서는 아직까지 뚜렷이 밝혀지지는 않았지만, 유전적 가능성과 신경전달물질의 조절 장애, 뇌기능 장애가 원인인 것으로 보인다. 치료에는 약물치료와 행동치료를 병행하는 것이 필요하다.

7) 외상 후 스트레스장애(PTSD : Post-Traumatic Stress Disorder)

외상 후 스트레스장애는 지진, 홍수, 쓰나미 등 천재지변, 전쟁, 화재, 교통사고, 묻지마 폭행, 고문, 성폭행, 인질사건, 아동학대, 자동차·비행기·기차·선박 사고, 기타 대형사고 등 생명을 위협하는 사건이나 재난을 직접 경험하거나 목격하고 난 후에 나타나는 불안장애로서, 그런 사건이 회상이나 꿈으로 재현되며, 외상적 사건과 관련된 자극에 대해 지속적으로 회피하려는 심리상태를 말한다. 증상이 1개월 이상 지속되면 외상 후 스트레스장애라고 한다. 원인은 스트레스, 사회적 환경, 피해자의 성격 등 다양하며, 반복적 회상과 악몽, 지속적인 과민상태, 경험을 상기시키는 것들을 지속적으로 피하려 함, 우울, 불안, 집중곤란, 흥미 상실, 짜증, 놀람, 수면장애 등의 증상을 보이고, 증상이 약하면 약물치료를, 심하면 입원치료를 하여야 한다.

4. 틱장애

1) 개 념

틱(Tic)[8] 장애는 전에는 장애로 인정되지 않았으나 현재는 장애인복지법 시행령 [별표1] 장애의 종류 및 기준에 따른 장애인을 보면, 정신장애의 두 가지 종류에서 틱장애도 포함시키고 있다. 즉, 지속적인 치료에도 호전되지 않는 강박장애, 뇌의 신경학적 손상으로 인한 기질성 정신장애, 투렛장애(Tourette's disorder) 및 기면증을 정신장애의 한 유형으로 규정하고 있고, 여기서 투렛장애가 바로 틱장애다.

틱장애란 자신의 의지와는 상관없이 자신도 모르게 얼굴이나 목, 어깨, 몸통 등의 신체 일부분을 아주 빠르게 반복적으로 움직이거나 이상한 소리를

8) http://www.ytndmb.co.kr/mytn/program_view.php?key=201402181530244677&s_mcd=0086
YOU ARE A 닥터 : 내 아이의 돌발행동, 틱장애(YTN DMB, 40분)
MBN 천기누설 : 틱장애란 무엇인가(20분)

내는 것을 말한다. 즉, 머리를 흔들거나, 입을 내밀거나, 눈을 깜빡이거나, 알 수 없는 소리를 내거나, 단순히 목을 비우는 '에헴-' 하는 소리를 내거나 목에서 '흠-' 하고 소리 내거나, 어깨를 으쓱거리거나, 얼굴을 찡그리거나, 코를 찡그리거나 킁킁거리는 소리를 내는 등 몸의 한 부분을 찡그리거나 움직이고 만진다든지 또는 이상한 소리를 반복적으로 내거나 욕을 하거나, 뾰족한 물체로 자신을 찌르거나, 칼로 자기 손이나 몸을 베려고 하거나, 가스불에 손을 대거나 하는 등 자신에게 위해를 가하는 행동들을 보임에도 불구하고 이러한 행동들을 스스로 멈추기가 어려운 장애를 말한다. 근육 운동이 주로 나타나면 운동틱(motor tic) 또는 근육틱이라 하고, 이상한 소리를 반복하면 음성틱(vocal tic)이라고 한다. 운동틱(근육틱)과 음성틱 증상이 1년 이상 지속되며 나타나게 되면 투렛병, 투렛장애[9]라고 한다.

틱장애는 소아에서는 매우 흔한 현상으로 전체 아동의 10~20%에서 일시적인 틱장애를 나타낼 수 있으며, 대개 만 2세부터 13세 사이에 시작되어 7~11세에 가장 많이 나타난다. 틱장애는 보통 12세 전후에 증상이 가장 악화되고 30세 이전에 증상이 대부분 호전되는 것으로 알려져 있다. 아동들은 스트레스가 많은 진학 초기에 틱 증상이 악화되기 쉽다. 선생님이나 친구들이 지적하게 되면 그 증상이 더욱 악화되어 증상의 악순환이 일어날 수 있다. 틱장애는 눈을 깜빡거리는 증상부터 시작하는 경우가 가장 흔하며 시간이 경과하면서 한 가지 증상이 없어지고 다른 증상이 새로 나타나기도 하고, 수일 혹은 수개월에 걸쳐 저절로 증상이 생겼다가 없어졌다 하는 경우도 많다. 일시적인 틱장애는 대개 저절로 사라지지만, 일부는 1년 이상 틱이 지속되어 만성 틱장애나 투렛장애로 발전한다. 그리고 틱장애는 흔히 강박장애나 ADHD, 즉 주의력결핍 과잉행동장애를 동반할 수도 있다.

9) 1년 이상 운동틱과 음성틱이 동시에 나타나는 것을 투렛장애라 한다.

2) 원 인

틱장애의 원인은 아직 정확히 밝혀지지 않고 있지만 다방면의 원인을 추정해 볼 수 있으며, 중요한 것은 스트레스와 심리적 요인, 신경전달물질 이상 때문이다. 이 외에도 유전적인 요인,[10] 출산 과정에서의 뇌 손상이나 산모의 스트레스, 정서적 압박, 왕따 등 학교폭력, 친구와의 갈등, 이혼 등 부모갈등, 게임중독 등도 틱을 유발하거나 또는 틱 증상을 악화시키는 요인이 될 수 있다. 틱 증상은 심리적인 영향도 있어 지나친 관심을 보이거나 야단을 치는 경우 증상이 더욱 악화되기도 한다. 즉, 가족을 비롯하여 주변 사람들이 틱 증상을 지적하거나 놀리고 창피를 주게 되면 정서적으로 불안해져 틱 증상이 오히려 더욱 악화되고 반복될 수 있다.

3) 치 료

투렛장애, 만성 틱장애의 경우에는 약물치료를 해야 하지만, 증상이 심하지 않은 일과성 틱장애는 비약물치료, 즉 행동치료와 가족교육으로 치료가 이루어진다. 상당 부분의 틱은 신체기능에 영향을 주지 않으므로 적극적인 치료를 받을 필요가 없으나, 증상이 심하여 당사자에게 스트레스를 주고, 다른 사람에게 잦은 눈총과 지적을 받을 정도가 되면 소아정신과를 가보아야 한다. 심한 경우 간단한 약물치료를 받으면 상당히 호전될 수 있다.

4) 틱장애와 장애인복지법

우리나라에서는 정신질환을 장애로 인정한 지 오래되지 않았기 때문에 틱장애에 대한 보호내용, 사회의 인식 등이 미흡하다. 「정신건강증진 및 정신질환자 복지서비스 지원에 관한 법률」과 장애인복지법에서 규정하는 정신장애인의 정의·범주는 상이하다. 전자는 "정신질환자란 망상, 환각, 사고나 기분의 장애 등으로 인하여 독립적으로 일상생활을 영위하는 데 중대한 제약이

10) 부모가 어릴 때 틱 증상을 보인 경우 유전이 되는 경우도 있다.

있는 사람을 말한다"고 규정하고 있다. 한편 장애인복지법 시행령 제2조의 [별표1] 장애의 종류 및 기준에 따른 장애인을 보면, 정신장애인은 장애·질환에 따른 감정조절·행동·사고 기능 및 능력의 장애로 일상생활이나 사회생활에 상당한 제약을 받아 다른 사람의 도움이 필요한 사람으로 ① 지속적인 양극성 정동장애(여러 현실 상황에서 부적절한 정서 반응을 보이는 장애), 조현병, 조현정동장애 및 재발성 우울장애와 ② 지속적인 치료에도 호전되지 않는 강박장애, 뇌의 신경학적 손상으로 인한 기질성 정신장애, 투렛장애 및 기면증 이렇게 크게 두 유형으로 구분하여 규정하고 있다. 따라서 이 두 법률 간에 정신장애에 대한 정의와 그 범주가 통일되어야 할 필요가 있다고 본다. 틱장애는 대인관계, 일상생활과 사회생활, 고용문제와 소득문제 등을 야기할 수 있으며, 현재는 장애인복지법 시행령에서 틱장애도 정신장애의 한 형태로 인정되고 있다.

CHAPTER 08

장애인 재활복지

CHAPTER 08

장애인 재활복지

1. 재활의 개념

장애인 재활이란 장애인의 손상된 자격, 존엄을 완전히 회복시키는 것을 의미한다. 의료적 · 물리적 · 심리적 · 직업적인 재활을 통해 장애인이 스스로 자립하여 사회와 기능적 · 효율적으로 상호작용할 수 있도록 돕는 통합적인 프로그램을 말한다. 재활(rehabilitation)이라는 용어가 처음 사용된 것은 1943년 미국 샌프란시스코에서 개최된 미국재활회의(National Conference for Rehabilitation)이며, 여기에서는 재활을 "신체장애를 가진 사람에게 그가 가진 잔존기능을 최대한 발휘하게 함으로써 신체적, 정신적, 사회적, 직업적, 그리고 경제적 능력을 회복시켜 주는 것"이라고 하였다. 그리고 1976년 제29차 세계보건총회 결의를 통해 장애예방과 재활을 '제3의 의학'으로 정의하고 의료적 · 사회적 · 교육적 · 직업적 조치를 종합적으로 사용하여 개인을 훈련 및 재훈련시켜 개인의 기능적 능력을 가능한 한 최고수준으로 높이는 것이라고 하였다.

2. 재활의 개요

장애인 재활은 장애인의 최적의 기능수준을 되찾아 궁극적으로 사회통합을 지원하고자 함을 목적으로 한다. 그 기본 이념은 인간존재의 가치를 실현하기 위함이고, 각 개인은 존경받을 만한 가치를 지니고 있다는 데에 근거를 두고 있다. 이론적 배경으로는, 재활은 인권을 바탕으로 한 탈시설화, 정상화 이념 등을 근거로 하고 있으며, 기회균등의 원리, 신체적·정신적·사회적·경제적 부문이 서로 상호작용하는 원리, 개별성을 지닌 존재의 원리 등이 재활에 포함되어 있다. 재활분야에는 의료재활, 교육재활, 직업재활, 사회재활, 심리재활, 재활공학, 성 재활 등이 있으며, 이들은 서로 유기적인 관계 속에서 종합적으로 접근할 필요가 있다. 그래야만 재활이 지향하는 소기의 목표를 더 많이 달성할 수 있는 것이다.

3. 의료재활

1) 의료재활의 개념

의료재활은 의료적 처치뿐만 아니라 장애의 발생을 최소로 줄이기 위한 예방의 역할도 한다. 따라서 장애의 원인이 되는 질병이나 외상을 치료하는 초기 단계에서부터 재활을 위한 기능검사와 적응훈련, 그리고 장애인의 일상생활에서 나타나는 여러 가지 신체적·정신적 문제까지도 담당해야 한다.

의료재활의 방법에는 기본적인 기능장애를 개선하는 것으로 기형이나 마비가 있는 부분을 수술하고 회복시키는 것, 기본적인 기능장애의 회복에 한계가 있는 경우 다른 기능을 훈련시켜 통상적인 기능을 발휘할 수 있도록 전체적인 능력 향상을 도모하고 보장구 등을 활용하여 기능장애를 대체하는 것, 장애인이 자립생활을 영위할 수 있도록 생활환경이나 직장환경에 대한 개선을 의료적인 입장에서 자문하고 서비스하는 것 등이 포함되는데, 여기에는 의료진단과 평가는 물론 물리치료, 작업치료, 언어치료도 병행된다.

2) 의료재활기관 및 전문인력

의료재활 전문인력으로는 물리치료사, 작업치료사, 언어치료사, 의료사회복지사, 정신건강사회복지사 등이 있다.

장애인 의료재활 인력체계는 재활의학 전문의, 재활간호사, 언어치료사, 보장구제작기사, 임상심리사,[1] 물리치료사, 작업치료사,[2] 사회복지사 등이 재활에 관여하고 있다.

4. 교육재활과 특수교육

1) 교육재활의 개념

교육재활이란 장애인이 가지고 있는 능력을 최대한으로 향상시키고 발휘하게 하며, 잠재능력의 가능성을 개발하여 사회생활에 스스로 적응해 가도록 도움을 주는 교육제도와 교육방법 및 기술을 총칭하는 개념이다. 이러한 교육을 '특수교육'이라고 하는데, 우리나라 「장애인 등에 대한 특수교육법」 제1조에서는 그 목적으로 "장애인 및 특별한 교육적 요구가 있는 사람에게 통합된 교육환경을 제공하고 생애주기에 따라 장애유형·장애 정도의 특성을 고려한 교육을 실시하여 이들이 자아실현과 사회통합을 하는 데 기여함"을 제시하고 있다.

교육재활은 교육적인 측면이며 실제로 특수교육과 구별되어야 하지만 명확하게 구별할 수 없는 부분이 있다. 교육재활은 학교교육 외에 장애인이 성장하여 대학교육이나 사회교육을 받는 경우에도 많은 부분을 배려한다는 측면에서 그 범위가 넓다고 볼 수 있다. 하지만 대부분의 경우 교육재활을 이야기할 때 특수교육으로 이해하는 경우가 많다.

---

1) 임상심리사는 신체적 재활 이전에 심리적 재활을 통해 환자가 자신의 장애를 잘 수용하여 보다 행복한 삶을 살 수 있도록 원조하는 일을 한다.

2) 작업치료사는 여러 가지 작업활동을 통해서 마음의 건강이나 몸의 기능회복을 목표로 의욕이나 본인의 능력을 최대한 복원시켜 보다 원만한 사회활동을 영위하도록 원조하는 일을 한다. 다시 말하여 작업치료사는 사람들이 원하는 작업, 필요로 하는 작업, 해야 할 작업을 할 수 있는 능력을 향상시키기 위해 사람들과 지역사회와 협력하거나 작업 참여를 더 잘 할 수 있도록 작업이나 환경을 수정함으로써 이러한 성과를 달성한다.

2) 특수교육의 환경

특수교육 제공기관은 특수학교, 일반학교(특수학급, 일반학급), 특수교육지원센터로 구분된다. 과정별로는 장애영아, 유치원, 초등학교, 중학교, 고등학교, 전공과로 구성된다. 우리나라는 특수학교 사립 의존도가 매우 높다(약 60%). 2023학년도 중등특수교사 선발인원은 200명인데, 2,918명이 지원하여 경쟁률이 14.6대 1이었다. 아직도 특수교사가 많이 부족해 장애학생들의 교육권이 충분히 보호받고 있지 못하다. 또 장애학생들의 직업지원을 위한 시설로서 고등학교 3학년 이후 1~2년 정도 학교에서 전문적인 직업교육을 받는 '전공과'라는 것이 있는데, 대부분의 일반계 고등학교에서는 이 전공과를 설치하지 않고 있기 때문에 장애학생들 중 일반계 고등학교를 졸업하고 전공과에 진학하고 싶은 학생들은 특수학교에 있는 전공과에 진학해야 하는 문제가 있다. 서울지역 사립학교의 특수학급 비율은 1% 정도에 불과하다.

3) 특수교육 대상자

장애인 등에 대한 특수교육법 제15조에 의하면 특수교육 대상자는 11가지 유형으로 시각장애, 청각장애, 지적장애, 지체장애, 정서 · 행동장애, 자폐성장애, 의사소통장애, 학습장애, 건강장애, 발달지체, 그 밖에 대통령령으로 정하는 장애로 규정하고 있다. 선정된 대상자는 해당 특수교육운영위원회의 심사를 거쳐 일반학교의 일반학급, 일반학교의 특수학급, 특수학교 중 하나에 배치하여 교육하도록 되어 있다. 교육부장관 소속으로 중앙특수교육운영위원회, 교육감 소속으로 시 · 도 특수교육운영위원회, 교육장 소속으로 시 · 군 · 구 특수교육운영위원회를 두고 있다.

특수교육 대상자 중에서 정서 · 행동장애를 지닌 특수교육 대상자란, 장기간에 걸쳐 다음 어느 하나에 해당한 교육적 조치가 필요한 사람을 말한다.

① 지적 · 감각적 · 건강상의 이유로 설명할 수 없는 학습상의 어려움을 지닌 사람

② 또래나 교사와의 대인관계에 어려움이 있어 학습에 어려움을 겪는 사람
③ 일반적인 상황에서 부적절한 행동이나 감정을 나타내어 학습에 어려움이 있는 사람
④ 전반적인 불행감이나 우울증을 나타내어 학습에 어려움이 있는 사람
⑤ 학교나 개인 문제에 관련된 신체적인 통증이나 공포를 나타내어 학습에 어려움이 있는 사람

정서장애(affective disorders)는 정상적인 환경에서 부적절한 행동이나 느낌을 가지며, 사람들과 원만한 대인관계를 할 수 없는 상태로 우울증, 불안감을 가지고, 지각기능, 인지기능 등에 이상을 보이는 장애를 말한다. 우울증(depression), 다행증(euphoria), 조증(mania) 같은 기분의 만성적 또는 일시적 변화를 특징으로 한다. 자리이탈, 소리지르기, 욕하기, 싸우기, 때리기, 교사 무시하기, 무반응, 불평, 훔치기, 지시불이행, 위축, 분열 및 폭발적인 행동, 심한 학습부진 등 일반적인 관점에서 학습 및 또래와의 교류가 어려운 아이들이 이에 해당될 수 있다. 정서장애의 원인은 자폐나 ADHD(주의력결핍 과잉행동장애) 등의 질환, 혹은 지능 문제, 환경의 문제(학대나 따돌림, 보호자의 부재 등)로 교사나 부모 혼자 힘으로는 해결하기 어려운 경우가 많다. 아이 본인도, 부모도, 교사도, 함께 공부하는 반 친구들도 많이 힘들 수 있다. 이런 증상이 심한 아이들은 특수학교 진학이나 정신과적 치료나 상담치료, 행동교정치료 등이 필요할 수 있다. 학교에서도 교사의 적극적인 관심 및 학급 내 도우미를 통한 상시적인 배려가 필요하다. 아이의 이상행동으로 인해 왕따, 괴롭힘, 폭력 등 2차적인 문제가 발생하지 않도록 학교와 가정이 함께 노력해야 한다. 그러나 만일 자신의 아이가 정서장애·발달장애가 있다고 하더라도 부모 마음은 내 아이가 다른 아이들과 어울려 평범하게 학교생활을 보냈으면 하는 생각에서 아이를 특수학교에 보내는 것을 주저하는 경우도 있다. 이런 경우 오히려 아이가 괴로움을 겪는 안타까운 일들도 일어나곤 한다.

특수교육 대상자 중에서 건강장애를 지닌 특수교육 대상자란, 소아당뇨, 천식, 백혈병, 뇌종양, 심장병 등 만성질환으로 인하여 3개월 이상의 장기입원 또는 통원치료 등 계속적인 의료적 지원이 필요하여 학교생활 및 학업 수업에 어려움이 있는 사람을 말한다. 이 학생들에게는 크게 두 가지 지원이 이루어지는데, 첫째, 병원학교라는 것으로,[3] 병원학교는 병원 내에서 학생이 출석할 수 있도록 한 제도이다. 대부분 화상강의로 이루어지고 있으며, 병원학교 출석기록을 원적학교에 제출하면 출석으로 인정되도록 제도화되어 있다. 둘째, 순회교육으로, 이것은 교사가 직접 특수교육 대상자가 있는 곳으로 가서 교육서비스를 제공하는 것이다. 병원으로 직접 파견하기도 하고, 센터로 파견하기도 하며, 가정으로 방문하기도 한다. 특수교사가 순회교육을 하면서 아동에게 필요한 교육서비스를 제공하며, 공통교육과정 적용이 어려울 시 기본교육과정을 적용하여 실생활에 필요한 생활기술을 배울 수 있도록 한다. 교육비는 모두 무상이다.

건강장애 학생에게 병마보다 더 두려운 것은 학교로부터 소외될 수 있다는 생각이다. 병마를 이기고 내가 다시 학교로 돌아갈 수 있을까 하는 걱정과 두려움으로 학업 결손이 생길 수 있고, 그것이 학교적응을 어렵게 만들 수 있다. 수업일수 미달로 유급될 경우 자기 또래의 아이들과 멀어져 좌절감을 경험할 수도 있다. 그래서 비록 이러한 아이들이 소수라 하더라도 더욱 신경을 써야 한다. 건강장애 학생들이 아프다는 이유로 학교와 사회에서 제도적으로 차별을 받거나 마음의 상처를 받지 않도록 지원이 필요하다. 일부 자치단체, 대학교에서 건강장애 학생과 가족을 위한 건강장애학생 가족캠프를 운영하는 곳도 있고, 일부 병원학교나 시·도교육청 등에서 건강장애 학생 담당교원 역량강화 연수회를 가지는 곳도 있다.

3) 특수교육 통계에 따르면 현재 병원학교 수는 전국에 30여 곳 있다. 병원학교를 운영하고 있는 병원은 가천의대부속길병원, 국립암센터, 서울대병원, 세브란스병원, 서울고대구로병원, 한양대병원, 경희대병원, 서울아산병원, 삼성서울병원, 서울시립어린이병원, 서울성모병원 등이고, 화상강의를 제공하는 기관은 꿀맛무지개학교, 꿈사랑사이버학교, 길병원학교 사이버학급, 꿈빛나래학교 등이다.

그리고 특수교육 대상자 중에서 발달지체를 보이는 특수교육 대상자는, 신체, 인지, 의사소통, 사회정서, 적응행동 중 하나 이상의 발달이 또래에 비하여 현저하게 지체되어 특별한 교육적 조치가 필요한 영아 및 9세 미만의 아동을 말한다. 발달지체는 이처럼 같은 또래에 비하여 신체적 또는 정신적인 발달이 늦춰지는 상태를 말한다. 언어발달지체, 말더듬도 이런 유형에 속한다.

한편 정서장애학교는 전국에 단 7곳뿐이다. 지역주민들 반대가 심해 설립이 어려운 것이다. 정서장애아동을 대하는 방법을 알아보면 다음과 같다.

1) 가정과 학교가 함께 아이를 대하는 방법을 모색하기
2) 정신과 약물・상담치료, 행동교정 등을 통한 증상완화 노력
3) 특수학교 진학을 통한 맞춤형 교육
4) 교사의 적극적인 관심과 학급 내 학습도우미를 통한 상시적인 배려
5) 자치단체 및 각 지역 교육청의 특수아동지원센터에 도움받기
6) 특수교육 아동을 위한 민간 및 교육관련 상담, 학부모회 참석하기

아이의 이상행동으로 인해 왕따, 괴롭힘, 폭력 등 2차적인 문제가 일어나지 않게 학교와 가정이 함께 노력해야 할 것이다.

계절성 정서장애(SAD : Seasonal Affective Disorder)는 주로 햇빛이 줄어든 날씨, 온도, 일조량의 영향으로 발생한다. 수면, 스트레스, 생체리듬을 주관하는 멜라토닌 호르몬이 일조량 감소로 줄어들어 신체의 리듬이 깨지고 우울감이 동반되는 것이다.

4) 통합교육의 이해

특수교육은 전 세계적으로 특수학교와 특수학급에 의한 분리교육보다는 통합교육을 지향하고 있는데, 그 대표적인 나라가 스웨덴이다. 통합교육은 장애가 있는 학생을 그들만의 특별한 시설과 공간(특수학교)이 아닌 장애를 갖지 않은 또래들이 생활하는 일반 시설과 공간(정규학교)에서 교육하는 것을 의미한다. 통합교육은 특수교육대상 학생의 교육장소를 분리교육 환경인 특수학교에서 일반학교로 이동시켰다는 단순한 의미가 아니라, 일반학교에서 특수

교육대상 학생에게 비장애학생과 동등한 한 학생으로서의 자격을 부여하며 그에 적합한 교육적 지원을 제공하는 것을 내포하는 개념이라고 이해되어야 할 것이다. 즉, 통합교육은 물리적 통합, 사회적 통합, 교육과정적 통합을 함축하고 있는 개념이라는 것이다. 그래서 통합교육은 현재 우리나라 특수교육뿐 아니라 전 세계의 장애학생 교육에서 가장 중요한 개념의 하나로 인식되고 있다.

5) 교육재활에서 고려할 사항

통합교육 및 전환교육과 더불어 개별화된 교육실천이 중요하며, 순회교육 등 교육의 접근성을 높이기 위한 방안을 계속 마련할 필요가 있는데, 현재 가정, 시설, 병원, 일반학교 등에서 순회교육이 이루어지고 있다. 교육재활에 있어서 교육기회 및 교육과정상 그 어떠한 차별도 있어서는 안 되며, 장애의 종류 및 정도 등을 고려한 통합교육이 되도록 해야 하고, 진로 및 직업교육 등 사회참여와 연계된 통합교육이 되도록 해야 하며, 의료서비스 제공과의 연계 및 편의시설 확충 등 교육 접근성을 높일 수 있는 통합교육이 되어야 하고, 학교교육뿐 아니라 다양한 평생교육 프로그램을 개발・보급할 수 있는 방향으로 나아가야 한다.

5. 직업재활

1) 직업재활의 개념

직업재활이란 장애인이 직업을 갖고 이를 유지해 갈 수 있도록 하기 위한 직업상의 모든 원조를 말한다. 「장애인고용촉진 및 직업재활법」상 장애인 의무고용제도가 있어 장애인의 직업재활에 일조하고 있다. 직업재활서비스로는 직업지도, 사회적응훈련, 직업적응훈련, 직업능력개발훈련, 지원고용, 보호고용, 취업알선, 취업 후 적응지도 등이 있다.

2) 사회 · 직업적응훈련

(1) 사회적응훈련

주거생활(개인 신변처리, 집안관리에 관련된 내용이 중심), 대인관계(의사소통기술이나 지역사회생활에 필요한 이동 등에 관한 기술습득 지원) 강화 훈련이다.

(2) 직업적응훈련

모든 직업영역에 공통적으로 필요한 근로자로서의 기본적인 능력과 태도를 길러 구체적인 직업세계에서 활동할 수 있도록 해주는 과정으로, 가능한 한 지역사회나 사업체 등 현장에서 실시되는 것이 바람직하다.

3) 직업훈련

장애인의 직업발달을 도울 수 있는 폭넓은 학습기회와 경험을 해보는 훈련으로, 학교교육 및 산업현장과의 긴밀한 연계하에 이루어져야 효과적이다.

4) 보호고용

중증장애로 인해 일반 노동시장에서 취업이 어려운 장애인들을 위하여 특별한 환경이나 지원을 통해 고용을 유도하는 제도를 말하고, 이를 위해 필요한 훈련이나 치료서비스를 제공하면서 보호고용을 실시한다. 전국에 있는 대부분의 장애인종합복지관에서는 매년 10월경에 '중증장애인 보호고용 취업박람회'를 개최하고 있는데, 여기서는 보호고용을 희망하는 구직 장애인에게 장애인일자리사업, 현장중심 직업훈련에 대한 정보를 전달하여 중증장애인의 자활을 돕는다.

5) 취업 후 지원서비스

취업 후 일정 기간 동안 장애인과 고용주를 지원하는 것으로, 상담 및 지도, 경제적 지원, 교통수단이나 활동지원서비스 같은 지원을 행한다.

6. 사회 · 심리재활

1) 사회재활

사회재활은 장애인이 사회생활이나 가정생활에 잘 적응할 수 있도록 서비스하는 과정으로, 장애인을 의학적 · 직업적 · 교육적인 기준에서 보는 것이 아니라 사회의 한 구성원이며 전인격적인 존재로 인식하는 것이다. 사회재활이 원활하게 이루어지려면 비장애인들이 장애인을 대하는 태도나 바라보는 시선에 있어서 편견이나 차별이 없어야 하며, 사회의 물리적 환경 또한 장애인들의 접근이 쉽고 편리하도록 모두 개선되어야 한다.

2) 심리재활

심리재활은 장애에 따른 행동의 제한 및 인간관계에서 올 수 있는 긴장감, 불안감, 열등감, 욕구불만 등의 요인을 제거하고 새로운 가능성을 찾도록 도와주는 것으로, 개별상담, 심리치료, 자기수용(적 사고를 갖도록 지지해 주고), 동기유발 등 다양한 방법을 사용한다. 긍정적 마인드와 정서를 유지하도록 웃음요법(웃음치료), 음악요법(노래치료), 미술요법(미술치료), 원예요법(복지원예/ 원예치료), 요가요법(요가치료), 명상요법(명상치료), 동물요법(동물치료) 등을 활용할 수도 있다. 특히 원예요법(복지원예)은 식물 재배하기, 정원 가꾸기, 꽃을 이용한 작품활동 등 식물을 대상으로 하는 인간의 다양한 원예활동을 통해 사회적, 교육적, 심리적, 신체적 적응력을 기르고 이로 말미암아 신체적적 재활과 정신적 회복을 추구하는 전반적인 활동을 말한다. 꽃으로 식물로 마음을 위로하는, 정서적 안정과 재활에 도움이 되는, 녹색의 치유력으로 말할 수 있다.

7. 지역사회중심재활과 지역사회재활시설

지역사회중심재활(CBR : Community-Based Rehabilitation)이란 장애인의 재활과 사회통합을 위해 장애인 자신과 그 가족 및 지역사회의 인적·물적 자원을 가동, 활용하고 지역사회를 기초로 하여 채택된 모든 방법을 동원시키는 것을 말한다. 지역사회중심재활은 기존의 시설중심의 재활에 대한 반성에서 나온 것으로, 탈시설화를 의미한다.

1981년 이래 세계보건기구의 중요한 재활정책으로 권장되어 현재 90여 개 나라에서 시행하고 있다. 현재 각 보건소 등에서 지역사회중심재활협의체를 구성하여 장애인의 재활과 사회복귀를 돕는 일을 하고 있는데, 이러한 협의체를 통해 지역사회의 다양한 재활 관련 자원을 개발하고 발굴하며, 지역 자원 간 정보를 공유해 개인별 장애인의 욕구에 맞춘 통합적 서비스를 제공하고 있다. 지역사회 장애인을 위해 재활방문서비스를 제공하거나, 병원에서 퇴원한 장애인을 보건소로 연계해 방문 사례관리를 하거나, 관내 주민에게 재활 장비를 무료로 대여하거나, 재활치료교실을 운영하는 등의 재활사업을 하는 것이다.

〈표 8-1〉 **지역사회재활시설의 종류 및 기능**

<table>
<tr><td rowspan="10">장애인
지역사회
재활시설</td><td>장애인을 전문적으로 상담·치료·훈련하거나 장애인의 일상생활, 여가활동 및 사회참여활동 등을 지원하는 시설(장애인복지법 제58조 제1항 제2호)</td></tr>
<tr><td>① 장애인복지관 : 장애인에 대한 각종 상담 및 사회심리·교육·직업·의료재활 등 장애인의 지역사회생활에 필요한 종합적인 재활서비스를 제공하고 장애에 대한 사회적 인식 개선사업을 수행하는 시설</td></tr>
<tr><td>② 장애인 주간보호시설 : 장애인을 주간에 일시 보호하여 장애인에게 필요한 재활서비스를 제공하는 시설</td></tr>
<tr><td>③ 장애인 체육시설 : 장애인의 체력증진 또는 신체기능 회복활동을 지원하고 이와 관련된 편의를 제공하는 시설</td></tr>
<tr><td>④ 장애인 수련시설 : 장애인의 문화·취미·오락활동 등을 통한 심신수련을 조장·지원하고 이와 관련된 편의를 제공하는 시설</td></tr>
<tr><td>⑤ 장애인 심부름센터 : 이동에 상당한 제약이 있는 장애인에게 차량운행을 통한 직장 출퇴근 및 외출 보조나 그 밖의 이동서비스를 제공하는 시설</td></tr>
<tr><td>⑥ 한국수어 통역센터 : 의사소통에 지장이 있는 청각·언어장애인에게 한국수어 통역 및 상담서비스를 제공하는 시설</td></tr>
<tr><td>⑦ 점자도서관 : 시각장애인에게 점자간행물 및 녹음서를 열람하게 하는 시설</td></tr>
<tr><td>⑧ 점서 및 녹음서 출판시설 : 시각장애인을 위한 점자간행물 및 녹음서를 출판하는 시설</td></tr>
<tr><td>⑨ 장애인 재활치료시설 : 장애아동을 포함한 장애인에게 언어·미술·음악 등 재활치료에 필요한 치료, 상담, 훈련 등의 서비스를 제공하고 서비스를 이용한 자로부터 비용을 수납하여 운영하는 시설</td></tr>
</table>

8. 장애인 성 재활

1) 개 념

성(性)은 인간의 중요한 삶의 요소이고, 정신건강과의 조화이며 심리적 재활의 핵심이 된다는 관점에서 다루어지고 있는데, 장애인 성 재활에서는 장애 유형별(척수장애인, 뇌성마비장애인, 지적장애인 등) 특성을 고려한 접근이 중요하다.

2) 유럽, 일본, 한국의 장애인 성 재활

(1) 유럽

유럽(독일, 스위스 등)에는 장애인의 성적 자기결정권 보호를 위해 ISBB라는 성 서비스자 양성기관이 있다. 유럽의 장애인 성 서비스로 섹슈얼베글라이퉁(Sexualbegleitung)이라는 것이 있는데, 이는 일반 성매매와는 다르다. 영어로 번역하면 companion에 가깝다고 하니 동반자 정도로 생각할 수 있다. 장애인의 성적 자기결정권을 도와주는 일을 하는 사람을, 남성인 경우 베글라이터(beglieiter), 여성인 경우 베글라이터린(begleiterin)이라고 한다. 우리나라에서도 장애인의 성 문제를 다룬 독립영화 '섹스볼런티어'와, 다큐멘터리 '핑크팰리스(Pink Place)', 번역서인 '섹스 자원봉사' 등이 나오면서 지금까지 꾸준히 이 부분에 대한 논의가 있어왔지만 이것이 과연 장애인의 인권, 복지라고 말할 수 있는가에 대해서는 논쟁의 여지가 있다.

독일에서는 ISBB(장애인 성상담 · 성 서비스 기관)에서 장애인 대상 성 서비스 교육을 받고 지역에서 상담과 마사지를 하는 센터를 운영할 수 있다. ISBB에는 스스로 성적 결정권을 행사하기 어려운 사람들(주로 지적장애인)이 단순히 욕구 해소가 아니라 자신의 성 문제를 제대로 알기 위해 찾아온다. 섹슈얼 베글라이터(린)를 통해서 목적하는 것은 사랑법이나 섹스법을 알려주는 것이 아니라 스스로의 육체가 아름답다고 느끼고 상대에게 자신이 느끼는 바를 알려주고, 나에게도 성을 누릴 권리가 있다는 것을 인식하도록 하는 것이다. 섹슈얼 베글라이터(린)는 돈을 벌기 위한 목적이 아니라 성매매와는 달리 상담을 통해서 장애인이 성에 대한 이야기를 하고 경험할 수 있도록 돕겠다는 마음을 가지고 일한다. 성매매와 크게 다른 점은 ISBB에서는 주로 관찰자의 입장에서 장애인이 무엇을 원하는지 알아내고 소통하는 것에 중요한 역할이 부여되어 있다는 점이다. ISBB에서 하는 섹슈얼 베글라이터(린) 교육에는 이론과 실전에 대한 교육이 있는데, 실전교육에는 장애인과 그룹을 만들어서 데이트와 성경험에 대한 이야기를 한 후에 그곳 대표와 당사자 장애인, 섹슈얼 베글라이터(린)가 함께 토론을 하고 장애인이 원할 경우 성적 접촉을 해나간다. 독일, 네덜란드 등 국가는 성매매가 합법화되어 있다. 스위스의 FABS에서도 섹슈얼 베글라이터(린)에 관한 교육이 있고, 이 교육을 받은 사람들은 섹슈얼 서비스에 종사하고 있는데, 베글라이터(린) 활동을 하면 보통 1시간에 100유로(13만 4천 원) 정도의 비용을 받으며, 시설에 거주하는 장애인의 경우 시설을 방문하기도 한다.

(2) 일본

일본에도 장애인을 대상으로 성 복지를 제공해 주는 화이트 핸즈(White Hands)라는 성 간호 전문회사가 있는데, 이 회사의 명칭인 ‘화이트 핸즈’는 ‘결백함’을 뜻한다. 즉, 장애인이 성적인 욕망을 가지는 것이 죄가 아니라는 의미이다. 이 회사는 단순히 자위 도우미를 보내고 수수료를 챙기는 것이 아니라 주기적으로 성 간호에 대해 세미나를 열고, 토론회를 개최하며, 나아가 정부에 성 간호라는 개념이 확립될 수 있도록 끊임없이 청원을 넣는 등 장애인의 성 문제를 위해 많은 노력을 쏟고 있다. 이 회사가 일본 장애인을 위해 하는 일은 ‘사정 간호’이다. 즉, 신체장애 때문에 손을 제대로 움직이지 못하는 사람을 대상으로 대신 성적 서비스를 해주는 것이다. 이 일을 하는 성 간호사들을 위해 회사에서는 장갑, 젤, 콘돔 등을 제공한다. 성 간호사들이 받는 요금도 시간에 따라 다르며, 교통비도 포함되어 있지만 이를 초과하는 경우에는 버스, 지하철 등으로 이용할 때 드는 요금을 계산해서 추가 지급하고, 지각

시 시급에서 차감하는 등 회사 규정도 있으며, 장애인 요양보호자 자격증이 있으면 우선적으로 채용한다. 그러나 일본의 중증장애인들은 이런 서비스가 있다는 것을 알아도 자신의 성욕을 다른 사람에게 알리는 것이 부끄러워서 잘 신청하지 않는다. 아직 이용요금이 중증장애인들이 지불하기에는 비싼 편이라 일본 정부가 법제화하여 지원될 수 있도록 계속해서 청원활동을 해나가고 있다.

(3) 한국

우리나라에서도 유럽과 일본의 경우처럼 장애인 성 서비스를 비롯하여 특히 척수장애인의 성 재활에 대한 세미나 등 다양한 논의가 꾸준히 전개되고 있는데, 국립재활원에서 실시되고 있는 장애인 성 재활 사업의 목적은 장애인에게 성에 대한 올바른 인식을 심어주고 성 재활 상담, 치료 및 교육을 통하여 성생활이 가능하도록 도와주어 장애인의 삶의 질을 높이고 행복한 가정을 이룰 수 있도록 도와주는 것에 있다. 성 재활 프로그램은 상담 및 교육, 발기부전 치료, 부부를 위한 소그룹 상담 등이며, 척수장애인 부부나 뇌졸중 장애인 부부를 대상으로 매년 1회 2박 3일로 이루어지는데, 그 내용은 부부의 갈등해결, 의사소통 및 관계증진, 성 재활 특강 및 상담, 동작치료 등으로 구성되어 있으며, 기타 척수장애인 성 재활을 돕는 상세한 내용들이 다루어지고 있다.

CHAPTER 09

장애인복지 전달체계

01 _ 서비스 전달체계의 원칙

02 _ 복지서비스 전달체계의 문제와 과제

03 _ 장애인복지서비스의 공공-민간 전달체계

CHAPTER 09

장애인복지 전달체계

1. 서비스 전달체계의 원칙

복지 전달체계라는 것은 서비스를 제공하는 조직(국가, 자치단체 등 공급자)과 서비스를 이용하는 소비자를 연결하는 서비스 전달망을 가리킨다. 누구에게(장애인에게), 무엇을(서비스의 내용), 어느 정도로(서비스 수준과 비용), 어떻게 제공하느냐(전달체계) 하는 것과 관련된다. 즉, 서비스의 제공방법에 관한 조직적 체계를 의미한다. 또한 전달체계란 급여 또는 서비스를 효율적으로 클라이언트에게 전달하기 위하여 어떠한 조직을 통해서 실천할 것인가의 전략을 선택하는 것을 말한다. 전달체계는 운영주체 면에서 볼 때 공적(공공복지) 전달체계인 정부(중앙 및 지방)와 공공기관이 직접 관리 운영하는 것과, 사적(민간복지) 전달체계인 민간 장애인복지시설이 관리 운영하는 것으로 구분된다.

1) 전문성

장애인의 특성과 욕구를 정확하게 파악하고, 욕구해결을 위한 서비스 및 프로그램의 계획과 집행을 하는 데 있어서 전문가가 이를 행하여야 한다는 원칙을 말한다.

2) 적절성

장애인복지서비스의 양과 질, 제공하는 기간이 클라이언트나 소비자의 욕구충족과 서비스의 목표 달성에 충분해야 한다는 것을 말한다. 그러나 클라이언트의 욕구를 충족하기에 그 적절성의 수준을 유지시키는 데에는 어려움이 있다.

3) 지속성

장애인복지서비스 제공에 있어서 복지대상자에게 필요한 서비스를 문제가 해결되는 동안 일정 기간 계속 제공하는 것을 말한다.

4) 포괄성

인간의 욕구와 문제는 다양하고 복잡하기 때문에 포괄적인 서비스가 필요하다는 것을 말한다. 한 가지 문제는 다른 여러 가지 문제와도 연관된다. 다양한 욕구와 문제를 동시에 또는 순서적으로 해결하기 위해서는 다양한 서비스가 필요하다는 것이 포괄성의 원칙이다. 한 사람의 전문가가 여러 문제를 다루거나 여러 전문가가 한 팀을 이루어 문제를 해결할 수 있다.

5) 통합성

다양한 서비스가 동시에 제공되거나 이루어지는 것이 장애인의 복잡한 문제 해결에 효과적이며, 보건의료체계, 공공·민간복지체계, 교육 및 훈련체계, 이송 및 후송 체계, 직업체계 등의 다양한 서비스를 통합관리하고 업무수행 시에 조정하는 통합적 전달체계가 확립될 때 완전한 자립생활과 사회통합이 이루어질 수 있다. 클라이언트의 문제는 많은 경우 복합적이고 상호 연관되어 있기 때문에 이러한 문제를 해결하기 위한 서비스들도 서로 연관시켜 통합적으로 제공해야 한다는 원칙을 말한다.

6) 평등성

기본적으로 장애인복지서비스는 특별한 경우를 제외하고는 성별, 연령, 소득, 지역, 종교, 지위에 관계없이 모든 국민에게 평등하게 제공해야 한다는 원칙을 말한다.

7) 책임성

장애인복지서비스 전달과 이용 및 발생되는 문제 등에 대해서 인과관계가 있고 고의, 중과실이 있는 경우에는 관련 행정기관, 사회복지공무원, 시설장, 사회복지사는 책임을 져야 한다는 원칙을 말한다. 즉, 사회에 대한 책임,[1] 복지 대상자에 대한 책임,[2] 전문가에 대한 책임[3]을 의미하는 것이다.

8) 접근용이성

복지대상자가 필요한 때에, 편리한 곳에서 해당 서비스를 받을 수 있어야 한다는 것을 말한다. 접근성의 원칙으로는 정보제공의 접근성, 지리적 접근성, 심리적 장애를 고려한 접근성(심리적 친밀감), 절차상의 접근성 등이 고려되어야 한다. 서비스 제공자 측면에서는 복지대상자의 기관에 대한 접근과, 기관의 복지대상자에 대한 접근이 용이하도록 되어야 한다. 복지대상자 측면에서는 교통이 편리한 곳에 위치해야 하며, 심리적으로도 소외의식이나 차별적 대우가 없다는 느낌을 줄 수 있어야 한다. 접근성을 높이기 위해서는 유사한 경험을 가진 사회복지사 채용, 의뢰서비스를 전문으로 하는 사회복지기관의 설립, 특수한 집단을 취급하는 사회복지기관의 설립 등이 필요하다.

1) 사회로부터 사회복지기관(장애인복지기관)이 위임받은 소정의 기능을 적절히 수행해야 하는 책임을 말한다.

2) 복지대상자의 욕구를 최대한 해결해야 할 책임을 말한다.

3) 윤리강령을 준수하고 전문가다운 지식과 기술을 연마하고 발전시킬 책임을 말한다.

9) 지역참여성

지역참여 내지 사회참여는 노멀라이제이션(normalization, 정상화), 사회통합의 원리를 강조하는 것으로서, 사회복지에 있어서 지역참여의 원칙은 자원봉사활동의 촉진, 지역사회의 자치성 고취, 지역공동 모금활동의 전개, 민간복지 부문의 확대, 사회복지 계획에서 지역주민의 참여 등을 고려하고 지원해야 한다는 것을 의미한다.

10) 기능분담의 체계성

상부-중간-하부로 연결되는 기능상의 분담이 체계성과 일관성을 유지해야 한다. 보건복지부에 해당하는 상부체계는 정책결정과 관련된 계획 및 통제 기능을 담당하면서 전체적인 동태 파악, 자원의 이용 가능성 파악, 타 기관과의 협력 또는 자체적으로 서비스를 조정하는 역할을 한다. 시・도 단위의 중간체계는 감독, 기획, 제도와 관련된 책임 기능과 서비스 제공 기능을 담당하면서 문제사정, 기관 연결, 복지대상자의 권리를 보장하는 대변자 역할을 한다. 시・군・구, 읍・면・동 단위의 하부체계는 초기개입 기능 및 서비스 제공 기능을 담당하면서 서비스에 대한 홍보, 타 기관과의 협조, 개별사회사업, 재정적 원조 등을 행한다.

2. 복지서비스 전달체계의 문제와 과제

수직적 전달체계로 인해 지역 특성과 욕구를 반영한 서비스 제공이 어렵다는 점과, 장애인복지 영역별 전문인력이 절대 부족하므로 세분화된 다양한 영역의 전문인력 양성이 필요하다는 점 등이다. 또한 공공부조 및 관련 서비스 영역과의 연계성과 통합성이 부족하다는 점과, 중앙정부와 지방정부, 지방정부간, 공공기관과 민간기관간의 역할분담이 미비하다는 점 등이 문제이다.

우리나라의 복지예산(보건 · 복지 · 고용예산)은 해마다 총액도, 전체 예산 대비 비율도 늘어나고 있다. 복지예산이 양적으로 계속 증가하고는 있지만, 국민들이 피부로 느끼는 복지 수준은 이러한 양적 성장에 크게 못 미치는 실정이다. 그 이유 중의 하나가 바로 우리나라 사회복지 전달체계가 확고히 정립되어 있지 않다는 데에 있다. 다시 말해 국민들에게 복지서비스를 전달하는 많은 '톱니바퀴'가 있으나, 이들이 적재적소에 연결되어 있지 않아 사회복지라는 '시계'가 제대로 작동하지 않고 있는 것이다.

현재 「사회보장급여의 이용 · 제공 및 수급권자 발굴에 관한 법률」에 의거 공공부문의 전달체계는 시 · 군 · 구 사회보장협의체와 읍 · 면 · 동을 중심으로 돌아가고 있다. 복지서비스 전달체계가 잘 작동하려면, 민간부문의 역할을 제대로 확립하고, 이를 공공전달체계와 잘 연결시켜야 할 것이다. 이를 위해 각 자치단체에 있는 지역사회보장협의체가 해당 지역의 민간복지부문과 공공부문을 연계하는 매개체가 되어야 할 것이고, 또 지역사회보장협의체가 지역의 사회복지 현안을 발굴하여 해결방안을 제시하고, 이를 실천하기 위한 재정 및 인적자원을 사회복지공동모금회와 함께 마련하는 역할을 해야 할 것이다. 그렇게 되면 지역사회보장협의체가 사회복지 분야의 여러 '톱니바퀴'를 연결하여 '복지시계'가 원활하게 돌아가게 함으로써, 국민들의 복지서비스 만족도를 높일 수 있을 것으로 본다.

지역사회보장협의체의 조직강화는 시대적 대세라고 할 수 있는 '복지행정의 지방화'에도 크게 기여할 것이고, 사회복지의 지방화와 더불어 세계화도 추진해야 하는바, 지난 세계사회복지대회 서울 개최가 있었고, 또 2020년 6월 28일부터 7월 1일까지 이탈리아 북부 리미니(Rimini)에서 세계사회복지대회가 열렸다. 전 세계 사회복지전문가 3,000여 명이 참가했고, 이러한 대회 등을 통해서 한국형 복지모델을 개발도상국들에게 전수하고, 복지선진국들과 활발한 교류를 통해 우리나라 복지수준을 높여나가야 할 것이다.

3. 장애인복지서비스의 공공-민간 전달체계

1) 전달체계 전문인력

전달체계 내에서 활약하는 전문인력들은 서비스의 제공뿐만 아니라 자원의 개발 및 동원, 대상자의 욕구의 발견 및 진단의 기능도 하기 때문에 장애인복지의 성패를 가늠하는 핵심 요소는 전달체계라고 할 수 있다. 장애인복지 행정전달체계 전문직으로는 장애인정책조정위원회, 장애인복지상담원 등이 있고, 장애인복지 전문인력으로는 재활의학 전문의, 물리치료사, 작업치료사, 언어재활사(언어치료사), 의지・보조기 기사 등 재활의료전문가가 있으며, 사회복지사, 정신건강사회복지사, 한국수어(수화) 통역사, 점역사 등이 있다.

작업치료사란 신체적, 정신적, 사회적 장애를 가진 모든 연령대의 사람에게 일상생활동작, 일, 여가 활동 등 일상적인 생활을 수행할 수 있고, 기능 및 발달 수준을 유지・발전시킬 수 있도록 의미 있고 목적 있는 활동을 통해 치료 프로그램을 계획하고 수행하는 일을 하는 사람들을 말한다. 작업치료사가 되기 위해서는 전문대학 및 대학교에 개설되어 있는 작업치료학과를 졸업하고 작업치료사 국가면허시험에 합격해야 한다. 현재 4년제 대학교 32개, 전문대 30개교에 작업치료학과가 있으며, 대학에서는 해부학, 정신의학, 재활의학, 임상운동학, 임상실습 등에 대하여 배운다. 언어재활사(언어치료사)가 되려면 관련전공 학사소지와 특수치료대학원을 졸업해야 하고, 일정 과목들을 이수할 경우 국가고시 응시가 가능하며, 자격취득 시 병원, 심리치료소, 사회복지관, 대학부설 언어치료실, 재활원 언어청각실 등에 채용될 수 있다.

점역사는 일반활자, 표, 그림, 기호 등을 점자로 변환하는 행위인 점역을 하는 사람으로, 말이나 글을 손가락으로 읽을 수 있도록 점자로 바꾸는 일을 한다. 2016년 5월 29일에 제정, 2017년 5월 30일부터 시행된 「점자법」에는 점자는 한글과 더불어 대한민국에서 사용되는 문자로, 일반 활자와 동일한 효력을 지닌다고 하였으며, 5년마다 점자발전기본계획 수립, 점자사용 실태조사, 점자교육의 기반 조성, 점자문화의 확산 등을 위한 조항들이 담겨 있다. 한편 점자자료를 만드는 곳은 장애인복지관, 맹학교 등으로 현재 충분한 지원을 받지 못하고 있다. 충분한 지원을 통해 시각장애인들이 지역사회 속에서 사법, 행정, 교육 등 모든 일상생활에서 점자로 권리를 행사할 수 있는 날이 와야 할 것이다.

2) 공공전달체계 현황

장애인복지의 행정기관은 제도와 사업별로 분할 담당하고 있다. 중앙정부 행정전달체계로는 보건복지부 사회복지정책실 내에 장애인정책국, 다시 그 안에 장애인정책과, 장애인권익지원과, 장애인자립지원과, 장애인서비스과가 있다. 보건복지부 외에도 고용노동부, 교육부, 국가보훈처 등에서도 장애인 관련 업무를 수행하고 있다. 지방정부 행정전달체계로는 각 광역단체인 시·도와 기초단체인 시·군·구, 읍·면·동이 있다.

3) 민간전달체계 현황

민간에 의해 운영되는 사회복지시설과 장애인의 권익보호 및 회원들의 복지 증진을 목적으로 설립된 장애인단체가 중심이 되어 장애인들에게 서비스를 제공하고 있다. 민간전달체계로는 장애인재활협회, 사회복지협의회 등의 상위조직이 있지만 의사결정체계가 아닌 협의체계이기 때문에 민간전달체계가 가시적으로 분명하게 구축되어 있지는 않다. 장애인복지 민간부문으로는 장애인종합복지시설, 한국장애인단체총연합회, 한국장애인복지관협회, 한국장애인복지시설협회, 한국지체장애인협회, 한국시각장애인연합회, 한국청각장애인협회, 한국농아인협회, 한국발달장애인협회, 한국지적발달장애인복지협회, 한국뇌병변장애인인권협회, 한국여성장애인연합, 한국재활재단, 한국교통장애인협회, 한국보장구협회, 장애우권익문제연구소, 한국장애인부모회 등이 있다.

CHAPTER 10

장애인 접근권

CHAPTER 10

장애인 접근권

1. 접근권의 개념

국제장애인권리협약 제9조에서는 접근권(accessibility)을 "장애인을 포함하여 사람들이 접근할 수 있고, 신체적·시각적·청각적·인식적 수준에서 사용할 수 있는 사물과 서비스의 수단 혹은 상황이다. 여기에는 물리적 혹은 이미 만들어진 환경 혹은 대중교통에 대한 접근성과 정보, 의사소통에 대한 접근성이 포함된다"라고 정의하였다. 이러한 접근성이 보장되는 권리를 장애인 접근권이라 할 수 있다. 즉, 장애인이 사회 전 분야에 걸쳐 기회의 균등과 적극적 사회참여를 목적으로 교육, 노동, 이동, 참정권 행사, 여가와 문화생활 등을 향유할 수 있는 근본적 권리를 말한다. 장애인의 접근권이 제한되면 가정생활, 학교생활, 직장생활, 사회생활 등 모든 영역의 활동에 있어서 제한을 받게 되고, 사회적 고립감 등으로 인한 육체적·정신적 스트레스를 경험하게 된다. 이에 장애인 접근권은 장애인의 사회참여와 자기실현을 실천할 수 있도록 하기 위한 것이며, 아울러 사회통합을 위한 전제가 된다. 본 서에서는 장애인 접근권을 이동권, 정보접근권, 도서접근권, 문화접근권, 시설물 접근권, 배리어프리, 유니버셜 디자인, 보조공학기기로 나누어 다루고자 한다.

2. 장애인 접근권의 법적 근거

1) 접근권

「장애인·노인·임산부 등의 편의증진 보장에 관한 법률」 제4조에 "인간으로서의 존엄과 가치 및 행복을 추구할 권리를 보장받기 위하여 장애인 등이 아닌 사람들이 이용하는 시설과 설비를 장애인도 동등하게 이용하고 정보에 자유롭게 접근할 수 있는 권리"라고 규정하고 있다.

2) 물리적 접근권

장애인복지법 제23조에 "공공시설과 교통수단을 안전하고 편리하게 이용할 수 있는 권리"와 "공공시설 등 이용편의를 위해 한국수어 통역, 안내보조 등 인적서비스를 제공받을 권리"를 규정하고 있다.

3) 정보 접근권

국가정보화 기본법 제29조에 "모든 국민이 정보화의 편의를 누릴 수 있는 권리"를, 제31조에 "모든 국민이 정보통신서비스에 원활하게 접근하고 정보를 유익하게 활용할 기본적 권리"를 규정하고 있다.

4) 문화 접근권

국가정보화 기본법 제29조 제5항에 "문화의 향유 및 교류의 권리"를, 장애인복지법 제4조 제2항에 "사회의 구성원으로서 문화 등 모든 분야에 참여할 권리"를 규정하고 있다.

3. 장애인 이동권

1) 이동권의 개념

이동권은 물리적 장벽, 특히 교통시설 이용 등에서의 제약을 받지 않을 권리라고 정의할 수 있다. 장애인 이동권은 그동안 노약자나 임산부 등과 함께 「교통약자의 이동편의 증진법」에서 법적 근거를 확보하고 있고, 또한 「장애인차별금지 및 권리구제 등에 관한 법률」에도 구체적인 규정이 있다.

2) 이동권의 실태

장애인 이동권 교통수단으로는 장애인 저상버스, 장애인 콜택시, 장애인 콜밴, 장애인 무료셔틀버스, 지하철, 일반버스 등이 있다. 여기서 저상버스란, 장애인 등 교통약자가 버스에 쉽게 승하차할 수 있도록 출입구에 계단 대신 경사판이 설치된 버스를 말한다. 그래서 장애인이 휠체어를 타거나, 아기를 유모차에 태운 채 오르내릴 수 있을 뿐만 아니라 노약자들도 쉽게 이용할 수 있는 버스다. 2023년 기준 전국에 저상버스 도입률은 30%가 약간 넘는 정도이고, 아직도 엘리베이터가 없는 지하철역이 20곳이 넘는다.

장애인 실태조사에 나타난 장애인들의 주된 교통수단은 자가용, 일반버스, 지하철·전철, 일반택시 등이다. 저상버스, 장애인 콜택시, 장애인 콜밴, 무료셔틀버스 등은 차량대수가 부족하여 장시간 대기해야 하거나, 장애인 콜택시의 경우 지방에서는 운행시간대가 제한되어 있어 접근성과 편의성이 떨어져 만족도가 낮은 것으로 나타나고 있다. 장애인 콜택시 이용대상은 주로 중증장애인과 동반가족 등이나 자치단체별로 상이하다.

2022년에 대법원은 버스회사가 휠체어 탑승설비를 갖추지 않은 것은 차별이라고 인정한바 있다. 그런데 버스회사 부담이 크다면서 소송 당사자들이 이용하는 노선 위주로 설비를 설치하라고 하여 논란이 일었던 일이 있었다. 장애인차별금지법상 과도한 부담이 된다거나 여러 가지 어려움이 있으면 정당한 편의를 제공하지 않아도 되는 제한 조건들이 있어서 법이 있지만 그 실효성이 담보되기는 어려운 현실이다. 법무부도 장애인차별금지법에 따라 차별행위에 대해 시정명령을 내릴 수 있지만, 이 제도 시행 이후 그동안 시정조치를 한 건 겨우 6건에 불과하다.

장애인 이동권 문제는 예산이 중요한데, 현재는 이러한 특별교통수단과 관련된 예산이나 지원은 중앙정부가 아닌 지방정부 차원에서 하게 되어 있다. 그래서 중앙정부가 적극 관심을 갖고 지원을 하지 않는 한 지역 간 격차는 생길 수밖에 없는 일이다. 또 다른 문제로는, 학교 근처 등 도로에 과속 방지턱이 너무 높아 저상버스 미션(동력 전달장치) 등 차체 손상이 늘어나면서 버스 회사들이 손해를 보기 때문에 저상버스 노선을 늘리는 데 어려움이 있다는 점이다. 저상버스 경사판이 고장이 나서 버스가 오더라도 탈 수 없는 경우도 있고, 버스 자체가 커서 경사판을 내리더라도 인도 턱에 닿지 않아 다시 위치를 조정해야 탈 수 있거나, 어렵게 저상버스를 타더라도 휠체어가 들어가야 할 자리에 일반석이 놓여 있다거나, 내릴 때 휠체어를 돌려서 내려야 하는데 통로가 좁아서 전동휠체어를 돌려서 내리는 데 어려움이 있다거나 하는 등 그동안 저상버스 운영상에 있어서 여러 문제점들이 있었다.

3) 이동권의 법적 근거 및 향후 과제

장애인들은 대중교통의 대표적인 교통수단인 버스를 이용하고 싶어도 휠체어 이용이 가능한 저상버스는 보급률이 현저히 낮은 상태라 이용에 어려움을 겪고 있는 것이다. 현행 「교통약자의 이동편의 증진법 시행령」 제14조(저상버스 등의 운행 대수 등) 제1항에 의하면 특별시와 광역시는 운행하려는 버스 대수의 2분의 1을, 시와 군은 운행하려는 버스 대수의 3분의 1을 저상버스로 대체하도록 규정되어 있다. 그럼에도 불구하고 이 도입률은 지켜지고 있지 않다. 그래서 국토교통부는 2022년 9월에 제4차 교통약자 이동편의 증진계획을 발표한바 있는데, 이 계획에 따르면 '모든 사람이 차별 없이 편리하게 이동할 수 있는 환경조성'을 비전으로, 2026년까지 교통약자 이용가능 교통수단의 획

기적인 확대 및 이동편의시설 개선을 목표로 한다는 것이다. 이를 위해 전국 시내버스의 62%를 저상버스로 전환하겠다는 계획이다. 장애인 등 교통약자의 이동편의 증진을 위해 전국 시내버스의 저상버스 도입률을 높이고, 장애인 특별교통수단 도입 대수를 늘리겠다는 것이다. 좌석버스의 경우에는 국내에 운행가능한 차량 모델이 없기 때문에 2026년까지 차량개발에 힘쓰고, 2027년부터 운행할 계획이며, 2023년 1월부터 시내 및 농어촌, 마을버스에 저상버스 도입을 의무화하여 전국 저상버스의 도입률을 높인다는 것이다. 또한 교통수단 중 이동편의시설 수준이 최하위인 여객선에 대해서도 현재의 여객선 편의시설 기준 적합 설치율을 37.5%에서 52%까지 높이겠다고 하였다. 또한 효율적인 교통약자 이동편의 정책 수립 및 시행을 위한 협력 거버넌스를[1] 구축하고, 지역별 교통복지 이행 평가체계를 마련하기로 하였다. 그리고 각 지역의 교통복지 수준을 정량적·정례적 평가할 수 있는 '교통복지 지표'를 개발 및 법제화하여 각 지역의 모범사례 발굴 전파 및 인센티브 부여 등을 추진할 계획이라고 하였다.

장애인의 이동권 보호를 위해서 법 규정대로 장애인 저상버스를 확대해야 한다. 저상버스 도입을 확대하는 것도 중요하지만, 저상버스 도입에 따르는 제반 환경을 제대로 구축하지 않으면 안전사고가 일어날 수 있으므로 도입된 저상버스가 실질적으로 안전하게 운행될 수 있도록 도로, 버스정류장, 승강설비 등의 정비와 운전자 교육도 병행되어야 한다. 그리고 저상버스나 지하철 역사에 엘리베이터가 100% 설치되더라도 버스정류장이나 지하철 역사까지 장애인 혼자서 갈 수 없어 대중교통수단을 이용할 수 없는 중증의 장애인 등을 위해서, 출발 지점에서 도착 목적지까지 이동지원하는 특별교통수단 서비스가 운영될 수 있도록 하여야 한다. 이에 대해서는 「교통약자의 이동편의 증진법」 제16조에 특별교통수단 및 이동지원센터의 운영 등에 관하여 필요한 사항은 당해 지방자치단체의 조례로 정하도록 하고, 특별교통수단의 운행을

1) 거버넌스(governance)는 국가의 조정역할, 안내역할, 방향제시 등의 의미를 가지고 있으며, 따라서 전통적인 정부 위주의 문제해결 방식에서 탈피하여 다수의 주체가 참여하여 문제를 해결해 나가는 협치 방식을 말한다. 다시 말하자면, 지역사회 내의 지방정부, 시민사회의 참여를 통해 지역의 발전을 위한 방안을 모색하는 형태로 이해할 수 있겠다.

의무화하고 있다. 「교통약자의 이동편의 증진법 시행규칙」 제6조 제2항은 특별교통수단으로 운행되는 차량의 종류를 현재 위치에서 목적지까지의 이동을 지원하는 차량, 정기적으로 지정된 노선을 순회 이동하는 차량으로 규정하고 있다.

저상버스와 함께 특별교통수단의 도입은 장애인 등의 이동권 확보를 위해 가장 필수적인 요소이며, 지역에서의 이동을 실질적으로 보완할 수 있는 만큼 각 자치단체는 특별교통수단 도입 및 운영 계획을 제대로 세워야 한다. 나아가 시·군·구에 있는 교통약자의 이동지원을 위한 이동지원센터(장애인 전용 교통수단 관리센터)를 의무적으로 설치하여 시·도 광역단체장이 이를 통합운영할 수 있도록 하여야 한다.

향후 GPS(위치정보시스템) 레이더로 차량 스스로 움직이게 하는 완벽한 자율주행차량이 본격적으로 상용화된다면 고령자, 장애인, 치매환자 등의 이동권 문제도 많이 줄어들 것으로 보인다.

4. 정보접근권

정보접근권이란 장애인, 고령자 등 정보취약계층이라 할지라도 각종 정보에 쉽게 접근하여 이용할 수 있도록 하는 권리를 말한다. 예컨대 행정서비스를 제공하는 공공기관에서 시각장애인에게 점자안내서나 음성서비스, 청각장애인에게 한국수어 통역이나 자막방송을 제공하는 등 그들이 정보이용에 어려움이 없도록 지원하자는 개념이다.

장애인을 비롯한 고령자 등 정보접근취약계층은 4차 산업혁명의 혜택은 고사하고 지금의 디지털 시대에서도 소외되고 있다. 273만 명이 넘는 등록 장애인과 급증하고 있는 고령층이 디지털 정보 혜택을 누릴 수 있는 정책적 배려와 시행은 더 이상 미룰 수 없는 시급한 국가적 과제이다. 현대사회는 정보화사회, 욕구의 다양화, 정보통신의 발달로 개인 삶의 질적 향상과 더불어 컴퓨터 및 소셜네트워크의 발달을 가져와 개인생활에 큰 영향을 주고 있다. 이러한 정보화 사회에서 정보접근권이 충분히 보장된다면, 장애인의 지역사회 참여도 보다 용이하게 될 것이다. 이에 장애인, 고령자 등 정보취약계층에게 ICT(정보통신기술) 접근권을 보장하는 제도적 방안이 마련되어야 한다. 특히 발달장애인의 경우에는 상황, 사물에 대해 인지하는 것이 쉽지 않아 알기 쉬운 정보와 설명이 있어야 다른 사람들과 소통하며 어울리고 삶의 질을 높일 수 있다. 발달장애인은 비록 이해속도는 느리지만 계속 반복해서 알기 쉬운 설명이나 자막 등을 제공하면 자신의 권리나 사물의 내용 등에 대해서 이해할 수 있다. 따라서 발달장애인의 알권리와 정보접근권 강화를 위한 노력도 있어야 한다.

장애인의 정보격차 해소를 위해서는 법률에 법적 강제조항을 포함시켜야 한다. 현재 관련 규정이 있지만 강제조항이 아니어서 준수하지 않더라도 법적으로 규제할 근거조항이 없다. 따라서 임의규정을 강제규정으로 하는 것도 중요하고, 또 정보접근권 보장을 위해 정보통신기기 개발과 보급을 확대해 나가야 한다. 현재 독서확대기, 영상전화기, 음성출력기, 입력보조기 등 장애인의 정보접근권을 보조할 수 있는 다양한 보조기기가 개발 보급되고 있다. 손, 발, 입 등의 신체를 사용하기 어려운 경우에는 눈으로 입력하는 장치를 사용할 수 있으며, 뇌파를 이용하는 장치, 숨을 들이마시거나 내뿜는 동작으로 컴퓨터를 조작하는 장치들이 개발되어 활용되고 있다. 그러나 이러한 기기를 실제적으로 활용하기에는 경제적 여건이 가장 큰 장애물로 작용하고 있다. 이런 부분에 대한 정책적 고려가 이루어져야 하며, 장애인 정보화교육도 실효성을 가질 수 있도록 지속적으로 개선해 나가야 할 것이다. 또한 각 자치단체별로 설치되어 있는 장애인정보화센터가 장애인의 정보접근을 위한 포괄적이고 실제적인 서비스를 제공할 수 있도록 운영에 효율을 기해 나가야 할 것이다.

5. 도서접근권

시각장애인이나 독서장애인의 도서접근권 보장을 위해 2023년 1월 기준 국립장애인도서관(국립중앙도서관 본관 6층)에 텍스트데이지자료 35,428건, 전자점자도서 5,487건, 전자책 18,533건, 수어영상도서 7,138건이 소장되어 있으며, 휴먼음성자료, 화면해설영상자료, 자막영상자료, TEXT-PDF도서 지원도 있다. 여기서 데이지(DAISY)란 Digital Accessible Information SYstem의 약어로 1988년 스웨덴국립녹음점자도서관이 최초로 연구개발한 디지털 녹음도서 제작기술을 말한다. 시각장애인이나 독서장애인을 위해 낭독한 음성파일을 디지털화하여 CD에 저장한 도서를 디지털 녹음도서라 하는데, 데이지는 단순히 음성만을 디지털화하는 것이 아니라 디지털화한 음성 녹음물과 모든 정보를 함께 제공하는 디지털음성정보시스템이다. 데이지의 장점은 장, 절, 페이지 등의 검색이 가능하여 시각장애인과 독서장애인도 문서의 원하는 부분을 마음대로 찾아서 읽을 수 있다는 점이고, 원하는 부분만 선택적으로 계속 반복하여 들을 수도 있다.

시중에서 출판되는 책들이 모두 다 이러한 형태의 자료로 제작되는 것은 아니고, 그중에서 일부만 이와 같은 대체자료로 제작되고 있다. 따라서 시각장애나 독서장애가 있는 사람들의 도서접근권을 충족시키기에는 많은 부족함이 있다. 이러한 단점을 보완하기 위해 장애인의 도서관 이용 편의를 위한 무료 우편 서비스인 '책나래 서비스'를 병행하고 있는데, 책나래 서비스는 도서관 방문 이용이 어려운 장애인 등을 위하여 이용자가 필요로 하는 도서관 자료를 우체국 택배를 이용하여 무료로 집까지 제공해 주는 서비스이다. 이용절차는 거주 지역 내 도서관에 회원가입 하고(이용자가 실제 자료를 이용할 도서관에 회원가입) 국가유공상이자, 거동불편자에 해당하는 사람은 해당 증명서류를 도서관에 제시(최초 1회만)해야 한다. 이어서 책나래홈페이지에서 장애인 회원가입 하고, 도서관 담당자의 승인을 얻은 후 책나래 서비스 이용이 가능하다.

6. 문화접근권

문화권이라는 용어는 유럽을 중심으로 생존권이나 참정권과 같이 인간의 기본권으로 자리 잡고 있다. 장애인이 문화활동에 참여하는 것이 어려운 이유는 경제적 어려움, 교통수단의 부족, 편의시설 설치 미비, 여가서비스 이용에 대한 지식 및 경험 부족, 훈련된 전문인력의 부족, 장애인에 대한 부정적인 인식, 정책당국의 미온적 노력 등 다양하다.

문화활동은 장애인들의 문화적 욕구를 표현하고 잠재력을 계발시켜 삶의 인식을 새롭게 하고 변화와 성장의 원천이 된다. 장애인들이 다양한 문화활동에 참여할 수 있는 기회를 가짐으로써 심리적·정신적 만족과 사회적 재활 촉진, 자립생활 증진, 역량강화, 정상화 실현 등에 기여할 수 있다고 본다. 그러나 장애인에 대한 부정적인 인식과 편견, 그리고 대중교통 및 교통시설, 공공시설 및 건축물, 정보통신 및 의사소통 등 물리적 환경을 이용하는 데 따른 제한으로 장애인들은 마음 편히 여가문화생활을 하지 못하고 있다.

한편 소득과 지역에 따른 문화격차 해소 및 취약계층의 문화향유 확대를 위해 문화바우처 사업, 소외지역을 찾아가는 문화순회사업 등이 실시되고 있는데, 문화바우처인 문화누리 복지카드는 문화 소외계층에 문화참여 기회를 제공하기 위한 사업으로 기초생활수급자와 차상위계층을 대상으로 1인당 연간 10만 원 신청자에게 지원(주민센터에서 지원하고, 동일한 세대 내에서 하나의 카드로 합산 이용도 가능)되며, 문화누리카드는 여행, 공연장, 전시장, 서점, 화방, 음반판매점, 스포츠 관람 등 문화생활에 이용할 수 있다.

문화접근권의 문제로는, 먼저 국민의 장애인차별금지에 대한 인식이 부족하다는 점이고, 이어서 문화시설에서 제공하는 기존 프로그램 또는 인프라에 장애인들의 욕구 반영이 부족하고, 정보소외계층의 정보격차를 줄이기 위한 노력이나 교통약자를 위한 편의시설 확충을 위한 노력들이 아직도 많이 부족하여 장애인들의 문화활동 참여와 활성화에 제한이 따르고 있다는 점이다. 그리고 저소득층이 문화생활을 누린다는 것은 현실적으로 매우 어렵기 때문에, 문화 인프라를 조성할 경우 장애인의 욕구 반영, 민간 차원의 적극적인 참여를 위해 장애인차별에 대한 이해와 장애인식 개선을 위한 노력, 문화 접근성 확대를 위한 정보접근과 물리적 접근이 용이하도록 해야 할 것이다.

7. 시설물 접근권

국제장애인권리협약 제9조에서는 "대중에게 개방되거나 제공되는 시설과 서비스를 제공하는 민간 주체들이 장애인의 접근성을 위하여 모든 측면을 고려하도록 보장하고 대중에게 개방되는 건물과 기타 시설에 대한 접근성을 용이하게 하기 위하여 안내인, 낭독인, 전문수화통역사를 포함한 현장지원과 매개체를 제공"하도록 명시하고 있다. 이는 장애인이 어떠한 건물(시설물)의 내·외부 시설에 진입할 때 접근이 불가하거나 불편하지 않게 할 것을 의미한다.

시설물 접근과 관련하여 장애인 편의시설의 종류는 크게 대상물 외부시설(보행로, 도로, 교통도로 등 통행로, 각종 설치물, 교통시설, 기타 설비), 매개시설(주차장 등), 대상물 내부시설(계단, 출입구, 통로, 경사로, 승강기, 화장실, 기타 설비 등), 공통시설(정보통신시설, 안내표지 등)로 분류된다.

8. 배리어프리

비장애인 중심의 사회 제반 구조물은 장애인을 주류사회로부터 자연스럽게 격리시키고 있다. 물리적 측면에서 장애인 접근권과 연계되어 논의되고 있는 것은 장애인편의시설로서, 편의시설이란 "장애인 등이 생활을 영위함에 있어 이동과 시설이용의편리를 도모하고 정보에의 접근을 용이하게 하기 위한 시설과 설비 등"을 말한다.

배리어프리(barrier free)는 몸이 불편한 사람들이 시설물이나 구역을 쉽게 접근하거나 이용할 수 있도록 계단 대신 슬로프를 설치하고, 넓은 공간을 갖추는 등 행동의 불편함을 최소화하는 것을 말한다. 근래에는 장애인뿐만 아니라 노인, 임산부와 같은 사회적 약자를 포함한 시민 모두가 편리하게 이용할 수 있도록 하고 있다. 배리어프리는 장애인 등이 교통수단, 건축물 등을 접근·이용·이동하는 데 불편이 없는 생활환경을 구축한다는 것으로, 이와 같이 장애물 없는 생활환경 인증제(Barrier Free 인증제)가 시행되고 있다. 인증종류는 예비인증과 본인증으로 나뉘며, 인증기관은 재단법인 한국장애인개발원과 한국토지공사가 공동으로 맡아 하고 있다. 예컨대 서울시 송파구 문정동의 경우 지하철 8호선 문정역에서 내리면 바로 지하통로가 이어져 문턱이나 계단 등 어떤 장애물도 없이 공공건축물과 시설물까지 걸어서 접근할 수 있는 보행네트워크가 구축되어 있다. 문정지구 내 공공건축물 1층에는 장애인과 노약자를 위한 다목적 화장실을 설치했고, 개방형 여성 전용 주차구역을 따로 만들어 보다 안전한 역사를 운영하고 있다. 서울시 성북구청 청사는 장애인들이 이용하기에 가장 편리한 구청으로 알려져 있는데, 기초지방자치단체 청사 가운데 최초로 장애물 없는 생활환경 인증 1등급을 취득한 바 있다. 장애물 없는 건축물 국내 제1호인 대전시청은 멀리 떨어진 구석에 있던 장애인주차장을 시청 입구에서 가장 가까운 정중앙으로 옮겨놨고, 장애인주차장의 폭도 3.2미터에서 3.5미터로 확대해 자가용을 이용하는 장애인들이 한결 편리하게 주차하고 시청 건물 안으로 빨리 들어갈 수 있게 하였다. 또 기존에 있던 장애인 화장실도 화장실 안에서 휠체어를 자유자재로 회전시킬 수 있도록 시설을 보완하여 편의성을 높였고, 엘리베이터의 내부 금속손잡이에 가죽 재질의 덮개를 씌워 손잡이가 미끄럽지 않게 하여 이용객들을 배려했다. 또한 민원인 등 사람의 왕복이 많은 대리석 바닥에는 '논 슬립 액(미끄러지지 않는 액체)'을 바르고, 모든 계단에는 '논 슬립 테이프(미끄러지지 않는 테이프)'를 붙여 장애인들은 물론 비장애인들이 비 오는 날에도 미끄러지지 않도록 했다. 이처럼 여러 지방자치단체와 장애인복지관 등에서 '장애물 없는 생활환경'을 위해 환경개선을 해나가고 있다.

한편 국내 개봉하는 영화가 한 해에 1,700여 편 정도 된다고 하는데, 이 중에서 배리어프리 영화는 한 해 30여 편 정도에 불과하다고 하니 시각장애 청각장애인의 영화관람, 여가문화생활을 위해서라도 보다 많은 영화나 기타 다양한 여가와 문화생활 분야에서도 배리어프리가 확대되길 바라본다.

9. 유니버설 디자인

유니버설 디자인(universal design)은 1990년대 미국 노스캐롤라이나 주립대학의 유니버설디자인센터에서 근무한 로널드 메이스가 제창했다. 그는 장애로 인해 휠체어를 타고 다녔는데, 그가 제창한 유니버설 디자인 개념은 한마디로 '보편적인 디자인' 혹은 '모든 사람을 위한 디자인(Design for All)'이라고 할 수 있다. 말 그대로 '모두를 위한 디자인'이다.

유니버설 디자인은 배리어프리 디자인과는 약간 다르다. 배리어프리 디자인은 오직 장애인들을 위한 디자인으로, 그들이 비장애인과는 다른 경험을 하게 함으로써, 장애인과 비장애인 간의 경계를 뚜렷하게 한다. 이는 장애인들에게 물리적으로는 편안함을 제공하지만, 사용하는 동안 불편한 감정을 느끼게 하는 것은 부정할 수 없다. 유니버설 디자인은 이 불편함을 다소 줄여주기 위하여 비장애인과 장애인 간의 거리를 좁혀주는 역할을 한다. 장애는 다양성의 일부일 뿐이며, 사회의 구성원들이 장애를 다르다고 인식하지 않도록 해준다. 장애인들의 입장에서 물리적 불편함뿐 아니라 심리적 불편함을 최소화하는 것이 유니버설 디자인의 목표라 할 수 있다. 이것을 제창했던 초창기에는 고령자나 장애인과 같이 신체가 불편한 사람들이 생활에서 불편하지 않도록 하는 배리어프리된 디자인 개발에 초점이 맞춰졌으나 차츰 연령과 성별, 국적(언어), 장애의 유무 등과 같은 개인의 능력과 개성의 차이와 관계없이 처음부터 누구에게나 공평하고 사용하기 편리한 제품, 건축, 환경, 서비스 등을 구현하는 디자인으로 의미가 발전했다.

배리어프리(barrier free)나 접근성 디자인, 보조과학기술로부터 나타난 유니버설 디자인에는 7가지 원칙이 따르는데, 즉 누구나 이용할 수 있고, 사용하는데 자유로우며, 사용법이 쉽고, 곧바로 이해할 수 있고, 실수나 위험을 방지하며, 적은 힘을 사용하고, 취급하기 쉬운 공간과 크기일 것 등이다. 우리 주변에서 볼 수 있는 레버식 문 손잡이, 발판을 낮춘 낮은 바닥형 버스, 보도의 높이와 버스 바닥의 높이가 일치하도록 만든 버스 정류장, 지하철역과 지상을 연결해 주는 엘리베이터 등이 대표적이다.

영국의 경우 1995년 사회적 약자를 위한 디자인 관련 법안이 제정되면서 모든 건물에 휠체어 통로와 엘리베이터가 생겼으며, 정확한 지도와 표지판 등을 설치해 복잡한 런던을 누구나 편리하게 다닐 수 있도록 만들었다. 일본의 시즈오카 현(静岡縣)은 도시 전체를 유니버설 디자인으로 리모델링하여 공원과 지하철 등의 도시 시설에서부터 상점과 숙박시설 전시회장 등 도시 전반에 걸쳐 편리성을 추구하고 있다. 기타 많은 나라에서 유니버설 디자인의 중요성을 인식하고 있고, 우리나라도 지방자치단체를 중심으로 공공시설물에 유니버설 디자인을 도입하는 사례가 늘고 있다.

유니버설 디자인은 미국 · 일본 등에서는 보편적인 디자인(Universal Design), 북유럽에서는 모두를 위한 디자인(Design for All), 영국에서는 인클루시브 디자인(Inclusive Design)으로 불린다. 인클루시브 디자인의 관점은 유니버설 디자인 관점에서 한 발 더 나아가 모든 사람 '누구나'에 초점을 맞추면서 동시에 색채, 질감, 외향적인 아름다움, 기능적인 디자인, 커뮤니케이션 등 '심리적 영향을 미치는 요소'에 대해서도 중요시하는 개념이라고 할 수 있다. 유니버설 디자인이든, 인클루시브 디자인이든, 사람들 모두가 쉽고 편하게 사용할 수 있는 제품을 만들자는 것이므로, 상세 개념에 있어서는 약간의 차이가 있을지라도 이들을 같은 개념으로 보아도 무방할 듯하다.

한편 유니버설 디자인 도시 조성 관점에서 지역근린 생활권 보행 환경을 중심으로 디자인 평가를 분석한 연구자료도 있다. 한국장애인개발원에서 서울시 노원구를 중심으로 근린생활권에서 나타날 수 있는 거리 유형을 파악하고, 거리 유형별 유니버설 디자인 관점의 운영관리 실태를 파악한 자료를 보면, 도시의 근린생활권은 지역 거주민의 주요하면서 도시민의 주요한 정주환경으로 거주민과 보행자들이 경험하는 1차적 거리환경이기에, 현장조사를 통한 거리환경 유형화와 공공디자인 시설을 실측한 것이다. 분석 결과 노원구의 거리 환경은 총 세 개 유형(중심상업가로, 근린상업가로, 생활가로)으로 구분되었고, 공통적으로는 유니버설 디자인의 기본적이면서 핵심적인 안전과 접근성, 통행로가 확보되지 않았으며, 보도 내 자전거 도로의 일관성 없는 배치는 보행약자와의 충돌을 발생하게 했다고 한다. 결과적으로 유니버설 디자인 조례 등 법제도 수립되었음에도 실제 거리환경에서는 이를 구체적으로 실현하지 못하여 전문적이면서 기술적인 숙련도가 매우 취약함을 확인할 수 있었다고 한다. 그래서 본 연구는 서울 자치구 권역에서의 지자체의 거리환경 정비 방향을 구체적으로 제안한 데 연구 의의를 두며, 노원구 사례와 함께 타 자치구 거리유형별 유니버설디자인 관리 실태를 점검함으로써 유니버설 디자인을 지향하는 거리환경 정비 가이드를 마련하는 기초 실증 데이터로 활용될 수 있는 자료를 제공한 것이다.[2)]

10. 보조공학기기

보조공학(assistive technology)은 특정 환경 안에서 장애인의 기능을 돕기 위해 설계된 다양한 유형의 서비스와 장치를 의미한다. 보조공학은 학습상의 보조는 물론, 환경에의 접근성, 직장에서의 경쟁력, 독립성 등을 강화하여 삶의 질 향상에 기여할 수 있다. 보조공학에 의해 만들어지는 보조공학기기는 공학과 전자 기술을 활용해 노인과 장애인의 재활 및 신체적 불편함을 돕기 위해 개발한 기기를 말한다. 누구나 사용할 수 있는 상용 기기와 신체 조건이나 작업 환경에 맞게 디자인과 기능을 조정한 맞춤 기기로 구분된다.

2) 윤윤정(2020). 유니버설디자인 관점에서 도시근린 보행환경 정비 및 관리 실태 연구－서울 노원구 거리환경을 중심으로－. 장애인복지연구, 11(2).

보조기기의 종류로는 사이드 경사로, 이동 경사로, 자동 문 개폐기 등과 같은 편의시설 보조기기, 보행기, 스쿠터, 휠체어 등과 같은 이동시설 보조기구, 운전 보조기구, 자세 보조기구, 일상생활 보조기구, 컴퓨터접근 보조기구, 작업 및 학습 보조기구, 여가생활 보조기구, 시각장애인용 보조기구, 청각장애인용 보조기구 등 수많은 보조공학기기가 있다.

한편 2020년 장애인 실태조사에서 장애인보조기기가 필요한데 구입하지 않은 주된 이유로 경제적 비용 부담 때문인 경우가 42.3%로 나타났으며, 사용해도 별 효과가 없을 것 같아서 15.5%, 사용이 불편할 것 같아서 12.2%, 적합한 장애인보조기기가 무엇인지 몰라서 12.0%, 적합한 보조기기가 없어서 6.7% 등의 순으로 나타나 경제적 비용 부담 때문인 경우가 가장 높게 나타났다.

보조공학기술[3]은 이처럼 장애인의 모든 생활영역의 질을 향상하기 위해 사용되는 하드웨어와 소프트웨어를 만들어 내고 있다. 장애인복지법 제65조는 장애인보조기구를 "장애인이 장애의 예방·보완과 기능 향상을 위하여 사용하는 의지(義肢)·보조기 및 그 밖에 보건복지부장관이 정하는 보장구와 일상생활의 편의증진을 위하여 사용하는 생활용품"으로 규정하고 있다. 수많은 종류의 다양한 장애인 보조기구를 통해 신체기능이 상실된 장애인들이 불편하지만 그래도 정상에 가까운 생활을 할 수 있는 것은 보조공학기술이 날로 발전하고 있기 때문이다.

우리나라 「장애인 등에 대한 특수교육법」에서는 특수교육공학을 특수교육 관련 서비스의 일환으로 보아 각급 학교의 장이 특수교육 대상자의 교육을 위하여 필요한 장애인용 각종 교구, 각종 학습보조기, 보조공학기기 등의 설비를 제공하여야 한다고 규정하고 있으며(제28조 제4항), 특수교육공학을 정보

3) 장애인 보조공학기기 관련 아래의 동영상 자료 참고.
① 서울시보조공학서비스센터, 일어서자!(08:35)
https://www.youtube.com/watch?v=mXn2h7rj20o
② 시립서울장애인종합복지관 서울보조공학서비스센터(장애인이동권)(08:10)
http://blog.naver.com/PostView.nhn?blogId=majung1982&logNo=30169722885&jumpingVid=FB51DACA2D86639411A3C9306F3EF5DD2396
③ 사람을 생각하는 따뜻한 IT '보조공학기술'(08:21)
http://search.daum.net/search?w=vclip&q=%EB%B3%B4%EC%A1%B0%EA%B3%B5%ED%95%99%20%EB%8F%99%EC%98%81%EC%83%81&spacing=0&page=13&DA=PGD

접근성 보장의 차원에서 해석하여 각급 학교의 장은 각급 학교에서 제공하는 각종 정보(교육기관에서 운영하는 인터넷 홈페이지를 포함)를 특수교육 대상자에게 제공하는 경우 특수교육 대상자의 장애유형에 적합한 방식으로 제공하여야 한다(제28조 제8항)고 규정하고 있다. 특수교육공학은 특수교육 대상학생의 저하된 능력을 향상시키는 능력 신장의 기능(예 문자 확대기), 정보의 입력이 불가능한 경우 매체를 대체하는 기능(예 음성입출력기), 장애를 보상하고 지원하는 기능(예 자동점역기)을 수행하고 있다. 또한 장애학생의 요구와 특성에 적절한 개별화교육 적용을 가능하게 하고, 장애를 보완하며, 장애학생에게 동기를 부여하고, 자아효능감을 상승시키는 효과가 있다. 여기서 자아효능감은 자기효능감과 같은 말로, 어떤 상황에서 적절한 행동을 할 수 있다는 기대와 신념을 말한다. 캐나다의 심리학자 앨버트 반두라(Albert Bandura)가 제시한 개념으로, 특정한 역량에 대한 지각을 의미한다.

CHAPTER 11

장애인복지 관련 법률

CHAPTER 11

장애인복지 관련 법률

1. 장애인복지법

1) 장애인복지법의 성립, 목적, 기본 이념

장애인의 복지를 위한 우리나라 최초의 법은 1981년의 「심신장애자복지법」[1]이고, 이후 1989년 12월 30일 「심신장애자복지법」을 전부개정하여 「장애인복지법」으로 바꾸었다. 이 과정에서 기존의 '심신장애자'라는 용어를 '장애인'[2]으로 변경하였다.

장애인복지법 제1조는 "장애인의 인간다운 삶과 권리보장을 위한 국가와 지방자치단체 등의 책임을 명백히 하고, 장애발생 예방과 장애인의 의료·교육·직업재활·생활환경개선 등에 관한 사업을 정하여 장애인복지대책을 종합적으로 추진하며, 장애인의 자립생활·보호 및 수당지급 등에 관하여 필요한 사항을 정하여 장애인의 생활안정에 기여하는 등 장애인의 복지와 사회활동 참여증진을 통하여 사회통합에 이바지함을 목적으로 한다"고 규정하고 있다.

1) 우리나라 최초의 장애인 관련 복지법은 1981년의 「심신장애자복지법」인데, 이 법은 일본의 「신체장해자복지법(身體障害者福祉法, 1949)」을 모방해서 만든 법으로, 그 내용과 체계가 일본의 것과 거의 같았다.

2) 1954년 한국지체불구자협회 설립으로 '불구자'라는 용어를 사용했다가 1981년 심신장애자복지법 제정으로 '장애자'라는 용어를 쓰기 시작했고, 1989년 12월 장애인복지법 제정으로 기존의 '장애자'에서 '장애인'이라는 표현으로 바뀌게 되며, 이에 앞서 1987년 12월 장애우권익문제연구소가 설립되면서 '장애우'라는 신조어가 나오게 되다. 여기에서 '장애인'은 장애가 있는 본인 자신이 스스로에게 쓸 수 있는 주체적 용어이나, '장애우'라는 말은 장애인 자신이 스스로를 가리키는 말로 쓸 수 없는 비주체적 용어이다.

장애인복지의 기본 이념은 장애인의 완전한 사회 참여와 평등을 통하여 사회통합을 이루는 데에 있다(법 제3조). 이 이념을 실현하기 위해 장애인복지법은, 장애인은 인간으로서 존엄과 가치를 존중받으며, 그에 걸맞은 대우를 받고, 국가·사회의 구성원으로서 정치·경제·사회·문화, 그 밖의 모든 분야의 활동에 참여할 권리를 가지며, 또한 장애인 관련 정책결정과정에 우선적으로 참여할 권리가 있다고 규정하고 있다(법 제4조).

2) 장애인의 정의

'장애인'이란 신체적·정신적 장애로 오랫동안 일상생활이나 사회생활에서 상당한 제약을 받는 자를 말한다(법 제2조 제1항). 이 법을 적용받는 장애인은 제1항에 따른 장애인(신체적·정신적 장애를 가진 자) 중 다음의 어느 하나에 해당하는 장애가 있는 자로서 대통령령(장애인복지법 시행령)으로 정하는 장애의 종류 및 기준에 해당하는 자를 말한다(법 제2조 제2항).

① '신체적 장애'란 주요 외부 신체기능의 장애, 내부기관의 장애 등을 말한다.

② '정신적 장애'란 발달장애(자폐성 장애) 또는 정신질환으로 발생하는 장애를 말한다.

'장애인학대'란 장애인에 대하여 신체적·정신적·정서적·언어적·성적 폭력이나 가혹행위, 경제적 착취, 유기 또는 방임을 하는 것을 말한다. 신체적 장애 중 외부 신체기능의 장애에는 ① 지체장애, ② 뇌병변장애, ③ 시각장애, ④ 청각장애, ⑤ 언어장애, ⑥ 안면장애 등 6가지가 있다. 신체적 장애 중 내부기관의 장애에는 ① 신장장애, ② 심장장애, ③ 간장애, ④ 호흡기장애, ⑤ 장루·요루 장애, ⑥ 뇌전증장애 등 6가지가 있으며, 정신적 장애에는 ① 지적장애, ② 정신장애, ③ 자폐성장애 등 3가지가 있다.

3) 장애의 종류 및 기준

우리나라 장애인의 유형을 살펴보기에 앞서 외국의 경우를 보면, 미국·프랑스는 미관장애에서 '추형'도 장애로 인정하고 있고, 미국·호주·일본은 에이즈도, 영국은 악성종양(암)을, 스웨덴·노르웨이는 알러지를, 또 스웨덴은 마른버짐(건선)을 장애로 인정하고 있으며, 미국은 뚜렷한 학습장애도 정신적 장애로 인정하고 있고, 스웨덴의 경우 신체장애자라는 말을 쓰지 않고 그 대신에 '고용 곤란자(hard-to-employ)'라는 개념을 도입하여 신체적·정신적 장애는 물론 각종 사회적 장애로 인하여 취업을 하기 어려운 사람들로 그 범위를 확대하고 있다.

우리나라는 이들 선진국과는 달리 장애의 인정 범주가 매우 좁다. 장애인복지법 제2조 제2항은 "대통령령으로 정하는 장애의 종류 및 기준에 해당하는 자"를 장애인으로 보고 있으며, 장애인복지법 시행령인 대통령령으로 정하고 있는 장애의 종류 및 기준은 본 서 제1장에 장애범주 <표 1−1>에 제시한 바 있다.

4) 장애유형별 장애판정 시기

장애유형별 장애판정 시기는 <표 11−1>과 같다.

〈표 11−1〉 **장애유형별 장애판정 시기**

장애유형	장애판정 시기
지체·시각 청각·언어 지적장애, 안면장애	장애의 원인 질환 등에 관하여 충분히 치료하여 장애가 고착되었을 때 등록하며, 그 기준시기는 원인 질환 또는 부상 등의 발생 후 또는 수술 후 6개월 이상 지속적으로 치료한 후로 한다(지체의 절단 및 인공관절치환 등은 예외로 한다).
뇌병변장애	뇌졸중, 뇌손상 등 기타 뇌병변(식물인간 또는 장기 의식 소실 등의 경우 최초 판정일로부터 2년 후 재판정을 한다) 발병 또는 외상 후 6개월 동안 지속적으로 치료한 후에 장애의 판정을 할 수 있으며, 6개월이 경과하였다 하더라도 뚜렷하게 기능 향상이 진행되고 있는 경우는 판정을 미루어야 한다.

정신장애	1년 이상의 성실하고, 지속적인 치료 후에 호전의 기미가 거의 없을 정도로 장애가 고착되었을 때에 한다.
자폐성장애	자폐증이 확실해진 시점에 한다.
신장장애	1개월 이상 지속적으로 혈액투석 또는 복막투석치료를 받고 있는 사람 또는 신장을 이식받은 사람에게 판정한다.
심장장애	1년 이상의 성실하고, 지속적인 치료 후에 호전의 기미가 거의 없을 정도로 장애가 고착되었을 때에 한다.
호흡기장애 간장애	현재의 상태와 관련한 최초 진단 이후 1년 이상이 경과하고, 2개월 이상의 지속적인 치료 후에 호전의 기미가 거의 없을 정도로 장애가 고착되었을 때에 한다.
장루장애	복원수술이 불가능한 장루의 경우에는 장루 조성술 이후 진단이 가능하며, 그 외 복원수술이 가능한 장루의 경우에는 장루 조성술 후 1년이 지난 시점에 한다.
뇌전증	현재의 상태와 관련하여 최초진단 이후 3년이 경과하고 2년 이상의 지속적인 치료를 받음에도 불구하고 호전의 기미가 거의 없을 정도로 장애가 고착되었을 때에 한다.

5) 장애인의 권리

장애인은 인간으로서 존엄과 가치를 존중받으며, 그에 걸맞은 대우를 받는다. 장애인은 국가·사회의 구성원으로서 정치·경제·사회·문화, 그 밖의 모든 분야의 활동에 참여할 권리를 가진다. 장애인은 장애인 관련 정책결정과정에 우선적으로 참여할 권리가 있다(법 제4조).

6) 장애인 및 보호자 등에 대한 의견수렴과 참여

국가 및 지방자치단체는 장애인 정책의 결정과 그 실시에 있어서 장애인 및 장애인의 부모, 배우자, 그 밖에 장애인을 보호하는 자의 의견을 수렴하여야 한다. 이 경우 당사자의 의견수렴을 위한 참여를 보장하여야 한다(법 제5조).

7) 중증장애인의 보호

국가와 지방자치단체는 장애 정도가 심하여 자립하기가 매우 곤란한 장애인(중증장애인)이 필요한 보호 등을 평생 받을 수 있도록 알맞은 정책을 강구하여야 한다(법 제6조).

8) 여성장애인의 권익보호 등

국가와 지방자치단체는 여성장애인의 권익을 보호하고 사회참여를 확대하기 위하여 기초학습과 직업교육 등 필요한 시책을 강구하여야 한다(법 제7조).

9) 장애인 차별금지 등

누구든지 장애를 이유로 정치·경제·사회·문화 생활의 모든 영역에서 차별을 받지 아니하고, 누구든지 장애를 이유로 정치·경제·사회·문화 생활의 모든 영역에서 장애인을 차별하여서는 아니 된다(법 제8조 제1항).[3] 누구든지 장애인을 비하·모욕하거나 장애인을 이용하여 부당한 영리행위를 하여서는 아니 되며, 장애인의 장애를 이해하기 위하여 노력하여야 한다(제2항). 장애인 차별금지를 위해 「장애인차별금지 및 권리구제 등에 관한 법률(약칭 장애인차별금지법)」이 있다.

10) 장애인 인권선언

선언(declaration)이라는 것은 법적 구속력은 없지만 도덕적·윤리적·정치적 비중을 가지는 문서로 보는데, UN(국제연합)은 법적 구속력이나 국제법적 효력을 가지지는 않지만 1948년 12월 10일 총회에서 '세계인권선언(Universal Declaration

3) 한국 사회에서의 남녀차별은 아직도 여전하다. 여성 중에서도 특히 장애여성의 경우는 더욱 그러하다고 볼 수 있다. 그러므로 여성장애인에 대한 차별, 특히 성차별 등은 있어서는 안 될 것이다. 여성이든, 남성이든, 장애인이든, 비장애인이든 본래 인간의 존엄과 가치는 각자 존귀한 것이며 그 어떠한 경우에도 보호받아야 한다. 인간존엄성 존중은 사회복지의 으뜸가치이며, 그것을 실질적으로 보장하고 실현하고자 할 때 우리는 진정한 의미의 선진 복지국가 대열에 들어갈 수 있다. 현행 「장애인차별금지 및 권리구제 등에 관한 법률」 제33조는 '장애여성에 대한 차별금지'를 별도로 규정하고 있다. 뿐만 아니라 제35조는 '장애아동에 대한 차별금지'를, 제37조는 '정신적 장애를 가진 사람에 대한 차별금지'를 규정하고 있다.

of Human Rights)'[4]을 채택한 바 있다. 그리고 1966년 12월 16일 제21차 UN총회에서 인권의 국제적 보장을 위하여 국제법으로서의 법적 구속력을 가지는 '국제인권규약(International Covenants on Civil and Political Rights)'을 채택하였다. 그리고 1971년 '정신지체인의 권리선언(The Declaration on the Rights of Mentally Retarded Persons)', 1975년 '장애인 권리선언(The Declaration on the Rights of the Disabled Persons)' 등을 채택했고, 1976년에는 '세계 장애인의 해'를 결의하여 1981년을 '세계 장애인의 해(International Year of Disabled Persons)'로 선포하였다. 이에 영향을 받아 우리나라도 1981년에 지금의 장애인복지법의 모체가 되는 「심신장애자복지법」을 제정하였고, 이 법에 의해 지금의 장애인 등록제[5]가 시작되었으며, 처음으로 국가나 지방자치단체의 장애인복지에 대한 책임 등이 규정되기 시작하였다.

UN은 그 뒤에도 1982년 '장애인에 관한 세계행동계획(World Programme of Action Concerning Disabled Person)'을 발표하였고, 1992년에는 아시아태평양 경제사회위원회에서 1993년부터 2002년까지를 '아시아 태평양 장애인 10년(Asian and Decade of Disabled Persons)'으로 결정하고 또한 '아시아 태평양 장애인 10년 행동계획'을 채택 결의하였다.

우리나라에서의 장애인 인권의식은 1987년 12월 장애우권익문제연구소 설립, 1988년 제24회 하계올림픽과 제8회 장애인올림픽 개최, 1988년 12월 한국장애인단체총연맹 탄생 등으로 본격적으로 싹트기 시작했다고 볼 수 있다. 그 후 1989년 12월 기존의 「심신장애자복지법」을 「장애인복지법」으로 전면개정하고 「장애인고용촉진법(현 장애인고용촉진 및 직업재활법)」을 제정하게 되었다. 또한 1994년에는 「특수교육진흥법(현 장애인 등에 대한 특수교육법)」을 개정하여 우리나라에서 처음으로 장애인들이 의무교육을 받을 수 있게 되었다. 이후 1998년 12월 9일 국무회의 의결을 거쳐 '장애인인권헌장'을 선포하였으며, 그 후 이를 개정하여 현재에 이르고 있는데, 그 내용은 다음과 같다.

4) 1948년 12월 10일 UN 총회(프랑스 파리)에서 세계인권선언을 채택했는데 이 선언은 천부인권사상에 기초하여 제1조에서 "모든 인간은 태어날 때부터 자유롭고 존엄성과 권리에 있어서 평등하다. 인간은 천부적으로 이성과 양심을 가지고 있으며 서로 형제애의 정신으로써 행동하여야 한다"고 천명하고 있다. 그리고 제2조에서 이 천부인권의 의미를 좀 더 구체화하여 "모든 인간은 인종, 피부색, 성별, 언어, 종교, 정치 또는 그 밖의 견해, 민족적 또는 사회적 신분, 재산, 가문 혹은 기타 지위 여하로 인하여 하등 차별을 받음이 없이 이 선언에 제시된 모든 권리와 자유를 누릴 자격을 가진다"고 명시하고 있다.

5) 1987년 시범사업 실시, 1988년 전국적으로 확대 실시.

장애인인권헌장

장애인은 인간의 존엄과 가치를 가지며 행복을 추구할 권리를 가진다. 장애인은 건전한 사회 구성원으로 책임 있는 삶을 살아가며 자신의 능력을 계발하여 자립하도록 노력하여야 한다. 국가와 사회는 헌법과 국제연합의 장애인권리선언의 정신에 따라 장애인의 인권을 보호하고 완전한 사회참여와 평등을 이루어 더불어 살아가는 사회를 만들기 위한 여건과 환경을 조성하여야 한다.

1. 장애인은 장애를 이유로 정치·경제·사회·교육 및 문화생활의 모든 영역에서 차별을 받지 아니한다.
2. 장애인은 인간다운 삶을 영위할 수 있도록 소득·주거·의료 및 사회복지서비스 등을 보장받을 권리를 가진다.
3. 장애인은 다른 모든 사람과 동등한 시민권과 정치적 권리를 가진다.
4. 장애인은 자유로운 이동과 시설이용에 필요한 편의를 제공받아야 하며, 의사표현과 정보이용에 필요한 통신·수화통역·자막·점자 및 음성도서 등 모든 서비스를 제공받을 권리를 가진다.
5. 장애인은 자신의 능력을 계발하기 위하여 장애 유형과 정도에 따라 필요한 교육을 받을 권리를 가진다.
6. 장애인은 능력에 따라 직업을 선택하고 그에 따른 정당한 보수를 받을 권리를 가지며, 직업을 갖기 어려운 장애인은 국가의 특별한 지원을 받아 일하고 인간다운 생활을 보장받을 권리를 가진다.
7. 장애인은 문화, 예술, 체육 및 여가활동에 참여할 권리를 가진다.
8. 장애인은 가족과 함께 생활할 권리를 가진다. 장애인이 전문시설에서 생활하는 것이 필요한 경우에도 환경이나 생활조건은 같은 나이 사람의 생활과 가능한 한 같아야 한다.
9. 장애인은 사회로부터 분리, 학대 및 멸시받지 않을 권리를 가지며, 누구든지 장애인을 이용하여 부당한 이익을 취하여서는 안 된다.
10. 장애인은 자신의 인격과 재산의 보호를 위하여 필요한 법률상의 도움을 받을 권리를 가진다.
11. 여성 장애인은 임신, 출산, 육아 및 가사 등에 있어서 생활에 필요한 보호와 지원을 받을 권리를 가진다.
12. 혼자 힘으로 의사결정을 하기 힘든 장애인과 그 가족은 인간다운 삶을 영위하기 위하여 필요한 지원을 받을 권리를 가진다.
13. 장애인의 특수한 욕구는 국가정책의 계획단계에서부터 우선 고려되어야 하며, 장애인과 가족은 복지증진을 위한 정책결정에 민주적 절차에 따라 참여할 권리를 가진다.

11) 장애인복지 향상의 책임

(1) 국가와 지방자치단체의 책임

국가와 지방자치단체는 장애 발생을 예방하고, 장애의 조기 발견에 대한 국민의 관심을 높이며, 장애인의 자립을 지원하고, 보호가 필요한 장애인을 보호하여 장애인의 복지를 향상시킬 책임을 지며(법 제9조 제1항), 여성 장애인의 권익을 보호하기 위하여 정책을 강구하여야 하고(제2항), 장애인복지정책을 장애인과 그 보호자에게 적극적으로 홍보하여야 하며, 국민이 장애인을 올바르게 이해하도록 하는 데에 필요한 정책을 강구하여야 한다(제3항). 또 장애 정도가 심하여 자립하기가 매우 곤란한 장애인(중증장애인)이 필요한 보호 등을 평생 받을 수 있도록 알맞은 정책을 강구하여야 하는바(법 제6조), 현재 생계가 어려운 사회취약계층 중증장애인을 위한 장애인활동지원제도가 전국적으로 시행되고 있다.

장애인활동지원 외에 장애인 복지정책의 하나로 현재 장애를 가진 임산부에게 산전·산후 조리를 돕는 도우미서비스가 바우처 방식으로 2주간 지원되고 있으며, 또 최근 전국 읍·면 사무소와 동주민복지센터에 행정도우미로 장애인을 채용하고 있다. 이들 도우미들은 불우 장애인을 보살피는 등의 장애인 보건·복지행정 일선 업무를 전담한다. 기초생활보장 수급 장애인을 제외한 빈곤층 장애인을 대상으로 면접을 통해 선발하고 있다. 기초생활수급자의 경우 행정도우미로 채용될 경우 수급권을 박탈당하게 되기 때문에 채용 대상에서 제외된다.

한편 국가와 지방자치단체는 여성장애인의 권익을 보호하고 사회참여를 확대하기 위하여 기초학습과 직업교육 등 필요한 시책을 강구하여야 한다(법 제7조).

(2) 국민의 책임

모든 국민은 장애 발생의 예방과 장애의 조기 발견을 위하여 노력하여야 하며, 장애인의 인격을 존중하고 사회통합의 이념에 기초하여 장애인의 복지 향상에 협력하여야 한다(법 제10조).

12) 장애인정책종합계획

보건복지부장관은 장애인의 권익과 복지증진을 위하여 관계 중앙행정기관의 장과 협의하여 5년마다 장애인정책종합계획을 수립·시행하여야 한다(법 제10조의2 제1항). 종합계획에는 ① 장애인의 복지에 관한 사항, ② 장애인의 교육문화에 관한 사항, ③ 장애인의 경제활동에 관한 사항, ④ 장애인의 사회참여에 관한 사항, ⑤ 장애인의 안전관리에 관한 사항, ⑥ 그 밖에 장애인의 권익과 복지증진을 위하여 필요한 사항 등이 포함되어야 한다. 관계 중앙행정기관의 장은 장애인의 권익과 복지증진을 위하여 관련 업무에 대한 사업계획을 매년 수립·시행하여야 하고, 그 사업계획과 전년도의 사업계획 추진실적을 매년 보건복지부장관에게 제출하여야 한다. 보건복지부장관은 중앙행정기관의 장으로부터 제출된 사업계획과 추진실적을 종합하여 종합계획을 수립하되, 장애인정책조정위원회의 심의를 미리 거쳐야 한다. 종합계획을 변경하는 경우에도 또한 같다(법 제10조의2).

13) 장애인의 날

장애인에 대한 국민의 이해를 깊게 하고 장애인의 재활의욕을 높이기 위하여 매년 4월 20일을 장애인의 날로 하며,[6] 장애인의 날부터 1주간을 장애인 주간으로 한다(법 제14조 제1항). 국가와 지방자치단체는 장애인의 날의 취지에 맞는 행사 등 사업을 하도록 노력하여야 한다(법 제14조 제2항).

14) 장애인정책조정위원회

(1) 장애인정책조정위원회 설치

장애인 종합정책을 수립하고 관계 부처 간의 의견을 조정하며 그 정책의 이행을 감독·평가하기 위하여 국무총리 소속하에 장애인정책조정위원회를 둔다. 위원회는 법이 정한 아래의 심의·조정사항을 미리 검토하고 관계 기관 사이의 협조 사항을 정리하기 위하여 위원회에 장애인정책조정실무위원회를 둔다(법 제11조).

6) 1992년 12월 3일 UN도 장애인에 대한 인권보장을 실현하기 위해 매년 12월 3일을 '세계 장애인의 날(International Day of Disabled Persons)'로 정하였다. 북한은 2003년 6월 18일 '장애자보호법'을 제정했는데, 이 날을 '장애자의 날'로 지정하고 있다. 한편 10월 15일 흰 지팡이의 날과, 11월 11일 지체장애인의 날이 있는데, 흰 지팡이의 날은 1980년 세계맹인협회가 제정한 세계 흰 지팡이의 날에서 비롯되었으며, 지체장애인의 날은 1986년 11월 11일 한국지체장애인협회 창립 발기인 모임이 있었으며 이를 기념하기 위하여 제정한 데에서 비롯되었다.

(2) 장애인정책조정위원회의 기능

장애인정책조정위원회는 다음의 사항을 심의·조정한다(법 제11조 제2항).

① 장애인복지정책의 기본 방향에 관한 사항
② 장애인복지향상을 위한 제도개선과 예산지원에 관한 사항
③ 중요한 특수교육정책의 조정에 관한 사항
④ 장애인 고용촉진정책의 중요한 조정에 관한 사항
⑤ 장애인 이동보장 정책조정에 관한 사항
⑥ 장애인정책 추진과 관련한 재원조달에 관한 사항
⑦ 장애인복지에 관한 관련 부처의 협조에 관한 사항
⑧ 그 밖에 장애인복지와 관련하여 대통령령으로 정하는 사항

(3) 장애인정책조정위원회의 권한

장애인정책조정위원회는 필요하다고 인정되면 관계 행정기관에 그 직원의 출석·설명과 자료 제출을 요구할 수 있다(법 제11조 제3항).

(4) 장애인정책조정위원회의 구성

장애인정책조정위원회는 위원장 및 부위원장 각 1명을 포함한 30명 이내의 위원으로 구성한다. 위원장은 국무총리가 되고, 부위원장은 보건복지부장관이 되며, 위원은 당연직 위원과 위촉위원으로 한다. 위촉위원은 장애인 관련 단체의 장이나 장애인 문제에 관한 학식과 경험이 풍부한 자 중에서 위원장이 위촉하되, 위촉위원 중 2분의 1 이상은 장애인으로 한다(시행령 제3조).

(5) 장애인정책 책임관의 지정 등

중앙행정기관의 장은 해당 기관의 장애인정책을 효율적으로 수립·시행하기 위하여 소속공무원 중에서 장애인정책 책임관을 지정할 수 있다(법 제12조 제1항).

(6) 지방장애인복지위원회

장애인복지 관련 사업의 기획·조사·실시 등을 하는 데에 필요한 사항을 심의하기 위하여 지방자치단체에 지방장애인복지위원회를 둔다(법 제13조 제1항).

15) 장애인복지 기본정책의 강구

(1) 장애발생 예방

국가와 지방자치단체는 장애의 발생 원인과 예방에 관한 조사 연구를 촉진하여야 하고, 모자보건사업의 강화, 장애의 원인이 되는 질병의 조기 발견과 조기 치료, 그 밖에 필요한 정책을 강구하여야 하며(법 제17조 제1항), 또한 교통사고·산업재해·약물중독 및 환경오염 등에 의한 장애발생을 예방하기 위하여 필요한 조치를 강구하여야 한다(법 제17조 제2항).

(2) 의료와 재활치료

국가와 지방자치단체는 장애인이 생활기능을 익히거나 되찾을 수 있도록 필요한 기능치료와 심리치료 등 재활의료를 제공하고 장애인의 장애를 보완할 수 있는 장애인보조기구를 제공하는 등 필요한 정책을 강구하여야 한다(법 제18조).

(3) 사회적응 훈련

국가와 지방자치단체는 장애인이 재활치료를 마치고 일상생활이나 사회생활을 원활히 할 수 있도록 사회적응 훈련을 실시하여야 한다(법 제19조).

(4) 장애인 교육

① 현행 법규 내용과 현실

국가와 지방자치단체는 사회통합의 이념에 따라 장애인이 연령·능력·장애의 종류 및 정도에 따라 충분히 교육받을 수 있도록 교육 내용과 방법을 개선하는 등 필요한 정책을 강구하여야 하며, 또한 장애인의 교육에 관한 조사・연구를 촉진하여야 하고, 장애인에게 전문 진로교육을 실시하는 제도를 강구하여야 한다. 각급 학교의 장은 교육을 필요로 하는 장애인이 그 학교에 입학하려는 경우 장애를 이유로 입학 지원을 거부하거나 입학시험 합격자의 입학을 거부하는 등의 불리한 조치를 하여서는 아니 되며, 모든 교육기관은 교육 대상인 장애인의 입학과 수학(修學) 등에 편리하도록 장애의 종류와 정도에 맞추어 시설을 정비하거나 그 밖에 필요한 조치를 강구하여야 한다(법 제20조). 법 제20조 제4항(장애인의 입학지원 거부 및 입학시험 합격자의 입학거부 금지) 위반에 대하여는 500만 원 이하의 벌금에 처하도록 되어 있으나(법 제88조 제1호),[7] 처벌내용이 약하여 현실적이지 못하다. 따라서 장애인 교육권(수학권)의 실질적 보장을 위해서라도 본 규정 위반에 대한 처벌내용을 보다 엄격하게 할 필요가 있다. 다른 법을 보면, 「장애인 등에 대한 특수교육법」 제38조는 '장애를 이유로 특수교육 대상자의 입학을 거부하거나 입학전형 합격자의 입학을 거부하는 등의 불이익한 처분을 한 교육기관의 장'과 '대학의 입학전형절차에서 수험편의의 내용 확인과 관계없는 별도의 면접이나 신체검사를 요구한 자'에 대해서는 1년 이하의 징역 또는 1천만 원 이하의 벌금에 처하도록 규정하고 있다.

「장애인・노인・임산부 등의 편의증진 보장에 관한 법률」 제9조에는 '시설주 등은 대상시설을 설치하거나 대통령령으로 전하는 주요 부분을 변경할 때에는 장애인 등이 대상시설을 항상 편리하게 이용할 수 있도록 편의시설을 설치기준에 적합하게 설치하고, 유지・관리하여야 한다'고 규정하고 있다. 그리고 동법 제16조의2에는 '장애인은 대통령령으로 정하는 공공건물 및 공중이용시설을 이용하려는 경우에는 시설주에게 안내 서비스, 한국수어 통역 등의 편의 제공을 요청할 수 있다. 이 경우 시설주는 정당한 사유가 없으면 이에 따라야 한다'고 규정하고 있다. 이러한 관련 조항들도 있고, 또 법률규정이 없다고 하더라도 장애인 인권, 교육권 등은 기본적으로 인간의 존엄과 가치

7) 「장애인 등에 대한 특수교육법」 제38조 제1호는 "장애를 이유로 특수교육 대상자의 입학을 거부하거나 입학전형 합격자의 입학을 거부하는 등의 불이익한 처분을 한 교육기관의 장"에 대하여 1년 이하의 징역 또는 1천만 원 이하의 벌금에 처하도록 규정하고 있다.

에 해당되고 행복추구권과도 연관성이 있으므로 장애인교육권(수학권)은 반드시 보장되어야 할 것이다.

장애아동 학부모들은 자녀가 일반학생들과 어울려야 사회적응력을 키울 수 있다고 판단해 일반학교를 선호한다. 장애아동 학부모가 시·도교육청에 신청하면 시·도교육청은 전 담임교사의 의견 등을 심사해 일반학교에 배정한다. 문제는 학교들이 대부분 장애학생을 받을 준비가 되어 있지 않다는 것이다. 일반 담임교사를 도울 보조교사를 둔 학교가 많지 않으며, 장애학생을 위한 시설도 미흡하다. 미국 등 선진국에서는 장애학생을 위한 보조교사를 일반학급에 배치하는 것이 의무로 되어 있으며, 장애학생을 위한 편의시설도 갖추고 있으나 우리의 교육환경은 아직 그렇지 못하다.

장애아동 통합교육은 1977년 특수교육진흥법(현 장애인 등에 대한 특수교육법)이 제정되면서부터 시작되었으므로 본 제도가 도입된 지는 46년이 넘었다. 1994년 이전까지만 해도 장애학생이 특수학교 아니면 일반학교에 설치된 특수학급에서 공부했지만, 1994년 관련 법개정 이후 장애아동이 일반학급에서도 공부할 수 있게 되었다. 장애아동 통합교육은 단순히 장애학생과 비장애학생이 한 교실에 함께 있다는 것만으로 이루어지는 것은 아니다. 장애아동의 특수성을 잘 파악하여 그 아동에 맡는 개별화교육을 해주는 것이 바로 교사의 역할이다. 물론 학급담임 혼자만으로는 어렵기 때문에 반드시 특수교육 보조교사[8]가 있어야 한다. 따라서 전국 초·중·고교에 특수교육 보조교사를 더욱 늘려야 한다.

② 장애학생 특수교육과 통합교육

2023년 2월 기준 전국에 192개 특수학교(국립 5개교, 공립 97개교, 사립 90개교, 지역별로는 경기 38개, 서울 32개 등)와 수많은 특수학급이 있고 여기에서 장애아동들이 교육을 받고 있다. 특수학교 및 특수교육지원센터에 배치된 학생은 약

8) 특수교육 보조교사는 장애학생의 학습자료 준비·제작 등의 학습보조, 신변처리, 건강 및 안전생활 지원, 이동보조, 학생활동 보조 등의 역할을 맡는다. 특수교육 보조교사의 자격조건은 고등학교 졸업 이상의 학력을 가진 자로 지역 교육청 또는 학교별로 특수교육에 대한 자체 연수를 이수한 후 장애 정도가 높은 학생이 있는 학급부터 우선 배치된다. 신분은 계약직이며 학교장이 채용한다. 현재 전국에 약 8,000여 명에 이르는 특수교육 보조교사가 활동하고 있다.

28%, 특수학급에 배치된 학생은 약 55%, 일반학교 일반학급에 배치된 학생은 약 17%이다. 장애유형별 특수교육 대상학생은, 지적장애가 약 53%로 가장 많고, 이어서 자폐성장애 15%, 지체장애 10%, 발달지체 9.5%, 청각장애 3%, 의사소통장애 2.5%, 정서 · 행동장애 1.9%, 시각장애 1.9%, 건강장애 1.8%, 학습장애 1.1% 등이다. 그리고 우리나라 전체 학생 수 590여만 명에서 특수교육 대상자 수는 98,000여 명으로 특수교육 대상자 비율은 1.7%다.[9] 해마다 전체 학생 수 대비 특수교육 대상자 비율은 약간씩 늘어나는 추세이고, 전체 장애학생 중 80% 정도가 현재 특수교육을 받고 있으며, 아직도 상당수의 장애학생들이 특수교육을 받지 못하고 있다.

특수학교의 70% 이상이 서울과 수도권에 편중되어 있어 지방에 사는 학생들은 어쩔 수 없이 수도권 학교로 몰리는 경우가 많다. 또 대부분 특수학교가 정원을 넘겨 운영하고 있고 그 자리조차 얻지 못한 학생들은 다른 시 · 도를 넘나들며 고달픈 통학을 하고 있다. 현재 대부분 특수학교(초등학교 제외)들이 학급당 정원(중학교 6명, 고등학교 7명)을 초과해 운영하고 있다. 사정이 이러다 보니 교육부 조사 자료에 따르면 특수학교 재학생의 절반 이상이 통학에 2시간 이상을 소요하고 있다. 이런 문제를 해결하기 위해 정부는 앞으로도 계속 특수학교와 특수학급을 크게 늘리기로 하였는데, 그러나 특수학교를 계속 늘리는 것도 장애학생 통합교육 관점에서 보면 바람직하지 않다. 장애학생의 사회성 발달을 위해서라도 특수학교에서의 분리교육이 아닌 일반학교 특수학급이나 일반학급에서의 통합교육이 필요하다. 특수교사를 더 많이 확보하고, 장애학생을 위한 보조교사도 일반학교에 배치하는 것을 의무화하며, 장애학생 교육권과 접근권 강화에 내실을 기하기 위한 교육환경 편의시설도 제대로 갖추도록 하여야 한다.

9) 한국장애인고용공단(2021. 12). 장애인 통계.

(5) 직업

국가와 지방자치단체는 장애인이 적성과 능력에 맞는 직업에 종사할 수 있도록 직업 지도, 직업능력 평가, 직업 적응훈련, 직업훈련, 취업 알선, 고용 및 취업 후 지도 등 필요한 정책을 강구하여야 하며, 또한 장애인 직업재활훈련이 원활히 이루어질 수 있도록 장애인에게 적합한 직종과 재활사업에 관한 조사・연구를 촉진하여야 한다(법 제21조).

한편 임금근로 장애인의 여가활동 경험과 생활만족도와의 관계에서 직무만족도가 매개역할을 하는지에 대해 연구한 자료가 있는데, 연구결과 임금근로 장애인의 여가활동 경험은 생활만족도와 직무만족도 모두에 긍정적인 영향을 미치는 것으로 나타났으며, 따라서 임금근로 장애인의 여가활동 경험을 다양화・활성화하기 위하여 여가활동을 촉진시킬 수 있는 방안과 여가활동 촉진을 위한 장애를 고려한 시설의 확충・다양화가 필요하다는 것을 알 수 있다.[10)]

(6) 정보에의 접근

국가와 지방자치단체는 장애인이 정보에 원활하게 접근하고 자신의 의사를 표시할 수 있도록 전기통신・방송시설 등을 개선하기 위하여 노력하여야 한다. 국가와 지방자치단체는 방송국의 장 등 민간 사업자에게 뉴스와 국가적 주요 사항의 중계 등 대통령령으로 정하는 방송 프로그램에 청각장애인을 위한 한국수어 또는 폐쇄자막과 시각장애인을 위한 화면해설 또는 자막해설 등을 방영하도록 요청하여야 한다(법 제22조 제1항, 제2항).

국가와 지방자치단체는 국가적인 행사, 그 밖의 교육・집회 등 대통령령으로 정하는 행사를 개최하는 경우에는 청각장애인을 위한 한국수어 통역 및 시각장애인을 위한 점자 및 인쇄물 접근성 바코드가 삽입된 자료 등을 제공하여야 하며 민간이 주최하는 행사의 경우에는 한국수어 통역과 점자 및 인쇄물 접근성 바코드가 삽입된 자료 등을 제공하도록 요청할 수 있다. 여기서

10) 박종빈 외(2022). 임금근로 장애인의 여가활동 경험이 생활만족도에 미치는 영향 : 직무만족도의 매개효과를 중심으로. 한국장애인개발원 장애인복지연구, 13(1).

"대통령령으로 정하는 행사"란 ① 국경일, ② 기념일 중 보건의 날, 장애인의 날, 어린이날, 어버이날, 스승의날, 현충일, 국군의날 및 노인의날 등이다(시행령 제15조). 그리고 요청을 받은 방송국의 장 등 민간 사업자와 민간 행사 주최자는 정당한 사유가 없으면 그 요청에 따라야 한다. 국가와 지방자치단체는 시각장애인이 정보에 쉽게 접근할 수 있도록 점자도서와 음성도서 등을 보급하기 위하여 노력하여야 한다. 국가와 지방자치단체는 장애인의 특성을 고려하여 정보통신망 및 정보통신기기의 접근·이용에 필요한 지원 및 도구의 개발·보급 등 필요한 시책을 강구하여야 한다(법 제22조 제3~6항).

(7) 편의시설

국가와 지방자치단체는 장애인이 공공시설과 교통수단 등을 안전하고 편리하게 이용할 수 있도록 편의시설의 설치와 운영에 필요한 정책을 강구하여야 하며, 또한 공공시설 등 이용편의를 위하여 한국수어 통역·안내보조 등 인적서비스 제공에 관하여 필요한 시책을 강구하여야 한다(법 제23조). 장애인 등을 위한 편의시설 보장을 위한 「장애인·노인·임산부 등의 편의증진 보장에 관한 법률」이 있다.

국토교통부와 보건복지부가 주관하는 '장애물 없는 생활환경 인증제(Barrier Free 인증제)'가 2008년 7월부터 실시되고 있는데, 이는 장애인을 비롯한 노인, 임산부 등 사회적 약자가 도로, 공원, 건축물 등을 이용할 때 불편을 느끼지 않도록 설계·시공해 정부 인증기관의 심사를 받는 제도이다. 배리어프리는 몸이 불편한 사람들이 시설물이나 구역을 쉽게 접근하거나 이용할 수 있도록 계단 대신 슬로프를 설치하고, 넓은 공간을 갖추는 등 행동의 불편함을 최소화하는 것을 말한다. 근래에는 장애인뿐만 아니라 노인, 임산부와 같은 사회적 약자를 포함한 시민 모두가 편리하게 이용할 수 있도록 하고 있다. 지금까지 자치단체의 많은 건축물이 인증을 받았는데, 인증은 예비인증과 본인증으로 나뉘며 각각 인증에 따른 수수료가 있다.

(8) 안전대책 강구

국가와 지방자치단체는 추락사고 등 장애로 일어날 수 있는 안전사고와 비상재해 등에 대비하여 시각·청각 장애인과 이동이 불편한 장애인을 위하여 피난용 통로를 확보하고, 점자·음성·문자 안내판을 설치하며, 긴급 통보체계를 마련하는 등 장애인의 특성을 배려한 안전대책 등 필요한 조치를 강구하여야 한다(법 제24조).

(9) 사회적 인식개선

국가와 지방자치단체는 학생, 공무원, 근로자, 그 밖의 일반국민 등을 대상으로 장애인에 대한 인식개선을 위한 교육 및 공익광고 등 홍보사업을 실시하여야 하며, 국가기관 및 지방자치단체의 장, 어린이집, 유아교육법·초·중등교육법·고등교육법에 따른 각급 학교의 장, 그 밖에 대통령령으로 정하는 교육기관 및 공공단체의 장은 소속 직원·학생을 대상으로 장애인에 대한 인식개선을 위한 교육을 실시하고, 그 결과를 보건복지부장관에게 제출하여야 한다. 보건복지부장관은 인식개선교육의 실시 결과에 대한 점검을 대통령령으로 정하는 바에 따라 매년 실시하여야 한다. 보건복지부장관은 점검 결과 인식개선교육 이수율 등이 보건복지부장관이 정한 기준에 미치지 못하는 국가기관 등에 대하여 대통령령으로 정하는 바에 따라 관리자 특별교육 등 필요한 조치를 하여야 한다.

보건복지부장관은 인식개선교육을 효과적으로 실시하기 위하여 전문강사를 양성하고 교육 프로그램을 개발·보급하여야 하며, 또한 인식개선교육의 효율적 지원 및 실시 결과의 관리 등을 위하여 인식개선교육 정보시스템을 구축·운영할 수 있다. 국가는 「초·중등교육법」에 따른 학교에서 사용하는 교과용 도서에 장애인에 대한 인식개선을 위한 내용이 포함되도록 하여야 한다(법 제25조).

(10) 홍보영상의 제작 · 배포 · 송출

보건복지부장관은 장애인에 대한 차별 · 편견 및 학대의 예방과 방지 등에 관한 홍보영상을 제작하여 「방송법」의 방송편성책임자에게 배포하여야 한다. 또 보건복지부장관은 「방송법」에 따른 방송사업자에게 대통령령으로 정하는 비상업적 공익광고 편성비율의 범위에서 이러한 홍보영상을 채널별로 송출하도록 요청할 수 있으며, 전광판방송사업자에게 대통령령으로 정하는 비상업적 공익광고 편성비율의 범위에서 이러한 홍보영상을 전광판으로 송출하도록 요청할 수 있다. 방송사업자와 전광판방송사업자는 이러한 홍보영상 외에 독자적인 홍보영상을 제작하여 송출할 수 있고, 이 경우 보건복지부장관에게 필요한 협조 및 지원을 요청할 수 있다(법 제25조의3).

(11) 선거권 행사를 위한 편의 제공

국가와 지방자치단체는 장애인이 선거권을 행사하는 데에 불편함이 없도록 편의시설 · 설비를 설치하고, 선거권 행사에 관하여 홍보하며, 선거용 보조기구를 개발 · 보급하는 등 필요한 조치를 강구하여야 한다(법 제26조). 이 규정은 그 위반의 경우 아무런 처벌조항도 없는 아주 미약하고 선언적인 조항에 불과한 것으로 장애인 유권자의 권리를 보장하기 위해서는 강행규정화 하여야 한다.

법률로 장애인 참정권을 보장해야 한다는 규정이 있음에도 현실은 그렇지 못한 경우가 항상 선거 때마다 일어나고 있어 여전히 장애인 참정권은 문턱이 높다는 지적이 있다. 선거 때마다 장애인 유권자들은 미처 생각 못한 여러 장벽들이 있다는 것이다. 예컨대 중증발달장애인이 보조인과 함께 기표소에 들어가는 문제도 그렇다. 어떤 경우에는 보조인의 도움을 받아 투표를 할 수 있도록 허용하는 경우도 있고, 또 어떤 경우는 투표현장의 사무원에게 제지를 당해 투표를 못하는 경우도 있기 때문이다. 글을 몰라서, 글을 못 쓰는, 손 한쪽을 못 쓰는 사람들이 혼자서 기표소에 들어가 제대로 투표를 못하는 사례들도 있는 것이다. 발달장애로 글자를 알지 못해, 후보자의 이름을 읽을 수 없는 사람도 있는데, 그럴 경우 투표 보조인의 도움을 받아 기표소에 함께 들어가서 투표하는 것이 허용되지 않는 경우도 있다는 것이 현실이다. 이런 부분은 조속히 법 개정을 통해서라도 장애인 참정권이 보다 확실히 보장될 수 있도록 보완되어야 할 것이다.

(12) 주택 보급

국가와 지방자치단체는 공공주택 등 주택을 건설할 경우에는 장애인에게 장애 정도를 고려하여 우선 분양 또는 임대할 수 있도록 노력하여야 하며, 또한 주택의 구입자금·임차자금 또는 개·보수비용의 지원 등 장애인의 일상생활에 적합한 주택의 보급·개선에 필요한 시책을 강구하여야 한다(법 제27조). 현재 농어촌 재가 장애인 주택개조 지원사업으로 수급자 및 차상위계층 중 자가(自家) 소유자 및 임대주택 거주자를 대상으로 한 해에 1,000여 가구를 선정, 가구당 최대 380만 원(국비 50%, 지방비 50%)까지 지원하고 있다. 지방자치단체에서 이미 지원받은 자나 후원금 등으로 이미 보수 및 개조 지원을 받은 자는 제외된다. 지원내용은 화장실 개조, 보조손잡이 설치, 문턱 낮추기, 싱크대 높이조절 및 주택 개조 시 파손된 도배, 장판, 기타 주택 내 편의시설·안전장치 설치 또는 이동편의를 위한 시설의 설치 및 제거 등이다.

(13) 문화환경의 정비

국가와 지방자치단체는 장애인의 문화생활과 체육활동을 늘리기 위하여 관련 시설 및 설비, 그 밖의 환경을 정비하고 문화생활과 체육활동 등을 지원하도록 노력하여야 한다(법 제28조).

(14) 복지 연구 등의 진흥

국가와 지방자치단체는 장애인복지의 종합적이고 체계적인 조사·연구·평가 및 장애인 체육활동 등 장애인정책개발 등을 위하여 필요한 정책을 강구하여야 한다. 장애인 관련 조사·연구 수행 및 정책개발·복지진흥·재활체육진흥 등을 위하여 재단법인 한국장애인개발원을 설립하며, 개발원의 사업과 활동은 정관으로 정한다(법 제29조).

(15) 경제적 부담의 경감

국가와 지방자치단체, 공공기관, 지방공사 또는 지방공단은 장애인과 장애인을 부양하는 자의 경제적 부담을 줄이고 장애인의 자립을 촉진하기 위하여 세제상의 조치, 공공시설 이용료 감면, 그 밖에 필요한 정책을 강구하여야 한다. 국가와 지방자치단체, 공공기관, 지방공사 또는 지방공단이 운영하는 운송사업자는 장애인과 장애인을 부양하는 자의 경제적 부담을 줄이고 장애인의 자립을 돕기 위하여 장애인과 장애인을 보호하기 위하여 동행하는 자의 운임 등을 감면하는 정책을 강구하여야 한다(법 제30조).

법 제30조에 따라 장애인에게 이용요금을 감면할 수 있는 공공시설과 그 감면율은 <표 11-2>와 같다(시행령 제17조 제1항). 공공시설의 이용요금을 감면받으려는 자는 장애인 등록증을 이용하려는 시설의 관리자에게 제시해야 한다.

〈표 11-2〉 **감면대상시설의 종류와 감면율(시행령 제17조 관련)**

시설의 종류	감면율(일반요금에 대한 백분율)
1. 철도	
가. 무궁화호·통근열차	100분의 50
나. 새마을호·KTX	100분의 50(장애의 정도가 심한 장애인) 100분의 30(장애의 정도가 심하지 않은 장애인이 토요일과 공휴일을 제외한 날에 이용하는 경우로 한정한다)
2. 도시철도	100분의 100
3. 공영버스(국가나 지방자치단체가 운영하는 것만 해당한다)	100분의 100
4. 국공립 공연장	100분의 50
5. 공공체육시설(국가 등이 설치·관리·운영하는 시설 중 생활체육관·수영장·테니스장·스키장만 해당한다)	100분의 50
6. 고궁	100분의 100
7. 능원	100분의 100
8. 국공립의 박물관 및 미술관	100분의 100
9. 국공립 공원	100분의 100

※ 비고 : 1. 철도 등 운송수단은 여객운임만 감면된다.
2. 장애의 정도가 심한 장애인의 경우에는 돌보는 사람 1명을 포함한다.

※ 항공요금의 경우 국내선 대한항공은 중증장애인에게 50%(동승자도 50%), 경증장애인에게 30% 감면해 주고 있으며, 국제선은 10% 감면된다. 성수기 때는 사전 예약해야 할인혜택을 받을 수 있다. 아시아나 항공은 국내선의 경우 모든 등록장애인에게 50% 감면, 중증장애인 동승자도 50% 감면, 국제선은 20% 감면된다.

※ 국내 여객선 운임료는 중증장애의 경우 50%(동승자도 50%), 경증장애의 경우 20% 감면된다.

16) 장애인복지 조치

(1) 장애인 실태조사

① 장애인 실태조사의 실시

보건복지부장관은 장애인 복지정책의 수립에 필요한 기초 자료로 활용하기 위하여 3년마다 장애인 실태조사를 실시하여야 한다(법 제31조 제1항). 실태조사는 2005년을 기준연도로 하여 3년마다 1회씩 실시하되, 조사의 일시는 보건복지부장관이 정한다(시행령 제19조 제1항).

② 실태조사의 방법

장애인의 실태조사는 전수조사 또는 표본조사로 실시하되, 전수조사는 보건복지부장관이 정하는 바에 따라 특별시장·광역시장·도지사·특별자치도지사가 실시하고, 표본조사는 보건복지부장관이 전문연구기관(한국보건사회연구원)에 의뢰하여 실시한다. 실태조사는 표본추출에 의한 가구를 대상으로 하며, 조사방법은 사전 훈련된 조사원에 의한 가구방문 면접조사 방식으로 이루어진다. 시설 장애인 실태조사는 전국 1,000여 개의 사회복지시설 내에 등록장애인이 있는 시설들을 대상으로 그곳에서 거주하고 있는 장애인에 대한 우편설문조사를 통해 실시한다.

(2) 장애인 등록

우리나라는 1988년 11월부터 장애인 등록제도를 실시해 왔으며, 일본도 우리나라처럼 장애인 등록제도가 있다. 영국은 장애인 등록제도가 있으나 이는 장애인 복지서비스를 계획하고 시행하기 위해 실시하는 것으로, 등록은 자발적인 사항이며, 지방정부로부터 서비스를 받기 위한 필수조건은 아니다. 그러나 일본이나 우리나라의 장애인 등록제도는 국가나 지방자치단체로부터 각종 지원과 서비스를 받기 위한 필수조건으로 되어 있다.

장애인, 그 법정대리인 또는 대통령령이 정하는 보호자는 장애 상태와 그 밖에 보건복지부령이 정하는 사항을 특별자치시장·특별자치도지사·시장·군수 또는 구청장에게 등록하여야 하며, 특별자치시장·특별자치도지사·시장·군수·구청장은 등록을 신청한 장애인이 기준에 맞으면 장애인 등록증(장애인복지카드)을 내주어야 한다. 장애인 등록을 하고자 하는 자는 병원에서 장애진단을 받고 읍·면 사무소나 동주민센터에 장애인 등록 신청을 하면 되는데, 신청은 본인이 직접 하거나 대리인을 통해 신청도 가능하다. 신청방법은 인터넷신청 방문신청 가능하나 본인이 아닌 대리인이 신청할 경우는 온라인 신청이 불가하다. 장애인 등록신청이 있으면 처리기간은 총 20일 이내로 되어 있다. 장애의 판정을 위한 검사비용은 신청인(장애인)이 부담하는데, 현재 각 지방자치단체에서 '드림스타트 보건 프로그램'의 일환으로 저소득가정 아동 및 그 가족을 대상으로 검사비용 일부를 지원해 주고 있다. 진단서 발급비용(지적장애·자폐성장애·정신장애 4만 원, 그 외 장애 1만 5천 원)도 지원되는데, 지원대상은 기초생활수급자로서 신규 장애인등록 신청자, 또는 재판정으로 재진단을 받는 등록 장애인 중 수급자 또는 차상위계층에게 지원하고 있다. 다만 장애정도 조정 신청, 이의신청의 경우에는 진단서 발급비를 지원하지 않는다.

장애인 등록증을 받은 자와 그 법정대리인 또는 대통령령이 정하는 보호자는 해당 장애인이 법 제2조(장애인의 정의)에 따른 기준에 맞지 아니하게 되거나 사망하면 그 등록증을 반환하여야 한다. 여기서 "대통령령이 정하는 보호자"란 장애인을 보호하고 있는 장애인복지시설의 장, 그 밖에 장애인을 사실상 보호하고 있는 자를 말한다(시행령 제20조).

장애인 등록증은 양도하거나 대여하지 못하며, 등록증과 비슷한 명칭이나 표시를 사용하여서는 아니 된다. 장애인 등록증을 신청하려는 자는 '장애인 등록신청서'를 관할 읍·면·동장을 거쳐 시장·군수·구청장에게 제출하여야 한다.

신규로 장애인 등록증을 신청하는 사람의 장애등록 절차는 다음과 같다.

1. 주민센터에서 장애인등록 상담 및 구비서류 안내받음
2. 병원에서 장애진단서, 검사결과서, 진료기록지 등 구비서류 발급
3. 주민센터에 장애정도 심사 구비서류(2번의 서류) 접수
4. 주민센터에서 국민연금공단으로 장애정도 심사요청
5. 국민연금공단에서 장애심사 및 장애정도 결정
6. 국민연금공단에서 주민센터로 심사결과 통보
7. 주민센터에서 심사결과 확인 및 장애인등록
8. 주민센터에서 신청인에게 심사결과 통지
9. 주민센터에서 장애인등록증 발급

위의 절차 중 장애정도심사에 관해 이의가 있는 경우 90일 이내에 이의신청, 행정심판 또는 행정소송을 제기할 수 있다. 또한 장애상태가 현저히 변화하여 장애등급의 조정을 원할 경우 '장애정도조정 신청서'를 작성하여 동 주민센터에 제출하면 된다.

(3) 재외동포 및 외국인의 장애인 등록

재외동포 및 외국인 중 ① 국내거소신고를 한 사람, ② 재외국민으로 주민등록을 한 사람, ③ 외국인등록을 한 사람으로서 체류자격 중 대한민국에 영주할 수 있는 체류자격을 가진 사람, ④ 결혼이민자, ⑤ 난민인정자 등은 장애인 등록을 할 수 있다.

(4) 서비스 지원 종합조사

보건복지부장관 또는 특별자치시장・특별자치도지사・시장・군수・구청장은 ① 활동지원급여 신청, ② 장애인 보조기기 교부 신청, ③ 장애인 거주시설 이용 신청, ④ 그 밖에 대통령령으로 정하는 서비스의 신청에 대하여 서비스의 수급자격, 양 및 내용 등의 결정에 필요한 서비스 지원 종합조사를 실시할 수 있다. 또한 보건복지부장관 또는 특별자치시장・특별자치도지사・시

장·군수·구청장은 서비스 지원 종합조사를 실시하는 경우 보건복지부령으로 정하는 바에 따라 ① 신청인의 서비스 이용현황 및 욕구, ② 신청인의 일상생활 수행능력 및 인지·행동 등 장애특성, ③ 신청인의 가구특성, 거주환경, 사회활동 등 사회적 환경, ④ 신청인에게 필요한 서비스의 종류 및 내용, ⑤ 신청인과 그 부양의무자의 소득 및 재산 등 생활수준에 관한 사항, ⑥ 그 밖에 신청인에게 서비스를 지원하기 위하여 필요한 사항으로서 보건복지부령으로 정하는 사항을 조사하고, 조사결과서를 작성하여야 한다. 다만, ⑤번의 사항은 수급자격 결정 및 본인부담금 산정 등을 위하여 필요한 경우에만 조사하여야 한다. 그리고 보건복지부장관 또는 특별자치시장·특별자치도지사·시장·군수·구청장은 이러한 사항을 조사하기 위하여 필요한 자료를 확보하기 곤란한 경우에는 보건복지부령으로 정하는 바에 따라 신청인, 그 부양의무자 또는 그 밖의 관계인에게 소득·재산, 건강상태 및 장애 정도 등의 확인에 필요한 자료의 제출을 요구할 수 있다. 보건복지부장관 또는 특별자치시장·특별자치도지사·시장·군수·구청장은 서비스 신청과 관련하여 신청인과 그 밖의 관계인이 조사에 필요한 서류·자료의 제출 및 조사·질문 또는 자료 제출 요구를 두 번 이상 거부·방해 또는 기피하는 경우에는 서비스 신청을 각하할 수 있다. 이 경우 서면으로 그 이유를 분명하게 밝혀 신청인과 그 밖의 관계인에게 통지하여야 한다(법 제32조의4).

(5) 복지서비스에 관한 장애인 지원 사업

국가와 지방자치단체는 등록한 장애인에게 필요한 복지서비스가 적시에 제공될 수 있도록 ① 복지서비스에 관한 상담 및 정보 제공, ② 장애인학대 등 안전문제 또는 생계곤란 등 위기상황에 놓여있을 가능성이 높은 장애인에 대한 방문 상담, ③ 복지서비스 신청의 대행, ④ 장애인 개인별로 필요한 욕구의 조사 및 복지서비스 제공 계획의 수립 지원, ⑤ 장애인과 복지서비스 제공 기관·법인·단체·시설과의 연계, ⑥ 복지서비스 등 복지자원의 발굴 및 데이터베이스 구축, ⑦ 그 밖에 복지서비스의 제공에 필요한 사업 등의 장애인 지원 사업을 실시한다(법 제32조의6).

(6) 민관협력을 통한 사례관리

특별자치시장·특별자치도지사·시장·군수·구청장은 복지서비스가 필요한 장애인을 발굴하고 공공 및 민간의 복지서비스를 연계·제공하기 위하여 민관협력을 통한 사례관리를 실시할 수 있다. 사례관리를 실시하기 위하여 민관협의체를 둘 수 있으며, 해당 지방자치단체에 「사회보장급여의 이용·제공 및 수급권자 발굴에 관한 법률」에서의 통합사례관리를 수행하기 위한 민관협의체가 이미 설치되어 있는 경우 그 소속의 전문분과로 운영할 수 있다. 민관협의체는 지역사회 내 관계 기관·법인·단체·시설이나 개인 등 민간부문과의 협력을 강화하기 위하여 노력하여야 하며, 특별자치시장·특별자치도지사·시장·군수·구청장은 민관협의체의 효율적 운영을 위하여 필요한 지원을 할 수 있다(법 제32조의7).

(7) 장애 정도가 변동된 장애인 등에 대한 정보 제공

특별자치시장·특별자치도지사·시장·군수·구청장은 장애인 등록 과정에서 장애 정도가 변동된 장애인, 장애의 기준에 맞지 아니하게 된 장애인과 장애인으로 등록되지 못한 신청인에게 장애 정도의 변동, 장애인 자격의 상실 등에 따른 지원의 변화에 대한 정보와 재활 및 자립에 필요한 각종 정보를 제공하여야 한다(법 제32조의8).

(8) 장애인복지상담원

장애인 복지 향상을 위한 상담 및 지원 업무를 맡기기 위하여 시·군·구에 장애인복지상담원을 둔다. 장애인복지상담원은 그 업무를 할 때 개인의 인격을 존중하여야 한다(법 제33조).

(9) 장애 유형·장애 정도별 재활 및 자립지원 서비스 제공 등

국가와 지방자치단체는 장애인의 일상생활을 편리하게 하고 사회활동 참여를 높이기 위하여 장애 유형·장애 정도별로 재활 및 자립지원 서비스를 제공하는 등 필요한 정책을 강구하여야 하며, 예산의 범위 안에서 지원할 수 있다.

그리고 국가와 지방자치단체는 시청각장애인을 대상으로 직업재활・의사소통・보행・이동 훈련, 심리상담, 문화・여가 활동 참여 및 가족・자조 모임 등을 지원하기 위하여 전담기관을 설치・운영하는 등 필요한 시책을 강구하여야 한다(법 제35조).

(10) 산후조리도우미 지원 등

국가 및 지방자치단체는 임산부인 여성 장애인과 신생아의 건강관리를 위하여 경제적 부담능력 등을 고려하여 여성 장애인의 가정을 방문하여 산전・산후 조리를 돕는 도우미(산후조리도우미)를 지원할 수 있으며, 산후조리도우미 지원사업에 대하여 정기적으로 모니터링(산후조리도우미 지원사업의 실효성 등을 확보하기 위한 정기적인 점검활동을 말함)을 실시하여야 한다(법 제37조).

(11) 자녀교육비의 지급

장애인복지실시기관은 경제적 부담능력 등을 고려하여 장애인이 부양하는 자녀 또는 장애인인 자녀의 교육비를 지급할 수 있는데(법 제38조 제1항), 자녀 교육비의 지급대상은 ① 학교에 입학하거나 재학하는 자녀를 둔 장애인, ② 학교에 입학하거나 재학하는 장애인을 부양하는 자 중 소득과 재산을 고려하여 매년 예산의 범위에서 보건복지부장관이 정한다. 다만, 국민기초생활 보장법 등 다른 법령에 따라 교육비를 받는 자에게는 그 받은 금액만큼 감액하여 지급한다(시행규칙 제23조 제1항).

현재 초・중・고 중증장애인 및 중증장애인의 초・중・고 자녀에 대해 지원하고 있다. 부양의무자 기준은 적용하지 않고, 장애인이 속한 개별 가구의 소득인정액만으로 장애인자녀교육비 수급 여부를 판단한다. 가구별로 산정된 소득인정액이 가구 규모별 기준 중위소득 52% 이하면 선정된다. 지원내용은 고등학생인 경우 교과서대, 학용품비를 지원하고, 중학생인 경우 부교재비, 학용품비를 지원하며, 초등학생인 경우 부교재비를 지원한다. 기초생활수급자인 장애인가구의 학생, 한부모가족의 학생, 특수교육 대상자인 학생, 「국가유공자 등의 예우 및 지원에 관한 법률」에 의한 교육비 면제 학생, 농업인자녀학자금지원사업 대상인 학생, 기타 타법에 의하여 국고로 교육비 지원을 받는 경우 등은 이중지원 금지의 원칙에 따라 지원 제외 대상이다. 입학금 및 수업료는 해당 학교에 송금되며, 해당 학생이 장학생으로 선정되는 등의 사유로 교육비를 납부하지 않아도 되는 경우에는 해당 학생의 학부모에게 계좌입금 등의 방법으로 지원된다. 신청방법은 재학증명서 또는 입학을 증명할 수 있는 서류와 함께 '수업료납입고지서(사본)'와 '복지대상자 보장/ 급여(변경) 신청서'를 작성하여 거주지 읍·면 사무소나 동주민센터에 제출하고, 2분기부터 4분기의 교육비에 대하여는 별도로 신청하지 않아도 된다.

(12) 장애인이 사용하는 자동차 등에 대한 지원 등

국가와 지방자치단체, 그 밖의 공공단체는 장애인이 이동수단인 자동차 등을 편리하게 사용할 수 있도록 하고 경제적 부담을 줄여주기 위하여 조세감면 등 필요한 지원정책을 강구하여야 한다. 시장·군수·구청장은 장애인이 이용하는 자동차 등을 지원하는 데에 편리하도록 장애인이 사용하는 자동차 등임을 알아볼 수 있는 표지(장애인사용자동차등표지)를 발급하여야 한다. 장애인사용자동차등표지를 대여하거나 보건복지부령이 정하는 자 외의 자에게 양도하는 등 부당한 방법으로 사용하여서는 아니 되며, 이와 비슷한 표지·명칭 등을 사용하여서는 아니 된다(법 제39조). 이를 위반할 경우 300만 원 이하의 과태료에 처한다(법 제90조).

시장·군수·구청장은 장애인의 자동차 사용의 편의를 위하여 보행상의 장애가 있는 자로서 ① 다리 부위나 척추 부위에 장애가 있는 자, ② 시각장애인, ③ 평형기능에 장애가 있는 자, ④ 그 밖에 중증의 장애로 보행에 현저한 제약을 받는 자에게는 해당하는 장애인이 자동차를 이용할 때에 그 장애로 말미암아 부득이하게 관계 법령에 따른 정차 또는 주차의 방법 등을 위반한 경우에는 그 원인과 결과 등을 고려하여 교통소통 및 안전에 지장을 주지 아니하는 범위에서 최대한 계도 위주의 단속이 이루어지도록 배려하여야 한다(시행규칙 제28조 제1항). 장애인의 보행상 장애 여부에 따라 장애인전용 주차구역을 이용할 수 있는 표지('주차가능' 표지)가 발급되며, 장애인이 탑승한 경우에만 표지의 효력을 인정하도록 되어 있다.

(13) 장애인 보조견의 훈련 · 보급 지원 등

국가와 지방자치단체는 장애인의 복지 향상을 위하여 장애인을 보조할 장애인 보조견(補助犬)의 훈련 · 보급을 지원하는 방안을 강구하여야 한다. 보건복지부장관은 장애인 보조견에 대하여 장애인 보조견표지를 발급할 수 있다. 누구든지 보조견표지를 붙인 장애인 보조견을 동반한 장애인이 대중교통수단을 이용하거나 공공장소, 숙박시설 및 식품접객업소 등 여러 사람이 다니거나 모이는 곳에 출입하려는 때에는 정당한 사유 없이 거부하여서는 아니 된다. 지정된 전문훈련기관에 종사하는 장애인 보조견 훈련자 또는 장애인 보조견 훈련 관련 자원봉사자가 보조견표지를 붙인 장애인 보조견을 동반한 경우에도 또한 같다(법 제40조). 본 규정 위반 시 300만 원 이하의 과태료에 처한다(법 제90조 제3항 제3호). 경기도 평택에 있는 한국장애인도우미견협회(http://www.helpdog.org 전화 031-691-7782) 직영 장애인도우미견 전문훈련기관 '이삭도우미개학교'가 대표적인 훈련기관이다. 장애인도우미견으로는 시각장애인 도우미견, 청각장애인 도우미견, 치료 도우미견 등이 있으며, 치료 도우미견의 경우 정신장애, 자폐성장애, 치매 치료에 이용되고 있는바, 즉 치료견이 사람과 놀며 심리안정과 운동에 도움을 주는 것이다. 삼성 에버랜드 '치료 도우미견센터'에서 치료 도우미견을 훈련시키고 있다.

(14) 자금의 대여

국가와 지방자치단체는 장애인이 사업을 시작하거나 필요한 지식과 기능을 익히는 것 등을 지원하기 위하여 대통령령으로 정하는 바에 따라 자금을 대여할 수 있다(법 제41조). 본 규정은 저소득 장애인가구에 대하여 자립자금 등을 대여할 수 있도록 한 것으로, 자금을 대여할 수 있는 대상 용도는 다음과 같다(시행령 제24조 제1항).

① 생업자금
② 생업이나 출퇴근을 위한 자동차 구입비
③ 취업에 필요한 지도 및 기술훈련비
④ 기능회복 훈련에 필요한 장애인보조기구 구입비
⑤ 사무보조기기 구입비
⑥ 그 밖에 보건복지부장관이 장애인 재활에 필요하다고 인정하는 비용

현재 저소득 장애인의 소규모 창업 및 출퇴근용 자동차 구입 비용을 장기 저리로 빌려주어 생업의 기반을 다지고 편리하게 이동할 수 있도록 자금을 지원하고 있는데, 지원대상은 성년 등록장애인 중 소득인정액이 기준 중위소득의 50% 초과 100% 이하인 가구의 장애인 근로자에 대해 지원된다. 지원내용은 무보증 대출의 경우 기존 대출금(신용대출 및 현금서비스 이용 합계액)이 2천만 원 이하인 사람 중, 연간 재산세 납세 실적이 2만 원 이상인 사람 또는 연간 소득이 600만 원 이상인 사람은 가구당 1,200만 원 이내에서 대출된다. 단, 자동차 구입자금의 경우 특수설비를 부착할 경우 1,500만 원 이내까지 대출 가능하다. 보증대출의 경우 재산세 2만 원 이상 또는 연간소득 800만 원 이상인 사람은 가구당 2,000만 원 이내에서 대여 가능하고 단, 보증인 1명당 1,000만 원 이내이기 때문에 대출 금액이 1,000만 원 이상인 경우는 보증인 1명이 추가되어야 한다. 담보대출의 경우는 담보 범위 내에서 5,000만 원 이하로 지원한다. 대출기관은 전국 서민금융통합지원센터, 미소금융지점이고, 대출이자는 연 3%이며, 대출기간은 최대 6년(거치기간 1년 이내, 상환기간 5년 이내)이고, 생활가계자금, 주택전세자금, 학자금 등의 용도로는 융자 불가하다.

(15) 생업지원

국가와 지방자치단체, 그 밖의 공공단체는 소관 공공시설 안에 식료품·사무용품·신문 등 일상생활용품을 판매하는 매점이나 자동판매기의 설치를 허가하거나 위탁할 때에는 장애인이 신청하면 우선적으로 반영하도록 노력하여야 한다. 시장·군수 또는 구청장은 장애인이 담배소매인으로 지정받기

위하여 신청하면 그 장애인을 우선적으로 지정하도록 노력하여야 한다. 장애인이 우편법령에 따라 국내 우표류 판매업 계약 신청을 하면 우편관서는 그 장애인이 우선적으로 계약할 수 있도록 노력하여야 한다.

(16) 자립훈련비의 지급

장애인복지실시기관은 장애인복지시설에서 주거편의·상담·치료·훈련 등을 받도록 하거나 위탁한 장애인에 대하여 그 시설에서 훈련을 효과적으로 받는 데 필요하다고 인정되면 자립훈련비를 지급할 수 있으며, 특별한 사정이 있으면 훈련비 지급을 대신하여 물건을 지급할 수 있다. 자립훈련비의 지급대상자는 장애인복지시설에서 자립을 목적으로 훈련을 받는 장애인으로 한다.

(17) 생산품 구매

국가, 지방자치단체 및 그 밖의 공공단체는 장애인복지시설과 장애인복지단체에서 생산한 물품의 우선 구매에 필요한 조치를 마련하여야 한다(법 제44조). 장애인생산품을 우선구매 하고자 하는 경우에는 장애인생산품을 만드는 장애인복지시설이나 장애인복지단체를 통해 직접 구입하거나 장애인생산품 판매시설[11]을 통해 구입할 수 있다.[12] 경쟁고용이 어려운 중증장애인들을 고용하는 직업재활시설 등의 생산품에 대한 우선구매를 지원하는 것을 목적으로 하는 「중증장애인생산품 우선구매 특별법」도 있다.

(18) 생산품 인증과 인증 취소

보건복지부장관은 장애인복지시설, 장애인복지단체에서 생산한 물품의 판매촉진·품질향상 및 소비자와 구매자 보호를 위하여 인증제도를 실시할 수 있다. 법규에 따라 인증을 받은 경우 외에는 생산한 물품이나 그 물품의 포장·용기 또는 홍보물에 인증의 표시를 붙이거나 이를 사용하여서는 아니 된다(법 제45조).

11) 서울시립 장애인생산품판매시설(양천구 목동서로, 02-2647-4100)을 비롯하여 전국에 18개의 장애인생산품판매시설이 있다.

12) 문의 : 서울시 용산구에 있는 (사)한국장애인직업재활시설협회(02-921-5053)

(19) 고용 촉진

국가와 지방자치단체는 직접 경영하는 사업에 능력과 적성이 맞는 장애인을 고용하도록 노력하여야 하며, 장애인에게 적합한 사업을 경영하는 자에게 장애인의 능력과 적성에 따라 장애인을 고용하도록 권유할 수 있다(법 제46조).

(20) 장애인 응시자에 대한 편의제공

국가, 지방자치단체 및 대통령령으로 정하는 기관·단체의 장은 해당 기관·단체가 실시하는 자격시험 및 채용시험 등에 있어서 장애인 응시자가 비장애인 응시자와 동등한 조건에서 시험을 치를 수 있도록 편의를 제공하여야 한다(법 제46조의2).

(21) 공공시설의 우선 이용

국가와 지방자치단체, 그 밖의 공공단체는 장애인의 자립을 지원하는 데에 필요하다고 인정되면 그 공공시설의 일부를 장애인이 우선 이용하게 할 수 있다(법 제47조).

(22) 국유·공유 재산의 우선매각이나 유상·무상 대여

국가와 지방자치단체는 이 법에 따른 장애인복지시설을 설치하거나 장애인복지단체가 장애인복지사업과 관련한 시설을 설치하는 데에 필요할 경우 국유재산 또는 공유재산을 우선 매각할 수 있고 유상 또는 무상으로 대부하거나 사용·수익하게 할 수 있다. 또 국가나 지방자치단체로부터 토지와 시설을 매수·임차하거나 대부받은 자가 그 매수·임차 또는 대부한 날부터 2년 이내에 장애인복지시설을 설치하지 아니하거나 장애인복지단체의 장애인복지사업 관련 시설을 설치하지 아니할 때에는 토지와 시설을 환수하거나 임차계약을 취소할 수 있다(법 제48조).

(23) 장애인에 대한 수당

① 수당의 종류

㉠ **장애수당** : 국가와 지방자치단체는 장애인의 장애 정도와 경제적 수준을 고려하여 장애로 인한 추가적 비용을 보전(補塡)하게 하기 위하여 장애수당을 지급할 수 있다. 소득기준액이 중위소득 50% 이하일 경우에 지원한다. 즉, 생계, 의료, 주거, 교육 급여 수급자 및 차상위계층 중 만 18세 이상의 장애인연금법상 중증장애인에 해당하지 않는 장애인을 지원한다. 장애인연금을 받는 중증장애인에게는 장애수당을 지급하지 않는다. 장애아동수당을 지급받는 자도 제외된다. 보장시설 입소 장애인은 연령에 상관없이 장애수당만 지급하므로 장애아동시설에 입소한 장애아동에 대하여는 장애아동수당을 지급하지 아니한다.

현재 지급되는 장애수당(disablement allowance)은 기초생활수급자 및 차상위 경증장애인에게는 1인당 월 4만 원, 보장시설 경증장애인에게는 1인당 월 2만 원을 지급하고 있다. 장애수당은 수급자 계좌에 입금하며, 지급절차는 장애인 또는 보호자(대리인)가 사회복지서비스 및 급여제공(변경)신청서를 작성하여 읍·면·동에 방문신청, 또는 온라인 신청으로도 가능하다.

㉡ **장애아동수당과 보호수당** : 국가와 지방자치단체는 장애아동에게 보호자의 경제적 생활수준 및 장애아동의 장애 정도를 고려하여 장애로 인한 추가적 비용을 보전(補塡)하게 하기 위하여 장애아동수당을 지급할 수 있다. 장애아동수당을 지급받을 수 있는 자는 ⓐ 18세 미만(고등학교와 이에 준하는 특수학교 또는 각종 학교에 재학 중인 경우에는 20세 이하의 경우를 포함)일 것, ⓑ 장애인으로 등록하였을 것, ⓒ 국민기초생활 보장법에 따른 수급자 또는 차상위계층으로서 장애로 인한 추가적 비용 보전이 필요할 것 등의 요건을 모두 갖춘 자이어야 한다. 현재 지급되는 장애아동수당은 중증장애인으로 생계·의료급여 수급자는 매월 20만 원, 주거·교육급여 수급자 및 차상위계층은 매월 15만

원, 보장시설에서 생활하는 생계·의료급여 수급자는 매월 7만 원 지원한다. 경증장애인으로 생계·의료급여 수급자는 매월 10만 원, 주거·교육급여 수급자 및 차상위계층도 매월 10만 원, 보장시설에서 생활하는 생계·의료급여 수급자는 매월 2만 원씩 지원한다.

한편 국가와 지방자치단체는 장애인을 보호하는 보호자에게 그의 경제적 수준과 장애인의 장애 정도를 고려하여 장애로 인한 추가적 비용을 보전하게 하기 위하여 보호수당을 지급할 수 있는바, 보호수당을 지급받을 수 있는 자는 ⓐ 국민기초생활 보장법에 따른 수급자일 것, ⓑ 중증장애로 다른 사람의 도움이 없이는 일상생활을 영위하기 어려운 18세 이상(해당 장애인이 20세 이하로서 고등학교와 이에 준하는 특수학교 또는 각종 학교에 재학 중인 경우는 제외함)의 장애인을 보호하거나 부양할 것 등의 요건을 모두 갖춘 자이어야 한다.

② 자녀교육비 및 장애수당 등의 지급 신청

자녀교육비, 장애수당, 장애아동수당 및 보호수당을 지급받으려는 사람은 보건복지부령으로 정하는 바에 따라 특별자치시장·특별자치도지사·시장·군수·구청장에게 자녀교육비 및 장애수당 등의 지급을 신청할 수 있다. 신청을 할 때에 신청인과 그 가구원은 금융정보 등의 정보 제공에 동의한다는 서면을 제출하여야 한다(법 제50조의2). 장애수당 등은 읍·면 사무소나 동주민복지센터에 신청한다. 장애수당은 본인이 직접 신청해야만 수급대상자가 될 수 있는 신청주의 원칙을 적용하고 있다. 그러나 지적장애인이나 글을 모르는 경우에는 대리인의 신청도 허용하고 있다. 장애수당 등은 매월 20일(토요일이거나 공휴일인 경우에는 그 전날)에 금융기관이나 우편관서의 수급자 계좌에 입금하는 방법으로 지급한다. 이 경우 지급대상자로 결정된 사람이 ⓐ 성년후견개시의 심판, 한정후견개시의 심판 또는 특정후견의 심판이 확정된 경우, ⓑ 채무불이행으로 인하여 금전채권이 압류된 경우, ⓒ 치매 또는 보건복지부장관이 정하는 거동불가의 사유로 인하여 본인 명의의 계좌를 개설하기 어려운 경우 등에는 지급대상자의 배우자, 직계혈족 또는 3촌 이내의 방계혈족

명의 계좌에 입금할 수 있다. 장애수당 등은 현금으로 지급한다. 장애수당은 장애인 본인을 기준으로 지급하므로 1가구에 지급대상 장애인이 2명인 경우에도 장애인 각자에게 지급한다.

③ 장애인복지급여수급계좌

특별자치시장·특별자치도지사·시장·군수·구청장은 수급자의 신청이 있는 경우에는 자녀교육비 및 장애수당 등을 수급자 명의의 지정된 계좌(장애인복지급여수급계좌)로 입금하여야 한다. 다만, 정보통신장애나 그 밖에 대통령령으로 정하는 불가피한 사유로 장애인복지급여수급계좌로 이체할 수 없을 때에는 현금 지급 등 대통령령으로 정하는 바에 따라 자녀교육비 및 장애수당 등을 지급할 수 있다. 장애인복지급여수급계좌가 개설된 금융기관은 이 법에 따른 자녀교육비 및 장애수당 등만이 장애인복지급여수급계좌에 입금되도록 관리하여야 한다.

④ 자녀교육비 및 장애수당 등의 환수

특별자치시장·특별자치도지사·시장·군수·구청장은 자녀교육비 및 장애수당등을 받은 사람이 ⓐ 거짓이나 그 밖의 부정한 방법으로 자녀교육비 및 장애수당 등을 받은 경우, ⓑ 자녀교육비 및 장애수당 등을 받은 후 그 자녀교육비 및 장애수당 등을 받게 된 사유가 소급하여 소멸된 경우, ⓒ 잘못 지급된 경우 등에 해당하면 그가 받은 자녀교육비 및 장애수당 등의 전부 또는 일부를 환수하여야 한다. 또한 자녀교육비 및 장애수당 등을 받은 사람이 이러한 사유에 해당하여 반환요청을 받았으나 기간 내에 반환하지 아니하면 국세 또는 지방세 체납처분의 예에 따라 징수할 수 있다. 자녀교육비 및 장애수당 등을 징수할 때 반환하여야 할 사람이 행방불명되거나 재산이 없거나 그 밖에 대통령령으로 정하는 사유가 있어 환수가 불가능하다고 인정할 때에는 결손처분할 수 있다.

17) 자립생활의 지원

(1) 자립생활지원

국가와 지방자치단체는 장애인의 자기결정에 의한 자립생활을 위하여 활동지원사의 파견 등 활동보조서비스 또는 장애인보조기구의 제공, 그 밖의 각종 편의 및 정보제공 등 필요한 시책을 강구하여야 한다(법 제53조).

(2) 장애인자립생활지원센터

국가와 지방자치단체는 장애인의 자립생활을 실현하기 위하여 장애인자립생활지원센터를 통하여 필요한 각종 지원서비스를 제공한다(법 제54조 제1항).

(3) 활동지원급여의 지원

국가와 지방자치단체는 장애인이 일상생활 또는 사회생활을 원활히 할 수 있도록 활동지원급여를 지원할 수 있으며, 또 임신 등으로 인하여 이동이 불편한 여성 장애인에게 임신 및 출산과 관련한 진료 등을 위하여 경제적 부담능력 등을 고려하여 활동지원사의 파견 등 활동보조서비스를 지원할 수 있다(법 제55조).

18) 장애인복지시설과 단체

(1) 시설에서의 보호조치 등

국가와 지방자치단체는 장애인의 성·연령 및 장애의 유형과 정도를 고려하여 장애인복지시설에서 보호·의료·생활지도·재활훈련과 자립생활지원 등의 서비스를 제공함으로써 장애인이 기능 회복과 사회성 향상을 도모할 수 있도록 필요한 정책을 강구하여야 한다.

(2) 장애인복지시설

장애인복지시설의 종류는 다음과 같다(법 제58조 제1항).

① **장애인 거주시설** : 거주공간을 활용하여 일반가정에서 생활하기 어려운 장애인에게 일정 기간 동안 거주・요양・지원 등의 서비스를 제공하는 동시에 지역사회생활을 지원하는 시설

② **장애인 지역사회재활시설** : 장애인을 전문적으로 상담・치료・훈련하거나 장애인의 일상생활, 여가활동 및 사회참여활동 등을 지원하는 시설

③ **장애인 직업재활시설** : 일반 작업환경에서는 일하기 어려운 장애인이 특별히 준비된 작업환경에서 직업훈련을 받거나 직업 생활을 할 수 있도록 하는 시설(직업훈련 및 직업 생활을 위하여 필요한 제조・가공 시설, 공장 및 영업장 등 부속용도의 시설로서 보건복지부령으로 정하는 시설을 포함한다)

④ **장애인 의료재활시설** : 장애인을 입원 또는 통원하게 하여 상담, 진단・판정, 치료 등 의료재활서비스를 제공하는 시설

⑤ 그 밖에 대통령령으로 정하는 시설

(3) 장애인복지시설 설치

국가와 지방자치단체는 장애인복지시설을 설치할 수 있다. 국가와 지방자치단체 외의 자가 장애인복지시설을 설치・운영하려면 해당 시설 소재지 관할 시장・군수・구청장에게 신고하여야 하며, 신고한 사항 중 보건복지부령이 정하는 중요한 사항을 변경할 때에도 신고하여야 한다. 다만, 폐쇄 명령을 받고 1년이 지나지 아니한 자는 시설의 설치・운영 신고를 할 수 없다. 시장・군수・구청장은 신고 또는 변경신고를 받은 경우 그 내용을 검토하여 이 법에 적합하면 신고 또는 변경신고를 수리하여야 한다. 장애인 거주시설의 정원은 30명을 초과할 수 없다. 다만, 특수한 서비스를 위하여 일정 규모 이상이 필요한 시설 등 대통령령으로 정하는 경우에는 그러하지 아니하다. 의료재활시설의 설치는 의료법에 따른다(법 제59조).

(4) 장애인복지시설 운영의 개시 등

법규정에 따라 신고한 자는 지체 없이 시설 운영을 시작하여야 한다. 시설 운영자가 시설 운영을 중단 또는 재개하거나 시설을 폐지하려는 때에는 보건

복지부령이 정하는 바에 따라 미리 시장·군수·구청장에게 신고하여야 한다. 시설 운영자가 시설 운영을 중단하거나 시설을 폐지할 때에는 보건복지부령이 정하는 바에 따라 시설 이용자의 권익을 보호하기 위하여 ① 시장·군수·구청장의 협조를 받아 시설 이용자가 다른 시설을 선택할 수 있도록 하고 그 이행을 확인하는 조치, ② 시설 이용자가 이용료·사용료 등의 비용을 부담하는 경우 납부한 비용 중 사용하지 아니한 금액을 반환하게 하고 그 이행을 확인하는 조치, ③ 보조금·후원금 등의 사용 실태 확인과 이를 재원으로 조성한 재산 중 남은 재산의 회수조치, ④ 그 밖에 시설 이용자의 권익 보호를 위하여 필요하다고 인정되는 조치를 하여야 한다. 이 경우 시장·군수·구청장은 그 조치 내용을 확인하고 신고를 수리하여야 한다. 그리고 시설 운영자가 시설운영을 재개하려고 할 때에는 보건복지부령으로 정하는 바에 따라 시설 이용자의 권익을 보호하기 위하여 ① 운영 중단 사유의 해소, ② 향후 안정적 운영계획의 수립, ③ 그 밖에 시설 이용자의 권익 보호를 위하여 보건복지부장관이 필요하다고 인정하는 조치를 하여야 한다. 이 경우 시장·군수·구청장은 그 조치 내용을 확인하고 신고를 수리하여야 한다(법 제60조).

(5) 장애인관련기관에의 취업제한 등

법원은 장애인학대관련범죄나 성범죄로 형 또는 치료감호를 선고하는 경우에는 판결로 그 형 또는 치료감호의 전부 또는 일부의 집행을 종료하거나 집행이 유예·면제된 날(벌금형을 선고받은 경우에는 그 형이 확정된 날을 말함)부터 일정 기간(이하 "취업제한기간"이라 한다) 동안 ① 장애인권익옹호기관, ② 노인복지시설, ③ 장기요양기관, ④ 발달장애인지원센터, ⑤ 취약계층 아동 통합서비스 수행기관 및 아동복지시설, ⑥ 의료기관, ⑦ 발달재활서비스 제공기관 및 장애영유아를 위한 어린이집, ⑧ 장애인 활동지원기관, ⑨ 정신건강복지센터 및 정신건강증진시설, ⑩ 특수교육기관 및 특수교육지원센터 등을 운영하거나 장애인관련기관에 취업 또는 사실상 노무를 제공할 수 없도록 하는 명령(이하 "취업제한명령"이라 한다)을 장애인학대관련범죄나 성범죄 사건의 판결과 동시에 선고하여야 한다. 다만, 재범의 위험성이 현저히 낮은 경우, 그 밖에 취업을 제한하여서는 아니 되는 특별한 사정이 있다고 판단하는 경우에는 그러하지 아니한다. 취업제한기간은 10년을 초과하지 못한다. 법원은 취업제한명령을 선고하려는 경우에는 정신건강의학과 의사, 심리학자, 사회복지학자, 장애인학대 관련 전문가, 성범죄 관련 전문가, 장애인단체가 추천하는 장애인 전문가, 그 밖의 관련 전문가로부터 취업제한명령 대상자의 재범 위험성 등에 관한 의견을 들을 수 있다. 장애인관련기관의 설치 신고·허가 등을 관할하는 행정기관의 장은 장애인관련기관을 운영하려는 자에 대하여 본인의 동의를 받아 관계 기관의 장에게 장애인학대관련범죄등의 경력 조회를 요청하여야 한다. 다만, 장애인관련기관을 운영하려는 자가 장애인학대관련범죄등 경력 조회 회신서를 관할행정기관장에게 직접 제출한 경우에는 장애인학대관련범죄등의 경력 조회를 한 것으로 본다. 장애인관련기관 운영자는 그 시설에 취업 중이거나 사실상 노무를 제공 중인 사람 또는 취업하려 하거나 사실상 노무를 제공하려는 사람(이하 "취업자등"이라 한다)에 대하여 장애인학대관련범죄등의 경력을 확인하여야 하며, 이 경우 본인의 동의를 받아 관계 기관의 장에게 장애인학대관련범죄등의 경력 조회를 요청하여야 한다. 다만, 취업자등이 장애인학대관련범죄등 경력 조회 회신서를 장애인관련기관 운영자에게 직접 제출한 경우에는 장애인학대관련범죄등의 경력 조회를 한 것으로 본다. 관할행정기관장은 장애인학대관련범죄등으로 취업제한명령을 선고받은 사람이 장애인관련기관을 운영하거나 장애인관련기관에 취업 또는 사실상 노무를 제공하고 있는지를 직접 또는 관계 기관 조회 등의 방법으로 연 1회 이상 확인·점검하여야 한다. 시장·군수·구청장은 확인·점검을 위하여 필요한 경우에는 장애인복지시설 운영자에게 관련 자료의 제출을 요구할 수 있다. 보건복지부장관은 시장·군수·구청장에게 확인·점검 결과를 제출하도록 요구할 수 있고, 또 취업제한명령을 위반하여 장애인복지시설을 운영 중인 장애인복지시설 운영자에게 운영 중인 장애인복지시설의 폐쇄를 요구하여야 하며, 취업제한명령을 위반하여 취업하거나 사실상 노무를 제공하는 사람이 있으면 해당 장애인복지시설 운영자에게 그의 해임을 요구하여야 한다. 또한 시장·군수·구청장은 장애인복지시설 운영자가 정당한 사유 없이 폐쇄 요구를 거부하거나 3개월 이내에 요구사항을 이행하지 아니하는 경우에는 대통령령으로 정하는 바에 따라 해당 장애인복지시설을 폐쇄하거나 관계 행정기관의 장에게 이를 요구할 수 있다(법 제59조의3).

(6) 장애인학대 및 장애인 대상 성범죄 신고의무와 절차

누구든지 장애인학대 및 장애인 대상 성범죄를 알게 된 때에는 중앙장애인권익옹호기관 또는 지역장애인권익옹호기관이나 수사기관에 신고할 수 있다(법 제59조의4 제1항).

다음에 해당하는 사람은 그 직무상 장애인학대 및 장애인 대상 성범죄를 알게 된 경우에는 지체 없이 장애인권익옹호기관 또는 수사기관에 신고하여야 한다(법 제59조의4 제2항).

① 사회복지전담공무원 및 사회복지시설의 장과 그 종사자
② 서비스지원 종합조사를 하는 자와 장애인 활동지원인력 및 활동지원기관의 장과 그 종사자
③ 의료인 및 의료기관의 장
④ 의료기사
⑤ 응급구조사
⑥ 119 구급대의 대원
⑦ 정신건강복지센터, 정신의료기관, 정신요양시설 및 정신재활시설의 장과 그 종사자
⑧ 어린이집의 원장 등 보육교직원
⑨ 유아교육법에 따른 교직원 및 강사 등
⑩ 초·중등교육법에 따른 학교의 장과 그 종사자
⑪ 학원의 운영자·강사·직원 및 교습소의 교습자·직원

⑫ 성폭력피해상담소, 성폭력피해자보호시설 및 성폭력피해자통합지원센터의 장과 그 종사자
⑬ 성매매피해자 지원시설의 장과 그 종사자 및 성매매피해상담소의 장과 그 종사자
⑭ 가정폭력 관련 상담소의 장과 그 종사자 및 가정폭력피해자 보호시설의 장과 그 종사자
⑮ 건강가정지원센터의 장과 그 종사자
⑯ 다문화가족지원센터의 장과 그 종사자
⑰ 가정위탁지원센터의 장과 그 종사자
⑱ 한부모가족복지시설의 장과 그 종사자
⑲ 청소년시설의 장과 그 종사자 및 청소년단체의 장과 그 종사자
⑳ 청소년 보호·재활센터의 장과 그 종사자
㉑ 장기요양요원 및 장기요양인정 신청의 조사를 하는 자
㉒ 장애인평생교육시설의 장과 그 종사자

(7) 불이익조치의 금지

누구든지 장애인학대 및 장애인 대상 성범죄 신고인에게 장애인학대범죄 신고 등을 이유로 다음 각 호의 불이익조치를 하여서는 아니 된다(법 제59조의5). 아래 ①호에 해당하는 불이익조치를 한 자는 2년 이하의 징역 또는 2천만 원 이하의 벌금에 처하며, ②~⑦호에 해당하는 불이익조치를 한 자는 1년 이하의 징역 또는 1천만 원 이하의 벌금에 처한다.

① 파면, 해임, 해고, 그 밖에 이에 준하는 신분상실의 조치
② 징계, 정직, 감봉, 강등, 승진 제한, 그 밖에 이에 준하는 부당한 인사조치
③ 전보, 전근, 직무 미부여, 직무 재배치, 그 밖에 이에 준하는 인사조치
④ 성과평가 또는 동료평가 등을 통한 임금, 상여금 등의 차별적 지급
⑤ 교육·훈련 등 자기계발 기회의 박탈 및 예산·인력 등에 대한 업무상 제한, 그 밖에 이에 준하는 근무 조건의 차별적 조치

⑥ 요주의 대상자 명단의 작성·공개, 집단 따돌림 및 폭행·폭언, 그 밖에 이에 준하는 정신적·신체적 위해 행위
⑦ 직무에 대한 부당한 감사, 조사 및 그 결과의 공표

(8) 보조인의 선임 등

학대받은 장애인의 법정대리인, 직계친족, 형제자매 또는 변호사는 장애인 학대사건의 심리에 있어서 보조인이 될 수 있다. 다만, 변호사가 아닌 경우에는 법원의 허가를 받아야 한다(법 제59조의6 제1항). 법원은 학대받은 장애인을 증인으로 신문하는 경우 본인 또는 검사의 신청이 있는 때에는 본인과 신뢰관계에 있는 사람의 동석을 허가할 수 있다(법 제59조의6 제2항). 수사기관이 학대받은 장애인을 조사하는 경우에도 앞의 절차를 준용한다(법 제59조의6 제3항).

(9) 응급조치의무 등

장애인학대 신고를 접수한 장애인권익옹호기관의 직원이나 사법경찰관리는 지체 없이 장애인학대현장에 출동하여야 한다. 이 경우 장애인권익옹호기관의 장이나 수사기관의 장은 서로 동행하여 줄 것을 요청할 수 있으며, 그 요청을 받은 장애인권익옹호기관의 장이나 수사기관의 장은 정당한 사유가 없으면 소속 직원이나 사법경찰관리가 현장에 동행하도록 하여야 한다. 장애인학대현장에 출동한 자는 학대받은 장애인을 학대행위자로부터 분리하거나 치료가 필요하다고 인정할 때에는 즉시 피해장애인을 ① 장애인권익옹호기관, ② 피해장애인 쉼터 및 피해장애아동 쉼터, ③ 의료기관, ④ 위기발달장애인쉼터, ⑤ 그 밖에 학대받은 장애인을 보호할 수 있는 시설로서 대통령령으로 정하는 시설 등에 인도하여야 한다. 이 경우 해당 기관 또는 시설의 장은 정당한 사유 없이 이를 거부하여서는 아니 된다. 장애인 학대 현장에 출동한 자는 학대받은 장애인을 보호하기 위하여 신고된 현장에 출입하여 관계인에 대하여 조사를 하거나 질문을 할 수 있다. 이 경우 장애인권익옹호기관의 직원은 학대받은 장애인의 보호를 위한 범위에서만 조사 또는 질문을 할 수 있다. 조사 또는 질문을 하는 자는 학대받은 장애인·신고자·목격자 등이 자

유롭게 진술할 수 있도록 장애인학대행위자로부터 분리된 곳에서 조사하는 등 필요한 조치를 하여야 한다. 누구든지 장애인학대현장에 출동한 자에 대하여 현장조사를 거부하거나 업무를 방해하여서는 아니 된다(법 제59조의7).

(10) 금지행위

누구든지 다음 각 호의 어느 하나에 해당하는 행위를 하여서는 아니 된다(법 제59조의9).

① 장애인에게 성적 수치심을 주는 성희롱·성폭력 등의 행위
위반 시 10년 이하의 징역 또는 1억 원 이하의 벌금에 처한다.

② 장애인의 신체에 폭행을 가하거나 상해를 입히는 행위
폭행을 가한 자는 5년 이하의 징역 또는 5천만 원 이하의 벌금에 처한다.
상해를 입힌 자는 7년 이하의 징역 또는 7천만 원 이하의 벌금에 처한다.

③ 장애인을 폭행, 협박, 감금, 그 밖에 정신상 또는 신체상의 자유를 부당하게 구속하는 수단으로써 장애인의 자유의사에 어긋나는 노동을 강요하는 행위
위반 시 7년 이하의 징역 또는 7천만 원 이하의 벌금에 처한다.

④ 자신의 보호·감독을 받는 장애인을 유기하거나 의식주를 포함한 기본적 보호 및 치료를 소홀히 하는 방임행위
위반 시 5년 이하의 징역 또는 5천만 원 이하의 벌금에 처한다.

⑤ 장애인에게 구걸을 하게 하거나 장애인을 이용하여 구걸하는 행위
위반 시 5년 이하의 징역 또는 5천만 원 이하의 벌금에 처한다.

⑥ 장애인을 체포 또는 감금하는 행위
위반 시 5년 이하의 징역 또는 5천만 원 이하의 벌금에 처한다.

⑦ 장애인의 정신건강 및 발달에 해를 끼치는 정서적 학대행위

⑧ 장애인을 위하여 증여 또는 급여된 금품을 그 목적 외의 용도에 사용하는 행위
위반시 3년 이하의 징역 또는 3천만 원 이하의 벌금에 처한다.

⑨ 공중의 오락 또는 흥행을 목적으로 장애인의 건강 또는 안전에 유해한 곡예를 시키는 행위
위반 시 1년 이하의 징역 또는 1천만 원 이하의 벌금에 처한다.

(11) 장애인학대의 예방과 방지 의무

국가와 지방자치단체는 장애인학대의 예방과 방지를 위하여 다음의 조치를 취하여야 한다(법 제59조의10).

① 장애인학대의 예방과 방지를 위한 각종 정책의 수립 및 시행
② 장애인학대의 예방과 방지를 위한 연구 · 교육 · 홍보와 장애인학대 현황 조사
③ 장애인학대에 관한 신고체계의 구축 · 운영
④ 장애인학대로 인하여 피해를 입은 장애인(피해장애인)의 보호 및 치료와 피해장애인의 가정에 대한 지원
⑤ 장애인학대 예방 관계 기관 · 법인 · 단체 · 시설 등에 대한 지원
⑥ 그 밖에 대통령령으로 정하는 장애인학대의 예방과 방지를 위한 사항

(12) 장애인권익옹호기관의 설치 등

국가는 지역 간의 연계체계를 구축하고 장애인학대를 예방하기 위하여 다음의 업무를 담당하는 중앙장애인권익옹호기관을 설치 · 운영하여야 한다(법 제59조의11 제1항).

① 지역장애인권익옹호기관에 대한 지원
② 장애인학대 예방 관련 연구 및 실태조사
③ 장애인학대 예방 관련 프로그램의 개발 · 보급
④ 장애인학대 예방 관련 교육 및 홍보

⑤ 장애인학대 예방 관련 전문인력의 양성 및 능력개발
⑥ 관계 기관·법인·단체·시설 간 협력체계의 구축 및 교류
⑦ 장애인학대 신고접수와 그 밖에 보건복지부령으로 정하는 장애인학대 예방과 관련된 업무

학대받은 장애인을 신속히 발견·보호·치료하고 장애인학대를 예방하기 위하여 다음의 업무를 담당하는 지역장애인권익옹호기관을 특별시·광역시·특별자치시·도·특별자치도에 둔다(법 제59조의11 제2항).

① 장애인학대의 신고접수, 현장조사 및 응급보호
② 피해장애인과 그 가족, 장애인학대행위자에 대한 상담 및 사후관리
③ 장애인학대 예방 관련 교육 및 홍보
④ 장애인학대사례판정위원회 설치·운영
⑤ 그 밖에 보건복지부령으로 정하는 장애인학대 예방과 관련된 업무

(13) 사후관리 등

장애인권익옹호기관의 장은 장애인학대가 종료된 후에도 가정방문, 시설방문, 전화상담 등을 통하여 장애인학대의 재발 여부를 확인하여야 한다. 장애인권익옹호기관의 장은 장애인학대가 종료된 후에도 피해장애인의 안전 확보, 장애인학대의 재발 방지, 건전한 가정기능의 유지 등을 위하여 피해장애인, 피해장애인의 보호자·가족 및 장애인학대행위자에게 상담, 교육 및 의료적·심리적 치료 등의 지원을 하여야 한다. 장애인권익옹호기관의 장은 지원을 할 때에는 피해장애인의 이익을 최우선으로 고려하여야 한다. 피해장애인의 보호자·가족은 장애인권익옹호기관의 지원에 참여하여야 하고, 장애인권익옹호기관의 업무 수행을 정당한 사유 없이 거부하거나 방해하여서는 아니 된다(법 제59조의12).

(14) 피해장애인 쉼터

특별시장·광역시장·특별자치시장·도지사·특별자치도지사는 장애인학대로 인하여 피해를 입은 장애아동(이하 "피해장애아동"이라 한다)의 임시 보호를 위하여 피해장애아동 쉼터를 설치·운영할 수 있다(법 제59조의13).

(15) 장애인학대 등의 통보

사법경찰관리는 장애인 사망 및 상해 사건, 가정폭력 사건 등에 관한 직무를 수행하는 경우 장애인학대가 있었다고 의심할 만한 사유가 있는 때에는 장애인권익옹호기관에 그 사실을 통보하여야 한다. 이 통보를 받은 장애인권익옹호기관은 피해장애인 보호조치 등 필요한 조치를 하여야 한다(법 제59조의14).

(16) 진술조력인의 참여 등

검사, 사법경찰관 또는 법원은 범죄사건의 피해자인 장애인이 의사소통이나 의사표현에 어려움이 있는 경우 피해자에 대한 형사사법절차에서의 조력과 원활한 조사·검증 또는 증인 신문을 위하여 직권이나 피해자 또는 보조인의 신청에 따라 「성폭력범죄의 처벌 등에 관한 특례법」에 따른 진술조력인으로 하여금 조사과정, 검증 또는 증인 신문에 참여하여 의사소통을 중개하거나 보조하게 할 수 있다. 검사, 사법경찰관 또는 법원은 피해자에 대한 조사·검증 또는 증인 신문 전에 피해자 및 보조인에게 진술조력인에 의한 의사소통 중개나 보조를 신청할 수 있음을 고지하여야 한다(법 제59조의16).

(17) 장애인권익옹호기관의 성과평가 등

보건복지부장관은 장애인권익옹호기관의 업무 실적에 대하여 3년마다 성과평가를 실시하여야 한다. 성과평가 및 평가결과의 활용 등에 필요한 사항은 대통령령으로 정한다(법 제59조의17).

(18) 장애인 거주시설 이용절차

장애인 거주시설을 이용하려는 자와 그 친족, 그 밖의 관계인은 보건복지부령으로 정하는 서류를 갖추어 시장・군수・구청장에게 장애인의 시설 이용을 신청하여야 한다. 시설 이용을 신청받은 시장・군수・구청장은 서비스 지원 종합조사 결과 등을 활용하여 이용 신청자의 시설 이용 적격성 여부를 심사하고 이용 신청자의 시설 이용 적격성 여부를 심사하여, 그 결과에 따라 시설 이용 여부를 결정하여야 한다. 시설 운영자는 이용 신청자와 서비스 이용조건, 본인부담금 등의 사항을 포함하여 계약을 체결하고, 그 결과를 시장・군수・구청장에게 보고하여야 한다. 장애인 거주시설 이용 계약은 시설을 이용할 장애인 본인이 체결하는 것을 원칙으로 하되, 지적 능력 등의 이유로 장애인 본인이 계약을 체결하기 어려운 경우에 한하여, 대통령령으로 정하는 자가 계약절차의 전부 또는 일부를 대행할 수 있다. 시설 이용자가 시설 이용을 중단하려는 경우에는 보건복지부령으로 정하는 기간 전에 시설 이용을 중단할 의사를 시설 운영자에게 밝혀야 한다. 이 경우 시설 운영자는 이용 중단과 관련하여 필요한 조치를 하여야 하고, 이용 중단 희망자에 대하여 이용 중단에 따른 어떠한 불이익한 처분이나 차별도 하여서는 아니 된다(법 제60조의2).

(19) 장애인 거주시설 운영자의 의무

시설 운영자는 시설 이용자의 인권을 보호하고, 인권이 침해된 경우에는 즉각적인 회복조치를 취하여야 한다. 시설 운영자는 시설 이용자의 거주, 요양, 생활지원, 지역사회생활 지원 등을 위하여 필요한 서비스를 제공하여야 한다. 시설운영자는 시설 이용자의 사생활 및 자기결정권의 보장을 위하여 노력하여야 한다(법 제60조의4).

(20) 시설의 개선, 사업의 정지, 폐쇄

장애인복지실시기관은 장애인복지시설이 다음 어느 하나에 해당하는 때에는 그 시설의 개선, 사업의 정지, 시설의 장의 교체를 명하거나 해당 시설의 폐쇄를 명할 수 있다(법 제62조).

① 시설기준에 미치지 못한 때
② 정당한 사유 없이 지도·감독에 따른 보고를 하지 아니하거나 거짓으로 보고한 때 또는 조사·검사·질문을 거부·방해하거나 기피한 때
③ 사회복지법인이나 비영리법인이 설치·운영하는 시설인 경우 그 사회복지법인이나 비영리법인의 설립허가가 취소된 때
④ 시설의 회계 부정이나 시설이용자에 대한 인권침해 등 불법행위, 그 밖의 부당행위 등이 발견된 때
⑤ 설치 목적을 이루었거나 그 밖의 사유로 계속하여 운영할 필요가 없다고 인정되는 때
⑥ 이 법 또는 이 법에 따른 명령이나 처분을 위반한 경우

19) 장애인보조기구

장애인보조기구란 장애인이 장애의 예방·보완과 기능 향상을 위하여 사용하는 의지(義肢)·보조기 및 그 밖에 보건복지부장관이 정하는 보장구와 일상생활의 편의 증진을 위하여 사용하는 생활용품을 말한다. 장애인보조기구(보장구) 구입비 등에 대한 지원 대상자는 건강보험 가입자 또는 직장 피부양자로서 장애인복지법에 의해 등록된 장애인이어야 한다. 국민건강보험법 시행규칙 제26조 제1항의 별표 7에 따른 '장애인보장구에 대한 보험급여기준(보장구에 대한 공단의 부담금액)'은 ① 가. 보조기기의 유형 및 구분 항목별로 보건복지부장관이 정하여 고시하는 금액, 나. 보건복지부장관이 급여평가 결과를 고려하여 제품별로 고시하는 금액, 다. 가입자·피부양자가 해당 보조기기를 구입한 금액 중 가장 낮은 금액(지급기준금액)의 100분의 90에 해당하는 금액을 가입자·피부양자에게 지급, ② 다만, 시행령 별표2 제3호 라목에 해당하는 사람이 구입한 보조기기에 대해서는 지급기준금액의 100분의 100에 해당하는 금액을 지급하며, ③ 보장구 사용에 소요되는 건전지 등 소모품의 구입비용과 수리비용에 대하여는 공단이 부담하지 아니한다. 그리고 보장구의 제작 또는 장착 등을 위하여 요양기관에서 행한 진찰·검사·처치 등은 국민건강보험법에 의한 요양급여로 본다.

지원 절차는 건강보험공단 지사에 보장구급여비 지급신청서 1부, 의사의 보장구 처방전(의사 발행) 및 보장구 검수확인서(의사 발행) 각 1부, 요양기관 또는 보장구 제작(판매)업소 발행 영수증을 제출하면 된다. 그러면 건강보험공단 지사에서 지급요건 여부를 심사한 뒤 청구인의 계좌로 입금시켜 준다. 다만, 지팡이, 목발 및 흰 지팡이에 대한 보험급여를 받고자 하거나, 이미 휠체어에 대한 보험급여를 받은 분이 다시 휠체어에 대한 보험급여를 받고자 하는 경우(즉, 2회 이상 신청 시) 의사의 보장구처방전 및 보장구검수확인서를 생략하고 신청할 수 있다.

현재 법에서 정하고 있는 보장구 품목과 법정 상한액(기준액) 및 내구연한(교체기간)은 다음과 같다. 수동휠체어(480,000원, 5년), 의안(620,000원, 5년), 흰 지팡이(25,000원, 0.5년), 목발(15,000원, 2년), 지체장애인용 지팡이(20,000원, 2년), 저시력 보조기로서 안경(100,000원, 3년) · 돋보기(100,000원, 4년) · 망원경(100,000원, 4년) · 콘텍트렌즈(80,000원, 3년), 보청기(1,310,000원, 5년), 개인용 음성증폭기(500,000원, 5년), 전동휠체어[13](209만 원, 6년), 전동스쿠터[14](167만 원, 6년) 등이다.

정부는 일정한 저소득장애인에 대하여 장애인보조기구 무료 교부서비스를 하고 있는데, 기초생활수급자 및 차상위계층으로서 등록장애인 중 중증 지체장애인 · 뇌병변장애인 · 시각장애인 · 청각장애인 · 심장장애인에게 지원한다. 선정기준(선정우선순위)은 장애정도가 심한 자, 기초생활보장수급자, 1가구 2인 이상 장애인 거주하는 경우, 재가 장애인, 보조기구를 받은 지 더 오래된 자 순으로 지원된다. 지원내용은 장애종류, 장애정도에 따라 30여 가지의 보장기구를 지원한다. 욕창방지용 매트, 시각장애인 음향신호기 리모콘과 음성탁상시계, 청각장애인 휴대용 무선신호기와 진동시계, 뇌병변장애인, 근육병 등 지체장애인의 경우에 자세보조용구, 워커, 식사보조기구, 기립보조기구 등을 무료로 교부하고 있다. 해당하는 사람은 거주지 읍 · 면 사무소나 동주민센터에 신청하면 된다.

---

13) 전동휠체어는 휠체어 지급대상에 해당하는 자 중 보행이 불가능하고 팔 기능이 약화 또는 전폐되어 수동휠체어를 혼자서 조작할 수 없는 자로, 다른 사람의 도움 없이 전동휠체어를 안전하게 작동할 수 있는 경우 사용한다.

14) 전동스쿠터는 휠체어 지급대상에 해당하는 자 중 상지기능에 이상이 있거나, 이상이 없는 경우에도 수동휠체어를 완전하게 조작하기 어렵거나 불가능한 자로, 다른 사람의 도움 없이 전동스쿠터를 안전하게 작동할 수 있는 경우 사용한다.

20) 장애인복지 전문인력

(1) 의지 · 보조기 기사자격증의 교부

보건복지부장관은 ① 고등교육법에 따른 전문대학이나 교육부장관이 이와 같은 수준 이상의 학력이 있다고 인정하는 학교에서 보건복지부령으로 정하는 의지 · 보조기 관련 교과목을 이수하고 졸업한 자, ② 보건복지부장관이 인정하는 외국에서 앞에 해당하는 학교와 같은 수준 이상의 교육과정을 마치고 외국의 해당 의지 · 보조기 기사자격증을 받은 자로서 국가시험에 합격한 자에게 의지 · 보조기 기사자격증을 내주어야 한다. 의지 · 보조기 기사자격증을 분실하거나 훼손한 자에게는 신청에 따라 자격증을 재교부한다. 의지 · 보조기 기사자격증은 다른 자에게 대여하지 못한다(법 제72조).

(2) 언어재활사 자격증 교부 등

보건복지부장관은 다음 제2항에 따른 자격요건을 갖춘 사람으로서 국가시험에 합격한 사람에게 언어재활사 자격증을 내주어야 한다(법 제72조의2). 언어재활사 자격증은 다른 사람에게 대여하지 못한다. 언어재활사의 종류 및 국가시험 응시자격 요건은 다음의 구분과 같다. 이 경우 외국의 대학원 · 대학 · 전문대학에서 언어재활 분야의 학위를 취득한 사람으로서 등급별 자격기준과 동등한 학력이 있다고 보건복지부장관이 인정하는 경우에는 해당 등급의 응시자격을 갖춘 것으로 본다.

① **1급 언어재활사** : 2급 언어재활사 자격증을 가진 사람으로서 다음에 해당하는 사람
   ㉠ 대학원에서 언어재활 분야의 박사학위 또는 석사학위를 취득한 사람으로서 언어재활기관에 1년 이상 재직한 사람
   ㉡ 대학에서 언어재활 관련 학과의 학사학위를 취득한 사람으로서 언어재활기관에 3년 이상 재직한 사람

② **2급 언어재활사** : 대학원 · 대학 · 전문대학의 언어재활 관련 교과목을 이수하고 관련 학과의 석사학위 · 학사학위 · 전문학사학위를 취득한 사람

(3) 한국언어재활사협회

언어재활사는 언어재활에 관한 전문지식과 기술을 개발·보급하고 언어재활사의 자질향상을 위한 교육훈련 및 언어재활사의 복지증진을 도모하기 위하여 한국언어재활사협회를 설립할 수 있다. 협회는 법인으로 한다(법 제80조의2).

(4) 한국장애인재활상담사협회

장애인재활상담사는 장애인재활에 관한 전문지식과 기술을 개발·보급하고 장애인재활상담사의 자질향상을 위한 교육훈련 및 장애인재활상담사의 복지증진을 도모하기 위하여 한국장애인재활상담사협회를 설립할 수 있다. 협회는 법인으로 한다(법 제80조의3).

(5) 장애인재활상담사 자격증 교부 등

보건복지부장관은 장애인의 직업재활 등을 지원하기 위하여 다음 제2항에 따른 자격요건을 갖춘 사람으로서 국가시험에 합격한 사람에게 장애인재활상담사 자격증을 내주어야 한다(법 제72조의3). 장애인재활상담사 자격증은 다른 사람에게 대여하지 못한다.

장애인재활상담사의 종류 및 국가시험 응시자격 요건은 다음의 구분과 같다. 이 경우 외국의 대학원·대학·전문대학에서 장애인재활 분야의 학위를 취득한 사람으로서 등급별 자격기준과 동등한 학력이 있다고 보건복지부장관이 인정하는 경우에는 해당 등급의 응시자격을 갖춘 것으로 본다.

① 1급 장애인재활상담사 : 다음 어느 하나에 해당하는 사람

㉠ 대학원에서 장애인재활 분야의 박사학위를 취득한 사람

㉡ 대학원·대학·원격대학에서 보건복지부령으로 정하는 장애인재활 관련 교과목을 이수하고 관련 학과의 석사학위 또는 학사학위를 취득한 사람

㉢ 2급 장애인재활상담사 자격증을 가진 사람으로서 장애인재활 관련 기관에서 3년 이상 재직한 사람

㉣ 사회복지사 자격증을 가진 사람으로서 장애인재활 관련 기관에서 5년 이상 재직한 사람

② 2급 장애인재활상담사 : 다음 어느 하나에 해당하는 사람

㉠ 전문대학·원격대학에서 보건복지부령으로 정하는 장애인재활 관련 교과목을 이수하고 관련 학과의 전문학사학위를 취득한 사람

㉡ 사회복지사 2급 자격증을 가진 사람으로서 장애인재활 관련 기관에서 3년 이상 재직한 사람

(6) 국가시험의 실시 등

의지·보조기 기사, 언어재활사 및 장애인재활상담사의 국가시험은 보건복지부장관이 실시하되, 실시시기·실시방법·시험과목, 그 밖에 시험 실시에 관하여 필요한 사항은 대통령령으로 정한다. 보건복지부장관은 국가시험의 실시에 관한 업무를 대통령령으로 정하는 바에 따라 한국보건의료인국가시험원에 위탁할 수 있다(법 제73조).

(7) 응시자격 제한 등

다음 어느 하나에 해당하는 자는 제73조에 따른 국가시험에 응시할 수 없다(법 제74조).

① 정신질환자. 다만, 전문의가 의지·보조기 기사 등으로서 적합하다고 인정하는 사람은 그러하지 아니하다.

② 마약·대마 또는 향정신성의약품 중독자

③ 금치산자·한정치산자

④ 이 법이나 기타 관련법을 위반하여 금고 이상의 형을 선고받고 그 형의 집행이 끝나지 아니하였거나 집행을 받지 아니하기로 확정되지 아니한 자

부정한 방법으로 국가시험에 응시한 자나 국가시험에 관하여 부정행위를 한 자는 그 수험을 정지시키거나 합격을 무효로 한다. 수험이 정지되거나 합격이 무효가 된 자는 그 후 2회에 한하여 제73조에 따른 국가시험에 응시할 수 없다.

21) 이의신청

장애인이나 법정대리인등은 이 법에 따른 복지조치에 이의가 있으면 해당 장애인복지실시기관에 이의신청을 할 수 있다. 이의신청은 복지조치가 있음을 안 날부터 90일 이내에 문서로 하여야 한다. 다만, 정당한 사유로 인하여 그 기간 이내에 이의신청을 할 수 없었음을 증명한 때에는 그 사유가 소멸한 날부터 60일 이내에 이의신청을 할 수 있다. 장애인복지실시기관은 이의신청을 받은 때에는 30일 이내에 심사·결정하여 신청인에게 통보하여야 한다. 심사·결정에 이의가 있는 자는 「행정심판법」에 따라 행정심판을 제기할 수 있다(법 제84조).

22) 비밀 누설 등의 금지

보건복지부 및 특별자치시·특별자치도·시·군·구 소속 공무원과 소속 공무원이었던 사람, 법규정에 따른 정밀심사 의뢰기관의 종사자와 종사자였던 사람, 법규정에 따른 수탁기관의 종사자와 종사자였던 사람은 업무 수행 중 알게 된 정보 또는 비밀 등을 이 법에서 정한 목적 외에 다른 용도로 사용하거나 다른 사람 또는 기관에 제공·누설하여서는 아니 된다(법 제85조의2).

2. 장애인·노인·임산부 등의 편의증진 보장에 관한 법률

1) 법의 목적

이 법은 1997년 4월 10일에 제정·공포되었는데, 법 제1조는 "이 법은 장애인·노인·임산부 등이 일상생활에서 안전하고 편리하게 시설과 설비를 이용하고 정보에 접근할 수 있도록 보장함으로써 이들의 사회활동 참여와 복지 증진에 이바지함을 목적으로 한다"고 규정하고 있다.

2) 편의시설 설치의 기본 원칙과 장애인 접근권

(1) 편의시설 설치의 기본 원칙

시설주와 대상시설의 설치를 위하여 허가나 처분을 신청하는 등 절차를 진행 중인 자는 장애인 등이 공공건물 및 공중이용시설을 이용할 때 가능하면 최대한 편리한 방법으로 최단거리로 이동할 수 있도록 편의시설을 설치하여야 한다(법 제3조).

(2) 접근권

장애인 등은 인간으로서의 존엄과 가치 및 행복을 추구할 권리를 보장받기 위하여 장애인 등이 아닌 사람들이 이용하는 시설과 설비를 동등하게 이용하고, 정보에 자유롭게 접근할 수 있는 권리를 가진다(법 제4조).

3) 편의시설 설치 대상시설

편의시설을 설치하여야 하는 대상은 ① 공원, ② 공공건물 및 공중이용시설, ③ 공동주택, ④ 통신시설, ⑤ 그 밖에 장애인 등의 편의를 위하여 편의시설을 설치할 필요가 있는 건물・시설 및 그 부대시설로서 대통령령으로 정하는 것 등이다(법 제7조, 시행령 제3조).

4) 시설주 등의 의무

시설주 등은 대상시설을 설치하거나 대통령령으로 정하는 주요 부분을 변경(용도변경을 포함한다)할 때에는 장애인 등이 대상시설을 항상 편리하게 이용할 수 있도록 편의시설을 설치기준에 적합하게 설치하고, 유지・관리하여야 한다(법 제9조 제1항).

5) 시설이용상의 편의제공

장애인 등이 많이 이용하는 공공건물 및 공중이용시설의 시설주는 휠체어, 점자(點字) 안내책자, 보청기기 등을 갖추어 두고 장애인 등이 해당 시설을 편리하게 이용할 수 있도록 하여야 한다. 휠체어, 점자 안내책자, 보청기기 등의 이용료는 무료를 원칙으로 하되, 수리 비용 등을 고려하여 실비로 할 수 있다(법 제16조).

6) 장애인에 대한 편의제공

장애인은 대통령령으로 정하는 공공건물 및 공중이용시설을 이용하려는 경우에는 시설주에게 안내 서비스, 한국수어 통역 등의 편의 제공을 요청할 수 있다. 이 경우 시설주는 정당한 사유가 없으면 이에 따라야 한다(법 제16조의2).

7) 장애인전용주차구역

시설주 등은 주차장 관계 법령과 편의시설의 설치기준에 따라 해당 대상시설에 장애인전용주차구역을 설치하여야 한다. 국가보훈처장과 특별자치시장・특별자치도지사, 시장・군수・구청장은 보행에 장애가 있는 사람이 신청하는 경우 장애인전용주차구역에 주차할 수 있음을 표시하는 장애인전용주차구역 주차표지를 발급하여야 하며, 또한 장애인전용주차구역 주차표지를 발급받은 자가 그 표지를 양도・대여하는 등 부당한 목적으로 사용한 경우에는 그 표지를 회수하거나 재발급을 제한할 수 있다. 누구든지 장애인전용주차구역 주차표지가 붙어 있지 아니한 자동차를 장애인전용주차구역에 주차하여서는 아니 된다. 장애인전용주차구역 주차표지가 붙어 있는 자동차에 보행에 장애가 있는 사람이 타지 아니한 경우에도 같다. 누구든지 장애인전용주차구역에 물건을 쌓거나 그 통행로를 가로막는 등 주차를 방해하는 행위를 하여서는 아니 되며(법 제17조), 이를 위반한 자에게는 100만 원 이하의 과태료를 부과한다. 장애인전용주차구역 주차표지를 붙이지 아니한 자동차를 장애인전용주차구역에 주차한 경우 10만 원의 과태료를 부과한다[15](법 시행령 제13조 제3항 관련 별표 3).

8) 장애물 없는 생활환경 인증제도

보건복지부장관과 국토교통부장관(이하 보건복지부장관등)은 장애인 등이 대상시설을 안전하고 편리하게 이용할 수 있도록 편의시설의 설치・운영을 유도하기 위하여 대상시설에 대하여 장애물 없는 생활환경 인증을 할 수 있다. 대상시설에 대하여 인증을 받으려는 시설주는 보건복지부장관등에게 인증을 신청하여야 한다. 이 경우 시설주는 인증 신청 전에 대상시설의 설계도서 등에 반영된 내용을 대상으로 예비인증을 신청할 수 있다. 그리고 ① 국가나 지방자치단체가 지정・인증 또는 설치하는 공원 중 도시공원 및 공원시설, ② 국가, 지방자치단체 또는 공공기관이 신축・증축・개축 또는 재축하는 청사, 문화시설 등의 공공건물 및 공중이용시설 중에서 대통령령으로 정하는 시설, ③ 국가, 지방자치단체 또는 공공기관 외의 자가 신축・증축・개축 또는 재축하는 공공건물 및 공중이용시설로서 시설의 규모, 용도 등을 고려하여 대통령령으로 정하는 시설 중 어느 하나에 해당하는 대상시설(의무인증시설)의 경우에는 의무적으로 인증을 받아야 한다. 이 경우 인증을 받은 의무인증시설의 시설주는 인증의 유효기간 연장을 받아야 한다. 보건복지부장관등은 인증 업무를 효과적으로 수행하기 위하여 필요한 전문인력과 시설을 갖춘 기관이나 단체를 인증기관으로 지정하여 인증 업무를 위탁할 수 있다(법 제10조의2).

인증의 유효기간은 인증을 받은 날부터 10년으로 한다. 인증의 유효기간을 연장 받으려는 자는 유효기간이 끝나기 전에 공동부령으로 정하는 바에 따라 연장신청을 하여야 한다(법 제10조의3). 인증을 받은 대상시설의 시설주는 해당

15) 미국은 주에 따라 다르지만 텍사스 주는 1회 위반 시 250~500달러를 내야 하고, 5회 위반할 경우 과태료 1,000달러와 사회봉사 50시간을 부과한다. 미국은 또 중증장애인 본인이 직접 차에 타고 있을 때에만 장애인 전용주차구역을 이용할 수 있도록 하고 있다. 영국은 60파운드(약 10만 원)가 부과되며 장애인 표지를 비장애인이 사용하면 1,000파운드(약 170만 원)의 과태료가 추가된다. 그리고 관련법에 따라 별도의 처벌을 받을 수도 있다. 일본은 장애인 전용주차구역 위반 시 한화 약 230만 원 정도에 해당하는 고액 과태료를 부과하고 있다.

대상시설에 인증 표시를 할 수 있다. 누구든지 인증을 받지 아니한 시설물에 대해서는 인증 표시 또는 이와 유사한 표시를 하여서는 아니 된다(법 제10조의4).

보건복지부장관등은 인증을 받은 대상시설이 인증 기준에 적합하게 유지·관리되고 있는지 여부를 조사할 수 있다. 보건복지부장관등은 조사 결과 인증 기준에 적합하지 아니하게 유지·관리되고 있는 대상시설에 대하여 그 내용을 시설주에게 통보하고 기간을 정하여 시정을 명하는 등 필요한 조치를 할 수 있다(법 제10조의5).

보건복지부장관등은 인증의 활성화 및 사후관리 등에 활용하기 위하여 공동부령으로 정하는 바에 따라 대상시설별 인증의 현황 등 인증에 관한 통계를 작성·관리하여야 한다. 또한 관계 기관 및 단체의 장에게 통계의 작성·관리를 위하여 필요한 자료의 제공을 요청할 수 있다. 이 경우 요청을 받은 관계 기관 및 단체의 장은 정당한 사유가 없으면 그 요청에 따라야 한다(법 제10조의9).

국가는 인증에 관한 ① 인증기관 관리·지원, ② 인증 관련 연구·개발 및 기술 보급, ③ 인증 관련 정보체계의 구축 및 운영, ④ 인증 관련 전문인력 양성 및 교육, ⑤ 그 밖에 인증 활성화를 위하여 공동부령으로 정하는 사항 등의 업무를 수행하게 하기 위하여 인증운영기관을 설치·운영할 수 있다. 또한 국가는 인증운영기관의 설치·운영을 그 업무에 필요한 전문인력과 시설을 갖춘 기관 또는 단체에 위탁할 수 있다(법 제10조의10).

그리고 시설주는 인증 및 예비인증 신청, 연장신청을 하려는 경우 인증 수수료를 내야 한다. 다만, 의무인증시설이 아닌 시설의 시설주가 인증 신청등을 하는 경우에는 수수료를 감면할 수 있다(법 제10조의11).

9) 시설이용상의 편의제공

장애인등이 많이 이용하는 공공건물 및 공중이용시설의 시설주는 휠체어, 점자 안내책자, 보청기기, 장애인용 쇼핑카트 등을 갖추어 두고 장애인등이 해당 시설을 편리하게 이용할 수 있도록 하여야 한다. 휠체어, 점자 안내책자,

보청기기, 장애인용 쇼핑카트 등을 갖추어 두어야 하는 공공건물 및 공중이용시설의 범위와 휠체어, 점자 안내책자, 보청기기, 장애인용 쇼핑카트 등 갖추어 두어야 할 용품의 종류 등은 보건복지부령으로 정한다. 휠체어, 점자 안내책자, 보청기기, 장애인용 쇼핑카트 등의 이용료는 무료를 원칙으로 하되, 수리 비용 등을 고려하여 실비로 할 수 있다(법 제16조).

10) 시정명령

시설주관기관은 대상시설이 이 법에 위반된 경우에는 그 시설주에게 대통령령으로 정하는 바에 따라 기간을 정하여 이 법에 적합하도록 편의시설을 설치하거나 관리·보수 또는 개선하는 등 필요한 조치를 할 것을 명할 수 있다. 보건복지부장관은 시설주관기관에 소관 대상시설에 대한 편의시설을 설치하거나 관리·보수 또는 개선하는 등 시정조치를 할 것을 요청할 수 있으며, 시설주관기관은 정당한 사유가 없으면 이에 따라야 한다(법 제23조). 편의시설 설치기준을 위반한 자로서 시정명령을 받고 기간 내에 그 명령을 이행하지 아니한 자는 500만 원 이하의 벌금에 처한다(법 제25조).

11) 이행강제금

시설주관기관은 시정명령을 받고 기간 내에 그 명령을 이행하지 아니한 시설주에게 편의시설 설치비용 등을 고려하여 3천만 원 이하의 이행강제금을 부과하며, 이행강제금을 부과하기 전에 이행강제금을 부과·징수한다는 뜻을 미리 문서로 알려야 하고, 최초로 시정명령을 한 날을 기준으로 하여 매년 1회 그 시정명령이 이행될 때까지 반복하여 이행강제금을 부과·징수할 수 있다. 또 시정명령을 받은 자가 그 명령을 이행하면 새로운 이행강제금의 부과를 즉시 중지하되, 이미 부과된 이행강제금은 징수하여야 한다. 시설주관기관은 이행강제금을 부과받은 자가 이행강제금을 기한까지 내지 아니하면 국세체납처분의 예 또는 「지방행정제재·부과금의 징수 등에 관한 법률」에 따라 징수한다.

3. 장애인연금법

1) 법의 목적

경제활동이 어려운 18세 이상의 근로무능력 중증장애인에 대한 사회보장 사각지대를 해소하고 사회통합을 기하고자 하는 목적으로 2010년 4월 12일 장애인연금법을 제정, 동년 7월 1일부터 시행하고 있는바, 법 제1조는 "이 법은 장애로 인하여 생활이 어려운 중증장애인에게 장애인연금을 지급함으로써 중증장애인의 생활 안정 지원과 복지 증진 및 사회통합을 도모하는 데 이바지함을 목적으로 한다"고 규정하고 있다.

2) 수급권자의 범위

수급권자는 18세 이상의 중증장애인으로서 소득인정액이 그 중증장애인의 소득·재산·생활수준과 물가상승률 등을 고려하여 보건복지부장관이 정하여 고시하는 금액(선정기준액) 이하인 사람으로 한다. 다만, 20세 이하로서 초·중등교육법에 따른 학교에 재학 중인 사람은 제외한다. 보건복지부장관은 선정기준액을 정하는 경우에 18세 이상의 중증장애인 중 수급자가 100분의 70 수준이 되도록 한다(법 제4조).

다음 어느 하나에 해당하는 연금을 받을 자격이 있는 사람과 그 배우자가 다음 어느 하나에 해당하는 연금을 받은 사람 중 대통령령으로 정하는 사람과 그 배우자에게는 장애인연금을 지급하지 아니한다. 그리고 만 65세 이상은 장애인연금이 기초연금으로 전환된다. 따라서 65세 이상 장애인으로 기초생활수급자 중 생계·의료급여 수급자는 정해진 부가급여를 받고, 차상위자는 그보다 더 적은 부가급여를 받는다.

① 공무원연금법 및 공무원재해보상법, 사립학교교직원 연금법에 따른 퇴직연금, 퇴직연금일시금, 퇴직연금공제일시금, 장해연금, 비공무상 장해연금, 비직무상 장해연금, 장해일시금, 비공무상 장해일시금, 비직무상

장해일시금, 퇴직유족연금, 장해유족연금, 순직유족연금, 직무상유족연금, 위험직무순직유족연금, 퇴직유족연금일시금 또는 퇴직유족일시금
② 군인연금법에 따른 퇴역연금, 퇴역연금일시금, 퇴역연금공제일시금, 퇴역유족연금, 퇴역유족연금일시금 또는 군인재해보상법에 따른 상이연금, 상이유족연금, 순직유족연금, 순직유족연금일시금
③ 별정우체국법에 따른 퇴직연금, 퇴직연금일시금, 퇴직연금공제일시금, 유족연금 또는 유족연금일시금
④ 국민연금과 직역연금의 연계에 관한 법률에 따른 연계퇴직연금 또는 연계퇴직유족연금 중 직역재직기간이 10년 이상인 경우의 연계퇴직연금 또는 연계퇴직유족연금

3) 장애인연금의 종류 및 내용

이 법에 따른 장애인연금의 종류 및 내용은 다음과 같다(법 제5조).

① 기초급여
근로능력의 상실 또는 현저한 감소로 인하여 줄어드는 소득을 보전(補塡)하여 주기 위하여 지급하는 급여로, 소득보장 성격을 지닌다.

② 부가급여
장애로 인하여 추가로 드는 비용의 전부 또는 일부를 보전하여 주기 위하여 지급하는 급여이다.

4) 기초급여액

기초급여의 금액은 보건복지부장관이 그 전년도 기초급여액에 대통령령으로 정하는 바에 따라 전국소비자물가변동률을 반영하여 매년 고시한다. 수급권자와 그 배우자가 모두 기초급여를 받는 경우에는 각각의 기초급여액에서 기초급여액의 100분의 20에 해당하는 금액을 감액한다. 소득인정액과 기초급

여액을 합한 금액이 선정기준액 이상인 경우에는 대통령령으로 정하는 바에 따라 기초급여액의 일부를 감액하여 지급할 수 있다. 수급권자 중 기초연금법에 따른 기초연금 수급권자에게는 기초급여를 지급하지 아니한다. 그리고 기초급여액의 적용기간은 해당 조정연도 1월부터 12월까지로 한다(법 제6조).

5) 부가급여액

부가급여액은 월정액으로 하며, 수급권자와 그 배우자의 소득 수준 및 장애로 인한 추가비용 등을 고려하여 대통령령으로 정한다(법 제7조).

6) 장애인연금의 신청

장애인연금을 지급받으려는 사람(수급희망자)은 특별자치시장·특별자치도지사·시장·군수·구청장에게 장애인연금의 지급을 신청할 수 있다. 특별자치시·특별자치도·시·군·구 소속 공무원은 이 법에 따른 장애인연금을 필요로 하는 사람이 누락되지 아니하도록 하기 위하여 관할 지역에 거주하는 수급희망자 또는 수급권자에 대한 장애인연금의 지급을 신청할 수 있다. 이 경우 그 수급희망자 또는 수급권자의 동의를 받아야 하며, 그 동의는 수급희망자 또는 수급권자의 신청으로 본다.

장애인연금을 신청할 때나 특별자치시·특별자치도·시·군·구 소속 공무원이 장애인연금을 신청하는 것에 수급희망자 또는 수급권자가 동의하였을 때에는 그 수급희망자 또는 수급권자와 그 배우자는 필요한 관련 자료 또는 정보를 보건복지부장관 및 특별자치시장·특별자치도지사·시장·군수·구청장에게 제공한다는 것에 대하여 동의한다는 뜻을 서면(전자문서를 포함)으로 제출하여야 한다(법 제8조).

7) 신청에 따른 조사

보건복지부장관 또는 특별자치시장·특별자치도지사·시장·군수·구청장은 장애인연금의 신청을 받으면 소속 공무원으로 하여금 장애인연금의 지급 결정 및 실시 등에 필요한 ① 수급희망자 또는 수급권자와 그 배우자의 소득 및 재산에 관한 사항, ② 수급희망자 또는 수급권자의 가구 특성 및 장애 정도에 관한 사항, ③ 수급희망자 또는 수급권자의 지급계좌 등 장애인연금의 지급에 필요한 사항 등을 조사하게 할 수 있으며, 연금신청을 받은 경우에는 해당 수급희망자 또는 수급권자의 장애 상태와 장애 정도를 확인하기 위하여 장애 정도를 재심사할 수 있고, 재심사를 하기 위하여 필요한 자료를 확보하기 곤란한 경우에는 수급희망자·수급권자, 그 배우자 또는 그 밖의 관계인에게 소득·재산 및 장애 정도 등의 확인에 필요한 자료의 제출을 요구할 수 있다. 보건복지부장관 또는 특별자치시장·특별자치도지사·시장·군수·구청장은 위의 ①~③ 사항에 대한 조사를 위하여 국세·지방세, 토지·주택·건축물·자동차·선박·항공기, 국민건강보험·국민연금·고용보험·산업재해보상보험·보훈급여·군인연금·사립학교교직원연금·공무원연금·공무원재해보상급여·별정우체국연금·기초연금, 출입국, 교정시설·치료감호시설의 입소·출소, 매장·화장·장례, 주민등록·가족관계등록 등에 관한 자료의 제공을 관계 기관의 장에게 요청할 수 있다. 이 경우 자료의 제공을 요청받은 관계 기관의 장은 특별한 사유가 없으면 이에 따라야 한다. 보건복지부 또는 특별자치시·특별자치도·시·군·구의 소속 공무원 또는 소속 공무원이었던 자와 업무를 위탁받은 자는 업무와 관련하여 얻은 정보와 자료를 이 법에서 정한 목적 외의 다른 용도로 사용하거나 다른 사람 또는 기관에 제공하거나 누설하여서는 아니 된다. 특별자치시장·특별자치도지사·시장·군수·구청장은 수급권자등이 조사 및 재심사에 필요한 서류·자료의 제출 및 조사·질문 또는 자료제출 요구를 두 번 이상 거부·방해 또는 기피하는 경우에는 장애인연금 지급의 신청을 각하할 수 있다. 이 경우 서면으로 그 이유를 분명하게 밝혀 수급권자등에게 통지하여야 한다(법 제9조).

8) 장애인연금 지급의 결정 등

특별자치시장・특별자치도지사・시장・군수・구청장은 신청에 따른 조사를 하였을 때에는 지체 없이 장애인연금 지급의 여부와 내용을 결정하여야 하며, 장애인연금 지급의 여부와 내용을 결정하였을 때에는 그 결정의 요지, 장애인연금의 종류 및 지급 개시시기 등을 서면으로 해당 수급희망자 또는 수급권자에게 통지하여야 한다. 수급희망자 또는 수급권자에 대한 통지는 장애인연금 지급의 신청일부터 30일 이내에 하여야 한다. 다만, ① 수급희망자 또는 수급권자와 그 배우자의 소득・재산의 조사나 수급희망자 또는 수급권자의 장애 정도의 재심사에 시일이 필요한 특별한 사유가 있는 경우, ② 수급권자 등이 신청에 따른 조사나 자료제출 요구를 거부・방해 또는 기피하는 경우 등에는 신청일부터 60일 이내에 통지할 수 있다. 이 경우 통지서에 그 사유를 분명하게 밝혀야 한다(법 제10조).

9) 수급자에 대한 사후관리

보건복지부장관은 수급자에 대한 장애인연금 지급의 적정성을 확인하기 위하여 매년 연간조사계획을 수립하고, 전국의 수급자를 대상으로 제9조 제1항 각 호의 사항(수급권자와 그 배우자의 소득 및 재산에 관한 사항, 수급권자의 가구 특성 및 장애등급에 관한 사항 등)을 조사하여야 한다. 특별자치시장・특별자치도지사・시장・군수・구청장은 연간조사계획에 따라 관할 지역의 연간조사계획을 수립하고, 관할 지역의 수급자를 대상으로 제9조 제1항 각 호의 사항을 조사하여야 한다. 특별자치시장・특별자치도지사・시장・군수・구청장은 수급자, 그 배우자 또는 그 밖의 관계인이 규정에 따른 조사 및 자료제출 요구를 두 번 이상 거부・방해 또는 기피한 경우에는 수급자에 대한 장애인연금 지급 결정을 취소하거나 장애인연금 지급을 정지할 수 있다. 이 경우 서면으로 그 이유를 분명하게 밝혀 수급자에게 통지하여야 한다(법 제11조).

10) 장애인연금의 지급기간 및 지급시기

특별자치시장 · 특별자치도지사 · 시장 · 군수 · 구청장은 장애인연금의 지급이 결정되면 해당 수급권자에게 장애인연금을 신청한 날이 속하는 달부터 수급권이 소멸한 날이 속하는 달까지 매월 정기적으로 지급한다. 장애인연금은 그 지급을 정지하여야 할 사유가 발생한 경우에는 그 사유가 발생한 날이 속하는 달의 다음 달부터 그 사유가 소멸한 날이 속하는 달까지는 지급하지 아니한다. 다만, 정지 사유가 발생한 날과 그 사유가 소멸한 날이 같은 달에 속하는 경우에는 그 지급을 정지하지 아니한다(법 제13조).

11) 지급되지 아니한 장애인연금

수급자가 사망한 경우 그 수급자에게 지급되어야 할 장애인연금으로서 아직 지급되지 아니한 것이 있을 때에는 수급자의 사망 당시 생계를 같이한 유족의 청구에 의하여 그 미지급 장애인연금을 지급한다(법 제14조).

12) 수급권의 소멸과 지급정지

수급권자가 ① 사망한 경우, ② 국적을 상실하거나 외국으로 이주하기 위하여 출국하는 경우, ③ 수급권자의 범위에 해당하지 아니하게 된 경우, ④ 장애 정도의 변경 등으로 중증장애인에 해당하지 아니하게 된 경우에 해당하게 되면 그 수급권은 소멸한다. 다만, ③호의 경우 소득 · 재산 상태 등의 변동수준, 수급기간 등을 고려하여 보건복지부장관이 정하는 기준에 해당하는 경우에는 그러하지 아니하다(법 제15조 제1항). 특별자치시장 · 특별자치도지사 · 시장 · 군수 · 구청장은 ① 수급자가 금고 이상의 실형을 선고받고 교정시설 또는 치료감호시설에 수용 중인 경우, ② 수급자가 행방불명 또는 실종 등의 사유로 사망한 것으로 추정되는 경우, ③ 수급자의 국외 체류기간이 60일 이상 지속되는 경우(이 경우 국외 체류 60일이 되는 날을 지급 정지의 사유가 발생한 날로 본다)에 해당하게 되면 장애인연금의 지급을 정지한다(법 제15조 제2항). 특별자치시장 · 특별자치도지사 · 시장 · 군수 · 구청장은 수급권이 소멸하거나 장애인연금의 지급을 정지하는 경우에는 서면으로 그 이유를 분명하게 밝혀 수급권자 또는 수급자나 그 배우자에게 통지하여야 한다(법 제15조 제3항).

13) 신고의 의무

수급자는 ① 수급권의 소멸, ② 대통령령으로 정하는 기준에 해당하는 수급자 또는 그 배우자의 소득 또는 재산의 변동, ③ 수급자의 결혼 또는 이혼 등의 사유가 발생한 경우에는 특별자치시장 · 특별자치도지사 · 시장 · 군수 · 구청장에게 신고하여야 한다. 다만, 수급권소멸의 경우에는 신고의무자가 30일 이내에 그 사망 사실을 특별자치시장 · 특별자치도지사 · 시장 · 군수 · 구청장에게 신고하여야 한다(법 제16조).

14) 장애인연금의 환수

특별자치시장 · 특별자치도지사 · 시장 · 군수 · 구청장은 이 법에 따라 장애인연금을 받은 자가 ① 거짓이나 그 밖의 부정한 방법으로 장애인연금을 받은 경우, ② 장애인연금을 받은 후 그 장애인연금을 받게 된 사유가 소급하여 소멸한 경우, ③ 잘못 지급된 경우에 해당되면 그가 받은 장애인연금의 전부 또는 일부를 환수하여야 한다. 다만, 위 ①의 경우에는 대통령령으로 정하는 이자를 가산하여 환수하여야 한다. 환수하여야 할 장애인연금을 받은 사람(그 사람이 사망한 경우에는 유족을 말함)에게 지급할 장애인연금이 있는 경우 그 지급할 장애인연금을 환수할 장애인연금과 상계(相計)할 수 있다.

특별자치시장 · 특별자치도지사 · 시장 · 군수 · 구청장은 장애인연금을 반환하여야 할 사람이 기간 내에 이를 반환하지 아니하면 국세 또는 지방세 체납처분의 예에 따라 징수할 수 있으며, 장애인연금을 징수할 때 반환하여야 할 자가 행방불명되거나 재산이 없거나 그 밖의 불가피한 사유가 있어 환수가 불가능하다고 인정할 때에는 결손처분할 수 있다(법 제17조).

15) 이의신청

장애인연금의 지급 결정이나 그 밖에 이 법에 따른 처분에 이의가 있는 사람은 특별자치시장·특별자치도지사·시장·군수·구청장에게 이의신청을 할 수 있다. 이의신청은 그 처분이 있음을 안 날부터 90일 이내에 서면으로 할 수 있다. 다만, 정당한 사유로 그 기간 내에 이의신청을 할 수 없음을 증명한 경우에는 그 사유가 소멸한 날부터 60일 이내에 이의신청을 할 수 있다(법 제18조).

16) 압류금지 등

수급자에게 장애인연금으로 지급된 금품이나 이를 받을 권리는 압류할 수 없다. 장애인연금수급계좌의 예금에 관한 채권은 압류할 수 없다.[16] 수급자는 장애인연금을 받을 권리를 다른 사람에게 양도하거나 담보로 제공할 수 없다(법 제19조).

17) 시 효

수급자의 장애인연금을 받을 권리와 장애인연금을 환수할 지방자치단체의 권리는 5년간 행사하지 아니하면 시효의 완성으로 소멸된다(법 제20조).

4. 장애인활동 지원에 관한 법률

1) 법의 목적

이 법은 신체적·정신적 장애 등의 사유로 혼자서 일상생활과 사회생활을 하기 어려운 장애인에게 제공하는 활동지원급여 등에 관한 사항을 규정하여 장애인의 자립생활을 지원하고 그 가족의 부담을 줄임으로써 장애인의 삶의

16) 현재 '수급금 압류금지 전용통장 제도'를 시행하고 있다. 장애인급여(장애인연금, 장애수당, 장애아동수당), 기초생활수급자 생계급여 등, 기초연금 등에 대해 전용통장 개설로, 입금을 수급금만으로 제한하여 압류발생을 원천적으로 차단, 본래의 목적대로 사용될 수 있도록 하고 있다.

질을 높이는 것을 목적으로 하기 위하여, 2011년 1월 4일 제정, 동년 10월 5일부터 시행되고 있다.

2) 기본원칙

활동지원급여는 장애인의 심신상태, 생활환경 및 욕구 등을 종합적으로 고려하여 필요한 범위에서 적정하게 제공하여야 한다. 활동지원급여는 장애인이 지역 사회 안에서 사회구성원으로 살아갈 수 있도록 제공하여야 한다(법 제2조의2).

3) 활동지원급여의 신청자격

활동지원급여를 신청할 수 있는 사람은 다음의 자격을 모두 갖추어야 한다.

① 혼자서 일상생활과 사회생활을 하기 어려운 장애인

② 노인장기요양보험법에 따른 노인등이 아닌 사람으로서 대통령령으로 정하는 연령 이상인 사람. 다만, 다음 어느 하나에 해당하는 사람으로서 보건복지부장관이 정하는 기준에 해당하는 사람은 신청자격을 갖는다.

㉠ 이 법에 따른 수급자였다가 65세 이후에 혼자서 사회생활을 하기 어려운 사람

㉡ 노인성 질병으로 장기요양급여를 수급하는 65세 미만인 사람

㉢ 활동지원급여와 비슷한 다른 급여를 받고 있거나 국민기초생활 보장법에 따른 보장시설에 입소한 경우 등 대통령령으로 정하는 경우에 해당하지 아니하는 사람

따라서 현재 장애인 활동지원급여 서비스 신청 대상은 ① 만 6세 이상 65세 미만의 장애인복지법상 등록장애인으로 국민연금공단 서비스 지원 종합조사 결과에 따라 산출된 종합점수 42점 이상인 사람이면 신청할 수 있다. 활동지원급여는 활동지원등급에 따라 지원되는데, 활동지원등급은 1~15구간으로 나누어져 있다.

장애인 활동지원서비스를 받는 도중에 만 65세가 도래하여 장기요양인정 신청을 하였으나 등급 외 판정을 받아 장기요양 수급자에서 제외된 장애인(65세 도래자)과 시설 입소, 의료기관 입원 및 교정시설 또는 치료감호시설에 살다가 퇴소 또는 퇴원을 앞두고 있어 활동지원이 필요한 경우에도 지원된다.

장애인활동지원서비스 신청은 본인이 거주하고 있는 해당 읍면동 주민센터에 직접 방문하여 신청하거나 또는 우편, 팩스를 이용하여 신청하거나 또는 복지로 사이트에서 온라인 신청도 가능하다. 신청을 하게 되면 국민연금공단에서 자격심의를 하게 되고, 자격심의 결과 적격자에 한해 방문조사 등의 절차를 진행한다.

4) 장애인활동지원 지원내용

지원내용은 신체활동지원, 가사활동지원, 사회활동지원, 방문목욕, 방문간호 등의 서비스를 지원한다. 신체활동지원은 목욕도움, 세면도움, 식사도움, 실내이동 도움 등이며, 가사활동지원은 청소 및 주변정돈, 세탁, 취사 등이고, 사회활동지원은 등하교 및 출퇴근 보조지원, 외출 동행 등이며, 방문목욕은 가정방문 목욕제공을 말하고, 방문간호는 간호, 진료, 요양상담, 구강위생 등을 지원하는 것을 말한다. 활동지원은 활동지원사가, 방문목욕은 요양보호사가, 방문간호는 방문간호사가 한다.

서비스 대상자 소득수준에 따라, 즉 기준 중위소득이 어디에 해당하느냐에 따라 본인부담금도 일부 차등 적용된다. 단, 생계・의료급여수급자는 본인부담금이 없다. 수급자격심의위원회에서 심의하고 의결하는 구간별 종합점수는 각기 다르며, 1구간은 465점 이상이고 활동지원급여 월 한도액은 648만원이다. 맨 아래 15구간은 42점 이상~75점 미만이고 활동지원급여 월 한도액은 81만 원이다.[17] 월한도액에 따라서 활동지원서비스 월 이용 가능 시간도 달라진다. 활동지원 제공시간은 1회 방문 시 2시간을 기본으로 하며, 2시간 이상은 1시간 단위로 산출하고, 30분 이상이면 1시간으로 인정한다. 그리고 긴

17) 2023년 기준

급활동지원이라고 해서 돌봄 가족이 없는 경우 등 긴급한 도움이 필요한 때 수급자격 결정 전이라도 신속한 활동급여가 제공 가능하다. 서비스 대상자에게 인정등급에 해당하는 매월 일정액의 바우처를 지원하며 매월 일정액의 본인 부담금을 납부하고 바우처 지원액을 사용할 수 있다.

5) 활동지원사 교육과정 등

만 18세 이상 성인으로 신체적·정신적으로 활동지원이 가능한 사람이면 누구나 소정의 활동지원사 교육과정을 이수하면 활동지원사로 활동할 수 있다. 다만, 정신질환자(전문의 인정 시 활동지원사 종사 가능), 마약·대마·향정신성의약품 중독자, 피성년후견인·피한정후견인, 성폭력범죄자등 결격사유자는 장애인 활동지원사로 활동하는 것이 원칙적으로 불가하다. 활동지원사 교육은 지역사회 장애인종합복지관 또는 대학교 평생교육원 등에서 시행하며, 표준 교육과정은 총 40시간이고, 유사경력을 가지고 있는 사람(요양보호사, 간호사, 간호조무사, 사회복지사 자격증 소지자 등)을 대상으로 하는 전문교육과정은 총 32시간을 이수하면 된다. 현장실습은 교육생이 직접 실습기관을 선정하여 진행해야 한다. 기존 활동하고 있는 활동지원사도 해마다 보수교육을 받아야 한다.

6) 활동지원급여 신청의 조사

보건복지부장관 또는 관할 특별자치시장·특별자치도지사·시장·군수·구청장은 신청서를 접수하였을 때에는 장애인복지법에 따른 서비스 지원 종합조사를 실시하여야 한다(법 제7조).

7) 장애인활동지원 수급자격심의위원회

활동지원급여의 수급자격 인정 및 활동지원등급 등을 심의하기 위하여 특별자치시·특별자치도·시·군·구에 장애인활동지원 수급자격심의위원회를 둘 수 있다. 수급자격심의위원회는 특별자치시·특별자치도·시·군·구 단위로 설치하되, 등록 장애인 수 등을 고려하여 하나의 특별자치시·특별자치도·시·군·구에 둘 이상의 수급자격심의위원회를 설치하거나 둘 이상의 특별자치시·특별자치도·시·군·구를 통합하여 하나의 수급자격심의위원회를 설치할 수 있다. 수급자격심의위원회는 위원장 1명을 포함하여 9명 이내의 위원으로 구성하며, 위원장은 위원 중 호선(互選)하여 정한다. 수급자격심의위원회의 위원은 ① 해당 지역 장애인단체 대표, ② 의료인, ③ 사회복지사, ④ 특별자치시·특별자치도·시·군·구 소속 장애인 복지 담당 공무원, ⑤ 그 밖에 장애인 복지 또는 활동지원사업에 관한 학식과 경험이 풍부한 사람 중에서 특별자치시장·특별자치도지사·시장·군수·구청장이 임명하거나 위촉한다. 다만, 둘 이상의 특별자치시·특별자치도·시·군·구를 통합하여 하나의 수급자격심의위원회를 설치할 경우 위원 구성 방법 등은 대통령령으로 정한다. 사회복지사업법 제7조 제3항 각 호[18]의 어느 하나에 해당하는 사람은 수급자격심의위원회의 위원이 될 수 없다. 위원 중 위촉위원의 임기는 3년으로 하고, 한 차례만 연임할 수 있다. 수급자격심의위원회의 회의는 구성원 과반수의 출석으로 개의(開議)하고, 출석위원 과반수의 찬성으로 의결한다(법 제8조).

8) 수급자격 심의 등

특별자치시장·특별자치도지사·시장·군수·구청장은 조사를 마치면 신청서, 조사결과서, 그 밖에 심의에 필요한 자료를 수급자격심의위원회에 제출하여야 한다. 수급자격심의위원회는 신청인이 신청자격 요건을 충족한 경우에 심신상태 및 활동지원이 필요한 정도 등 활동지원등급에 관한 대통령령으로 정하는 수급자격 심의기준에 따라 수급자로 인정한다(법 제9조).

18) 사회복지위원회의 위원 결격사유로, ① 미성년자, ② 금치산자 또는 한정치산자, ③ 파산선고를 받고 복권되지 아니한 사람, ④ 법원의 판결에 따라 자격이 상실되거나 정지된 사람, ⑤ 금고 이상의 실형을 선고받고 그 집행이 끝나거나(집행이 끝난 것으로 보는 경우를 포함) 집행이 면제된 날부터 3년이 지나지 아니한 사람, ⑥ 금고 이상의 형의 집행유예를 선고받고 그 유예기간 중에 있는 사람, ⑦ 사회복지사업 또는 그 직무와 관련하여 아동복지법상 아동에 대한 금지행위 등의 죄를 범하거나 「보조금관리에 관한 법률」 형법을 위반하여 ㉠ 100만 원 이상의 벌금형을 선고받고 그 형이 확정된 후 5년이 지나지 아니한 사람, ㉡ 형의 집행유예를 선고받고 그 형이 확정된 후 7년이 지나지 아니한 사람, ㉢ 징역형을 선고받고 그 집행이 끝나거나(집행이 끝난 것으로 보는 경우를 포함) 집행이 면제된 날부터 7년이 지나지 아니한 사람, ⑧ 성폭력범죄 또는 아동·청소년대상 성범죄를 저지른 사람으로서 형 또는 치료감호를 선고받고 확정된 후 그 형 또는 치료감호의 전부 또는 일부의 집행이 끝나거나(집행이 끝난 것으로 보는 경우를 포함) 집행이 유예·면제된 날부터 10년이 지나지 아니한 사람

9) 수급자격 심의 기간

수급자격심의위원회는 신청인이 신청서를 제출한 날부터 30일 이내에 수급자격 심의를 마쳐야 한다. 다만, 신청인에 대한 추가조사가 필요한 경우 등 이 기간 내에 수급자격 심의를 마칠 수 없는 부득이한 사유가 있는 경우에는 30일의 범위에서 연장할 수 있다(법 제10조).

10) 수급자격의 유효기간

수급자격 결정의 유효기간은 최소 1년 이상으로서 대통령령으로 정한다. 다만, 수급자가 65세가 되는 경우에는 그 해당 월의 다음 월까지 수급자격을 인정한다(법 제12조).

11) 수급자격의 상실

수급자는 다음의 어느 하나에 해당하게 된 때에 활동지원급여의 수급자격을 상실한다(법 제12조의2).

① 사망한 때

② 국적을 상실한 때

③ 해외로 이주한 때

④ 활동지원급여 신청자격에 해당하지 아니하게 된 때

12) 수급자격의 갱신

수급자는 수급자격의 유효기간이 끝난 후 계속하여 활동지원급여를 받으려면 관할 특별자치시장·특별자치도지사·시장·군수·구청장에게 수급자격 갱신을 신청하여야 하며, 수급자격 갱신 신청은 유효기간이 끝나기 90일 전부터 30일 전까지 하여야 한다(법 제13조).

13) 활동지원등급의 변경

활동지원등급을 변경하여 활동지원급여를 받으려는 수급자는 특별자치시장·특별자치도지사·시장·군수·구청장에게 변경 신청을 하여야 한다(법 제14조 제1항).

14) 신청 등에 대한 대리

활동지원급여를 받으려는 사람 또는 수급자가 신체적·정신적인 사유로 이 법에 따른 활동지원급여 신청, 수급자격의 갱신 신청 또는 활동지원등급의 변경 신청 등을 직접 할 수 없을 때에는 본인의 가족이나 친족, 그 밖의 관계인이 대리할 수 있다. 사회복지전담공무원은 관할 지역에 거주하는 사람의 활동지원급여 신청 등을 본인 또는 가족의 동의를 받아 대리할 수 있다(법 제15조).

15) 활동지원급여의 종류 등

이 법에 따른 활동지원급여의 종류는 다음과 같다(법 제16조 제1항).

① **활동보조** : 활동지원사가 수급자의 가정 등을 방문하여 신체활동, 가사활동 및 이동보조 등을 지원하는 활동지원급여를 말한다. 여기서 신체활동지원은 목욕도움, 세면도움, 식사도움, 실내이동 도움 등이고, 가사활동지원은 청소 및 주변정돈, 세탁, 취사 등이며, 사회활동지원은 등하교 및 출퇴근 보조지원, 외출 동행 등이다.

② **방문목욕** : 요양보호사가 목욕설비를 갖춘 장비를 이용하여 수급자의 가정 등을 방문하여 목욕을 제공하는 활동지원급여를 말한다.

③ **방문간호** : 방문간호사 등이 의사, 한의사 또는 치과의사의 방문간호지시서에 따라 수급자의 가정 등을 방문하여 간호, 진료의 보조, 요양에 관한 상담 또는 구강위생 등을 제공하는 활동지원급여를 말한다.

④ **그 밖의 활동지원급여** : 야간보호 등 대통령령으로 정하는 활동지원급여

수급자가 활동지원급여를 받거나 활동지원기관이 활동지원급여를 제공할 때에 다음 어느 하나에 해당하는 행위를 요구하거나 제공하여서는 아니 된다(법 제16조 제2항).

① 수급자가 아닌 그 가족을 위한 활동보조(신체활동 지원, 가사활동 지원, 사회활동 지원 등)·방문목욕·방문간호 등의 행위
② 수급자 또는 그 가족의 직장 등에서 생업을 지원하는 활동보조 행위
③ 수급자의 자립생활에 지장이 없어 지원할 필요가 없다고 인정되는 행위

16) 활동지원급여의 제공 시기 등

수급자는 활동지원수급자격결정통지서에 적혀 있는 급여개시일부터 활동지원급여를 받을 수 있다. 특별자치시장·특별자치도지사·시장·군수·구청장은 수급자가 활동지원급여를 받을 수 있도록 활동지원급여의 수량 또는 그에 상응하는 금액이 적힌 활동지원급여이용권을 수급자에게 지급할 수 있다(법 제17조).

17) 수급자 등의 준수사항

수급자는 일상생활 및 사회생활을 수행하기 위하여 활동지원급여를 적정하게 이용하여야 하며, 부당한 요구를 하여서는 아니 된다. 활동지원인력은 수급자의 욕구에 따른 선택과 자율적인 결정을 존중하고 그에 따라 적정하게 활동지원급여를 제공하여야 한다. 수급자와 활동지원인력은 서로 인격을 존중하고 신뢰하여야 하며, 이를 훼손할 수 있는 폭행이나 모욕적인 언행을 하여서는 아니 된다. 활동지원기관의 장은 활동지원급여의 제공이나 이용 과정에서 발생할 수 있는 수급자와 활동지원인력 간의 갈등의 예방 및 해결을 위하여 적극 노력하여야 한다(법 제18조의2).

18) 활동지원급여의 중단 또는 제한

특별자치시장·특별자치도지사·시장·군수·구청장은 활동지원급여를 받고 있거나 받을 수 있는 사람이 ① 거짓이나 그 밖의 부정한 방법으로 수급자로 선정된 경우, ② 활동지원기관 또는 활동지원인력이 거짓이나 그 밖의 부정한 방법으로 활동지원급여비용을 받은 데에 가담한 경우에는 활동지원급여를 중단하거나 1년의 범위에서 활동지원급여의 수량이나 제공 기간 등을 제한하여야 한다. 또한 수급자가 타당한 사유 없이 규정에 따른 자료의 제출 및 질문·검사 요구를 거부·방해·기피하거나 거짓 자료를 제출한 경우에 활동지원급여의 전부 또는 일부를 중단하거나 활동지원기관으로 하여금 제공하지 아니하게 할 수 있다.

특별자치시장·특별자치도지사·시장·군수·구청장은 수급자가 다음 어느 하나에 해당하는 경우 그 기간 중 활동지원급여를 중단한다(법 제19조).

① 국민기초생활 보장법에 따른 보장시설에 입소한 경우
② 금고 이상의 실형을 선고받고 교정시설 또는 치료감호시설에 수용 중인 경우
③ 그 밖에 장기간의 국외체류 등으로 활동지원급여를 받는 것이 어려운 경우로서 보건복지부령으로 정하는 경우

19) 활동지원 응급안전서비스 지원

특별자치시장·특별자치도지사·시장·군수·구청장은 활동지원급여의 신청자격을 갖춘 장애인이 ① 1인 가구인 경우, ② 가구 구성원인 가족이 모두 장애인이거나 18세 이하 또는 65세 이상인 경우, ③ 가구 구성원인 가족이 직장·학교생활 등으로 인하여 장애인에 대한 보호가 곤란한 경우 중 어느 하나에 해당하는 경우로서 응급안전서비스 제공이 필요하다고 인정될 때에는 응급상황에 대처할 수 있도록 정보통신기술 등을 활용하여 안전 확인 또는 구조·구급활동 등의 활동지원 응급안전서비스를 제공할 수 있다(법 제19조의2).

20) 활동지원기관의 지정

활동지원기관을 설치·운영하려는 자는 보건복지부령으로 정하는 시설 및 인력 기준을 갖추고 소재지를 관할하는 특별자치시장·특별자치도지사·시장·군수·구청장으로부터 지정을 받아야 한다(법 제20조 제1항).

21) 활동지원기관의 의무

활동지원기관은 수급자로부터 활동지원급여 제공을 요청받았을 때에 이를 거부하여서는 아니 된다. 다만, 활동지원인력의 수급이 원활하지 아니한 경우 등 타당한 사유가 있는 경우에는 거부할 수 있다. 활동지원기관의 장은 활동지원급여를 제공한 수급자에게 활동지원급여비용의 명세서를 발급하여야 하며, 활동지원급여를 제공한 자료를 기록·관리하여야 한다. 활동지원기관은 영리를 목적으로 본인부담금을 면제하거나 할인하는 행위, 금품 등을 제공하는 등 수급자를 소개·알선·유인하는 행위 및 이를 조장하는 행위를 하여서는 아니 되며, 보건복지부령으로 정하는 재무·회계 기준에 따라 투명하게 운영하여야 한다(법 제22조).

22) 활동지원인력의 결격 사유

다음 어느 하나에 해당하는 사람은 활동지원인력이 될 수 없다(법 제29조).

① 정신질환자. 다만, 전문의가 활동지원인력으로서 적합하다고 인정하는 사람은 제외한다.
② 마약·대마 또는 향정신성의약품 중독자
③ 피성년후견인·피한정후견인
④ 금고 이상의 형을 선고받고 그 형의 집행이 끝나지 아니하였거나 그 집행을 받지 아니하기로 확정되지 아니한 사람
⑤ 성폭력범죄로 금고 이상의 형을 선고받은 사람

⑥ 활동지원인력의 자격이 취소된 날부터 1년[19] 또는 2년[20]이 지나지 아니한 사람

23) 활동지원인력의 자격 취소 및 자격 정지 등

특별자치시장·특별자치도지사·시장·군수·구청장은 활동지원인력이 다음 어느 하나에 해당하는 경우에는 활동지원인력으로서의 자격을 취소하여야 한다(법 제30조 제1항).

① 제29조 각 호의 어느 하나에 해당하게 된 경우
② 거짓이나 그 밖의 부정한 방법으로 활동지원인력이 된 경우
③ 활동지원인력이 업무수행 중 고의 또는 중대한 과실로 수급자 또는 그 보호자에게 신체상 또는 재산상 손해를 입혀 금고 이상의 형을 선고받은 판결이 확정된 경우
④ 자격정지 처분을 3회 이상 받은 경우
⑤ 자격정지 기간 중 활동지원급여를 제공한 경우

특별자치시장·특별자치도지사·시장·군수·구청장은 활동지원인력이 다음 어느 하나에 해당하는 경우에는 1년의 범위에서 보건복지부령으로 정하는 바에 따라 활동지원인력으로서의 자격을 정지시킬 수 있다(법 제30조 제2항).

① 수급자에게 지급된 활동지원급여이용권을 그 목적 외의 용도에 사용하게 한 경우
② 수급자를 소개·알선·유인하는 행위 및 이를 조장하는 행위를 한 경우
③ 제24조 제1항 제6호의 어느 하나에 해당하는 행위를 한 경우[21]
④ 거짓이나 그 밖의 부정한 방법으로 활동지원급여 비용을 받은 경우

19) 법 제30조 제1항 제2호에 해당하여 활동지원인력의 자격이 취소된 경우는 1년

20) 법 제30조 제1항 제3호부터 제5호까지에 해당하여 활동지원인력의 자격이 취소된 경우는 2년

21) 즉, 수급자의 신체에 폭행을 하거나 상해를 입히는 행위, 수급자에게 성적 수치심을 주는 성폭행·성희롱 등의 행위, 자신이 활동지원급여를 제공하는 수급자를 내다 버리거나 의식주를 포함한 기본적 보호 및 간병 등을 소홀히 하는 행위를 한 경우이다.

24) 본인부담금

수급자는 해당 급여비용의 100분의 15 한도에서 대통령령으로 정하는 수급자와 그 부양의무자의 소득 및 재산 등 생활수준에 따라 그 비용의 일부(본인부담금)를 차등 부담한다. 이 법에 따른 급여의 범위 및 대상에 포함되지 아니하는 활동지원급여와 활동지원급여의 월 한도액을 초과하는 활동지원급여에 대한 비용은 수급자 본인이 전부 부담한다. ① 의료급여 수급자, ② 차상위계층(다만, 국민기초생활 보장법에 따른 생계급여 또는 의료급여를 받지 아니하는 수급자와 그 가구원을 포함한다), ③ 소득 및 재산 등 생활수준이 보건복지부장관이 정하는 금액 이하인 사람. 다만, 섬・외딴곳・농어촌 등의 지역에 거주하는 사람에 대하여는 따로 금액을 정할 수 있다. ④ 천재지변 등 보건복지부령으로 정하는 사유로 생계가 곤란한 사람 등에게는 정액의 본인부담금을 부담하도록 할 수 있다. 국민기초생활 보장법에 따른 생계급여 수급자 또는 의료급여 수급자는 본인부담금을 부담하지 아니한다(법 제33조). 차상위계층은 2만 원의 본인부담금이 있으며, 기준 중위소득 70%이하는 본인부담율이 각 구간별로(총 15개 구간), 금액에는 차이가 있으나 전체적으로 4% 본인부담율이 있고, 기준 중위소득 120% 이하는 6%, 기준 중위소득 180% 이하는 8%, 기준 중위소득 180% 초과는 10% 본인부담율이 있다.

25) 비밀 누설 등의 금지

보건복지부, 특별시・광역시・도 및 특별자치시・특별자치도・시・군・구 소속 공무원과 소속 공무원이었던 사람, 수탁기관, 수급자격심의위원회 및 활동지원기관의 종사자와 종사자였던 사람은 업무 수행 중 알게 된 정보와 자료, 비밀 등을 이 법에서 정한 목적 외의 다른 용도로 사용하거나 다른 사람 또는 기관에 제공하거나 누설하여서는 아니 된다(법 제44조).

26) 수급권의 보호

활동지원급여를 받을 권리는 양도 또는 압류하거나 담보로 제공할 수 없다(법 제46조).

5. 장애아동 복지지원법

1) 법의 목적

이 법은 국가와 지방자치단체가 장애아동의 특별한 복지적 욕구에 적합한 지원을 통합적으로 제공함으로써 장애아동이 안정된 가정생활 속에서 건강하게 성장하고 사회에 활발하게 참여할 수 있도록 하며, 장애아동 가족의 부담을 줄이는 데 이바지함을 목적으로(법 제1조), 2011년 8월 4일에 제정하여 2012년 8월부터 시행되고 있다.

2) 용어의 정의

이 법에서 사용하는 용어의 뜻은 다음과 같다(법 제2조).

① '장애아동'이란 18세 미만의 사람 중 등록한 장애인을 말한다. 다만, 6세 미만의 아동으로서 장애가 있다고 보건복지부장관이 별도로 인정하는 사람을 포함한다.

② '장애아동 보호자'란 친권자, 후견인, 장애아동을 보호・양육・교육하거나 그 의무가 있는 자 또는 업무・고용 등의 관계로 사실상 장애아동을 보호・감독하는 자를 말한다.

③ '장애아동 복지지원'이란 국가와 지방자치단체가 장애아동의 특별한 복지적 욕구에 따라 의료비지원, 보육지원, 가족지원 및 장애아동의 발달에 필요한 지원 등 다양한 인적・물적 자원을 제공하는 것을 말한다.

④ '복지지원 대상자'란 이 법에 따라 복지지원을 받는 사람을 말한다.

⑤ '장애아동 복지지원 이용권'이란 그 명칭 또는 형태와 상관없이 이용자가 제공자에게 제시하여 일정한 복지지원을 받을 수 있도록 복지지원의 수량 또는 그에 상응하는 금액이 기재된 증표를 말한다. 다만, 보육료 지원의 경우에는 보육서비스 이용권으로 대체한다.

3) 기본 이념

장애아동을 위한 모든 활동에 있어서 장애아동의 이익이 최우선적으로 고려되어야 한다. 장애아동은 자신에게 영향을 미치는 모든 활동에 대하여 자신의 견해를 자유로이 표현할 권리를 최대한 보장받아야 한다(법 제3조).

4) 장애아동의 권리

① 장애아동은 모든 형태의 학대 및 유기 · 착취 · 감금 · 폭력 등으로부터 보호받아야 한다.
② 장애아동은 부모에 의하여 양육되고, 안정된 가정환경에서 자라나야 한다.
③ 장애아동은 인성 및 정신적 · 신체적 능력을 최대한 계발하기 위하여 적절한 교육을 제공받아야 한다.
④ 장애아동은 가능한 최상의 건강상태를 유지하고 행복한 일상생활을 영위하기 위한 의료적 · 복지적 지원을 받아야 한다.
⑤ 장애아동은 휴식과 여가를 즐기고, 놀이와 문화예술활동에 참여할 수 있는 기회를 제공받아야 한다.
⑥ 장애아동은 의사소통 능력, 자기결정 능력 및 자기권리 옹호 능력을 향상시키기 위한 교육 및 훈련 기회를 제공받아야 한다(법 제4조).

5) 국가와 지방자치단체의 임무

국가와 지방자치단체는 장애아동에게 적절한 복지지원을 제공하기 위하여 ① 장애아동과 그 가족을 위한 복지지원대책의 강구, ② 장애아동을 위한 복지지원 사업의 연구·개발, ③ 장애의 조기발견을 위한 홍보, ④ 복지지원 전달체계의 구축, ⑤ 복지지원 이용권의 수급 및 이용에 대한 관리·감독, ⑥ 그 밖에 장애아동과 그 가족의 복지지원을 위하여 필요하다고 인정하는 사항 등의 업무를 수행하여야 한다(법 제6조).

6) 중앙장애아동지원센터

보건복지부장관은 다음의 업무를 수행하기 위하여 중앙장애아동지원센터를 설치·운영할 수 있다(법 제8조).

① 장애아동의 복지지원에 관한 조사·연구
② 지역장애아동지원센터에 대한 평가 및 운영지원
③ 장애아동의 복지지원 정책에 관한 정보 및 자료 제공
④ 장애아동의 장애유형별 지원 프로그램의 개발
⑤ 가족지원업무 수행기관에 대한 운영지원 및 평가
⑥ 지역장애아동지원센터, 복지지원을 제공하는 기관(복지지원 제공기관) 등 복지지원 관련 기관에 대한 정보의 수집 및 제공
⑦ 그 밖에 보건복지부장관이 필요하다고 인정하는 업무

7) 지역장애아동지원센터

특별시장·광역시장·특별자치시장·도지사·특별자치도지사 및 시장·군수·구청장은 다음의 업무를 수행하기 위하여 특별시·광역시·특별자치 시·도·특별자치도 및 시·군·구에 지역장애아동지원센터를 설치·운영할 수 있다(법 제9조).

① 장애의 조기발견을 위한 홍보
② 장애아동의 복지지원 사업에 관한 정보 및 자료 제공
③ 장애아동과 그 가족에 대한 복지지원 제공기관의 연계

④ 장애아동의 사례관리
⑤ 장애아동 및 그 가족을 지원하기 위한 가족상담 및 교육의 실시
⑥ 그 밖에 시·도지사 및 시장·군수·구청장이 위탁하거나 필요하다고 인정하는 업무

보건복지부장관은 장애아동 및 그 가족의 복지지원과 관련한 실태조사를 3년마다 실시하여야 하며, 실태조사는 장애인 실태조사에 포함하여 실시할 수 있다(법 제11조).

8) 장애의 조기발견

특별자치시장·특별자치도지사·시장·군수·구청장은 영유아에 대하여 정기적인 건강검진·예방접종을 실시하는 경우 장애의 유무를 조기에 발견하기 위하여 선별검사를 실시할 수 있다. 국가와 지방자치단체는 장애의 조기발견을 위하여 방송·신문 및 인터넷 등 다양한 매체를 이용하여 홍보하여야 한다(법 제12조).

9) 복지지원의 신청 및 복지지원 대상자 선정

장애아동 및 그 보호자는 특별자치시장·특별자치도지사·시장·군수·구청장에게 이 법에서 정하는 복지지원을 신청할 수 있다. 다만, 보육지원은 영유아보육법을 따른다(법 제13조 제1항). 특별자치시장·특별자치도지사·시장·군수·구청장은 복지지원의 신청을 받은 경우 관련 법령에서 정하는 바에 따라 소득·재산, 장애 정도, 가구 특성 등을 고려하여 복지지원 대상자 여부를 심사하여야 하며, 특별자치시장·특별자치도지사·시장·군수·구청장이 복지지원 대상자 여부를 결정할 때 법규정에 따라 제공받은 자료·정보의 전부 또는 일부를 통해 평가한 장애아동과 그 가구원의 소득·재산 수준이 보건복지부장관이 정하는 기준 이하인 경우에는 관련 조사의 일부를 생략하고 복지지원 대상자로 결정할 수 있다. 그리고 특별자치시장·특별자치도지사·시장·군수·구청장은 30일 이내에 복지지원 대상자로의 선정 여부, 복지지원

의 내용 및 복지지원 이용권의 금액 등을 결정하여 복지지원 신청자에게 즉시 알려주어야 한다(법 제14조).

10) 개인별지원계획의 수립

특별자치시장・특별자치도지사・시장・군수・구청장은 장애아동에게 적합한 복지지원을 제공하기 위하여 개인별지원계획을 수립할 수 있다. 이 경우 그 업무를 지역장애아동지원센터에 위탁할 수 있으며, 또한 개인별지원계획을 수립하는 경우 보호자, 복지지원을 제공하는 인력, 복지 관계 전문가 등에게 자문할 수 있다(법 제17조).

11) 장애아동과 그 가족의 개인정보보호

특별자치시장・특별자치도지사・시장・군수・구청장과 업무를 위탁받은 기관의 장은 장애아동과 그 가족에 대한 정보의 수집과 관리에 있어 개인정보가 분실・도난・유출・변조 또는 훼손되지 아니하도록 필요한 조치를 하여야 한다. 그리고 복지지원에 종사하거나 종사하였던 자는 직무상 알게 된 장애아동과 그 가족의 개인정보를 보호자의 동의 없이 누설하거나 권한 없이 처리하거나 다른 사람이 이용하도록 제공하는 등 부당한 목적으로 사용하여서는 아니 된다(법 제18조).

12) 장애아동 복지지원의 내용

(1) 의료비지원

국가와 지방자치단체는 장애아동의 의료적 욕구에 따라 적절한 의료비지원을 할 수 있다. 의료비지원은 국민건강보험법과 의료급여법에 따라 제공되는 의료에 드는 비용 중 장애아동의 부담을 지원하는 것으로 한다(법 제19조).

(2) 보조기구지원

국가와 지방자치단체는 장애아동의 학습과 일상생활 활동에 필요한 보조기구를 교부·대여 또는 수리하거나 구입 또는 수리에 필요한 비용을 지급할 수 있다(법 제20조).

(3) 발달재활서비스지원

국가와 지방자치단체는 장애아동의 인지, 의사소통, 적응행동, 감각·운동 등의 기능향상과 행동발달을 위하여 적절한 발달재활서비스를 지원할 수 있으며, 발달재활서비스를 지원할 때에는 장애아동의 장애유형·장애 정도와 그 가족의 경제적 능력 등을 고려하여 지원할 대상 및 내용을 결정할 수 있다. 발달재활서비스 지원기간은 장애아동이 발달재활서비스 지원 대상자로 선정된 달의 다음 달부터 장애아동이 만 18세가 되는 달까지로 한다. 다만, 해당 장애아동이 초·중등교육법에 따른 학교에 재학 중인 경우에는 만 20세가 되는 달까지로 한다. 지방자치단체는 발달재활서비스의 제공경험 및 전문성, 서비스 내용의 적정성 등을 고려하여 발달재활서비스를 제공하는 기관을 지정하여 운영할 수 있다. 발달재활서비스 제공기관은 장애아동에게 적합한 발달재활서비스를 제공하기 위하여 발달재활서비스 제공계획을 수립하고 실시하여야 한다(법 제21조).

발달재활서비스는 기존 이용자의 경우 매년 1월과 7월에 소득기준 조사 후 적합하다고 판정될 경우 계속 이용할 수 있다. 신규 신청은, 만 18세 미만 뇌병변, 지적, 자폐성, 청각, 언어, 시각 장애 아동 중 가구소득이 기준 중위소득의 180% 이하인 경우 제공받을 수 있다. 만 6세 미만의 영유아는 발달재활서비스 의뢰서 및 검사자료로 대체할 수 있다. 대상 아동이 초·중·고등학교 재학 중인 경우에는 만 20세가 되는 날까지 지원을 연장한다. 단, 소득기준이 기준 중위소득 180%를 초과하는 경우에는 장애아 2명 이상 가구, 부모 중 1명 이상이 중증장애인인 가정 중 시·군·구청장이 인정하는 경우에는 예산범위 내에서 본인부담금 8만 원을 지원할 수 있다.

급여 내용은 언어・청능, 미술・음악, 행동・놀이・심리, 감각・운동 등 발달재활 서비스를 장애아동 및 부모의 수요에 따라 사업실시 기관이 제공한다. 서비스단가는 월 8회(주 2회), 회당 27,500원으로 하는 것을 기준으로 하되, 시・군・구에서 제공기관을 지정할 때 해당 지역의 시장가격, 전년도 바우처 가격, 타지역 가격, 제공 인력의 자격 및 경력 등을 고려하여 적정단가를 설정할 수 있다.

발달재활서비스 신청은 본인, 부모, 가구원, 대리인, 사회복지전담공무원이 서비스 대상자의 주민등록상 주소지 읍・면・동 주민센터에 하면 된다. 연중 신청 가능하고, 신청 시 신분증과 소득증명 자료가 필요하다.

(4) 보육지원

국가와 지방자치단체는 어린이집 이용대상이 되는 장애아동(장애영유아)에 대하여 보육료 등을 지원하여야 하며, 어린이집 또는 유치원을 이용하지 아니하는 장애영유아에게 양육수당을 지급할 수 있다. 장애영유아를 위한 어린이집은 장애영유아에 대한 체계적인 보육지원과 원활한 취학을 위한 보육계획을 수립・실시하여야 하며 특수교사와 장애영유아를 위한 보육교사 등을 배치하여야 한다(법 제22조).

(5) 가족지원

국가와 지방자치단체는 장애아동의 가족이 장애아동에게 적합한 양육방법을 습득하고 가족의 역량을 키울 수 있도록 가족상담・교육 등의 가족지원을 제공할 수 있다(법 제23조).

(6) 돌봄 및 일시적 휴식지원 서비스지원

국가와 지방자치단체는 장애아동 가족의 일상적인 양육부담을 경감하고 보호자의 정상적인 사회활동을 돕기 위하여 돌봄 및 일시적 휴식지원 서비스를 제공할 수 있다(법 제24조).

(7) 지역사회 전환 서비스지원

국가와 지방자치단체는 장애아동이 18세가 되거나 고등학교와 이에 준하는 각종 학교 또는 장애인 등에 대한 특수교육법상의 전공과를 졸업한 후 주거·직업체험 등의 지역사회 전환 서비스를 제공하도록 노력하여야 한다(법 제25조).

(8) 문화·예술 등 복지지원

국가와 지방자치단체는 이 법에서 정한 복지지원 외에 문화·예술·스포츠·교육·주거 등의 영역에서 장애아동에게 필요한 서비스가 지원되도록 최대한 노력하여야 한다(법 제26조).

(9) 가정위탁지원

국가와 지방자치단체는 보호대상장애아동에 대한 가정위탁이 활성화될 수 있도록 보호대상장애아동을 가정위탁 하고자 하는 가정의 발굴, 가정위탁 보호대상장애아동 및 위탁가정 부모에 대한 지원 등 필요한 정책을 강구하여야 한다(법 제26조의2).

(10) 취약가정 복지지원 우선제공

국가와 지방자치단체는 다음 어느 하나에 해당하는 장애아동과 그 가족(취약가정이라 함)에 대하여는 이 법에서 정하는 복지지원을 우선적으로 제공할 수 있다. 다만, 보육지원은 영유아보육법에 따른다(법 제27조).

① 장애아동의 부 또는 모가 장애인인 경우
② 한 가정에 장애아동이 2명 이상인 경우
③ 장애아동이 한부모가족의 자녀인 경우
④ 장애아동이 부모와 떨어져 조부 또는 조모가 세대주이거나 세대원을 사실상 부양하는 경우
⑤ 장애아동이 다문화가족의 자녀인 경우
⑥ 장애아동이 도서·벽지에 거주하는 경우
⑦ 그 밖에 보건복지부장관이 우선하여 지원할 필요가 있다고 인정하는 경우

(11) 복지지원의 제공

이 법에 따른 복지지원은 개별 복지지원의 목적에 따라 장애아동과 그 가족에게 현금 또는 현물로 제공한다. 이 경우 현물은 복지지원 이용권으로 제공할 수 있다(법 제28조).

(12) 복지지원 제공기관

① 장애인복지시설, ② 아동복지시설, ③ 건강가정지원센터, ④ 발달재활서비스 제공기관, ⑤ 가족지원업무 수행기관, ⑥ 장애영유아를 위한 어린이집, ⑦ 그 밖에 보건복지부장관 또는 지방자치단체의 장이 필요하다고 인정하는 기관이나 단체는 장애아동에게 필요한 복지지원을 할 수 있다(법 제30조).

(13) 장애영유아 어린이집

국가와 지방자치단체는 지역별로 적절한 균형을 이루도록 장애영유아를 위한 어린이집을 확보하기 위하여 노력하여야 한다. 특별자치시장・특별자치도지사・시장・군수・구청장은 영유아보육법에 따른 어린이집이 ① 어린이집 평가인증을 받을 것, ② 장애인 편의시설을 설치할 것, ③ 보건복지부령으로 정하는 설치기준을 갖출 것 등 요건을 갖추어 신청하는 경우 장애영유아를 위한 어린이집으로 지정할 수 있다. 이렇게 지정받은 어린이집의 원장은 매년 어린이집 운영에 관한 사업계획서를 특별자치시장・특별자치도지사・시장・군수・구청장에게 제출하여야 한다(법 제32조).

(14) 발달재활서비스 제공기관의 정보제공

발달재활서비스 제공기관의 장은 서비스를 제공하는 인력이 보유하고 있는 자격의 명칭, 발급기관, 취득요건과 경력 등 서비스의 질에 영향을 미치는 정보를 ① 관할 특별자치시장・특별자치도지사・시장・군수・구청장, ② 지역장애아동지원센터의 장, ③ 발달재활서비스를 제공받고자 하는 장애아동 및 그 보호자 등에게 제공하여야 한다. 그리고 정보를 제공하기에 앞서 상당한 주의를 기울여 그 정보의 사실 여부를 확인하여야 하며, 제공한 정보가 사실과 다름이 알려진 경우 발달재활서비스 제공기관의 장은 그러한 상황을 알지 못하였음을 입증하여야 한다(법 제33조).

6. 발달장애인 권리보장 및 지원에 관한 법률

1) 법의 성립과 목적

정부에 등록된 발달장애인(지적장애인과 자폐성장애인)은 2023년 1월 기준 25만여 명이다. 지적장애인이 87%, 자폐성 장애인이 13%가량 된다. 발달장애인은 전체 등록장애인 중 9.8% 정도이고 해마다 약간씩 증가 추세이다. 발달장애인 4명 가운데 1명 가까이는 모든 일상에 도움이 필요한 것으로 조사되었다. 그래서 정부는 2024년 6월부터 장애 정도가 심한 최중증 발달장애인에게 24시간 돌봄 서비스를 제공하였는데, 이는 돌봄센터에서 낮 동안 보살피고 야간에는 일부 귀가하고 일부는 지원주택에서 함께 생활하는 방식이 될 것이라고 한다. 최중증 기준 지표를 개발하고 학계와 장애계의 소통을 통해서 합리적인 안을 만들겠다고 하였다. 성인 발달장애인의 여가활동을 돕는 주간활동서비스는 하루 최대 8시간으로 늘어나고, 발달장애 조기 발견을 위해 정밀검사비 지원을 건강보험료 부과금액 하위 70%에서 80%까지로 넓히고 기초급여와 부가급여를 합한 장애인연금은 2023년부터 40만 원이 조금 넘는 수준으로 인상되었다.

전체 발달장애인에 대한 24시간 돌봄 서비스는 보호자의 입원이나 경조사 등의 긴급상황일 때 일주일 동안 제공한다. 발달장애인은 성인이 되어서도 세수, 화장실 사용 등의 간단한 일상생활조차도 타인의 도움이 없이 영위하기가 어려워 일생 돌봄이 필요한 경우가 많다. 발달장애인이 일상생활에서 겪고 있는 문제로는 우울증, 스트레스 등 정신적 문제가 26.6%로 가장 많았고, 이어서 과체중(비만) 문제 22.3%, 스마트폰, 게임 중독 문제 14.7%, 흡연 문제 5.3%, 성적(性的) 문제 4.2%, 음주 문제 4.0%, 약물 중독 문제 0.5% 등이었다. 발달장애인이 서비스 이용 시 문제점으로는 서비스 정보를 취득하기 어려움이 24.9%로 가장 많았고, 이어서 주변에 이용할 곳이 없음 21.5%, 특별한 문제점 없음 18.7%, 필요한 부분에 대한 서비스가 없음 7.1%, 서비스 이용을 생각해 본 적 없음 6.6%, 이용 자격과 조건이 까다로움 4.7%, 발달장애인이 이용하기가 어렵거나 특화되어 있지 않음 4.4%, 이용량(시간, 금액, 활동 등)이 적음 3.0%, 숙련된 발달장애인 지원인력을 구하기 어려움 2.5%, 이용하기까지 시간이 많이 소요됨 2.3%, 담당자의 전문성(발달장애 이해 등)이 부족함 2.1%, 비용이 많이 소요됨 1.7%, 서비스 품질이 낮고, 효과가 적음 0.6% 등이었다.[22)] 또 만 15세 이상 발달장애인 당사자에게 직접 질문한 것으로, 발달장애인이 나중에 살고 싶은 방식은 어떤 것인지에 대한 응답에서, '나는 가족(부모님)과 함께 살고 싶다'는 응답이 51.4%로 가장 많았고, 이어서 '나는 결혼해서 살고 싶다' 24.6%, '나는 혼자서 살고 싶다' 19.0%, '나는 친구와 살고 싶다' 4.6% 등이었다.[23)]

발달장애인은 인지력·의사소통능력 등이 부족하여 자신의 권리를 주장하거나 스스로 보호하는 것에 상당한 어려움이 있어 학대·성폭력, 장기적인 노동력 착취 등의 피해자가 되는 경우가 지속적으로 발생해 왔다. 이에 "발달장애인의 의사를 최대한 존중하여 그들의 생애주기에 따른 특성 및 복지 욕구에 적합한 지원과 권리옹호 등이 체계적이고 효과적으로 제공될 수 있도록 필요한 사항을 규정함으로써 발달장애인의 사회참여를 촉진하고, 권리를 보호하며, 인간다운 삶을 영위하는 데 이바지함을 목적으로" 2014년 5월에 「발달장애인 권리보장 및 지원에 관한 법률」을 제정하여 2015년 11월 21일부터 시행하고 있다. 이 법은 특정 장애인만을 위한 최초의 입법이다.

2) 용어의 정의

이 법에서 사용하는 용어의 뜻은 다음과 같다(법 제2조 제1호).

발달장애인이란 장애인복지법 제2조 제1항의 장애인으로서 다음의 장애인을 말한다.

22) 한국장애인고용공단(2021. 12). 2021 장애인 통계.

23) 한국장애인고용공단(2021). 2020년 발달잘애인 일과 삶 실태조사.

① **지적장애인** : 정신 발육이 항구적으로 지체되어 지적 능력의 발달이 불충분하거나 불완전하여 자신의 일을 처리하는 것과 사회생활에 적응하는 것이 상당히 곤란한 사람
② **자폐성장애인** : 소아기 자폐증, 비전형적 자폐증에 따른 언어·신체표현·자기조절·사회적응 기능 및 능력의 장애로 인하여 일상생활이나 사회생활에 상당한 제약을 받아 다른 사람의 도움이 필요한 사람
③ 그 밖에 통상적인 발달이 나타나지 아니하거나 크게 지연되어 일상생활이나 사회생활에 상당한 제약을 받는 사람으로서 대통령령으로 정하는 사람

3) 발달장애인의 권리

발달장애인은 원칙적으로 자신의 신체와 재산에 관한 사항에 대하여 스스로 판단하고 결정할 권리를 가진다. 발달장애인은 자신에게 법률적·사실적인 영향을 미치는 사안에 대하여 스스로 이해하여 자신의 자유로운 의사를 표현할 수 있도록 필요한 도움을 받을 권리가 있다. 발달장애인은 자신과 관련된 정책의 결정과정에서 자기의 견해와 의사를 표현할 권리가 있다(법 제3조).

4) 국가와 지방자치단체의 책무

국가와 지방자치단체는 발달장애인의 적절한 발달과 원활한 사회통합을 촉진하기 위하여 장애를 최대한 조기에 발견하여 지원할 수 있도록 필요한 조치를 강구하여야 하고, 발달장애인의 장애를 완화하고 기능을 향상시키는 방안을 마련하기 위한 연구와 조사를 지원하여야 하며, 발달장애인의 복지수준 향상과 그 가족의 일상적인 양육부담을 경감하기 위하여 필요한 조치를 강구하여야 한다. 또한 발달장애인이 장애로 인하여 차별을 받는 등 권리가 침해받지 아니하도록 권익옹호에 필요한 지원을 실시하여야 하고, 발달장애인과 그 가족이 이용할 수 있는 복지시책을 적극적으로 홍보하여야 하며, 국

민이 발달장애인을 올바르게 이해하도록 하는 데에 필요한 정책을 강구하여야 한다(법 제4조).

5) 국민의 책무

모든 국민은 발달장애인의 인격을 존중하고 사회통합의 이념에 기초하여 발달장애인의 복지향상에 협력하여야 한다(법 제5조).

6) 홍보영상의 제작 · 배포 · 송출

보건복지부장관은 발달장애인에 대한 차별·편견 및 학대의 예방과 방지 등에 관한 홍보영상을 제작하여 방송법에 따른 방송편성책임자에게 배포하여야 하며, 방송사업자에게 대통령령으로 정하는 비상업적 공익광고 편성비율의 범위에서 홍보영상을 채널별로 송출하도록 요청할 수 있다. 또한 보건복지부장관은 방송법에 따른 전광판방송사업자에게 대통령령으로 정하는 비상업적 공익광고 편성비율의 범위에서 홍보영상을 전광판으로 송출하도록 요청할 수 있다. 방송사업자와 전광판방송사업자는 이러한 홍보영상 외에 독자적인 홍보영상을 제작하여 송출할 수 있다. 이 경우 보건복지부장관에게 필요한 협조 및 지원을 요청할 수 있다(법 제5조의2).

7) 실태조사

보건복지부장관은 발달장애인의 실태파악과 복지정책 수립을 위한 기초자료로 활용하기 위하여 3년마다 발달장애인과 그 가족에 대한 실태조사를 실시하여야 한다. 실태조사는 장애인복지법에 따른 장애실태조사와 함께 실시할 수 있다(법 제6조).

8) 자기결정권의 보장

발달장애인은 자신의 주거지의 결정, 의료행위에 대한 동의나 거부, 타인과의 교류, 복지서비스의 이용 여부와 서비스 종류의 선택 등을 스스로 결정한다. 누구든지 발달장애인에게 의사결정이 필요한 사항과 관련하여 충분한 정보와 의사결정에 필요한 도움을 제공하지 아니하고 그의 의사결정능력을 판단하여서는 아니 된다. 이러한 규정에도 불구하고 스스로 의사를 결정할 능력이 충분하지 아니하다고 판단할 만한 상당한 이유가 있는 경우에는 보호자가 발달장애인의 의사결정을 지원할 수 있다. 이 경우 보호자는 발달장애인 당사자에게 최선의 이익이 되도록 하여야 한다(법 제8조).

9) 성년후견제 이용지원

지방자치단체의 장은 성년인 발달장애인이 다음 어느 하나에 해당하여 후견인을 선임할 필요가 있음에도 불구하고 자력으로 후견인을 선임하기 어렵다고 판단되는 경우에는 그를 위하여 민법에 따라 가정법원에 성년후견개시, 한정후견개시 또는 특정후견의 심판을 청구할 수 있다(법 제9조 제1항).

① 일상생활에서 의사를 결정할 능력이 충분하지 아니하거나 매우 부족하여 의사결정의 대리 또는 지원이 필요하다고 볼 만한 상당한 이유가 있는 경우
② 발달장애인의 권리를 적절하게 대변하여 줄 가족이 없는 경우
③ 별도의 조치가 없으면 권리침해의 위험이 상당한 경우

지방자치단체의 장이 성년후견개시, 한정후견개시 또는 특정후견의 심판을 청구할 때에는 대통령령으로 정하는 요건을 충족하는 사람을 후견인 후보자로 하여 그 사람을 후견인으로 선임하여 줄 것을 함께 청구하여야 한다. 그리고 중앙발달장애인지원센터의 장에게 후견인 후보자를 추천하여 줄 것을 의뢰할 수 있다. 국가와 지방자치단체는 선임된 후견인의 후견사무의 수행에

필요한 비용의 일부를 예산의 범위에서 보건복지부령으로 정하는 바에 따라 지원할 수 있다.

10) 의사소통지원

국가와 지방자치단체는 발달장애인의 권리와 의무에 중대한 영향을 미치는 법령과 각종 복지지원 등 중요한 정책정보를 발달장애인이 이해하기 쉬운 형태로 작성하여 배포하여야 한다. 교육부장관은 발달장애인이 자신의 의사를 원활하게 표현할 수 있도록 학습에 필요한 의사소통도구를 개발하고 의사소통지원 전문인력을 양성하여 발달장애인에게 도움이 될 수 있도록 초·중·고등학교와 평생교육기관 등을 통하여 필요한 교육을 실시하여야 한다(법 제10조).

11) 형사·사법 절차상 권리보장

경찰청장, 해양경찰청장 및 제주특별자치도지사는 경찰공무원과 자치경찰공무원에게 발달장애인에 대한 올바른 인식 확산을 위한 교육을 실시하여야 한다. 발달장애인이 재판의 당사자가 된 경우 그의 보호자, 중앙발달장애인지원센터 및 지역발달장애인지원센터의 직원이나 그 밖에 발달장애인과 신뢰관계에 있는 사람은 법원의 허가를 받아 법원의 심리과정에서 발달장애인을 위한 보조인이 될 수 있다. 법원은 발달장애인을 증인으로 신문하는 경우 발달장애인 본인, 검사, 보호자, 발달장애인지원센터의 장의 신청이 있는 때에는 재판에 중대한 지장을 줄 우려가 있는 등 부득이한 경우가 아니면 발달장애인과 신뢰관계에 있는 사람을 동석하게 하여야 한다. 수사기관이 발달장애인을 조사하는 경우에도 마찬가지다(법 제12조).

12) 발달장애인에 대한 전담조사제

검찰총장은 각 지방검찰청 검사장(檢事長)으로 하여금 발달장애인 전담 검사를 지정하도록 하여 특별한 사정이 없으면 이들로 하여금 발달장애인을 조사 또는 심문하게 하여야 한다. 경찰청장은 각 경찰서장으로 하여금 발달장애인 전담 사법경찰관을 지정하도록 하여 특별한 사정이 없으면 이들로 하여금 발달장애인을 조사 또는 심문하게 하여야 한다. 검찰총장 및 경찰청장은 전담 검사 및 전담사법경찰관에게 발달장애인의 특성에 대한 전문지식과 의사소통 방법 및 발달장애인 보호를 위한 수사방법 등에 관한 교육을 실시하여야 한다(법 제13조).

13) 발달장애인 대상 범죄 방지

국가와 지방자치단체는 발달장애인에 대한 다음의 범죄(이하 유기 등이라 한다)를 예방하고 근절하기 위한 대책을 마련하여 추진하여야 한다(법 제14조).

① 형법 제271조에 따른 유기 또는 존속유기

② 형법 제273조에 따른 학대 또는 존속학대

③ 형법 제287조부터 제292조까지에 따른 약취, 유인, 인신매매, 상해 · 치상, 살인 · 치사, 수수 · 은닉 등

④ 「성폭력범죄의 처벌 등에 관한 특례법」 제2조에 따른 성폭력범죄

⑤ 「아동학대범죄의 처벌 등에 관한 특례법」 제2조 제4호의 아동학대범죄

⑥ 그 밖에 발달장애인에게 특히 빈번하게 발생하는 범죄로서 대통령령으로 정하는 범죄

국민안전처장관, 경찰청장 및 제주특별자치도지사는 발달장애인에 대한 유기등의 발생 사례가 없는지 소속 경찰공무원 · 자치경찰공무원에게 관할 지역을 정기적으로 탐문하고 조사하도록 하여야 한다.

14) 신고의무

누구든지 발달장애인에 대한 유기 등의 발생 사실을 알게 된 경우에는 발달장애인지원센터 또는 수사기관에 신고할 수 있다(법 제15조 제1항).

다음 어느 하나에 해당하는 사람은 그 직무상 발달장애인에 대한 유기 등의 발생 사실을 알게 된 경우에는 즉시 발달장애인지원센터 또는 수사기관에 신고하여야 한다(법 제15조 제2항).

① 사회복지시설의 장과 그 종사자
② 장애인 활동지원기관의 장과 그 종사자
③ 의료인과 의료기관의 장
④ 의료기사
⑤ 응급구조사
⑥ 소방기본법에 따른 구조대 및 구급대의 대원
⑦ 정신보건센터의 장과 그 종사자
⑧ 어린이집의 원장 등 보육교직원
⑨ 유치원의 교직원 및 유치원의 강사, 기간제 교사 또는 명예교사 등
⑩ 초·중등교육법에 따른 교직원, 전문상담교사 및 산학겸임교사·명예교사 또는 강사 등
⑪ 학원의 운영자와 그 종사자 및 교습소의 교습자 등 종사자
⑫ 성폭력피해상담소의 장과 그 종사자 및 성폭력피해자보호시설의 장과 그 종사자
⑬ 성매매피해자 지원시설의 장과 그 종사자 및 성매매피해상담소의 장과 그 종사자
⑭ 가정폭력 관련 상담소의 장과 그 종사자 및 가정폭력피해자 보호시설의 장과 그 종사자
⑮ 건강가정지원센터의 장과 건강가정사 등 그 종사자
⑯ 노인장기요양요원

관계 중앙행정기관의 장은 보건복지부령으로 정하는 바에 따라 제2항 각 호에 해당하는 사람의 자격 취득 과정이나 보수교육 과정 등에 발달장애인에 대한 유기 등에 대한 신고의무와 관련된 교육 내용을 포함하도록 하여야 한다(법 제15조 제3항). 발달장애인지원센터 또는 수사기관의 장이나 직원은 신고인의 인적 사항 또는 신고인임을 미루어 알 수 있는 사실을 다른 사람에게 알려주거나 공개하여서는 아니 된다(법 제15조 제4항).

15) 보호조치 등

발달장애인지원센터의 장은 발달장애인에 대한 유기 등이 발생하였다고 믿을 만한 상당한 이유가 있고, 발달장애인을 그 가해자로 추정되는 사람으로부터 격리하거나 치료할 필요가 있는 경우 발달장애인을 임시로 보호하기 위하여 지정된 쉼터(위기발달장애인쉼터) 또는 의료기관에 인도하는 등 발달장애인이 안전한 곳에서 보호받을 수 있도록 조치하여야 한다. 또한 발달장애인을 격리하여 보호하는 경우 그 사실을 관할 특별시장·광역시장·특별자치시장·도지사·특별자치도지사(시·도지사) 또는 시장·군수·구청장에게 즉시 통보하여야 하고, 그 격리기간은 7일을 넘을 수 없다. 다만, 대통령령으로 정하는 사유가 있는 경우에는 시·도지사 또는 시장·군수·구청장의 사전 승인을 받아 7일 이내에서 이를 연장할 수 있다.

발달장애인지원센터의 장은 격리기간이 끝나기 전에 대통령령으로 정하는 바에 따라 피해 발달장애인의 복리를 위하여 시설 입소를 통한 보호조치를 시·도지사 또는 시장·군수·구청장에게 의뢰할 수 있다. 위기발달장애인쉼터는 보건복지부령으로 정하는 바에 따라 장애인 거주시설 중에서 지정하여 운영하여야 한다(법 제17조).

16) 복지서비스의 신청

발달장애인은 다음의 복지지원 및 서비스, 사회보장기본법 제3조에 따른 사회보험, 공공부조 및 사회서비스를 스스로 신청하여야 한다(법 제18조 제1항).

① 장애인 활동지원급여
② 장애아동 복지지원법에 따른 발달재활서비스지원, 가족지원, 돌봄 및 일시적 휴식지원서비스지원, 지역사회 전환 서비스지원 및 문화·예술 등 복지지원
③ 재활 및 발달 지원, 문화·예술·여가·체육 활동 등 지원, 주간활동·방과 후 활동 지원, 최중증 발달장애인 통합돌봄 지원, 보호자에 대한 상담지원 및 휴식지원 등
④ 그 밖에 보건복지부장관이 정하는 서비스

발달장애인이 의사를 결정할 능력이 충분하지 아니하다고 판단할 만한 상당한 이유가 있는 경우에는 보호자가 제1항에 따른 신청을 할 수 있다. 이 경우 보호자의 신청은 발달장애인의 신청으로 본다. 보호자가 신청을 하지 아니하는 경우 사회복지전담공무원은 발달장애인에 대한 복지지원이 누락되지 아니하도록 하기 위하여 발달장애인의 동의를 받아 관할 지역에 거주하는 발달장애인에 대한 복지서비스를 직권으로 신청할 수 있다. 이 경우 사회복지전담공무원의 신청은 발달장애인의 신청으로 본다. 다만, 발달장애인이 심신미약 또는 심신상실인 경우 등 대통령령으로 정하는 경우에는 발달장애인의 동의를 생략할 수 있다. 사회복지전담공무원은 발달장애인의 동의 없이 복지서비스를 직권으로 신청한 경우 그 사실을 특별자치시장·특별자치도지사·시장·군수·구청장에게 지체 없이 보고하여야 한다(법 제18조 제2~5항).

17) 계좌의 관리 등

발달장애인이 지급받을 복지지원이 현금으로 지급되는 경우에는 그의 명의로 개설된 예금계좌로 입금하여야 하며, 예금의 인출 및 다른 계좌로의 이체 등 관리도 발달장애인 스스로 하여야 한다. 발달장애인에게 의사를 결정할 능력이 충분하지 아니하다고 판단할 만한 상당한 이유가 있는 경우에는 보호자가 계좌 관리를 대행할 수 있으며 보호자가 없는 경우에는 지방자치단

체의 장이 발달장애인을 대신하여 계좌를 관리할 사람을 지정할 수 있다(법 제21조).

18) 재활 및 발달 지원

국가와 지방자치단체는 발달장애인이 자신의 장애에도 불구하고 잠재적인 능력을 최대한 계발할 수 있도록 발달장애인에게 적절한 재활치료와 발달재활서비스 등을 제공하도록 노력하여야 한다. 보건복지부장관은 발달장애의 원인규명과 치료 및 행동문제 등의 완화를 위한 연구 및 의료 지원체계를 구축하여야 한다. 국가와 지방자치단체는 발달장애인의 특성과 요구에 맞는 체계적이고 효율적인 의료지원을 위하여 발달장애인 거점병원을 지정할 수 있으며, 자해·공격 등 행동문제로 인하여 일상생활에 곤란을 겪는 발달장애인을 전문적으로 지원하기 위하여 대통령령으로 정하는 바에 따라 행동발달증진센터를 설치·운영할 수 있다(법 제24조).

19) 고용 및 직업훈련 지원

국가와 지방자치단체는 발달장애인이 자신의 능력을 최대한 활용하여 직업생활을 영위할 수 있도록 필요한 조치를 강구하여야 한다. 보건복지부장관은 장애의 정도가 심한 발달장애인의 능력과 특성에 적합한 직업훈련을 지원하기 위하여 발달장애인에 특화된 직업훈련을 하는 직업재활시설을 설치·운영할 수 있다(법 제25조).

20) 평생교육 지원

국가와 지방자치단체는 발달장애인에게 평생교육의 기회가 충분히 부여될 수 있도록 특별자치시·특별자치도·시·군·구별로 평생교육기관을 지정하여 발달장애인을 위한 교육과정을 적절하게 운영하도록 조치하여야 한다(법 제26조).

21) 문화 · 예술 · 여가 · 체육 활동 등 지원

국가와 지방자치단체는 발달장애인이 영화, 전시관, 박물관 및 국가 · 지방자치단체 등이 개최하는 각종 행사 등을 관람 · 참여 · 향유할 수 있도록 발달장애인을 지원할 수 있으며, 발달장애인의 문화 · 예술 · 여가 · 체육 활동을 장려하기 위하여 발달장애인의 특성과 흥미에 적합한 방식으로 설계된 시설, 놀이기구, 프로그램 및 그 밖의 장비 등을 지원할 수 있다(법 제27조).

22) 거주시설 · 돌봄 지원

국가와 지방자치단체는 발달장애인의 특성에 맞는 거주시설 지원을 위하여 필요한 시책을 강구하여야 하며, 발달장애인과 그 가족의 특성과 요구에 따른 돌봄 지원을 제공하기 위하여 노력하여야 한다(법 제29조).

23) 주간활동 · 방과 후 활동 지원

국가와 지방자치단체는 발달장애인의 낮 시간 활동 및 지역사회 참여를 효과적으로 지원하기 위하여 주간활동서비스를 제공할 수 있으며, 또한 청소년 발달장애학생의 방과 후 활동을 지원하고 그 가족의 양육부담을 경감하기 위하여 청소년 발달장애학생 방과 후 활동서비스를 제공할 수 있다(법 제29조의2).

24) 최중증 발달장애인 통합돌봄 지원

국가와 지방자치단체는 장애의 정도가 극히 심한 발달장애인(이하 "최중증 발달장애인"이라 한다)에게 일상생활 훈련, 취미활동, 긴급돌봄, 자립생활 등을 전문적 · 통합적으로 지원하는 서비스(이하 "통합돌봄서비스"라 한다)를 제공할 수 있다. 통합돌봄서비스의 지원 대상, 지원 기준 및 방법 등에 필요한 사항은 보건복지부령으로 정한다(법 제29조의3).

25) 보호자에 대한 정보제공, 교육, 상담지원

국가와 지방자치단체는 발달장애인의 보호자가 발달장애인을 적절하게 보호 및 양육하는 데 필요한 정보를 제공하거나 관련 교육을 할 수 있으며, 또한 발달장애인의 건전한 성 가치관 형성과 성범죄 예방을 위하여 발달장애인과 그 보호자를 대상으로 성교육을 실시할 수 있다(법 제30조). 또 국가와 지방자치단체는 발달장애인과 동거하는 보호자에게 전문적인 심리상담 서비스를 제공할 수 있다(법 제31조).

26) 휴식지원 등

국가와 지방자치단체는 발달장애인 가족의 일상적인 양육부담을 경감하고 보호자의 정상적인 사회활동을 돕기 위하여 돌봄 및 일시적 휴식 지원 서비스를 제공할 수 있으며, 발달장애인의 형제·자매로서 발달장애인이 아닌 아동 및 청소년이 건전하게 성장할 수 있도록 이들의 정서발달과 심리적 부담 해소 등을 위한 프로그램 운영을 지원할 수 있다(법 제32조).

27) 발달장애인지원센터

보건복지부장관은 국가와 지방자치단체의 책무를 효과적으로 수행하고 발달장애인에 대한 통합적 지원체계를 마련하기 위하여 중앙발달장애인지원센터를 설치하여야 한다. 시·도지사는 발달장애인의 권리보호 활동, 당사자와 그 가족에 대한 상담 등을 담당하는 지역발달장애인지원센터를 특별시·광역시·특별자치시·도·특별자치도에 설치하여야 한다. 이 경우 시·도지사는 필요성을 고려하여 지역발달장애인지원센터를 시·군·구에 설치할 수 있다(법 제33조).

28) 발달장애인지원센터의 임무

중앙발달장애인지원센터는 다음 각 호의 업무를 수행한다.

① 발달장애인에 대한 연구수행 지원
② 발달장애인이 이용 가능한 복지정보 데이터베이스 구축 및 정보 제공
③ 발달장애인 가족 및 관련 서비스 종사자에 대한 지침·편람 마련 및 교육지원
④ 발달장애인에 대한 인식개선 홍보
⑤ 발달장애인 지원 프로그램 개발
⑥ 지역발달장애인지원센터의 지원
⑦ 후견인 후보자의 추천
⑧ 발달장애인 권리침해의 모니터링 및 권리구제의 지원
⑨ 최중증 발달장애인에 대한 통합돌봄 지원
⑩ 그 밖에 보건복지부장관이 필요하다고 인정하는 사항

지역발달장애인지원센터는 다음 각 호의 업무를 수행한다.

① 발달장애인에 대한 개인별지원계획의 수립
② 발달장애인을 위한 복지지원 정보의 제공 및 연계
③ 발달장애인 가족 및 관련 서비스 종사자에 대한 교육지원
④ 발달장애인에게 서비스를 제공하는 기관에 대한 정보의 축적 및 관리
⑤ 발달장애 조기 발견과 발달장애인에 대한 인식개선을 위한 지역사회 홍보
⑥ 발달장애인 및 그 가족에 대한 상담지원
⑦ 발달장애인 주간활동 서비스 및 청소년 발달장애학생 방과 후 활동 서비스 사업 지원
⑧ 보호자에 대한 감독
⑨ 선임된 후견인에 대한 감독지원 및 후견업무의 지원
⑩ 현장조사 및 보호조치 등 발달장애인의 권리구제 지원
⑪ 최중증 발달장애인에 대한 통합돌봄 지원
⑫ 그 밖에 보건복지부장관이 필요하다고 인정하는 사항

발달장애인지원센터에는 대통령령으로 정하는 자격을 가진 특수교사, 사회복지사, 변호사 등 필요한 인력을 적절히 배치하여 발달장애인이 복지 및 법률 서비스를 받을 수 있도록 노력하여야 한다. 발달장애인지원센터는 발달장애인 동료에 대한 상담 및 교육 등의 역할을 수행할 수 있는 발달장애인을 채용할 수 있다(법 제34조).

29) 서비스의 제공 등

국가와 지방자치단체는 서비스를 제공할 경우 「사회서비스 이용 및 이용권 관리에 관한 법률」 제2조 제2호의 사회서비스이용권으로 제공할 수 있다(법 제37조 제1항).

30) 서비스의 관리 · 평가

국가와 지방자치단체는 서비스제공기관이 사회서비스이용권의 제공 방법 및 절차 등에 따라 적정하게 서비스를 제공하였는지를 평가한 후 그 결과를 공개하는 등 필요한 조치를 할 수 있으며, 또한 서비스제공기관이 제공하는 서비스의 내용을 지속적으로 관리 · 평가하여 그 수준을 향상시킬 수 있도록 노력하여야 한다(법 제38조의2).

7. 장애인차별금지 및 권리구제 등에 관한 법률

1) 법의 목적

이 법은 2007년 4월 10일에 제정한 것으로, 제1조에 "이 법은 모든 생활영역에서 장애를 이유로 한 차별을 금지하고 장애를 이유로 차별받은 사람의 권익을 효과적으로 구제함으로써 장애인의 완전한 사회참여와 평등권 실현을 통하여 인간으로서의 존엄과 가치를 구현함을 목적으로 한다"고 규정하고 있다. 이 법에서 금지하는 차별행위의 사유가 되는 장애라 함은 신체적 · 정신적 손상 또는 기능상실이 장기간에 걸쳐 개인의 일상 또는 사회생활에 상당한 제약을 초래하는 상태를 말한다.

2) 차별행위

이 법에서 금지하는 차별이라 함은 다음에 해당하는 경우를 말한다.

① 장애인을 장애를 사유로 정당한 사유 없이 제한・배제・분리・거부 등에 의하여 불리하게 대하는 경우

② 장애인에 대하여 형식상으로는 제한・배제・분리・거부 등에 의하여 불리하게 대하지 아니하지만 정당한 사유 없이 장애를 고려하지 아니하는 기준을 적용함으로써 장애인에게 불리한 결과를 초래하는 경우

③ 정당한 사유 없이 장애인에 대하여 정당한 편의 제공을 거부하는 경우

④ 정당한 사유 없이 장애인에 대한 제한・배제・분리・거부 등 불리한 대우를 표시・조장하는 광고를 직접 행하거나 그러한 광고를 허용・조장하는 경우. 이 경우 광고는 통상적으로 불리한 대우를 조장하는 광고효과가 있는 것으로 인정되는 행위를 포함한다.

⑤ 장애인을 돕기 위한 목적에서 장애인을 대리・동행하는 자(장애아동의 보호자 또는 후견인, 그 밖에 장애인을 돕기 위한 자임이 통상적으로 인정되는 자를 포함)에 대하여 제1호부터 제4호까지의 행위를 하는 경우. 이 경우 장애인 관련자의 장애인에 대한 행위 또한 이 법에서 금지하는 차별행위 여부의 판단대상이 된다.

⑥ 보조견 또는 장애인보조기구 등의 정당한 사용을 방해하거나 보조견 및 장애인 보조기구 등을 대상으로 제4호에 따라 금지된 행위를 하는 경우

위 규정에도 불구하고 다음에 해당하는 정당한 사유가 있는 경우에는 이를 차별로 보지 아니한다.

① 금지된 차별행위를 하지 않음에 있어서 과도한 부담이나 현저히 곤란한 사정 등이 있는 경우

② 금지된 차별행위가 특정 직무나 사업 수행의 성질상 불가피한 경우. 이 경우 특정 직무나 사업 수행의 성질은 교육 등의 서비스에도 적용되는 것으로 본다.

장애인의 실질적 평등권을 실현하고 장애인에 대한 차별을 시정하기 위하여 이 법 또는 다른 법령 등에서 취하는 적극적 조치는 이 법에 따른 차별로 보지 아니한다.

3) 차별판단

차별의 원인이 2가지 이상이고, 그 주된 원인이 장애라고 인정되는 경우 그 행위는 이 법에 따른 차별로 본다. 이 법을 적용함에 있어서 차별 여부를 판단할 때에는 장애인 당사자의 성별, 장애의 유형 및 정도, 특성 등을 충분히 고려하여야 한다(법 제5조).

4) 차별금지

누구든지 장애 또는 과거의 장애경력 또는 장애가 있다고 추측됨을 이유로 차별을 하여서는 아니 된다(법 제6조).

5) 자기결정권 및 선택권

장애인은 자신의 생활 전반에 관하여 자신의 의사에 따라 스스로 선택하고 결정할 권리를 가진다. 장애인은 장애인 아닌 사람과 동등한 선택권을 보장받기 위하여 필요한 서비스와 정보를 제공받을 권리를 가진다(법 제7조).

6) 실태조사

보건복지부장관은 장애인 차별 해소 정책의 수립·시행에 필요한 기초자료를 확보하기 위하여 3년마다 이 법의 이행에 대한 실태조사를 실시하고 그 결과를 공표하여야 한다. 보건복지부장관은 실태조사를 위하여 필요한 경우 공공기관 및 관련 기관·시설·법인 등에 자료의 제출 또는 의견의 진술을 요청할 수 있다. 이 경우 자료의 제출이나 의견의 진술을 요청받은 공공기관의 장 등은 정당한 사유가 없으면 그 요청에 따라야 한다(법 제8조의2).

7) 차별금지 영역

(1) 고용상 차별금지

① 차별금지

사용자는 모집·채용, 임금 및 복리후생, 교육·배치·승진·전보, 정년·퇴직·해고에 있어 장애인을 차별하여서는 아니 된다. 노동조합은 장애인 근로자의 조합 가입을 거부하거나 조합원의 권리 및 활동에 차별을 두어서는 아니 된다(법 제10조).

② 정당한 편의제공 의무

사용자는 장애인이 해당 직무를 수행함에 있어서 장애인 아닌 사람과 동등한 근로조건에서 일할 수 있도록 다음 각 호의 정당한 편의를 제공하여야 하며, 정당한 사유 없이 장애를 이유로 장애인의 의사에 반하여 다른 직무에 배치하여서는 아니 된다(법 제11조).

㉠ 시설·장비의 설치 또는 개조
㉡ 재활, 기능평가, 치료 등을 위한 근무시간의 변경 또는 조정
㉢ 훈련 제공 또는 훈련에 있어 편의 제공
㉣ 지도 매뉴얼 또는 참고자료의 변경
㉤ 시험 또는 평가과정의 개선
㉥ 화면낭독·확대 프로그램, 무지점자단말기, 확대 독서기, 인쇄물음성변환출력기 등 장애인보조기구의 설치·운영과 낭독자, 한국수어 통역자 등의 보조인 배치

③ 의학적 검사의 금지

사용자는 채용 이전에 장애인 여부를 조사하기 위한 의학적 검사를 실시하여서는 아니 된다. 다만, 채용 이후에 직무의 본질상 요구되거나 직무배치 등을 위하여 필요한 경우에는 그러하지 아니하다. 만일 의학적 검사를 실시할 경우 그 비용은 원칙적으로 사용자가 부담한다. 사용자는 장애인의 건강상태나 장애 또는 과거 장애경력 등에 관한 개인정보를 누설하여서는 아니 된다(법 제12조).

(2) 교육상 차별금지

① 차별금지

교육책임자는 장애인의 입학 지원 및 입학을 거부할 수 없고, 전학을 강요할 수 없으며, 영유아보육법에 따른 어린이집, 유아교육법 및 초·중등교육법에 따른 각급 학교는 장애인이 당해 교육기관으로 전학하는 것을 거절하여서는 안 되고, 당해 교육기관에 재학 중인 장애인 및 그 보호자가 편의 제공을 요청할 때 정당한 사유 없이 이를 거절하여서는 안 되며, 특정 수업이나 실험·실습, 현장견학, 수학여행 등 학습을 포함한 모든 교내외 활동에서 장애를 이유로 장애인의 참여를 제한, 배제, 거부하여서는 안 되고, 장애인의 입학 지원 시 장애인 아닌 지원자와 달리 추가 서류, 별도의 양식에 의한 지원 서류 등을 요구하거나, 장애인만을 대상으로 한 별도의 면접이나 신체검사, 추가시험 등을 요구하여서는 아니 된다. 다만, 추가서류 등의 요구가 장애인의 특성을 고려한 교육시행을 목적으로 함이 명백한 경우에는 그러하지 아니하다(법 제13조).

② 정당한 편의제공 의무

교육책임자는 당해 교육기관에 재학 중인 장애인의 교육활동에 불이익이 없도록 다음 각 호의 수단을 적극적으로 강구하고 제공하여야 한다(법 제14조).

㉠ 장애인의 통학 및 교육기관 내에서의 이동 및 접근에 불이익이 없도록 하기 위한 각종 이동용 보장구의 대여 및 수리

㉡ 장애인 및 장애인 관련자가 필요로 하는 경우 교육보조인력의 배치

㉢ 장애로 인한 학습 참여의 불이익을 해소하기 위한 확대 독서기, 보청기기, 높낮이 조절용 책상, 각종 보완·대체 의사소통 도구 등의 대여 및 보조견의 배치나 휠체어의 접근을 위한 여유 공간 확보

㉣ 시·청각 장애인의 교육에 필요한 한국수어 통역, 문자통역(속기), 점자자료 및 인쇄물 접근성바코드(음성변환용 코드 등 대통령령으로 정하는 전자식 표시를 말한다)가 삽입된 자료, 자막, 큰 문자자료, 화면낭독·확대 프로그램, 보청기기, 무지점자단말기, 인쇄물음성변환출력기를 포함한 각종 장애인 보조기구 등 의사소통 수단

(3) 재화와 용역의 제공 및 이용상 차별금지

① 재화·용역 등의 제공에 있어서의 차별금지

재화·용역 등의 제공자는 장애인에 대하여 장애를 이유로 장애인 아닌 사람에게 제공하는 것과 실질적으로 동등하지 않은 수준의 편익을 가져다주는 물건, 서비스, 이익, 편의 등을 제공하여서는 안 되며, 장애인이 해당 재화·용역 등을 이용함으로써 이익을 얻을 기회를 박탈하여서는 아니 된다. 재화·용역 등의 제공자는 무인정보단말기를 설치·운영하는 경우 장애인이 장애인 아닌 사람과 동등하게 접근·이용할 수 있도록 하는 데 필요한 정당한 편의를 제공하여야 한다(법 제15조).

② 토지 및 건물의 매매·임대 등에 있어서의 차별금지

토지 및 건물의 소유·관리자는 당해 토지 및 건물의 매매, 임대, 입주, 사용 등에 있어서 정당한 사유 없이 장애인을 제한·분리·배제·거부하여서는 아니 된다(법 제16조).

③ 금융상품 및 서비스 제공에 있어서의 차별금지

금융상품 및 서비스의 제공자는 금전대출, 신용카드 발급, 보험가입 등 각종 금융상품과 서비스의 제공에 있어서 정당한 사유 없이 장애인을 제한·배제·분리·거부하여서는 아니 된다(법 제17조).

④ 시설물 접근·이용의 차별금지

시설물의 소유·관리자는 장애인이 당해 시설물을 접근·이용하거나 비상시 대피함에 있어서 장애인을 제한·배제·분리·거부하여서는 안 되며, 보조견 및 장애인보조기구 등을 시설물에 들여오거나 시설물에서 사용하는 것을 제한·배제·분리·거부하여서는 안 되고, 장애인이 당해 시설물을 접근·이용하거나 비상시 대피함에 있어서 피난 및 대피시설의 설치 등 정당한 편의의 제공을 정당한 사유 없이 거부하여서는 아니 된다(법 제18조).

⑤ 이동 및 교통수단 등에서의 차별금지

교통약자의 이동편의증진법에 따른 교통사업자 및 교통행정기관은 이동 및 교통수단 등을 접근·이용함에 있어서 장애인을 제한·배제·분리·거부하여서는 안 되며, 이동 및 교통수단 등의 이용에 있어서 보조견 및 장애인보조기구 등의 동승 또는 반입 및 사용을 거부하여서는 안 되고, 이동 및 교통수단 등의 이용에 있어서 장애인 및 장애인 관련자에게 장애 또는 장애인이 동행·동반한 보조견 또는 장애인보조기구 등을 이유로 장애인 아닌 사람보다 불리한 요금 제도를 적용하여서는 아니 된다. 국가 및 지방자치단체는 운전면허시험의 신청, 응시, 합격의 모든 과정에서 정당한 사유 없이 장애인을 제한·배제·분리·거부하여서는 아니 된다(법 제19조).

⑥ 정보접근에서의 차별금지

개인·법인·공공기관은 장애인이 전자정보와 비전자정보를 이용하고 그에 접근함에 있어서 장애를 이유로 법에서 금지한 차별행위를 하여서는 아니 된다. 장애인 관련자로서 한국수어 통역, 점역, 점자교정, 낭독, 대필, 안내 등을 위하여 장애인을 대리·동행하는 등 장애인의 의사소통을 지원하는 자에 대하여는 누구든지 정당한 사유 없이 이들의 활동을 강제·방해하거나 부당한 처우를 하여서는 아니 된다(법 제20조).

⑦ 정보통신 · 의사소통 등에서의 정당한 편의제공의무

이 법에서 규정하고 있는 행위자, 사용자 및 노동조합 관계자는 당해 행위자 등이 생산 · 배포하는 전자정보 및 비전자정보에 대하여 장애인이 장애인 아닌 사람과 동등하게 접근 · 이용할 수 있도록 한국수어, 문자 등 필요한 수단을 제공하여야 한다. 또 행위자 등은 정보통신망을 통하여 정보나 서비스를 제공할 때 이동통신단말장치에 설치되는 응용 소프트웨어 등 대통령령으로 정하는 유 · 무선 정보통신을 장애인이 장애인 아닌 사람과 동등하게 접근 · 이용할 수 있도록 하는 데 필요한 정당한 편의를 제공하여야 한다. 그리고 공공기관 등은 자신이 주최 또는 주관하는 행사에서 장애인의 참여 및 의사소통을 위하여 필요한 수화통역사 · 문자통역사 · 음성통역자 · 보청기기 등 필요한 지원을 하여야 한다. 방송사업자와 인터넷 멀티미디어 방송사업자는 장애인이 장애인 아닌 사람과 동등하게 제작물 또는 서비스를 접근 · 이용할 수 있도록 폐쇄자막, 한국수어 통역, 화면해설 등 장애인 시청 편의 서비스를 제공하여야 한다(법 제21조).

⑧ 개인정보보호

장애인의 개인정보는 반드시 본인의 동의하에 수집되어야 하고, 당해 개인정보에 대한 무단접근이나 오 · 남용으로부터 안전하여야 한다(법 제22조).

⑨ 문화 · 예술활동의 차별금지

국가와 지방자치단체 및 문화 · 예술사업자는 장애인이 문화 · 예술활동에 참여함에 있어서 장애인의 의사에 반하여 특정한 행동을 강요하여서는 아니 된다(법 제24조).

⑩ 관광활동의 차별금지

국가와 지방자치단체 및 관광사업자는 장애인이 관광활동에 참여함에 있어서 장애인에게 법에서 정한 차별행위를 하여서는 아니 되며, 장애인이 관광활동에 참여할 수 있도록 정당한 편의를 제공하여야 한다. 국가와 지방자치단체는 장애인이 관광활동에 적극적으로 참여할 수 있도록 필요한 시책을 강구하여야 한다(법 제24조의2).

⑪ 체육활동의 차별금지

체육활동을 주최・주관하는 기관이나 단체, 체육활동을 목적으로 하는 체육시설의 소유・관리자는 체육활동의 참여를 원하는 장애인을 장애를 이유로 제한・배제・분리・거부하여서는 아니 된다(법 제25조).

(4) 사법・행정절차 및 서비스와 참정권 차별금지

① 사법・행정절차 및 서비스 제공에 있어서의 차별금지

공공기관 등은 장애인이 생 명, 신체 또는 재산권 보호를 포함한 자신의 권리를 보호・보장받기 위하여 필요한 사법・행정절차 및 서비스 제공에 있어 장애인을 차별하여서는 아니 된다. 사법기관은 사건관계인에 대하여 의사소통이나 의사표현에 어려움을 겪는 장애가 있는지 여부를 확인하고, 그 장애인에게 형사사법 절차에서 조력을 받을 수 있음과 그 구체적인 조력의 내용을 알려주어야 한다(법 제26조).

② 참정권

국가 및 지방자치단체와 공직선거후보자 및 정당은 장애인이 선거권, 피선거권, 청원권 등을 포함한 참정권을 행사함에 있어서 차별하여서는 안 되며, 장애인의 참정권을 보장하기 위하여 필요한 시설 및 설비, 참정권 행사에 관한 홍보 및 정보 전달, 장애의 유형 및 정도에 적합한 기표방법 등 선거용 보조기구의 개발 및 보급, 보조원의 배치 등 정당한 편의를 제공하여야 한다(법 제27조).

(5) 모・부성권, 성 차별 금지

① 모・부성권의 차별금지

누구든지 장애인의 임신, 출산, 양육 등 모・부성권에 있어 장애를 이유로 제한・배제・분리・거부하여서는 아니 된다. 입양기관은 장애인이 입양하고자 할 때 장애를 이유로 입양할 수 있는 자격을 제한하여서는 아니 된다. 교육책임자 및 영유아보육법에 따른 어린이집 및 그 보육교직원과 아동복지법에 따른 아동복지시설 및 그 종사자 등은 부모가 장애인이라는 이유로 그 자녀를 구분하거나 불이익을 주어서는 아니 된다(법 제28조).

② 성에서의 차별금지

모든 장애인의 성에 관한 권리는 존중되어야 하며, 장애인은 이를 주체적으로 표현하고 향유할 수 있는 성적 자기결정권을 가진다. 가족·가정 및 복지시설 등의 구성원은 장애인에 대하여 장애를 이유로 성생활을 향유할 공간 및 기타 도구의 사용을 제한하는 등 장애인이 성생활을 향유할 기회를 제한하거나 박탈하여서는 아니 된다(법 제29조).

(6) 가족·가정·복지시설, 건강권 등 차별 금지

① 가족·가정·복지시설 등에서의 차별 금지

가족·가정 및 복지시설 등의 구성원은 장애인의 의사에 반하여 과중한 역할을 강요하거나 장애를 이유로 정당한 사유 없이 의사결정 과정에서 장애인을 배제하여서는 안 되며, 정당한 사유 없이 장애인의 의사에 반하여 장애인의 외모 또는 신체를 공개하여서는 안 되고, 장애를 이유로 장애인의 취학 또는 진학 등 교육을 받을 권리와 재산권 행사, 사회활동 참여, 이동 및 거주의 자유를 제한·박탈·구속하거나 권리 등의 행사로부터 배제하여서는 아니 된다. 또한 가족·가정의 구성원인 자 또는 구성원이었던 자는 자녀 양육권과 친권의 지정 및 면접교섭권에 있어 장애인에게 장애를 이유로 불리한 합의를 강요하거나 그 권리를 제한·박탈하여서는 안되며, 복지시설 등의 장은 장애인의 시설 입소를 조건으로 친권포기각서를 요구하거나 시설에서의 생활 중 가족 등의 면접권 및 외부와의 소통권을 제한하여서는 아니 된다(법 제30조).

② 건강권에서의 차별금지

의료기관 등 및 의료인 등은 장애인에 대한 의료행위에 있어서 장애인을 제한·배제·분리·거부하여서는 아니 된다(법 제31조).

③ 괴롭힘 등의 금지

장애인은 성별, 연령, 장애의 유형 및 정도, 특성 등에 상관없이 모든 폭력으로부터 자유로울 권리를 가진다. 괴롭힘 등의 피해를 당한 장애인은 상담 및 치료, 법률구조, 그 밖에 적절한 조치를 받을 권리를 가지며, 괴롭힘 등의 피해를 신고하였다는 이유로 불이익한 처우를 받아서는 아니 된다. 누구든지 장애를 이유로 학교, 시설, 직장, 지역사회 등에서 장애인 또는 장애인 관련자에게 집단따돌림을 가하거나 모욕감을 주거나 비하를 유발하는 언어적 표현이나 행동을 하여서는 아니 되며, 또한 장애를 이유로 사적인 공간, 가정, 시설, 직장, 지역사회 등에서 장애인 또는 장애인 관련자에게 유기, 학대, 금전적 착취를 하여서는 아니 되고, 장애인의 성적 자기결정권을 침해하거나 수치심을 자극하는 언어표현, 희롱, 장애 상태를 이용한 추행 및 강간 등을 행하여서는 아니 된다(법 제32조).

8) 장애여성 및 장애아동 등

(1) 장애여성에 대한 차별금지

국가 및 지방자치단체는 장애를 가진 여성임을 이유로 모든 생활 영역에서 차별을 하여서는 아니 된다. 누구든지 장애여성에 대하여 임신·출산·양육·가사 등에 있어서 장애를 이유로 그 역할을 강제 또는 박탈하여서는 아니 된다. 사용자는 남성근로자 또는 장애인이 아닌 여성근로자에 비하여 장애여성 근로자를 불리하게 대우하여서는 아니 되며, 직장보육서비스 이용 등에 있어서 정당한 편의제공을 거부하여서는 아니 된다. 교육기관, 사업장, 복지시설 등의 성폭력 예방교육 책임자는 성폭력 예방교육을 실시함에 있어서 장애여성에 대한 성인식 및 성폭력 예방에 관한 내용을 포함시켜야 하며, 그 내용이 장애여성을 왜곡하여서는 아니 된다(법 제33조).

(2) 장애아동에 대한 차별금지

누구든지 장애를 가진 아동임을 이유로 모든 생활 영역에서 차별을 하여서는 안 되며, 누구든지 장애아동에 대하여 교육, 훈련, 건강보호서비스, 재활서비스, 취업준비, 레크리에이션 등을 제공받을 기회를 박탈하여서는 아니 되고, 장애아동을 의무교육으로부터 배제하여서는 아니 되며, 장애를 이유로 장애아동에 대한 유기, 학대, 착취, 감금, 폭행 등의 부당한 대우를 하여서는 아니 되고, 장애아동의 인권을 무시하고 강제로 시설 수용 및 무리한 재활치료 또는 훈련을 시켜서는 아니 된다(법 제35조).

(3) 정신적 장애를 가진 사람에 대한 차별금지 등

누구든지 정신적 장애를 가진 사람의 특정 정서나 인지적 장애 특성을 부당하게 이용하여 불이익을 주어서는 아니 된다. 국가와 지방자치단체는 정신적 장애를 가진 사람의 인권침해를 예방하기 위하여 교육, 홍보 등 필요한 법적·정책적 조치를 강구하여야 한다(법 제37조).

9) 장애인차별시정기구 및 권리구제 등

(1) 진정

이 법에서 금지하는 차별행위로 인하여 피해를 입은 사람 또는 그 사실을 알고 있는 사람이나 단체는 국가인권위원회에 그 내용을 진정할 수 있다(법 제38조).

(2) 시정명령

법무부장관은 이 법이 금지하는 차별행위로 국가인권위원회로부터 시정권고를 받은 자가 정당한 사유 없이 권고를 이행하지 아니하고 다음에 해당하는 경우로서 그 피해의 정도가 심각하고 공익에 미치는 영향이 중대하다고 인정되는 경우 피해자의 신청에 의하여 또는 직권으로 시정명령을 할 수 있다(법 제43조 제1항).

㉠ 피해자가 다수인인 차별행위에 대한 권고 불이행
㉡ 반복적 차별행위에 대한 권고 불이행
㉢ 피해자에게 불이익을 주기 위한 고의적 불이행
㉣ 그 밖에 시정명령이 필요한 경우

법무부장관은 시정명령으로서 이 법에서 금지되는 차별행위를 한 자에게 ① 차별행위의 중지, ② 피해의 원상회복, ③ 차별행위의 재발방지를 위한 조치, ④ 그 밖에 차별시정을 위하여 필요한 조치를 명할 수 있다(법 제43조 제2항). 그리고 법무부장관은 시정명령을 서면으로 하되, 그 이유를 구체적으로 명시하여 차별행위자와 피해자에게 각각 교부하여야 하며, 또 시정명령을 위하여 위원회에 시정명령에 필요한 자료의 제공을 요청할 수 있고, 시정명령을 하는 경우 그 내용을 위원회에 통보하여야 한다(법 제43조 제2~5항).

(3) 의견진술의 기회부여

법무부장관은 시정명령을 하기 전에 차별행위자에게 의견을 진술할 기회를 주어야 한다. 이 경우 피해자, 진정인 또는 이해관계인은 법무부장관에게 의견을 진술하거나 필요한 자료를 제출할 수 있다(법 제43조의2).

(4) 시정명령 이행상황의 제출요구 등

법무부장관은 확정된 시정명령에 대하여 차별행위자에게 그 이행상황을 제출할 것을 요구하여야 한다. 피해자는 차별행위자가 확정된 시정명령을 이행하지 아니하는 경우에 이를 법무부장관에게 신고할 수 있다(법 제45조).

10) 벌칙, 과태료

이 법에서 금지한 차별행위를 행하고 그 행위가 악의적인 것으로 인정되는 경우 법원은 차별을 한 자에 대하여 3년 이하의 징역 또는 3천만 원 이하의 벌금에 처할 수 있다. 여기서 악의적이라 함은 ① 차별의 고의성, ② 차별의 지속성 및 반복성, ③ 차별 피해자에 대한 보복성, ④ 차별 피해의 내용 및 규모 등을 전부 고려하여 판단하여야 한다(법 제44조). 차별 시정명령을 정당한 사유 없이 이행하지 아니한 자는 3천만 원 이하의 과태료에 처한다(법 제50조).

8. 장애인 등에 대한 특수교육법

1) 법의 목적

이 법은 1977년 12월에 「특수교육진흥법」으로 최초 제정된 이후 2007년 5월에 「장애인 등에 대한 특수교육법」으로 명칭이 바뀌었다. 이 법은 교육기본법 제18조에 따라 국가 및 지방자치단체가 장애인 및 특별한 교육적 요구가 있는 사람에게 통합된 교육환경을 제공하고 생애주기에 따라 장애유형·장애정도의 특성을 고려한 교육을 실시하여 이들이 자아실현과 사회통합을 하는 데 기여함을 목적으로 한다. 따라서 특수교육이 지향하는 목적은 일반교육에 대비한 공통성과 장애학생이 가진 장애로 인한 특수성을 고려하여 장애학생의 가능성을 최대한 신장시키는 데 그 목표를 두고, 궁극적으로는 장애학생이 앞으로 살아가야 할 인생에 있어서 보다 주체적으로 자신의 삶을 영위하고 인간다운 생활과 행복한 삶을 누릴 수 있도록 기초를 닦게 하는 데 있다.

2) 용어의 정의

이 법에서 사용하는 용어의 정의는 다음과 같다.

① '특수교육'이란 특수교육 대상자의 교육적 요구를 충족시키기 위하여 특성에 적합한 교육과정 및 특수교육 관련 서비스 제공을 통하여 이루어지는 교육을 말한다.

② '특수교육 관련 서비스'란 특수교육 대상자의 교육을 효율적으로 실시하기 위하여 필요한 인적·물적 자원을 제공하는 서비스로서 상담지원·가족지원·치료지원·지원인력배치·보조공학기기지원·학습보조기기지원·통학지원 및 정보접근지원 등을 말한다.

③ '특수교육 대상자'란 특수교육이 필요한 사람으로 선정된 사람을 말한다.

④ '특수교육교원'이란 초·중등교육법에 따른 특수학교 교원자격증을 가진 사람으로서 특수교육 대상자의 교육을 담당하는 교원을 말한다.

⑤ '보호자'란 친권자·후견인, 그 밖의 사람으로서 특수교육 대상자를 사실상 보호하는 사람을 말한다.

⑥ '통합교육'이란 특수교육 대상자가 일반학교에서 장애유형·장애 정도에 따라 차별을 받지 아니하고 또래와 함께 개개인의 교육적 요구에 적합한 교육을 받는 것을 말한다.

⑦ '개별화교육'이란 각급 학교의 장이 특수교육 대상자 개인의 능력을 계발하기 위하여 장애유형 및 장애특성에 적합한 교육목표·교육방법·교육내용·특수교육 관련 서비스 등이 포함된 계획을 수립하여 실시하는 교육을 말한다.

⑧ '순회교육'이란 특수교육교원 및 특수교육 관련서비스 담당 인력이 각급 학교나 의료기관, 가정 또는 복지시설(장애인복지시설, 아동복지시설 등을 말함) 등에 있는 특수교육 대상자를 직접 방문하여 실시하는 교육을 말한다.

⑨ '진로 및 직업교육'이란 특수교육 대상자의 학교에서 사회 등으로의 원활한 이동을 위하여 관련 기관의 협력을 통하여 직업재활훈련·자립생활훈련 등을 실시하는 것을 말한다.

⑩ '특수교육기관'이란 특수교육 대상자에게 유치원·초등학교·중학교 또는 고등학교(전공과를 포함)의 과정을 교육하는 특수학교 및 특수학급을 말한다.

특수학교는 특수교육기관의 하나로서 특수교육 대상자에게 유치원, 초등학교, 중학교 또는 고등학교(전공과 포함)의 과정을 교육하는 국립, 공립 및 사립학교이다. 우리나라 초·중등교육법 제2조(학교의 종류)에 의하면, 초·중·고등학교와 특수학교 그리고 각각의 공민학교 등으로 각종 학교를 구분한다. 특수학교는 이러한 학교 종류 중의 하나이다. 교육기본법 제18조(특수교육)는 국가와 지방자치단체는 신체적·정신적·지적 장애 등으로 특별한 교육적 배려가 필요한 자를 위한 학교를 설립·경영하여야 하며, 이들의 교육을 지원하기 위하여 필요한 시책을 수립 · 실시하여야 한다고 규정하고 있다.

⑪ '특수학급'이란 특수교육 대상자의 통합교육을 실시하기 위하여 일반학교에 설치된 학급을 말한다.

⑫ '각급 학교'란 유아교육법에 따른 유치원 및 초 · 중등교육법에 따른 학교를 말한다.

3) 의무교육 등

특수교육 대상자에 대하여는 유치원 · 초등학교 · 중학교 및 고등학교 과정의 교육은 의무교육으로 하고, 제24조에 따른 전공과와 만 3세 미만의 장애영아교육은 무상으로 한다. 만 3세부터 만 17세까지의 특수교육 대상자는 의무교육을 받을 권리를 가진다. 다만, 출석일수의 부족 등으로 인하여 진급 또는 졸업을 하지 못하거나, 취학의무를 유예하거나 면제받은 사람이 다시 취학할 때의 그 학년이 취학의무를 면제 또는 유예받지 아니하고 계속 취학하였을 때의 학년과 차이가 있는 경우에는 그 해당 연수(年數)를 더한 연령까지 의무교육을 받을 권리를 가진다. 의무교육 및 무상교육에 드는 비용은 대통령령으로 정하는 바에 따라 국가 또는 지방자치단체가 부담한다(법 제3조).

4) 차별의 금지

각급 학교의 장 또는 대학의 장은 특수교육 대상자가 그 학교에 입학하고자 하는 경우에는 그가 지닌 장애를 이유로 입학의 지원을 거부하거나 입학전형 합격자의 입학을 거부하는 등 교육 기회의 부여에서 차별을 하여서는 아니 된다(법 제4조). 위반 시 교육기관의 장은 1년 이하의 징역 또는 1천만 원 이하의 벌금에 처해한다.

국가, 지방자치단체, 각급 학교의 장 또는 대학의 장은 다음 각 호의 사항에 관하여 장애인의 특성을 고려한 교육시행을 목적으로 함이 명백한 경우 외에는 특수교육 대상자 및 보호자를 차별하여서는 아니 된다.

① 특수교육 관련 서비스 제공에서의 차별
② 수업, 학생자치활동, 그 밖의 교내외 활동에 대한 참여 배제
③ 개별화교육지원팀에의 참여 등 보호자 참여에서의 차별
④ 대학의 입학전형절차에서 장애로 인하여 필요한 수험편의의 내용을 조사·확인하기 위한 경우 외에 별도의 면접이나 신체검사를 요구하는 등 입학전형 과정에서의 차별
⑤ 입학·전학 및 기숙사 입소 과정에서 비장애학생에게 요구하지 아니하는 보증인 또는 서약서 제출을 요구
⑥ 학생 생활지도에서의 「장애인차별금지 및 권리구제 등에 관한 법률」 제4조의 차별

5) 특수교육 실태조사

교육부장관은 특수교육 대상자의 배치계획·특수교육교원의 수급계획 등 특수교육정책의 수립을 위한 실태조사를 3년마다 실시하고 그 결과를 공표하여야 한다. 교육부장관은 대학에 취학하는 장애학생의 교육여건을 개선하기 위하여 필요하다고 인정하는 경우 장애학생의 교육복지 실태조사를 3년마다 실시하고 그 결과를 공표하여야 한다. 교육감은 특수교육 대상자의 인권보호를 위하여 인권침해 실태에 관한 조사를 대통령령으로 정하는 바에 따라 매년 실시하여 그 결과를 교육부장관에게 보고하여야 한다(법 제13조).

6) 인권침해 사건 신고시스템의 구축·운영 등

특수교육 대상자에 대한 인권침해 현장을 보거나 그 사실을 알게 된 자는 학교 등 관계 기관에 이를 즉시 신고하여야 한다. 교육감은 특수교육 대상자에 대한 인권침해 사건의 신속한 신고 및 발견을 위하여 신고시스템을 구축·운영하여야 한다. 교육감은 신고시스템을 통하여 인권침해 사건을 접수한 때에는 소속 공무원으로 하여금 해당 인권침해 사건을 조사하게 할 수 있

다. 이 경우 조사의 방법·절차 등은 대통령령으로 정한다. 교육감은 인권침해 사건 조사 결과를 교육부장관에게 보고하여야 한다(법 제13조의2).

7) 특수교육 대상자의 선정 및 학교배치 등

(1) 특수교육 대상자의 선정

교육장 또는 교육감은 다음 각 호의 어느 하나에 해당하는 사람 중 특수교육이 필요한 사람으로 진단·평가된 사람을 특수교육 대상자로 선정한다(법 제15조 제1항).

① 시각장애
② 청각장애
③ 지적장애
④ 지체장애
⑤ 정서·행동장애
⑥ 자폐성장애(이와 관련된 장애를 포함)
⑦ 의사소통장애
⑧ 학습장애
⑨ 건강장애
⑩ 발달지체
⑪ 그 밖에 두 가지 이상의 장애가 있는 경우 등 대통령령으로 정하는 장애

교육장 또는 교육감이 특수교육 대상자를 선정할 때에는 제16조 제1항에 따른 진단·평가결과를 기초로 하여 고등학교 과정은 교육감이 시·도특수교육운영위원회의 심사를 거쳐, 중학교 과정 이하의 각급 학교는 교육장이 시·군·구특수교육운영위원회의 심사를 거쳐 이를 결정한다(법 제15조 제2항).

(2) 특수교육 대상자의 선정절차 및 교육지원 내용의 결정

특수교육지원센터는 진단・평가가 회부된 후 30일 이내에 진단・평가를 시행하여야 한다. 특수교육지원센터는 진단・평가를 통하여 특수교육 대상자로의 선정 여부 및 필요한 교육지원 내용에 대한 최종의견을 작성하여 교육장 또는 교육감에게 보고하여야 한다. 교육장 또는 교육감은 특수교육지원센터로부터 최종의견을 통지받은 때부터 2주일 이내에 특수교육 대상자로의 선정 여부 및 제공할 교육지원 내용을 결정하여 부모 등 보호자에게 서면으로 통지하여야 한다. 교육지원 내용에는 특수교육, 진로 및 직업교육, 특수교육 관련서비스 등 구체적인 내용이 포함되어야 한다. 진단・평가의 과정에서는 부모 등 보호자의 의견진술의 기회가 충분히 보장되어야 한다(법 제16조).

(3) 특수교육 대상자의 배치 및 교육

교육장 또는 교육감은 특수교육 대상자로 선정된 사람을 해당 특수교육운영위원회의 심사를 거쳐 ① 일반학교의 일반학급, ② 일반학교의 특수학급, ③ 특수학교 중 어느 하나에 배치하여 교육하여야 한다. 특수교육 대상자를 배치할 때에는 특수교육 대상자의 장애 정도・능력・보호자의 의견 등을 종합적으로 판단하여 거주지에서 가장 가까운 곳에 배치하여야 한다. 교육감이 관할 구역 내에 거주하는 특수교육 대상자를 다른 시・도에 소재하는 각급 학교 등에 배치하고자 할 때에는 해당 시・도 교육감(국립학교의 경우에는 해당 학교의 장)과 협의하여야 한다. 특수교육 대상자의 배치를 요구받은 교육감 또는 국립학교의 장은 대통령령으로 정하는 특별한 사유가 없으면 그 요구를 따라야 한다(법 제17조).

8) 영유아 및 초・중등교육

(1) 장애영아의 교육지원

만 3세 미만의 장애영아의 보호자는 조기교육이 필요한 경우 교육장에게 교육을 요구할 수 있다. 이 요구를 받은 교육장은 특수교육지원센터의 진단・

평가결과를 기초로 만 3세 미만의 장애영아를 특수학교의 유치원과정, 영아학급 또는 특수교육지원센터에 배치할 수 있다. 배치된 장애영아가 의료기관, 복지시설 또는 가정 등에 있을 경우에는 특수교육교원 및 특수교육 관련서비스 담당 인력 등으로 하여금 순회교육을 제공하도록 할 수 있다(법 제18조).

(2) 보호자의 의무 등

특수교육 대상자의 보호자는 그 보호하는 자녀에 대하여 의무교육의 기회를 보호하고 존중하여야 한다. 부득이한 사유로 취학이 불가능한 의무교육 대상자에 대하여는 대통령령으로 정하는 바에 따라 취학의무를 면제하거나 유예할 수 있다. 다만, 만 3세부터 만 5세까지의 특수교육 대상자가 「영유아보육법」에 따라 설치된 어린이집 중 대통령령으로 정하는 일정한 교육 요건을 갖춘 어린이집을 이용하는 경우에는 유치원 의무교육을 받고 있는 것으로 본다(법 제19조).

(3) 통합교육

각급 학교의 장은 교육에 관한 각종 시책을 시행하는 경우 통합교육의 이념을 실현하기 위하여 노력하여야 한다. 특수교육 대상자를 배치받은 일반학교의 장은 교육과정의 조정, 지원인력의 배치, 학습보조기기의 지원, 교원연수 등을 포함한 통합교육계획을 수립·시행하여야 한다. 일반학교의 장은 통합교육을 실시하는 경우에는 특수학급을 설치·운영하고, 대통령령으로 정하는 시설·설비 및 교재·교구를 갖추어야 한다(법 제21조).

통합교육이란 장애아동을 특수학교에 격리 수용하여 교육하는 것이 아니라 일반학교에서 일반아동과 함께 배울 수 있도록 하는 교육을 말한다. 단지 일반아동과 같은 학급에 수용하는 것만을 의미하는 것이 아니다.

우리나라의 통합교육은 이론과 프로그램들은 갖추고 있으나 실제에 있어서의 운영 측면을 들여다보면 위와 같은 교육방식과는 상당히 거리가 있다고 할 수 있으며, 우선 특수교사나 특수교육 보조교사의 적정 인원 배치에 있어서조차 부족한 면이 많은 것이 사실이다. 그러나 스웨덴 등 유럽 복지 선진국들은 형식적인 통합교육이 아닌 실질적인 통합교육이 제대로 잘 정착되어 실시되고 있다.

(4) 개별화교육

각급 학교의 장은 특수교육 대상자의 교육적 요구에 적합한 교육을 제공하기 위하여 보호자, 특수교육교원, 일반교육교원, 진로 및 직업교육 담당 교원, 특수교육 관련서비스 담당 인력 등으로 개별화교육지원팀을 구성한다. 개별화교육지원팀은 매 학기마다 특수교육 대상자에 대한 개별화교육계획을 작성하여야 한다. 특수교육 대상자가 다른 학교로 전학할 경우 또는 상급학교로 진학할 경우에는 전출학교는 전입학교에 개별화교육계획을 14일 이내에 송부하여야 한다(법 제22조).

(5) 진로 및 직업교육의 지원

중학교 과정 이상의 각급 학교의 장은 특수교육 대상자의 특성 및 요구에 따른 진로 및 직업교육을 지원하기 위하여 직업평가·직업교육·고용지원·사후관리 등의 직업재활훈련 및 일상생활적응훈련·사회적응훈련 등의 자립생활훈련을 실시하고, 대통령령으로 정하는 자격이 있는 진로 및 직업교육을 담당하는 전문인력을 두어야 한다(법 제23조).

(6) 전공과의 설치·운영

특수교육기관에는 고등학교 과정을 졸업한 특수교육 대상자에게 진로 및 직업교육을 제공하기 위하여 수업연한 1년 이상의 전공과를 설치·운영할 수 있다. 교육부장관 및 교육감은 지역별 또는 장애유형별로 전공과를 설치할 교육기관을 지정할 수 있다. 전공과를 설치한 각급 학교는 「학점인정 등에 관한 법률」 제7조에 따라 학점인정을 받을 수 있다(법 제24조).

(7) 순회교육 등

교육장 또는 교육감은 일반학교에서 통합교육을 받고 있는 특수교육 대상자를 지원하기 위하여 일반학교 및 특수교육지원센터에 특수교육교원 및 특수교육 관련 서비스 담당 인력을 배치하여 순회교육을 실시하여야 한다. 교육부장관 또는 교육감은 장·단기 결석이 불가피한 특수교육 대상자의 교육을 위하여 필요한 경우 순회교육 또는 원격수업을 실시하여야 한다. 교육부장관 또는 교육감은 이동이나 운동기능의 심한 장애로 인하여 각급 학교에서 교육을 받기 곤란하거나 불가능하여 복지시설·의료기관 또는 가정 등에 거주하는 특수교육 대상자의 교육을 위하여 필요한 경우 순회교육을 실시하여야 한다. 교육장 또는 교육감은 순회교육의 실시를 위하여 의료기관 및 복지시설 등에 학급을 설치·운영하고 이에 필요한 담당 교원을 배치하는 등 필요한 조치를 강구하며, 학생들이 원만히 학교로 복귀할 수 있도록 심리적·정서적 지원을 하여야 한다(법 제25조).

(8) 특수학교의 학급 및 각급 학교의 특수학급 설치 기준

특수학교와 각급 학교의 장은 다음 각 호의 기준에 따라 학급 및 특수학급을 설치하여야 한다(법 제27조).

① **유치원 과정의 경우** : 특수교육 대상자가 1인 이상 4인 이하인 경우 1학급을 설치하고, 4인을 초과하는 경우 2개 이상의 학급을 설치한다.
② **초등학교·중학교 과정의 경우** : 특수교육 대상자가 1인 이상 6인 이하인 경우 1학급을 설치하고, 6인을 초과하는 경우 2개 이상의 학급을 설치한다.
③ **고등학교 과정의 경우** : 특수교육 대상자가 1인 이상 7인 이하인 경우 1학급을 설치하고, 7인을 초과하는 경우 2개 이상의 학급을 설치한다.

교육감은 이러한 규정에도 불구하고 두 가지 이상의 장애를 지니면서 장애의 정도가 심한 특수교육 대상자가 배치된 학급의 경우에는 2분의 1의 범위에서 학급 설치 기준을 하향 조정할 수 있으며, 순회교육의 경우 장애의 정도와 유형에 따라 학급 설치 기준을 하향 조정할 수 있다.

(9) 특수교육 관련 서비스

교육감은 특수교육 대상자와 그 가족에 대하여 가족상담 등 가족지원을 제공하여야 한다. 이 경우 특수교육 대상자의 장애유형과 장애정도를 고려한 맞춤형 치료지원이 제공될 수 있도록 하여야 한다. 교육감은 각급학교의 장이 특수교육 대상자를 위하여 필요한 경우 지원인력을 제공할 수 있도록 지원하여야 한다. 각급 학교의 장은 특수교육 대상자를 위하여 보조인력을 제공하여야 하며, 특수교육 대상자의 교육을 위하여 필요한 장애인용 각종 교구, 각종 학습보조기, 보조공학기기 등의 설비를 제공하여야 하고, 특수교육 대상자의 취학 편의를 위하여 통학차량 지원, 통학비 지원, 통학 지원인력의 배치 등 통학 지원 대책을 마련하여야 하며, 특수교육 대상자의 생활지도 및 보호를 위하여 기숙사를 설치·운영할 수 있다. 기숙사를 설치·운영하는 특수학교에는 특수교육 대상자의 생활지도 및 보호를 위하여 교육부령으로 정하는 자격이 있는 생활지도원을 두는 외에 간호사 또는 간호조무사를 두어야 한다. 각급 학교의 장은 각급 학교에서 제공하는 각종 정보(교육기관에서 운영하는 인터넷 홈페이지를 포함한다)를 특수교육 대상자에게 제공하는 경우 특수교육 대상자의 장애유형에 적합한 방식으로 제공하여야 한다(법 제28조).

(10) 장애학생지원센터

대학의 장은 장애학생의 교육 및 생활에 관한 지원을 총괄·담당하는 장애학생지원센터를 설치·운영하여야 한다. 다만, 장애학생이 재학하고 있지 아니하거나 대통령령으로 정하는 바에 따라 장애학생 수가 일정 인원 이하인 소규모 대학 등은 장애학생 지원부서를 둠으로써 이를 갈음할 수 있다. 장애학생지원센터는 ① 장애학생을 위한 각종 지원에 관한 사항, ② 편의제공에 관한 사항, ③ 대학 내 장애인 인식개선교육 실시에 관한 사항, ④ 교직원·지원인력 등에 대한 교육에 관한 사항, ⑤ 장애학생 교육복지의 실태조사에 관한 사항, ⑥ 그 밖에 대학의 장이 회의에 부치는 사항 등의 업무를 담당한다.

장애학생지원센터의 장은 장애인 인권에 대하여 전문적인 지식과 경험이 있는 사람으로서 대통령령으로 정하는 자격을 갖추어야 한다(법 제30조).

(11) 개인별 교육지원계획

장애학생지원센터의 장은 장애학생의 개인별 수요를 조사하여 그 결과를 특별지원위원회에 보고하여야 한다. 또 장애학생지원센터의 장은 보고사항을 반영하여 매 학기마다 장애학생에 대한 개인별 교육지원계획을 작성하여 대학의 장에게 보고하여야 하며, 대학의 장은 개인별 교육지원계획에 따라 장애학생을 지원하여야 한다(법 제30조의2).

(12) 대학의 편의제공 등

대학의 장은 해당 학교에 재학 중인 장애학생의 교육활동의 편의를 위하여 다음 각 호의 수단을 적극적으로 강구하고 제공하여야 한다(법 제31조).

① 각종 학습보조기기 및 보조공학기기 등의 물적 지원
② 교육지원인력 배치 등의 인적 지원
③ 취학편의 지원
④ 정보접근 지원
⑤ 「장애인 · 노인 · 임산부 등의 편의증진보장에 관한 법률」에 따른 편의시설 설치 지원
⑥ 그 밖에 장애학생의 교육활동에 필요한 것으로서 특별지원위원회에서 정하는 사항에 대한 지원

대학의 장은 해당 학교의 입학전형절차에서 장애수험생의 수험의 편의를 위하여 「장애인차별금지 및 권리구제 등에 관한 법률」에 따라 수단 중 수험 편의에 필요한 수단을 적극적으로 강구하고 제공하여야 한다. 대학의 장은 정보접근 지원을 위하여 수업 중 활용하는 영상물에 장애학생을 위한 화면해설, 폐쇄자막 또는 수어통역 등 대통령령으로 정하는 편의를 제공하여야 한다(법 제31조 제2항, 제4항).

(13) 대학의 학칙 등의 작성

대학의 장은 이 법에서 정하는 장애학생의 지원 등에 관하여 ① 장애학생의 학습지원에 관한 사항, ② 장애학생의 입학시험을 포함한 입학전형 관리에 관한 사항, ③ 수업 중 활용하는 영상물에 장애학생의 정보접근 지원을 위한 편의제공에 관한 사항, ④ 그 밖에 장애학생의 교육활동 편의를 위하여 필요한 사항 등을 학칙에 규정하여야 한다(법 제32조).

(14) 장애인고등교육지원센터

교육부장관은 대학에 재학하는 장애학생에 대한 통합적 지원을 위하여 장애인고등교육지원센터를 설치하거나 지정하여야 한다(법 제33조 제1항).

고등교육센터는 다음 각 호의 업무를 수행한다(법 제33조 제2항).

① 장애학생 고등교육 관련 연구·분석
② 장애학생 고등교육 지원 관련 자료 개발·보급
③ 장애학생의 진로·취업 지원
④ 장애학생 지원에 대한 교직원 등 연수 지원
⑤ 장애학생 교육복지 실태조사 운영 및 컨설팅
⑥ 장애학생지원센터 운영 지원
⑦ 그 밖에 장애학생 고등교육 지원을 위하여 필요한 사업

9. 교통약자의 이동편의 증진법

1) 법의 목적

이 법 제1조에 “이 법은 교통약자가 안전하고 편리하게 이동할 수 있도록 교통수단·여객시설 및 도로에 이동편의시설을 확충하고 보행환경을 개선하여 인간중심의 교통체계를 구축함으로써 이들의 사회참여와 복지증진에 이바지함을 목적으로 한다”고 규정하고 있다.

2) 용어의 정의

이 법에서 사용하는 용어의 정의는 다음과 같다.

① "교통약자"라 함은 장애인, 고령자, 임산부, 영유아를 동반한 자, 어린이 등 생활을 영위함에 있어 이동에 불편을 느끼는 자를 말한다.
② "교통수단"이라 함은 사람을 운송하는데 이용되는 것으로서 다음 각목의 어느 하나에 해당하는 운송수단을 말한다. 즉, 노선여객자동차운송사업에 사용되는 승합자동차(버스), 도시철도의 운행에 사용되는 차량, 여객을 운송하기 위한 철도차량, 민간항공에 사용하는 비행기, 해상여객운송사업에 사용하는 선박, 그 밖에 대통령령이 정하는 운송수단을 말한다.
③ "여객시설"이라 함은 다음 각목의 어느 하나에 해당하는 시설로서 여객의 교통수단 이용을 위하여 제공되는 시설 또는 공작물을 말한다. 즉, 여객자동차터미널 및 노선여객자동차운송사업에 사용되는 정류장, 도시철도시설, 철도시설, 환승시설, 공항 및 공항시설, 항만시설, 그 밖에 대통령령이 정하는 시설 또는 공작물을 말한다.
④ "도로"라 함은 도로법 제2조의 규정에 의한 도로(도로부속물을 포함) 및 동법 제10조의 규정에 의한 준용도로를 말한다.
⑤ "교통사업자"라 함은 교통행정기관으로부터 면허 · 허가 · 인가 · 위탁 등을 받거나 교통행정기관에 등록 · 신고 등을 하고 교통수단을 운행 · 운항하거나 여객시설을 설치 · 운영하는 자를 말한다.
⑥ "교통행정기관"이라 함은 교통사업자에 대한 지도 · 감독을 행하는 중앙행정기관의 장, 특별시장 · 광역시장 · 도지사 또는 시장 · 군수 · 구청장을 말한다.
⑦ "이동편의시설"이라 함은 휠체어 탑승설비, 장애인용 승강기, 장애인을 위한 보도 등 교통약자가 교통수단 · 여객시설 또는 도로를 이용함에 있어 이동의 편리를 도모하기 위한 시설 및 설비를 말한다.
⑧ "특별교통수단"이라 함은 이동에 심한 불편을 느끼는 교통약자의 이동을 지원하기 위하여 휠체어 탑승설비 등을 장착한 차량을 말한다.

3) 이동권

장애인 등 교통약자는 인간으로서의 존엄과 가치 및 행복을 추구할 권리를 보장받기 위하여 장애인 등 교통약자가 아닌 사람들이 이용하는 모든 교통수단, 여객시설 및 도로를 차별없이 안전하고 편리하게 이용하여 이동할 수 있는 권리를 가진다(법 제3조).

4) 국가 등의 책무

국가 및 지방자치단체는 교통약자가 안전하고 편리하게 이동할 수 있도록 교통수단과 여객시설의 이용편의 및 보행환경 개선을 위한 정책을 수립하고 이를 시행하여야 한다(법 제4조).

5) 교통사업자 등의 의무

교통사업자는 교통약자의 이동편의증진을 위하여 이 법에서 정하는 이동편의시설의 설치기준을 준수하고 교통약자에 대한 서비스 개선을 위하여 지속적으로 노력하여야 한다. 교통수단을 제작하는 사업자는 교통약자가 편리하게 이동할 수 있는 구조·설비 또는 장치를 갖춘 교통수단을 개발·제조하기 위하여 노력하여야 한다(법 제5조).

6) 교통약자 이동편의 증진계획

(1) 교통약자 이동편의 증진계획의 수립 등

국토교통부장관은 교통약자의 이동편의 증진을 위한 5년 단위의 계획(이하 교통약자 이동편의 증진계획이라 한다)을 수립하여야 한다(법 제6조 제1항). 교통약자 이동편의 증진계획에는 ① 교통약자 이동편의 증진정책의 기본방향 및 목표에 관한 사항, ② 이동편의시설의 설치 및 관리 실태, ③ 보행환경 실태, ④ 이동편의시설의 개선과 확충에 관한 사항, ⑤ 저상버스 도입에 관한 사항, ⑥ 보행환경 개선에 관한 사항, ⑦ 특별교통수단 도입에 관한 사항, ⑧ 교통약자 이동편의 증진계획의 추진에 소요되는 재원조달 방안, ⑨ 그 밖에 교통약자의 이동편의 증진을 위하여 대통령령이 정하는 사항이 포함되어야 한다(법 제6조 제2항).

(2) 지방교통약자 이동편의 증진계획의 수립 등

특별시장·광역시장·시장 또는 군수는 교통약자 이동편의 증진계획에 따라 관할 지역의 교통약자의 이동편의 증진을 촉진하기 위하여 대통령령이 정하는 바에 따라 주민 및 관계 전문가의 의견을 들어 5년 단위의 지방교통약자 이동편의 증진계획(이하 지방교통약자 이동편의 증진계획이라 한다)을 수립하여야 한다. 지방교통약자 이동편의 증진계획에는 제6조 제2항 각 호의 사항과 관할 지방자치단체의 지역적 특성을 감안한 교통약자의 이동편의 증진에 관한 사항이 포함되어야 한다.

7) 이동편의시설 설치기준 등

(1) 이동편의시설의 설치 대상시설

이동편의시설의 설치 대상은 ① 교통수단, ② 여객시설, ③ 도로 중 어느 하나에 해당하는 것으로서 대통령령이 정하는 것으로 한다.

(2) 이동편의시설의 설치기준

대상시설별로 설치하여야 하는 이동편의시설의 종류는 대상시설의 규모·용도 등을 고려하여 대통령령으로 정한다. 대상시설별로 설치하여야 하는 이동편의시설의 구조·재질 등에 관한 세부기준은 국토교통부령으로 정한다. 이 법에서 특별히 정하고 있지 아니한 이동편의시설에 관한 사항은 장애인·노인·임산부 등의 편의증진 보장에 관한 법률 등 다른 법률이 정하는 바에 따른다.

(3) 이동편의시설의 설치 등

교통사업자 또는 도로관리청 등 대상시설을 설치·관리하는 자는 대상시설을 설치하거나 대통령령이 정하는 주요부분을 변경하는 때에는 규정에 의한 설치기준에 적합하게 이동편의시설을 설치하고 이를 유지관리하여야 한다.

(4) 기준적합성 심사

교통행정기관은 교통수단 및 여객시설에 대한 면허·허가·인가 등을 하는 경우 교통수단 및 여객시설에 설치된 이동편의시설이 규정에 의한 설치기준에 적합한지 여부를 심사하여야 한다.

(5) 교통사업자에 대한 교육

교통사업자는 국토교통부장관이 실시하는 이동편의시설의 설치 및 관리 등에 관한 교육을 받아야 한다.

(6) 노선버스에 대한 이용보장

노선여객자동차운송사업을 경영하는 자(버스노선운송사업자)는 교통약자가 안전하고 편리하게 버스를 이용할 수 있도록 승·하차 시간을 충분히 제공하여야 한다. 국토교통부장관 또는 시·도지사는 여객자동차운송사업면허를 하는 때에는 법규정에 의한 면허기준을 갖추고 저상버스 등 교통약자가 편리하고 안전하게 이용할 수 있는 구조를 가진 버스를 대통령령이 정하는 일정 대수 이상 운행하고 자 하는 자에 대하여 우선적으로 노선여객자동차운송사업면허를 할 수 있다. 시장 또는 군수는 지방교통약자이동편의증진계획을 수립할 시에 저상버스 도입 계획을 반영하고, 이에 따라 저상버스를 도입하여야 한다. 그리고 국가 및 지방자치단체는 버스회사 사업자들이 저상버스를 도입할 경우 노선버스운송사업자에게 예산의 범위안에서 재정지원을 하여야 한다. 또한 도로관리청은 저상버스등의 원활한 운행을 위하여 필요한 경우에는 버스정류장·도로의 정비 등 필요한 조치를 하여야 한다.

(7) 도시철도에 대한 이용보장

도시철도사업의 면허를 받은 자는 도시철도사업에 사용되는 차량의 10분의 1 이상에 해당하는 부분을 교통약자전용구역으로 할당하여야 한다. 교통약자전용구역의 시설기준, 운영방법 등에 관하여 필요한 사항은 국토교통부령으로 정한다.

(8) 특별교통수단

시장 또는 군수는 이동에 심한 불편을 느끼는 교통약자의 이동편의를 위하여 국토교통부령이 정하는 일정 대수 이상의 특별교통수단을 운행하여야 한다. 시장 또는 군수는 특별교통수단을 이용하려는 교통약자와 특별교통수단을 운행하는 자를 통신수단 등을 통하여 연결하여 주는 이동지원센터를 설치할 수 있다. 특별교통수단 및 이동지원센터의 운영 등에 관하여 필요한 사항은 당해 지방자치단체의 조례로 정한다.

(9) 교통이용정보등의 제공

교통사업자는 대통령령이 정하는 바에 의하여 교통약자 등이 편리하게 교통수단·여객시설 또는 이동편의시설을 이용할 수 있도록 안내정보 등 교통이용에 관한 정보와 수화·통역서비스 등 교통이용과 관련된 편의를 제공하여야 한다. 국가는 교통사업자가 교통이용정보 등을 효율적으로 제공할 수 있도록 정보통신기술을 기반으로 한 교통이용정보체제의 구축 등 필요한 지원을 할 수 있다.

8) 보행우선구역

(1) 보행우선구역의 지정

시장 또는 군수는 교통약자를 포함한 보행자의 안전하고 편리한 보행환경을 위하여 필요하다고 인정하는 때에는 도로의 일정 구간을 보행우선구역으로 지정할 수 있다. 또한 시장 또는 군수는 보행우선구역을 지정하고자 하는 때에는 보행우선구역의 지정 및 유지관리를 위한 계획을 수립하여야 한다. 지정계획에는 해당 보행우선구역의 위치·면적 그 밖에 국토교통부령이 정하는 사항이 포함되어야 한다. 시장 또는 군수는 지정계획을 수립하고자 하는 경우에는 미리 당해 지역을 관할하는 지방경찰청장 또는 경찰서장 등 관계 행정기관의 장과 협의 후 당해 지역주민 및 관계 전문가의 의견을 청취하여 이를 확정·고시하여야 한다.

(2) 보행우선구역 안의 조치

시장 또는 군수는 보행우선구역 안에서 보행자의 안전 또는 편의를 도모하기 위하여 ① 자동차의 일방통행 등 통행 제한, ② 보행우선구역 안에서의 자동차 운행속도 제한, ③ 자동차의 정차나 주차의 금지 등의 조치를 지방경찰청장 또는 경찰서장에게 요청할 수 있다.

(3) 보행시설물의 설치

시장 또는 군수는 보행우선구역 안에서 보행자가 안전하고 편리하게 보행할 수 있도록 ① 속도저감시설, ② 횡단시설, ③ 대중교통정보알림시설 등 교통안내시설, ④ 보행자 우선통행을 위한 교통신호기, ⑤ 그 밖에 보행자의 안전과 이동편의를 위하여 대통령령이 정하는 시설물을 설치할 수 있다.

(4) 도로점용물의 이설 등

시장 또는 군수는 보행시설물의 설치를 위하여 필요한 경우에는 도로점용허가를 받은 자에게 도로점용물의 이설을 명할 수 있다. 이 경우 시장 또는 군수가 당해 도로의 관리청이 아닌 경우에는 당해 도로의 관리청에게 도로점용허가를 받은 자에 대하여 도로점용물의 이설을 명하여 줄 것을 요청할 수 있다. 이러한 요청을 받은 도로관리청은 특별한 사유가 없는 한 이에 응하여야 한다.

(5) 불법시설물의 정비

시장 또는 군수는 보행우선구역 안에서 도로점용허가를 받지 아니하고 설치되어 보행시설물의 설치 또는 보행에 장애를 초래하는 노상적치물 등 관계법령에 의하여 적법하게 설치되지 아니한 시설물(불법시설물)에 대하여 도로법 등 관계법령이 정하는 바에 의하여 이를 정비하여야 한다. 그리고 불법시설물의 정비를 위하여 필요한 경우 관계 행정기관의 장에 대하여 필요한 협조 또는 지원을 요청할 수 있으며, 이 경우 요청을 받은 관계 행정기관의 장은 특별한 사유가 없는 한 이에 응하여야 한다.

9) 기타 규정

(1) 실태조사

국토교통부장관은 교통약자의 이동편의증진을 위한 정책의 효과적인 수립에 필요한 기초자료로 활용하기 위하여 ① 교통약자의 인구현황, ② 교통약자의 이동실태, ③ 이동편의시설의 설치 및 관리 현황, ④ 보행환경 실태, ⑤ 그 밖에 교통약자의 이동편의증진을 위하여 필요한 사항을 조사하여야 한다.

(2) 장애인 등의 자가운전 지원 등

국가 및 지방자치단체는 장애인 또는 고령자가 자가운전을 통하여 안전하고 편리하게 이동할 수 있도록 운전면허제도의 정비 등 필요한 시책을 강구하여야 한다. 교통사업자는 장애인의 경제적 부담을 경감하기 위하여 관계법령이 정하는 바에 의하여 운임 또는 요금을 감면할 수 있다.

(3) 시정명령

교통행정기관은 법규정을 위반하여 대상시설에 이동편의시설을 설치하지 아니하거나 설치한 이동편의시설을 법규정에 의한 설치기준에 적합하지 아니하게 유지관리한 교통사업자에 대하여 대통령령이 정하는 바에 의하여 1년 이내의 기간을 정하여 이동편의시설을 설치하도록 명하거나 법규정에 의한 설치기준에 적합하도록 이동편의시설을 개선할 것을 명할 수 있다.

(4) 벌칙 이행강제금 등

제11조(이동편의시설의 설치 등)의 규정을 위반한 자로서 시정명령을 받고 그 시정기간 이내에 이를 이행하지 아니한 자는 1천만 원 이하의 벌금에 처한다. 그리고 교통행정기관은 시정명령을 받은 후 시정기간 이내에 당해 시정명령을 이행하지 아니한 자에 대하여는 이동편의시설의 설치비용을 고려하여 3천만 원 이하의 이행강제금을 부과하며, 아울러 교통행정기관은 최초의 시정명령이 있은 날을 기준으로 하여 매년 1회 당해 시정명령이 이행될 때까지 반복하여 이행강제금을 부과 · 징수할 수 있다. 이행강제금 부과처분을 받은 자가 이행강제금을 기한 이내에 납부하지 아니하는 때에는 국세 또는 지방세체납처분의 예에 따라 이를 징수하도록 되어 있다.

10. 기타 장애인 관련 법률

장애인고용촉진 및 직업재활법, 장애인건강권 및 의료접근성 보장에 관한 법률, 장애 예술인 문화예술활동지원에 관한 법률, 중증장애인생산품 우선구매 특별법, 장애인 · 노인 등을 위한 보조기기 지원 및 활용촉진에 관한 법률, 한국수화언어법, 점자법 등이 있고, 또한 모자보건법, 산업안전보건법, 산업재해보상보험법, 근로기준법, 군인연금법, 공무원연금법, 국민연금법, 사립학교교직원연금법, 국가유공자 등 예우 및 지원에 관한 법률, 장애인 · 고령자 등 주거약자 지원에 관한 법률 등에도 장애인에 관한 사항을 규정하고 있다.

CHAPTER 12

장애 노인·여성·가족

CHAPTER 12

장애 노인 · 여성 · 가족

1. 장애노인의 실태와 대책

우리나라는 2023년 1월 기준 65세 이상 노인인구가 전체인구의 18.01%로 우리도 고령사회 국가이다. 2025년에는 20%를 넘어 초고령사회로 진입할 전망이다. 노인인구가 급증하면서 자연스럽게 장애노인도 증가하는데, 2020년 장애인 실태조사에 의하면 우리나라 전체 장애인 중 65세 이상이 49.9%로 가장 많았다. 이 같은 장애인구의 고령화 추세는 앞으로 더욱 증가될 것으로 보인다. 이는 노년기로 갈수록 신체적 노화로 만성 유병률이 높고, 그로 인해 영구적으로 장애를 진단받게 되는 경우가 많기 때문인 것으로 볼 수 있다. 2021년 기준으로 65세 이상 노인인구의 경제활동 참가율은 36.3%였다. 65세 이상 장애인구의 경제활동 참가율은 20.8% 이고, 취업근로자 장애인의 월평균 소득은 2022년 187만 5천 원으로, 일반 임금근로자의 소득 평균 268만 원의 70% 수준이다. 그런데 장애노인의 경우는 이보다 훨씬 소득이 적다. 특히 여성 장애노인의 경우는 남성 장애노인보다 더 열악하다. 장애노인이 자신의 건강상태에 대해서 어떻게 생각하고 있는가 하는 부분에서는 나쁘다가 절반에 가까웠고, 매우 나쁘다 20% 정도, 이 둘을 합하면 65세 이상 장애노인의 70% 가까이가 자신의 건강상태를 나쁘다고 인식하고 있는 것으로 나타나고 있다.

한국보건사회연구원이 지난 2016년 2월에 발간한 「보건복지 현안분석과 정책과제 2015」 보고서에서 '장애인구의 고령화 : 실태 및 시사점'이라는 연구결과를 보면, 장애인구 중 65세 이상 노인 증가율은 전체인구 중 노인 증가율에 비해 2~3배 빠르게 진행되고 있는 것으로 나타나고 있다. 이렇게 장애인구 고령화가 급속도로 진행되고 있는 가운데 현재 장애인 활동지원사업이나 소득보전제도, 발달장애인 대상 재활치료 중심의 복지정책 등은 있으나 장애노인의 필요를 고려한 정책은 아주 미미한 수준이다.

한국보건사회연구원은 장애노인을 '고령화된 장애'와 '노화과정 장애'로 구분하고 있는데, 고령화된 장애노인은 아동, 청년기 때부터 장애를 가진 채 노화가 진행된 경우를 의미하고, 노화과정 장애노인은 장애를 갖게 된 지 20년이 넘지 않은 유형으로, 주로 노화가 진행됨에 따라 신체적 결함(장애)이 발생한 경우를 의미한다. 발달장애와 같이 장애기간이 긴 '고령화된 장애노인'의 경우는 이용할 수 있는 지역 내 복지시설이 매우 제한적이며, 발달장애인이 이용하는 주간보호시설, 단기보호시설, 장애인복지관 등에서 제공하는 프로그램은 성인, 특히 노인을 대상으로 하지 않는 경우가 많아서 장애노인이 가진 장애와 노화를 모두 고려한 지역사회 내 제도가 만들어져야 한다. 장애발생 시기가 늦고 장애 경험시기가 짧은 '노화과정 장애노인'의 경우는 외부도우미(활동지원인 등)와 이동지원에 대한 욕구가 높기 때문에 이들에 대해서는 변화된 역할에 적응하고 장애 문제에 대응할 수 있는 지지적 시스템 등의 확보가 중요한 것으로 나왔다. 따라서 우리나라의 장애노인 정책은 장애인복지와 노인복지를 연계하여 제공하는 방향으로 나가야 할 것이다.

아울러 장애노인 대부분이 기초생활수급자이거나 기초연금, 장애인연금, 장애수당으로 소득을 얻고 있지만 그것으로 생활비와 의료비를 감당하기에는 현실적으로 부족한 면이 많고, 또 제도혜택을 받지 못하는 사각지대에 있는 장애노인들의 경우 심각한 빈곤상태에 놓여 있는 경우가 대부분으로, 이에 장애노인에 대한 수급기준을 완화하여 생계비를 보조해야 하고, 수급자로 선정되지 못하는 경우에는 특별의료지원비나 부양자 수당 등을 신설하여 생활보장을 하여야 한다. 그리고 장애노인을 부양하는 부양자에 대해서는 장애노인 부양수당 지급 등의 혜택과 지원을 강화해야 하며, 장애노인에 대해서도 장애유형별로 특화된 서비스를 제공하도록 하여야 하고, 장애노인을 위한 프로그램 접근성과 교통편의 등도 강화하여야 한다.

2. 장애여성의 실태와 대책

1) 이중차별과 성 문제

여성이 외모에 따라 판단되고 평가되는 사회, 외모지상주의, 성형공화국 사회에서 장애여성은 여성과 장애라는 두 가지 특성 때문에 이중차별, 다중차별을 받기 쉽다. 장애여성은 교육이나 직업, 결혼이나 여가 등에서 배제되거나 차별을 받는 경우가 많고, 이러한 차별이 사회적·경제적·문화적 불이익으로 연결되어 약자의 위치에 서게 되는 것은 보편적 현상이라고 할 수 있다. 남성우월적이고 비장애인 중심적인 사회관념도 여성 장애인을 한 사람의 사회 구성원으로 인정하기보다 의존적이며 무력한 집단으로 보아 왔다.

장애여성은 차별이라는 문제뿐만 아니라 장애를 가지고 있음으로 해서 장애가 없는 일반 여성에 비해 성적 대상에서 자신의 의사와는 무관하게 선택되지 못하거나 거부될 가능성이 더 많다는 점도 부정할 수 없는 문제이다. 그럴 경우 장애여성은 자기 자신을 여성이 아니라 무성으로 인식할 위험성도 따르게 된다. 장애로 성적인 면이 사라졌다고 생각하는 주변의 인식으로 큰 상처를 받게 되면, 그로 인해 성적인 욕구나 관계를 위한 노력에 소극적 피동적이게 되고, 결국 고립되는 결과를 가져올 수도 있다. 장애로 인해 그 사회의 지배적인 미의 기준과 멀다고 생각할수록 자기 이미지에 대한 고통도 클 수 있고, 그래서 장애여성은 데이트 경험, 성적 접촉이 적고, 결혼할 수 있을지에 대해서도 불확실한 생각을 갖게 되는 것이다.

2) 연애에서 장애여성이 겪고 있는 불이익

연애에서 장애여성이 겪고 있는 불이익으로는 첫째, 미학에 근거한 설명으로, 우리 사회에서 대부분 여성의 가치는 신체적으로 매력이 있는가 하는 기준에 있다. 따라서 눈에 보이는 장애를 가진 여성은 성 상대로 결함이 있는 것으로 여겨진다는 것이다. 둘째, 기능에 근거한 설명으로, 사회에 의해 그들에게 부여된 전통적 역할과 의무에서 벗어난 여자들은 능력 없는 배우자로 간주된다는 것이다. 장애여성들은 배우자나 자녀를 돌보는 것, 가정 대소사를 돌보는 일을 할 수 없다고 간주되는 것이다. 배우자에게 힘을 돋우거나 편안한 휴식처를 만드는 기능을 할 수 없으므로 무용하다고 보는 것이다. 그런가 하면 비장애인이 장애인을 인생의 동반자로 선택해서 결혼하여 상대의 부족한 부분을 채워주며 행복하게 잘 사는 사람들도 있다.

장애여성은 비장애 남성과의 결혼이 지배와 피지배의 부정적 관계를 낳을 가능성이 많으므로 장애남성을 배우자로 선택하는 경우가 많다. 그러나 장애여성이 장애남성과 결혼했을 경우에도 반드시 화목하다고 볼 수만은 없다. 장애인의 데이트 시 실질적인 문제는 접근성의 문제로서, 둘 다 장애를 가진 사람들이 함께 데이트할 수 있을 만큼의 편의시설들이 식당이나 극장 등에 마련되어 있지 않다는 것도 사실이다. 이런 사회적 구조 속에서는 장애여성이 여러 면에서 많은 어려움을 겪을 수밖에 없다.

3) 장애여성의 결혼

만 18세 이상 장애인 중 80% 이상이 결혼한 경험이 있고, 결혼상태는 유배우 비율이 55% 정도로 가장 많고, 사별 19%, 미혼 15%, 이혼 9%, 별거 2% 등이다. 장애인의 결혼 시 배우자에게 장애가 있는 경우는 3.7%로 아주 낮았다. 장애여성의 경우 외적 장애로 인해 배우자 선택에 있어서 많은 어려움이 따르게 되며, 이는 장애남성에 있어서도 예외는 아니다. 장애를 이해하고 사랑으로 보듬어 주고 채워줄 상대를 만나게 되면 결혼에 크게 어려움이 없겠으나, 그렇지 않을 경우 결혼하는 것이 비장애인보다 어려울 수 있다. 그렇지만 실제 장애인의 결혼 시 배우사에게 장애가 있는 경우는 3.7%로 낮았다.

장애인이 결혼하지 않은 주된 이유는 건강 및 장애문제 때문에가 가장 큰 이유이고, 그 다음으로 결혼할 생각이 없어서, 아직 결혼하기 이른 나이여서, 집 장만과 결혼비용 등 경제적인 이유 때문이다. 또 자신의 장애 때문에 자녀의 성장이나 발달에 지장이 어느 정도 있다고 생각하고 있는지에 대해서 장애인들은 전혀 없다고 생각하는 사람들이 가장 많고, 이어서 별로 없다, 약간 많다 등으로 나타나고 있다. 미혼 여성 장애인이 결혼하지 않겠다고 하는 이유로는 건강한 아이를 낳을 수 있을지에 대한 걱정이나, 사회적 · 정서적으로 자녀를 낳지 말 것을 종용받기 때문이라고 한다.

4) 장애여성의 임신, 출산, 육아

2020년 장애인 실태조사에서 임신경험이 있는 만 49세 이하 여성 장애인이 임신 기간 중 힘들었던 점은 '본인의 건강 악화'가 12.6%로 가장 많았고, '자녀 양육을 잘 할 수 있을지 두려워서'(12.3%), '출산 과정에 대한 두려움'(11.8%), '자녀가 장애를 가질까 봐 두려워서'(6.8%), '병원비 등 돈이 많이 들어서'(6.0%) 등이었다. 그리고 출산 경험이 있는 여성 장애인 중 출산 전 · 후 산후조리의 충분도는 '충분하다' 55.8%, '부족하다' 27.8%, '매우 충분하다' 11.6%, '매우 부족하다' 4.7%의 순으로, 따라서 산후조리에 만족하는 경우 67.4%, 불만족하는 경우 32.6%였다. 여성 장애인이 필요로 하는 서비스는 자녀양육지원 서비스, 장애인 활동지원사 지원, 출산비용 지원, 건강관리 프로그램, 임신 · 출산 관련 교육 및 정보제공, 장애를 고려한 여성용품 정보 제공 순이었다.

한편 의료진들이 장애여성의 임신과 출산에 대해서 부정적이거나 무관심한 태도를 보일 경우, 장애임산부는 자신이 장애인이기 때문에 아기도 장애아가 태어나지 않을까 하는 걱정을 많이 하게 되고, 이로 인해 자존감이 많이 떨어질 수 있다. 실제로 장애여성의 임신과 출산에 관련된 의료 지식이나 마인드가 부족한 의료요원들도 적지 않으며, 교과과정에서 장애인의 사회심리적 특성에 대해 배우지 않으므로 감수성 있게 이들을 대하지 못할 것이며, 여기서 받는 장애임산부의 자존감 저하의 문제가 예상될 수 있다.

그리고 장애여성은 성적인 존재가 아니라는 고정관념도 장애요인이며, 장애여성이 장애아를 낳을 것이라는 우생학적 주장도 장애여성이 임신하는 것을 막는다. 또 장애여성이 부모가 될 자격이 없는 것으로 인식하는 것이나, 낙태를 하는 것도 장애요인이며, 그에 앞서 먼저 결혼에 대한 장애가 많은 것도 장애여성의 임신 및 출산을 어렵게 하는 요인이 된다. 따라서 장애여성의 임신 및 출산, 육아활동 지원에 있어 장애여성의 복지 체감도를 현실성 있게 높일 수 있는 방안을 마련하여야 할 것이다.

5) 여성 장애인에게 필요한 서비스와 어려운 점

만 49세 이하의 여성 장애인에게 가장 필요한 서비스가 무엇인지 질문한 결과, 자녀 양육지원 서비스가 13.3%로 가장 높았고, 다음으로 활동지원사 11.3%, 임신·출산 관련 교육 및 정보 제공 8.8%, 장애를 고려한 여성용품 정보 제공 8.7% 순으로 나타났다. 장애유형별로는 가장 필요로 하는 서비스는 지체장애는 양육지원서비스, 뇌병변장애는 활동지원사, 시각장애는 자녀양육지원서비스, 청각장애는 출산비용 지원, 언어장애는 자녀양육지원서비스, 지적장애는 활동지원사, 자폐성장애는 건강관리 프로그램으로 나타났다. 한편 정신장애는 임신·출산 관련 교육 및 정보 제공, 신장장애는 건강관리 프로그램, 심장장애는 여성 장애인 임신·출산 전문병원, 호흡기장애는 활동지원사, 간장애는 건강관리 프로그램, 안면장애는 출산비용지원, 장루·요루장애는 건강관리 프로그램을 가장 필요한 서비스로 응답하였다.

여성 장애인으로서 특히 어려웠던 점으로는 취업 등 경제적 어려움이 22.5%로 가장 큰 어려움이었고, 전문 프로그램 부족 등 여가시간 활용의 어려움 12.4%, 자녀양육의 어려움 11.8%, 사회의 편견과 무시, 이중차별이 11.7%, 사회화 기회의 부족 11.1% 등으로 높게 나타났다. 시각장애와 언어장애는 자녀양육의 어려움을, 자폐성장애는 사회화 기회의 부족을, 심장장애는 결혼 후 배우자가족의 학대 · 차별을, 안면장애는 사회의 편견과 무시, 이중차별을 어려움으로 지적하였는데, 이를 제외한 장애유형에서 여성 장애인으로 가장 어려웠던 점을 취업 등 경제적 자립 어려움이라고 응답하여 이들의 경제적 자립을 지원할 수 있는 방안을 적극적으로 마련할 필요가 있다.

6) 장애여성과 성폭력

한 해에 장애인성폭력상담소에 접수되는 장애인 상담건수는 2만 건이 넘는다. 이 중 60%가 강간 및 유사강간 피해자라고 한다. 그리고 성폭력 피해 장애인 80% 정도가 발달장애인(특히 지적장애인)이다. 이는 전국 38개 성폭력 · 가정폭력상담소의 통계자료에 나타나 있다.

한편 2020년 장애인 실태조사에서는 성희롱, 성추행, 성폭력 경험 여부에 대해서는 '없다'는 응답이 99.3%로 대부분을 차지하는 것으로 나타났다. 전체적인 성희롱, 성추행, 성폭력 경험 비율은 0.7%로 매우 낮으나 지적장애인(3.9%)과 정신장애인(2.4%)은 다른 장애유형에 비해 상대적으로 높은 것으로 나타났다. 성희롱, 성추행, 성폭력을 당한 경험이 있는 경우, 그 경험 시기는 '아동기(7~17세)'가 38.7%로 가장 많았고, 다음은 '청년기(25~39세)' 25.9%, '청소년기(18~24세)' 21.4%, '장년기(40~64세)' 8.8%, '영 · 유아기(0~6세)' 5.2%의 순이었다. 성희롱, 성추행, 성폭력 주 가해자는 '모르는 사람'(38.5%), '이웃'(31.2%), '직장 상사 및 동료'(12.2%) 순이었으며, 이 세 가지 응답을 합하면 81.9%를 차지한다. 이 외에 '서비스 제공자' 2.3%, '종교인' 2.1%, '근친(가족)' 2.0%, '이성친구' 2.0%, '학교 · 학원 관계자' 1.2% 등이었다. 성희롱, 성추행, 성폭력 시 대처방법으로는 '그냥 있었음'이 37.8%로 가장 많았고, '진정 · 고발 등의 조치를 취함' 19.2%, '자리를 피하거나 도망침' 17.2%, '몰라서 그냥 넘어감' 13.9%, '주위에 도움을 요청함' 8.6%, '그 자리에서 항의함' 3.2% 순이었다. 성희롱, 성추행, 성폭력 시 상담자는 누구였는지에 대해서는 '상담하지 못했다'는 응답(54.1%)을 제외하면 '가족'이 27.9%로 가장 많고, '성폭력 피해 전문기관' 6.4%, '행정공무원' 4.2%, '종교인' 2.1%, '친척, 친구, 이웃' 1.8%, '사회복지관련 기관 직원' 1.8%의 순이었다. 성희롱, 성추행, 성폭력 시 상담하지 못한 이유는 '효과가 없을 것 같아서'라는 응답이 44.2%로 가장 높았고, '타인에게 알리기 싫어서'가 19.5%, '가해자로부터 보복이 두려워서'가 13.3%, '의사소통에 어려움이 있어서'가 12.6% 등이었다.

장애인 성폭력 발생 시 장애인성폭력상담소에서 성상담을 받는 경우가 많은데, 그 이유는 발달장애인의 성행동 특성상 집단 성교육 및 성폭력예방 교육이 실효적이지 않아 개별상담을 통해 성적 권리 및 타인의 권리를 침해하거나, 불쾌감을 주는 성적 행동을 올바르게 지도하여 성폭력피해·가해를 예방하고 있기 때문이다. 장애인 가정폭력의 경우도 전 생애 동안 발생하고 있으나, 피해자 지원체계는 미비하기 때문에 장애인성폭력상담소에서 가정폭력을 지원할 수밖에 없고, 장애인 가정폭력 피해자를 지원할 수 있는 상담소 및 보호시설에 대한 대책 마련과 지원을 보다 강화해야 할 것이다.

장애인성폭력피해자 80% 정도가 발달장애인(특히 지적장애인)이고, 이들 피해자들 상당수는 채팅을 통해 만나면서 피해를 본 경우이며, 지적장애인 피해자의 경우에는 제3자가 알기 전에는 피해가 잘 드러나지 않는 특성이 있다는 점을 감안해 볼 때, 장기적으로 성폭력피해에 노출된 피해자일수록 피해유형 중 강력범죄에 해당하는 강간피해의 비율이 높아지는 것으로 나타나고 있다.

성폭력피해 장애인피해자의 연령대를 살펴보면 만 13세 미만 장애아동이 5% 정도, 이 중 장애남아도 포함되어 있으며, 장애청소년(13~18세) 피해자는 25% 정도로 장애 아동과 청소년은 전체 피해자의 30% 정도를 차지하고 있다. 그리고 전체 피해자의 70% 정도가 성인 피해자이다. 지적장애인 피해자가 80%인 점을 고려해 볼 때, 성인 지적장애 여성 피해자가 피해에 가장 많이 노출된다고 볼 수 있다.

그리고 장애인성폭력피해자 수에 비해 가해자의 수가 훨씬 더 많게 나타나는 점은 한 명의 피해자를 여러 명이 가해한 경우를 포함하고 있기 때문이다. 장애인성폭력피해자와 가해자와의 관계를 보면, 가족 및 친·인척은 전체의 10% 정도이고, 피해자와 성폭력사건 발생 이전부터 가족이거나 친밀한 관계를 맺고 있거나 평소 알고 있는 가해자는 전체의 60% 정도를 차지하고 있다.

이는 가해자가 대부분 친분이 있거나 피해자의 취약하고 미약한 지적 능력을 알고, 낮은 자기방어능력 등의 약점을 이용한 것이라고 볼 수 있다. 또한 채팅상대자에 의해 성폭력을 경험하는 피해자가 매년 증가하고 있는 경향이 있다. 장애인성폭력사건의 80% 이상이 지적장애 여성 피해자임을 감안한다면 채팅으로 인한 성폭력피해의 경우도 지적장애 여성들이 대다수임을 짐작할 수 있다. 이는 지적장애 여성은 채팅에서 가해자의 의도를 잘 파악하지 못해 성폭력에 쉽게 노출될 수 있다는 의미도 될 수 있을 것이다.

장애인성폭력피해자이든 비장애인피해자이든, 성폭력피해자를 지원하는 것은, 심리적 정서적 지원을 위한 상담활동, 수사와 법적인 지원, 의료지원 등을 통해 성폭력사건에 직접적인 개입과 지원을 하는 것인데, 장애인성폭력상담소는 장애인의 성적 권리 및 성폭력예방교육의 체계적 실시와, 수사 및 재판 관련자의 장애 이해 및 성인지 감수성 교육의 실시, 장애인 사이버성범죄 피해지원 및 예방정책 마련, 여성 장애인 가정폭력피해자 지원정책 마련, 여성 장애인 폭력 피해자의 보호시설 퇴소 후 지역사회로 진입할 수 있는 공동생활가정 확대 등을 해야 한다고 제시하고 있다. 특히 발달장애인(지적장애인, 자폐성장애인) 대상 성폭력 범죄가 많은데, 이를 줄이려는 지역사회 네트워크가 발달장애인을 대상으로 한 범죄를 예방할 수 있는 역할을 해야 한다. 소외된 지역에서 발달장애인들의 성범죄 피해가 많이 발생하고 있어도 지역에서 성인지 교육을 위한 성 인권 전문가가 거의 없기 때문에 이런 부분을 빨리 개선해야 할 것이다.

장애여성의 경우에는 저항할 수 없는 신체적 조건과 장애인이라는 불리한 조건 때문에 비장애여성보다 가정과 사회에서 폭력에 더욱 취약할 수밖에 없다. 장애여성의 성폭력 문제 중 가장 먼저 제기되기 시작한 것은 시설 거주 장애여성의 성폭력으로, 시설 내 성폭행 피해자는 대부분 성폭력에 대한 인지능력이 부족한 장애아동 내지는 장애여성이었다. 대부분 여러 명이 피해대상이었으며, 피해 기간도 1회적인 것이 아니라 장기간 그리고 지속적인 것으로 나타났다.

장애여성은 다음의 요인들로 인해 비장애여성보다 폭력에 더욱 취약하다. 첫째, 중증장애 여성들은 다른 사람들에게 의존하며 보호제공자들을 믿고 따르게 된다. 둘째, 여성 장애인들은 아직도 인권이 보호되지 않은 상태에서 다른 사람들보다 무력감을 경험한다. 셋째, 가해자들은 피해발견의 위험이 적다고 생각한 장애여성들을 표적으로 삼는다. 넷째, 많은 장애여성들은 증언능력 부족 등으로 진술의 신빙성이나 증거능력을 인정받는 것이 어려울 때가 많다. 다섯째, 인지적 장애가 있는 장애여성들은 적절한 성교육을 받지 못하게 되고, 성학대 혹은 성 이용적인 상황을 인식하고 이에 저항하는 능력이 부족하다. 여섯째, 여성 장애인들은 사회적으로 고립되거나 외로울 수 있으며, 만남 초기에 환심을 사는 친절과 다정함, 애정공세에 그 진위를 가리지 못하고 넘어가기 쉽다. 일곱째, 장애여성들은 성폭행 위험을 줄이기 위한 경계나 성폭행에 저항하기 위한 적극적인 시도를 했는지에 대해 비장애여성들보다 더욱 추궁을 받기 쉽다.

장애여성의 성폭력 문제에 대응하기 위해서는 먼저 이 문제에 대한 경찰과 법원의 낮은 인식을 개선해야 하는데, 이는 구성원들 대부분이 남성들이기 때문에 남성중심적 시각에서 사건을 다루기 쉽기 때문이다. 장애여성 성폭력 문제는 일반여성 성폭력 문제와 다르게 특수하게 고려되어야 할 요인들이 다양하다. 우선 경찰, 검찰, 판사들의 장애여성의 특성에 대한 이해도가 높아야 한다. 장애여성의 특성에 대한 지식이 없는 상태에서 수사를 진행하다 보면 근거나 증거가 될 만한 내용들을 놓치기도 하고, 피해자를 여러 차례 불러 반복 진술을 하게 함으로써 심리적으로 더 큰 피해를 주기도 하며, 가해자와 대면케 함으로써 피해자에게 심리적 위축과 공포감을 유발시키는 등 많은 부작용을 낳을 우려가 있다.

참고로, 외국의 아동 성범죄자 처벌 정도를 살펴보면, 중국은 14세 이하 어린이와 원조교제나 성폭력 시 사형(피해자와 합의를 했느냐 여부와 상관없이), 이란은 14세 이하 아동 성폭력 사형, 예멘도 아동 성범죄자 공개처형, 스위스는 아동 성범죄자 종신형, 영국도 13세 이하 아동 성폭력 종신형, 프랑스는 15세 미만 아동 성폭력 최소 징역 20년 이상, 대만은 16세 미만 미성년자와 성관계

유죄 시 징역 20년, 캐나다, 이스라엘, 아르헨티나, 러시아, 뉴질랜드, 한국, 미국 캘리포니아 등은 화학적 거세를 합법화하고 있다. 미국은 아동 성범죄 시 최소 징역 25년이고, 아동 성범죄로 두 차례 유죄판결 시 종신형이다. 미국은 1994년 할머니 성폭행 및 수차례의 절도 · 납치 · 강도짓을 했던 대런 앤더슨에게 징역 11,250년 선고, 2008년 7월 텍사스주 법원은 10대 소녀 3명을 2년간에 걸쳐 성폭행한 포프에게 징역 4,060년 선고, 앨라배마 주 지방법원은 아동포르노를 제작한 부부에게 징역 2,340년 선고(주범인 부인은 1,590년 형을, 남편은 범행을 공조한 혐의로 750년 형을 선고), 2015년 플로리다주 법원은 7세 여아를 성폭행했던 데이비드 홀에게 아동 포르노 유통 및 45건의 소지 혐의로 징역 825년을 선고한 바 있다. 이처럼 영미법은 '최대다수의 최대행복' 원칙에 따라 '범죄자를 오랫동안 가둬놓아야, 나머지 사회 구성원들의 불안을 없앨 수 있다'는 생각으로 이런 엄청난 판결을 내리기도 한다. 반면 우리나라는 그동안 13세 미만 대상 성폭행범 평균형량이 5년 2개월에 불과했고, 13세 미만 대상 성범죄자의 1심 집행유예 비율도 77.5%로, 10명 중 7명은 풀려났으며, 아동 · 청소년 상대(19세 미만 상대) 성범죄 가운데 무려 43%가 집행유예로 풀려났고, 성폭력 범죄자의 재범 비율이 45%가 넘지만 성폭행의 불기소 처분 비율은 50%에 가깝다. 성폭력으로 받은 상처는 평생 마음의 불구가 될 수 있으므로 아동, 여성, 장애여성 등 약자를 상대로 하는 성범죄는 강력히 처벌해야 한다.[1)]

성폭력 피해 시 도움기관으로, 한국성폭력상담소에서는 여러 명의 자문변호사를 두어 매주 토요일 무료법률상담을 진행, 성폭력피해자의 정당한 권리 확보를 위해 노력하고 있으며, 그 밖에 의료, 상담분야 등에 걸쳐 전문 자문위원들이 활동하고 있다. 그 밖에 여성긴급전화 1366센터, 한국성폭력위기센터, 해바라기아동센터, 여성폭력 긴급의료지원센터, 가정법률상담소, 여경기

1) ① 직장 내 성희롱 예방 교육자료 : 시각적 성희롱(06:17)
http://tvpot.daum.net/clip/ClipView.do?clipid=10359260
② 직장 내 성희롱 예방교육 영상(10:05)
http://mp3real.ru/video/G7ULAjHZyKg
③ (양성평등)영화 속 사건들로 본 성희롱예방교육(12:27)
http://mp3real.ru/video/_1JW4RpAaP4

동수사대, 각 경찰서 여성상담실, 한국무료법률구조공단 등을 통하여 도움을 청할 수 있다.

3. 장애가족의 실태와 대책

1) 장애가족지원 관련 법률과 지원사업

장애아동은 일반아동보다 가정에서 보내는 시간이 많으므로 가족이 겪는 어려움이 많다. 따라서 가족을 대상으로 하는 통합적 차원의 접근이 필요하다. 장애아동 가족지원이란 아동과 그 가족의 욕구를 파악하고 이러한 욕구를 충족시킬 수 있는 다양한 지원과 서비스를 확인하여 가족의 기능을 강화하는 것을 말한다. 장애아동 및 장애가족을 지원하기 위한 관련 법률로는, 장애아동 복지지원법, 「발달장애인 권리보장 및 지원에 관한 법률」, 「장애인 등에 대한 특수교육법」, 국제장애인권리협약, 건강가정기본법 등이 있다.

현재 장애가족 지원사업으로 장애아가족 양육지원사업, 장애인 활동지원제도, 장애아동 보육지원사업 등이 있는데, 장애아가족 양육지원사업은 장애아동 가족의 일상적인 양육부담을 경감하고 보호자의 사회활동을 돕기 위하여, 일정한 자격을 갖춘 장애아 돌보미를 대상자 가정 등에 직접 파견하는 돌봄서비스와 장애아가족 문화 및 교육 프로그램, 가족캠프 등의 휴식지원 프로그램을 제공하는 사업이다. 이것은 장애아동 복지지원법 제24조 돌봄 및 일시적 휴식지원 서비스지원의 제1항에 근거를 두고 있는데, 제1항에는 “국가와 지방자치단체는 장애아동 가족의 일상적인 양육부담을 경감하고 보호자의 정상적인 사회활동을 돕기 위하여 돌봄 및 일시적 휴식지원 서비스를 제공할 수 있다”라고 규정하고 있다. 이 제도의 대상기준은 돌봄서비스의 경우는 만 18세 미만의 자폐성, 지적, 뇌병변 장애아 등 장애인복지법상 등록 장애정도가 심한 장애아와 생계·주거를 같이하는 가정을 대상으로 하며, 아동 1명당 연 960시간 이내 이용할 수 있고, 기준 중위소득 120% 이하 가정에 대해서 무료로, 그리고 소득 초과 가정은 시간당 이용료의 40% 본인부담으로 이용할 수 있다. 아동 1명당 연 960시간 초과 시 소득 기준과 상관없이 시간당 이용료 전액 본인부담이다. 그리고 청소년 발달장애학생 방과후활동 서비스 중복 이용도 가능하다. 휴식지원 프로그램은 소득 기준과 상관없이 만 18세 미만의 모든 장애아 가족이면 이용할 수 있다. 돌봄서비스를 받지 않는 가정도 참여 가능하고, 돌봄서비스를 받는 가정을 우선 지원한다. 이용방법은 돌봄서비스의 경우 주민등록상 주소지 관할 읍·면·동 또는 시·군·구에서 신청하면 된다. 휴식지원 프로그램은 거주지 주변 장애아가족 양육지원사업 시행기관에 신청하면 되고, 교육 시간 및 내용은 사업시행기관별로 다르다. 신청하여 이용할 수 있는 것은, 돌봄서비스는 일정한 교육과정을 수료한 장애아 돌보미를 아동의 가정 등에 파견하여, 가족이 필요로 하는 일상생활, 학습 및 놀이, 외출 등의 다양한 돌봄서비스를 제공받으며, 휴식지원 프로그램은 장애아가족을 위한 정보제공, 교육, 문화, 상담 및 치료, 자조모임 등의 휴식지원 프로그램을 제공받는다.

2) 장애가족지원 정책 및 과제

(1) 장애가족지원 정책 관련

이미 앞에서 다 살펴보았듯이 여러 가지 소득보장정책, 의료보장정책, 교육보장정책, 고용보장정책 등이 있다. 그러나 아직도 여전히 장애인들의 복지체감지수를 높이기 위한 정책지원 강화가 요청되고 있다. 장애아동의 부모에게 가장 큰 스트레스가 되고 도움이 필요한 부분은 양육부담이다. 양육부담으로 인한 신체적·정신적 스트레스를 경감시켜 줄 공식적 지원이 필요한데 그 역할을 할 수 있는 것이 주·단기보호서비스이다. 그런데 우리나라에서는 주·단기보호시설이 아직까지 매우 부족하고, 일상에서의 부모의 양육부담을 경감시켜 줄 보조체계가 빈약하다. 이에 대한 개선과 함께 장애아동 부모의 직업활동과 자녀양육에 대한 보다 내실 있는 지원이 요청된다고 본다.

(2) 장애가족지원 정책과제

기존 법들이 장애가족 지원을 규정하고는 있으나 내용이 충분치 못하고 한계가 있기 때문에 아예 별도로 장애인가족지원법을 제정하거나 아니면 장애인복지법을 개정하여 장애인가족의 부양부담을 인정하고 그 부분을 실질적으로 지원할 수 있는 법적 근거를 마련해야 하며, 장애자녀의 생애주기에 맞는 각 과정별 필요한 돌봄서비스 제공을 확대 강화할 필요가 있다.

또한 가족 중에 장애아가 있을 경우 그 부모는 물론 가족 전체가 일상의 전반적인 면에 있어서 고통을 받을 수 있다. 장애자녀 양육 책임이 어느 특정인에게 집중되면 그 부담과 신체적·정신적 소진은 더해져 자칫 그로 인하여 가족 간 갈등은 물론, 주 양육자의 정신건강까지 위협받을 수도 있다. 따라서 주 양육자에게 휴식지원 서비스를 제공하는 일은 무엇보다도 중요하다. 특히 발달장애아 가족의 휴식지원 서비스는 "발달장애인 자녀를 둔 부모의 '쉼' 제공을 위한 가족캠프"와 같은 것을 진행함으로써 부부관계 개선 등 건강한 가족 문화를 구축하고, 캠프를 통해 자녀 양육자의 역할에서 벗어나 자신으로서의 시간을 경험하도록 하여 장애가족의 만족도를 높여준다.

우리나라는 혈연중심 문화로 발달장애아의 일상생활의 대부분을 가족에게 의존하고 있으며, 그로 인해 장애자녀를 둔 가족은 자녀양육의 부담, 정서적 긴장 및 신체적 피로, 가족의 개인적 활동제한 등의 문제에 직면하고 있으나, 부모들의 양육 부담을 덜어주는 휴식 프로그램은 부족한 실정이다.

CHAPTER 13

장애인 의무고용제도

CHAPTER 13

장애인 의무고용제도

1. 장애인 의무고용제도의 개념

2020년 장애인 실태조사에 따르면 장애인 실업률은 5.9%였고, 장애인 고용률은 34.9%였다. 장애인의 경우 취업현실이 매우 어렵지만, 설령 취업을 한다고 해도 사실상 15세 이상 취업장애인의 경제활동 분야는 주로 단순노무직, 농・어업, 판매종사자, 서비스종사자, 기능직 근로자에 편중되어 있고 임금수준도 매우 열악하여 장애인 취업자들은 비장애인에 비해 저임금 고용시장에서 일하고 있으며, 특히 자폐성장애, 지적장애, 정신장애 등 정신적 장애인의 경우 더욱 그러하다. 장애인 의무고용제도는 비장애인에 비해 상대적으로 고용취약계층인 장애인의 고용기회를 넓히기 위하여 일정 수 이상의 근로자를 고용하고 있는 사업주에게 의무적으로 장애인을 고용하도록 하는 제도로, 이를 달리 장애인 할당고용제(quota system)라고도 한다. 장애인 의무고용제도는 장애인의 고용을 현실적으로 확보하기 위해, 장애라는 사회적 위험에 대한 사회보장을 사회연대책임을 통해 사업주도 사회 구성원의 일원으로서 협력해야 할 의무가 있음을 법으로 제도화한 것이다. 장애인을 의무적으로 고용해야 하는 기관은 국가 및 지방자치단체, 공기업 및 준정부기관, 기타공공기관, 민간기업으로 분류되며 각각 상이한 의무고용률을 적용하고 있다.

장애인 의무고용제도는 1990년 1월 「장애인고용촉진 등에 관한 법률」을 제정・공포하면서부터 도입 시행되었는바, 시행 초기에는 상시근로자 300인 이상 사업장에 대하여 1% 이상 고용하도록 하였다가 1992년에 1.6%로, 이어서 1993년부터 2% 이상 고용하도록 되었으며, 2000년 1월에 「장애인고용촉진 및 직업재활법」으로 법률 명칭이 바뀌었고 내용도 전면개정 되었다. 그리고 2004년 1월에 법개정으로 50인 이상 사업장에 대하여도 장애인 의무고용제도를 확대 적용하도록 되었으며, 2007년 12월 법 개정으로 2009년 1월부터 공무원 신규 채용 시 장애인 의무고용률이 기존의 100분의 2 이상에서 100분의 3 이상으로 상향 조정되었다. 2022년부터 국가, 자치단체, 공공기관(공기업과 준정부기관)의 의무고용률은 3.6% 이상이고, 장애인 의무고용 민간사업주의 의무고용률은 이전과 동일하게 3.1% 이상이다.

2. 장애인 고용에 대한 사회적 현실

우리 사회는 아직까지도 장애인에 대한 편견이 심하여 많은 대기업들이 장애인을 고용하기보다는 고용부담금을 납부하고 있으며, 이에 따라 납부한 부담금이 연 3,000억 원 이상이다. 고용노동부 발표 자료에 따르면 특히 공공기업과 대기업들의 장애인 고용에 대한 무관심과 비협조가 장애인들의 직업안정과 고용평등을 지향하기 위해 만들어진 '장애인 의무고용제도'가 그 실효성을 떨어뜨리고 있다. 기업들이 장애인 고용에 적극적이지 않은 이유는 장애인에 대한 부정적인 인식 문제가 가장 크게 작용하고 있는 것으로 보인다.

이러한 분위기로 장애인들이 어렵게 회사에 취업이 되었다 해도 그 노동구조와 노동환경이 무척 취약하기 때문에 많은 어려움이 따른다. 예를 들면, 회사에서 함께 일하고 있는 구성원들의 장애인에 대한 이해 부족, 차별, 한국수어(수화) 통역사 부족, 상담사 부족 등으로 환경적으로 취약하다. 수입 부분에 있어서도 일반 여타 근로자들의 절반 수준밖에 되지 않는 점, 취업하고 있는 직종도 단순노무직이나 서비스업에 집중되고 있다는 점, 그뿐 아니라 직장 내에서의 장애로 인한 승진, 대우, 교육 등에 차별을 당하고 있는 것이 현실이다.

3. 국가와 지방자치단체의 장애인 고용의무

국가와 지방자치단체의 장은 장애인을 소속 공무원 정원의 100분의 3 이상 고용하여야 한다. 그래서 국가, 자치단체, 공공기관의 장애인 의무고용률은 2022년부터 3.6% 이상으로 상향되었다. 각 시험 실시 기관의 장도 장애인 공무원 신규채용 시 3.6%를 준수하여야 한다. 다만, 교육공무원법에 따라 교사의 신규채용을 할 때에 장애인 응시 인원 또는 장애인 합격자의 수가 장애인 채용 예정 인원에 미치지 못하면 그 부족한 인원을 장애인이 아닌 자로 채용할 수 있다. 임용권을 위임받은 기관의 장이 공개채용을 하지 아니하고 공무원을 모집하는 경우에도 같다. 장애인 의무고용은 공안직군 공무원, 검사, 경찰·소방·경호 공무원 및 군인 등에 대하여는 적용하지 아니한다. 다만, 국가와 지방자치단체의 장은 본문에 규정된 공안직군 공무원 등에 대하여도 장애인이 고용될 수 있도록 노력하여야 한다.

4. 사업주의 장애인 고용의무

상시 50명 이상의 근로자를 고용하는 사업주(건설업에서 근로자 수를 확인하기 곤란한 경우에는 공사 실적액이 고용노동부장관이 정하여 고시하는 금액 이상인 사업주)는 그 근로자의 총수의 100분의 5의 범위에서 대통령령으로 정하는 비율(의무고용률) 이상에 해당하는 장애인을 고용하여야 한다. 의무고용률은 전체 인구 중 장애인의 비율, 전체 근로자 총수에 대한 장애인 근로자의 비율, 장애인 실업자 수 등을 고려하여 5년마다 정한다.

장애인을 고용하여야 할 의무가 있는 사업주는 상시 50인 이상의 근로자를 고용하는 사업주이며, 의무고용 위반의 경우 고용부담금을 내야 한다. 다만, 50인 이상 100인 미만 업체에 대하여는 고용부담금을 부과하지 않는다. 장애인 고용의무가 있는 사업주의 장애인근로자 의무고용률은 3.1% 이상이다.

5. 트루 컴퍼니(True Company)상

정부는 2006년 9월 장애인고용증진협약을 성실히 이행한 기업을 격려하기 위해 '트루 컴퍼니(True Company, 장애인고용 신뢰기업)'상을 제정하였다. 한국장애인고용공단과 장애인고용증진협약을 체결한 기업 중 지속적인 장애인고용 노력으로 타 기업에 모범을 보인 기업에 대해 해마다 '트루컴퍼니상(고용노동부 장관상)'을 시상하고 있다. 장애인 고용에 힘쓴 장애인고용신뢰기업(True Company)에 대한 시상을 비롯하여 우수 장애인고용사업주, 모범 장애인근로자에 대한 시상을 한다.

6. 장애인 고용장려금의 지급

고용노동부장관은 장애인의 고용촉진과 직업 안정을 위하여 장애인을 고용한 사업주에게 고용장려금을 지급할 수 있는바, 현재 고용장려금 지원대상은 민간사업주의 경우 월별 상시근로자의 의무고용률을 초과하여 장애인을 고용한 사업주이며, 국가와 지방자치단체의 경우는 공무원이 아닌 근로자를 고용하고 있는 수가 월평균 상시 100명 이상인 경우 고용부담금 적용대상 사업주가 되며, 단 이 경우 견습중인 공무원, 교육훈련을 받고 있는 공무원(실무수습 포함), 복지대책·실업대책 등에 따라 고용하는 사람으로서 고용노동부령으로 정하는 사람은 제외하고 산정한다. 그리고 공공기관(공기업 및 준정부기관)의 경우 3%를 초과하여 장애인을 고용한 경우에 고용장려금 지원대상이 된다.

2023년 고용장려금 지원단가는 월별로 산정하여 기준고용률 초과 인원에 따라 ① 입사일로부터 만 3년까지는 경증 남성 장애인의 경우 30만 원, 경증 여성 장애인의 경우 45만 원, 중증 남성 장애인의 경우 60만 원, 중증 여성 장애인의 경우 80만 원을 지원하며, ② 입사 후 만 3~5년까지는 이보다 다소 줄어든 고용장려금을 지원하고, ③ 만 5년 초과의 경우는 좀 더 줄어든 금액을 지원한다. 고용보험법, 산업재해보상보험법, 사회적기업 육성법의 규정에 의한 지원금 및 장려금을 지급받는 장애인 근로자에 대하여는 그 지급 기간에는 고용장려금을 지급하지 않는다. 사업주에게 지급되는 고용장려금은 초과된 인원이 경증장애인·남성 장애인일 경우보다 중증장애인·여성 장애인일 경우 더 많이 받게 된다. 그러나 고용장려금 지원이 많지 않아서 장애인 고용을 기피하거거나 이미 고용된 장애인도 해고하는 경우도 많다.

7. 장애인 고용부담금의 납부

의무고용률에 못 미치는 장애인을 고용하는 사업주(상시 50명 이상 100명 미만의 근로자를 고용하는 사업주는 제외)는 대통령령으로 정하는 바에 따라 매년 고용노동부장관에게 장애인 고용부담금을 납부하여야 한다. 2023년 부담기초액은 2023년 최저임금 9,620원을 기준으로 계산된 금액으로, 그래서 고용부담금은 장애인의무고용 인원 대비 고용하고 있는 장애인 근로자 비율이 3/4 이상인 경우 월 1,207,000원, 1/2 이상 3/4 미만인 경우 월 1,279,420원, 1/4 이상 1/2 미만인 경우 월 1,448,400원, 1/4 미만인 경우 월 1,689,800원, 장애인을 1명도 고용하지 않은 경우 월 2,010,580원(최저임금액)이다. 장애인 의무고용 이행 정도에 따라 5단계로 부담금을 부과한다.

장애인 고용부담금을 납부해야 하는 사업주는 다음 년도 1월 31일까지 월별로 산정된 부담금의 연간 합계액을 고용부담금 신고서에 작성하여 장애인 근로자 명부, 장애인 증명 서류 등과 함께 한국장애인고용공단에 제출 후 부담금을 납부해야 한다. 이렇게 장애인 고용의무를 위반하여 장애인 고용부담금을 내는 기업체들의 연간 부담금 액수는 해마다 수천억 원에 이른다. 기업체 중에서는 삼성전자가, 교육청 중에서는 경기도교육청이 해마다 고용부담금을 가장 많이 내고 있다. 굴지의 대기업들이 장애인을 고용하기보다는 부담금을 내는 것을 택하고 있어 장애인 고용정책이 보다 강하게 개선되어야 할 것이다.

8. 인식개선 필요

최근 들어 장애인 고용률이 조금씩 증가하고는 있으나 아직도 각 기업들이 장애인고용을 꺼리고 있다. 기업이 장애인고용을 꺼리는 이유를 보면 그 첫 번째가 생산성이 떨어진다는 것이다. 따라서 차라리 고용부담금을 내는 편이 더 낫다고 생각하는 것이다. 그 다음 이유로는 직장 내 장애인 편의시설 미비, 출퇴근 불편 문제 우려, 직장 내 대인관계 문제 우려 등으로 나타나고 있다.

장애인도 비장애인과 다를 바 없이 직업생활을 통한 장애인 자신의 인간으로서의 존엄과 가치 및 행복을 추구할 권리가 있으며 인간다운 생활을 할 권리가 있다. 헌법에 의하여 보장된 근로의 권리, 즉 장애인이 당당하게 '일할 수 있는 권리'를 국가는 법과 제도를 통해 현실적으로 보장되도록 하여야 한다. 서로의 차이나 다름은 인정하지만 장애를 이유로 한 차별은 사라져야 한다. 차이와 차별은 분명 다른 것이다. 차이와 차별의 기준은 부당한 대우에 있어서 그 근거가 합리적인지 아닌지의 여부에 달려 있다고 보나, 그렇다면 과연 합리적인 것이 무엇인지 하는 것이 문제이다. 그것은 사회 구성원들의 가치판단에 맡겨지게 되는데, 우리 사회는 평등의식에 대한 수준은 상당히 높은 편이나 차별에 대한 이해는 낮은 수준에 머물러 있다. 장애인 고용차별, 고용기피도 바로 그와 같은 데에 원인이 있다고 할 수 있다.

장애인복지의 핵심은 소득보장이며, 그것은 안정적인 직업활동을 통해서 가능하다. 그러므로 장애인고용에 있어서 국가나 공공단체 및 각 기업들은 장애인에 대해 편견을 가지고 대할 것이 아니라 '열린 마음으로', '똑같은 사회의 한 구성원으로' 대해야 하며, 사회통합과 정상화 이념에 입각하여 이들 장애인의 고용확대를 위해 기업(특히 대기업)들의 보다 적극적인 관심과 노력이 필요하다고 본다. 기업이 할 수 있는 최고의 사회공헌은 일자리를 원하는 사람에게 일할 기회를 주는 것이다.

대기업이 장애인고용에 적극적으로 나선다면 사회의 양극화 해소에도 도움이 된다. 따라서 기업은 사회적 책임의식을 가지고 이 부분에 관심을 가져야 한다. 그것이 바로 인간을 존중할 줄 아는 기업윤리인 것이다. 고용창출의 중심 역할은 기업에 있는 만큼 노동시장의 유연화를 위해 정부는 기업에 대한 과도한 규제 등은 완화하는 것이 좋다. 장애인 고용 시 기업에 돌아가는 인센티브 역시 여러 차원에서 지금보다 더 고려되어야 한다. 장애인이 근무할 수 없는 노동환경들을 장애인도 근무가 가능하도록 바꾸어 나가야 한다. 이를 위해 기업뿐 아니라 정부의 역할이 요구된다.

아직도 우리나라에서는 장애인은 사회적 약자이다. 지금까지 장애인들은 노동에 있어서 배제와 차별로 많은 고통을 받았다. 장애인들은 떳떳이 사회 구성원으로 일하며 살고자 하는 의지가 있지만 사회에서는 장애에 대한 이해 부족으로 취업에 대한 편견을 가지고 있다. 장애인 고용은 법으로만 해결할 문제는 아니며, 무엇보다 사업주의 의식이 바뀌어야 한다. 장애인들도 장애 정도와 장애 특성에 맞는 일을 주면 얼마든지 일을 할 수 있다. 비장애인들이 장애인들을 조금만 배려해 주고 도와주면 장애인들은 사회 구성원으로서 일하며 당당히 생활할 수 있을 것이다. 아직도 우리 사회는 소수집단(minority)에 대한 배려가 부족한 면이 크다. 소수가 희생되는 사회에서는 경제성장도 한계가 있다. 따라서 장애인, 여성, 비정규직 근로자, 이주노동자 등 사회적 마이너리티에 대한 고정관념이 타파되어야 한다.

참·고·문·헌

강용규 외(2015). 장애인복지론. 서울 : 청목출판사.

고제훈 외(2015). 2015년 장애인 경제활동 실태조사. 한국장애인고용공단 고용개발원.

김경우(2016). 사회복지정책론. 서울 : MJ미디어.

김대성(2005). 한국의 장애인 차별금지법 제정을 위한 연구. 서울시립대학교 대학원 석사학위 논문.

김동국(2013). 동양적 패러다임으로 쓴 장애인복지론. 서울 : 학지사.

김성희 외(2020). 2020년 장애인 실태조사. 보건복지부 · 한국보건사회연구원.

김영화 외(2016). 사회정의실현을 위한 사회복지정책론(제3판). 경기 : 공동체.

김진우 외(2014). 발달장애인 복지론(한국장애인복지학회 기획총서 1). 충북 : EM커뮤니티.

나영희 외(2014). 활동보조인의 교육과정 개선에 관한 연구. 서울 : 한국장애인개발원.

문화체육관광부(2012). 유니버설디자인 실태분석 및 문화적 적용방안 연구.

박종빈 외(2022). 임금근로 장애인의 여가활동 경험이 생활만족도에 미치는 영향 : 직무만족도의 매개효과를 중심으로. 장애인복지연구, 13(1).

박해룡 외(2014). 특수교육 실태 국제동향 보고서. 충북 : 국립특수교육원.

배경희(2021). 장애인복지론. 경기 : 정민사

백은령 외(2010). 장애인 가족지원. 경기 : 양서원.

보건복지부(2022). 2022년 발달장애인지원 사업안내. 보건복지부 장애인정책국.

________(2022). 2022년 발달장애인 활동서비스 사업안내. 보건복지부 장애인정책국.

________(2022). 2022년 여성장애인지원 사업안내. 보건복지부 장애인정책국.

________(2022). 2022년 장애아동가족지원 사업안내. 보건복지부 장애인정책국.

________(2022). 2022년 장애인복지 사업안내. 보건복지부 장애인정책국.

________(2022). 2022년 장애인복지시설 사업안내. 보건복지부 장애인정책국.

________(2022). 2022년 장애인연금 사업안내. 보건복지부 장애인정책국.

________(2022). 2022년 장애인일자리 사업안내. 보건복지부 장애인정책국.

________(2022). 2022년 장애인활동지원 사업안내. 보건복지부 장애인정책국.

서동명 외(2022). 장애인복지론(제3판). 서울 : 신정.

서해정 외(2020). 시설보호 장애청소년의 자립생활 준비형태가 탈시설 욕구에 미치는 영향. 장애인복지연구, 11(1).

신기원 외(2017). 장애인복지론. 경기 : 공동체.

신현석(2020). 장애인복지론(제3판). 경기 : 공동체.

양정하 외(2020). 사회복지정책론. 경기 : 양서원.

여성가족부(2016). **장애인 시설종사자를 위한 장애인 성폭력 예방교육 매뉴얼**. 서울 : 진한엠앤비.

연명모 외(2015). 여성장애인 고용확대방안 연구. 한국장애인고용공단 고용개발원.

오정화 외(2022). **장애인복지론**. 경기 : 양서원.

유태완(2022). **장애인복지론**(제3판). 서울 : 창지사.

윤선오 외(2016). **장애인복지론**. 경기 : 양서원.

윤윤정(2020). 유니버설디자인 관점에서 도시근린 보행환경 정비 및 관리 실태 연구-서울 노원구 거리환경을 중심으로-. **장애인복지연구**, 11(2).

이경준 외(2020). **장애인복지론**(제2판). 서울 : 학지사.

이선우 외(2021). **장애인복지론**(제2판). 경기 : 공동체.

이중엽(2022). **사회복지법제와 실천**(제6판). 경기 : 양서원.

이채식(2013). **장애인복지론**(제5판). 서울 : 창지사.

임정문 외(2020). **사회복지정책론**. 서울 : 동문사.

임종호 외(2020). **장애인복지론**(제4판). 서울 : 학지사.

정무성 외(2017). **장애인복지론**. 경기 : 정민사.

정일교 외(2022). **장애인복지론**(제6판). 경기 : 양성원.

정창권 외(2015). **한국장애인사**. 서울 : 솟대.

조영구 외(2016). **장애인복지론**. 서울 : 신정.

조영구 외(2016). **사회복지정책론**. 경기 : 정민사.

최기창 외(2014). **장애인복지론**. 영림미디어.

최복천 외(2013). **장애아동 및 가족 실태조사**. 한국장애인개발원.

한국장애인개발원(2014). 직업재활시설 실태조사 및 운영개선 연구.

한국장애인고용공단(2021). 2020년 발달장애인 일과 삶 실태조사, 2021. 5.

한국장애인고용공단(2021). 2021 장애인 통계, 한국장애인고용공단 고용개발원, 2021. 12.

홍봉수 외(2019). **사회복지정책론**. 경기 : 공동체.

황선영 외(2016). **사회복지정책론**(제3판). 서울 : 창지사.

황희숙(2021). **장애인복지론**. 경기 : 형설출판사.

Beresford, P., & Holden, C.(2000). We Have Choices : Globalization and Welfare User Movements. *Disability & Society*, *15*.

Disability Statistics(2016). Cornell University. Online Resource for U.S. Disability Statistics.

Gargiulo, R., & Kilgo, J. L.(2000). *Young Children with Special Needs : An Introduction to Early Childhood Special Education*. Albany, NY : Delmar.

찾·아·보·기

인 명

내 용

저/자/약/력

■ 이중엽

법학박사, 사회복지학석사

전 건국대학교 행정대학원 사회복지학과 초빙교수, 명지대학교 사회복지대학원 객원교수, 경희대학교 행정대학원 사회복지학과, 국민대학교 행정대학원 사회복지학과, 상명대학교 학부 및 대학원, 수원대학교 학부 및 사회복지대학원, 서울시립대학교 사회복지학과, 명지전문대학, 에듀윌 등 강사, 경찰청 소속 경찰수사보안연수소 특강교수 외

현 명지대학교 미래교육원 사회복지과정 주임교수, 명지대학교 교수

〈저서 및 논문〉

장애당사자의 선거참여와 역할, 노인건강증진을 위한 사회복지적 접근, 노인복지와 보건·의료사회사업, 노인의 건강과 질환노인의 가족·사회적 보호, 사회복지급여수급권에 관한 연구, 낙태에 관한 법적·사회복지적 고찰, 헌법(화학사), 사회복지법제론(제5판, 유풍출판사), 사회복지법제와 실천(제6판, 양서원) 외 다수

학교 연구실 : 02) 300-1829

[제2판]

장애인복지론

|저자| 이중엽

|1판 1쇄| 발행 2017년 2월 10일
|1판 2쇄| 발행 2018년 7월 30일
|2판 1쇄| 발행 2023년 3월 5일
|2판 2쇄| 발행 2025년 8월 30일

|발행인| 김 동 훈
|발행처| 공 동 체

|주소| 경기도 고양시 일산동구 호수로 358-39
동문타워 I 905호(백석동)
|전화| 031) 814-3000(대표)
|팩스| 031) 814-3100
|홈페이지| http://www.compub.co.kr
|전자우편| compub@naver.com
|출판등록| 2005년 10월 6일
|등록번호| 제396-2005-36호

|ISBN| 979-11-6725-289-0
정가 22,000원